# Informe Final
# de la Cuadragésima
# Reunión   Consultiva
# del Tratado Antártico

REUNIÓN CONSULTIVA
DEL TRATADO ANTÁRTICO

# Informe Final
# de la Cuadragésima
# Reunión Consultiva
# del Tratado Antártico

Pekín, China
22 de mayo - 1 de junio de 2017

Volumen II

Secretaría del Tratado Antártico
Buenos Aires
2017

**Publicado por:**

Secretariat of the Antarctic Treaty
Secrétariat du Traité sur l' Antarctique
Секретариат Договора об Антарктике
Secretaría del Tratado Antártico

Maipú 757, Piso 4
C1006ACI Ciudad Autónoma
Buenos Aires - Argentina
Tel: +54 11 4320 4260
Fax: +54 11 4320 4253

Este libro también está disponible en: *www.ats.aq* (versión digital)
y para compras en línea.

ISSN 2346-9889
ISBN (vol. II): 978-987-4024-57-2
ISBN (obra completa): 978-987-4024-44-2

# Índice

## VOLUMEN I

Siglas y abreviaciones

## PARTE I. INFORME FINAL

**1. Informe Final de la XL RCTA**

**2. Informe de la XX Reunión del CPA**

**3. Apéndices**

Apéndice 1: Programa preliminar, Grupos de Trabajo y asignación de temas
   para la XLI RCTA

Apéndice 2: Comunicado del País Anfitrión

## PARTE II. MEDIDAS, DECISIONES Y RESOLUCIONES

**1. Medidas**

Medida 1 (2017): Zona Antártica Especialmente Protegida n.° 109 (Isla Moe,
   islas Orcadas del Sur): Plan de Gestión revisado

Medida 2 (2017): Zona Antártica Especialmente Protegida n.° 110 (Isla Lynch,
   islas Orcadas del Sur): Plan de Gestión revisado

Medida 3 (2017): Zona Antártica Especialmente Protegida n.° 111 (Isla Powell
   del Sur e islas adyacentes, islas Orcadas del Sur): Plan de Gestión revisado

Medida 4 (2017): Zona Antártica Especialmente Protegida n.° 115 (Isla Lagotellerie,
   bahía Margarita, tierra de Graham): Plan de Gestión revisado

Medida 5 (2017): Zona Antártica Especialmente Protegida n.° 129 (Punta Rothera,
   isla Adelaida): Plan de Gestión revisado

Medida 6 (2017): Zona Antártica Especialmente Protegida n.° 140 (Partes de la isla
   Decepción, islas Shetland del Sur): Plan de Gestión revisado

Medida 7 (2017): Zona Antártica Especialmente Protegida n.° 165 (Punta Edmonson,
   bahía Wood, mar de Ross): Plan de Gestión revisado

Medida 8 (2017): Zona Antártica Especialmente Administrada n.° 5 (Estación
   Amundsen-Scott del Polo Sur, Polo Sur): Plan de Gestión revisado

**2. Decisiones**

Decisión 1 (2017): Grupo Subsidiario del Comité para la Protección del Medio
   Ambiente sobre respuesta al cambio climático (GSRCC)

Decisión 2 (2017): Directrices sobre el procedimiento que a seguir con respecto al carácter de Parte Consultiva

    Anexo: Directrices sobre el procedimiento a seguir con respecto al carácter de Parte Consultiva

Decisión 3 (2017): Medidas retiradas

    Anexo: Medidas retiradas

Decisión 4 (2017): Procedimientos para la designación de Presidentes de los Grupos de Trabajo de la Reunión Consultiva del Tratado Antártico

Decisión 5 (2017): Informe, programa y presupuesto de la Secretaría

    Anexo 1: Informe financiero auditado para 2015 - 2016

    Anexo 2: Informe financiero provisional para 2016 - 2017

    Anexo 3: Programa de la Secretaría para 2017 - 2018

Decisión 6 (2017): Nombramiento del Secretario Ejecutivo

    Anexo: Cartas

Decisión 7 (2017): Plan de trabajo estratégico plurianual para la Reunión Consultiva del Tratado Antártico

    Anexo: Plan de trabajo estratégico plurianual de la RCTA

## 3. Resoluciones

Resolución 1 (2017): Material de orientación para la designación de Zonas Antárticas Especialmente Administradas (ZAEA)

    Anexo A: Orientaciones para la evaluación de una zona para su posible designación como Zona Antártica Especialmente Administrada

    Anexo B: Guía para la preparación de planes de gestión para ZAEA

Resolución 2 (2017): Código de conducta del SCAR para la exploración e investigación de medioambientes acuáticos subglaciares

    Anexo: Código de conducta del SCAR para la exploración e investigación de medioambientes acuáticos subglaciares

Resolución 3 (2017): Revisión de las Regiones biogeográficas de conservación de la Antártida

    Anexo: Regiones biogeográficas de conservación de la Antártida (Versión 2)

Resolución 4 (2017): Expedición ecológica a la Antártida

Resolución 5 (2017): Establecimiento del Área Marina Protegida en la región del mar de Ross

Resolución 6 (2017): Directrices sobre planes de contingencia, seguros y otros asuntos relacionados con el turismo y otras actividades no gubernamentales en la zona del Tratado Antártico

    Anexo: Directrices sobre los planes de contingencia, seguros y otros asuntos relacionados con el turismo y otras actividades no gubernamentales en la zona del Tratado Antártico

Fotografía de los Jefes de Delegación

# VOLUMEN II

# Siglas y abreviaciones

| | |
|---|---|
| ACAP | Acuerdo sobre la Conservación de Albatros y Petreles |
| AMP | Área Marina Protegida |
| ASOC | Coalición Antártica y del Océano Austral |
| BP | Documento de Antecedentes |
| CCFA | Convención para la Conservación de las Focas Antárticas |
| CCRVMA | Convención para la Conservación de los Recursos Vivos Marinos Antárticos y/o Comisión para la Conservación de los Recursos Vivos Marinos Antárticos |
| CCRWP | Programa de trabajo de respuesta para el cambio climático |
| CEE (EMG) | Evaluación Medioambiental Global |
| CMNUCC | Convención Marco de las Naciones Unidas sobre Cambio Climático |
| COI | Comisión Oceanográfica Intergubernamental |
| COMNAP | Consejo de Administradores de Programas Antárticos Nacionales |
| CPA | Comité para la Protección del Medio Ambiente |
| EIA | Evaluación del Impacto Ambiental |
| FIDAC | Fondos internacionales de indemnización de daños debidos a la contaminación por hidrocarburos |
| GCI | Grupo de Contacto Intersesional |
| GSCCR | Grupo Subsidiario sobre respuesta al Cambio Climático |
| GSPG | Grupo Subsidiario sobre Planes de Gestión |
| IAATO | Asociación Internacional de Operadores Turísticos en la Antártida |
| IBA | Áreas Importantes para la Conservación de las Aves |
| IEE (EMI) | Evaluación ambiental inicial |
| IGP&I Clubs | Grupo internacional de Clubes de Protección e Indemnización |
| IP | Documento de Información |
| IPCC | Grupo intergubernamental de expertos sobre cambio climático |
| MARPOL | Convenio Internacional para Prevenir la Contaminación por los Buques |
| OACI | Organización de Aviación Civil Internacional |
| OHI | Organización Hidrográfica Internacional |
| OMI | Organización Marítima Internacional |
| OMM | Organización Meteorológica Mundial |
| OMT | Organización Mundial del Turismo |
| PNUMA | Programa de las Naciones Unidas para el Medio Ambiente |

| | |
|---|---|
| RBCA | Región Biogeográfica de Conservación de la Antártida |
| RCC | Centros de Coordinación de Rescates |
| RCTA | Reunión Consultiva del Tratado Antártico |
| RETA | Reunión de Expertos del Tratado Antártico |
| SAR | Búsqueda y salvamento |
| SCAR | Comité Científico de Investigación Antártica |
| SC-CAMLR | Comité Científico de la CCRVMA |
| SEII | Sistema electrónico de intercambio de información |
| SMH | Sitio y Monumento Histórico |
| SOLAS | Convenio Internacional para la Seguridad de la Vida Humana en el Mar |
| SOOS | Sistema de Observación del Océano Austral |
| SP | Documento de la Secretaría |
| STA | Sistema del Tratado Antártico o Secretaría del Tratado Antártico |
| UAV/RPAS | Vehículos Aéreos no Tripulados / Sistemas de Aeronaves Dirigidas por Control Remoto |
| UICN | Unión Internacional para la Conservación de la Naturaleza |
| WP | Documento de Trabajo |
| ZAEA | Zona Antártica Especialmente Administrada |
| ZAEP | Zona Antártica Especialmente Protegida |
| ZIA | Zonas importantes para la conservación de las aves |

# PARTE II

# Medidas, Decisiones y Resoluciones (Cont.)

# 4. Planes de Gestión

# Plan de Gestión para la Zona Antártica Especialmente Protegida n.° 109

## ISLA MOE, ISLAS ORCADAS DEL SUR

**Introducción**

La razón primordial para designar a la isla Moe, islas Orcadas del Sur (latitud 60° 44' S, longitud 045° 41'O), como la Zona Antártica Especialmente Protegida (ZAEP) n.° 109 es la protección de los valores medioambientales y, en especial, la flora y la fauna terrestres dentro de la Zona.

La Zona se designó originalmente mediante la Recomendación IV-13 (1966, ZEP n.°13) tras una propuesta del Reino Unido basada en que la Zona contiene una muestra representativa del ecosistema marítimo de la Antártida, que la investigación experimental intensa en la vecina isla Signy puede alterar su ecosistema, y que la isla Moe se debe proteger de manera especial como zona de control para una comparación en el futuro.

Estos motivos siguen siendo válidos. Aunque no hay pruebas de que las actividades de investigación en la isla Signy hayan alterado de manera importante sus ecosistemas, como resultado de la rápida expansión de la población de lobos finos antárticos se ha producido un gran cambio en el sistema terrestre de baja altitud (*Arctocephalus gazella*). Las comunidades de plantas de la cercana isla Signy han sufrido una perturbación física debido a que los lobos finos antárticos las aplastan a su paso, además de que el enriquecimiento el suelo por el nitrógeno de los excrementos de los lobos finos ha provocado el reemplazo de briofitas y líquenes por la macroalga *Prasiola crispa*. Los escurrimientos enriquecidos de las tierras circundantes han afectado considerablemente a los lagos de baja altitud. Hasta la fecha, la invasión de lobos finos antárticos de la isla Moe ha sido limitada y, debido a la topografía de la isla, es poco probable que los lobos finos penetren en las áreas interiores más vulnerables. La isla Moe ha sido visitada en contadas ocasiones y nunca ha estado ocupada por más de unas horas.

La Resolución 3 (2008) recomendaba usar el Análisis de Dominios Ambientales para el continente antártico☐ como modelo dinámico para identificar las zonas antárticas especialmente protegidas aplicando criterios ambientales y geográficos sistemáticos señalados en el Artículo 3(2) del Anexo V del Protocolo (véase también Morgan *et al.*, 2007) En virtud de este modelo, la ZAEP n.° 109 se encuentra dentro del Dominio Ambiental G (Geológico de islas costa afuera de la península Antártica). La escasez del Dominio ambiental G, en relación con las demás áreas de dominios ambientales, significa que se han invertido grandes esfuerzos en conservar los valores encontrados en otras partes dentro de este tipo de ambiente: otras áreas protegidas que contienen el Dominio G son las ZAEP 111, 112, 125, 126 128, 145, 149, 150 y 152, y las ZAEA 1 y 4.

La Resolución 6 (2012) recomienda el uso de las Regiones Biogeográficas de Conservación Antártica (RBCA) en la identificación de zonas que se podrían designar como Zona Antártica Especialmente Protegida dentro los criterios ambientales y geográficos sistemáticos a los que se refiere el Artículo 3(2) del Anexo V al Protocolo del Medio Ambiente. La ZAEP n.° 109 se encuentra dentro de la Región Biogeográfica de Conservación Antártica (RBCA) 2, islas Orcadas del Sur.

Mediante la Resolución 5 (2015), las Partes reconocieron la utilidad de mantener la lista de Áreas importantes para la conservación de las aves en la Antártida (IBA) en la planificación y realización de actividades en la Antártida. Dentro de los límites de la ZAEP n.°109, se encuentra la IBA ANT 020, isla Moe, la cual se identificó debido a sus extensas colonias de pingüinos de barbijo, petreles dameros y priones antárticos.

Las otras dos ZAEP presentes dentro de las islas Orcadas del Sur (la ZAEP n.°110, isla Lynch, la ZAEP n.°111, isla Powell del Sur e islas adyacentes) fueron principalmente designadas para proteger la vegetación terrestre y las comunidades de aves. La Isla Moe complementa la red local de ZAEP, al proteger una muestra representativa del ecosistema marítimo de la Antártida, incluidas las comunidades terrestres y costeras dominadas por criptógamas.

## 1. Descripción de los valores que requieren protección.

Luego de una visita a la ZAEP realizada en febrero de 2016, los valores especificados en la designación anterior fueron reafirmados. Estos valores se exponen de la siguiente manera:

- La Zona contiene valores ambientales excepcionales, vinculados a la composición y diversidad biológicas de un ejemplo casi prístino del ecosistema terrestre y del litoral marino de la Antártida marítima.
- La isla Moe contiene las extensiones ininterrumpidas más vastas de césped del musgo *Chorisodontium-Polytrichum* de toda la Antártida.

## 2. Finalidades y objetivos

Las finalidades de la gestión de la isla Moe son las siguientes:

- evitar modificaciones importantes en la estructura y la composición de la vegetación terrestre, en particular de los bancos de musgo;
- prevenir la perturbación innecesaria de la Zona por los seres humanos;
- evitar o reducir al mínimo la introducción en la Zona de plantas, animales y microorganismos no autóctonos;
- permitir la investigación científica en la Zona siempre y cuando esto sea por razones indispensables, que no puedan cumplirse en otro lugar y que no ponga en peligro el sistema ecológico natural de la Zona;
- permitir visitas para fines de ordenación en apoyo de los objetivos del Plan de Gestión;
- reducir al mínimo la posibilidad de introducción de agentes patógenos que puedan causar enfermedades en las poblaciones de aves de la Zona.

## 3. Actividades de gestión

Para proteger los valores de la Zona deben ser realizadas las siguientes actividades de gestión:

- Se realizarán las visitas que sean necesarias para determinar si la ZAEP continúa sirviendo a los fines para los cuales fue designada y para cerciorarse de que las medidas de gestión y mantenimiento sean apropiadas.

- El Plan de Gestión debe ser revisado al menos una vez cada cinco años, y debe ser actualizado conforme sea necesario.

- Los hitos, los carteles o las estructuras instaladas en la Zona con fines científicos o de gestión deberán estar bien sujetos y en buen estado, y serán retirados cuando ya no sean necesarios.

- De acuerdo con los requisitos del Anexo III al Protocolo al Tratado Antártico sobre Protección del Medio Ambiente, los equipos o materiales abandonados deberán retirarse en la mayor medida posible, siempre y cuando ello no produzca un impacto adverso sobre el ambiente o los valores de la Zona.

- Debe estar disponible una copia del presente Plan de Gestión en la estación de investigación Signy (Reino Unido; 60° 42' 30" S, 045° 36' 30" O) y en la estación Orcadas (Argentina; 60° 44' 15" S, 044° 44' 20" O).

- Si corresponde, se alienta a los Programas Antárticos Nacionales a trabajar en conjunto para garantizar la implementación de las actividades de gestión. En particular, se alienta a los Programas Antárticos Nacionales a consultarse entre sí a fin de evitar la toma excesiva de muestras de material biológico al interior de la Zona. Se recomienda también a los Programas Antárticos Nacionales considerar la implementación conjunta de las directrices orientadas a reducir al mínimo la introducción y dispersión de especies no autóctonas dentro de la Zona.

- Todas las actividades científicas y de gestión realizadas dentro de la Zona se deben someter a una Evaluación de Impacto Ambiental, de acuerdo con los requisitos del Anexo I al Protocolo del Tratado Antártico sobre Protección del Medio Ambiente.

## 4. Período de designación

Designación con período de vigencia indefinida.

## 5. Mapas

Figura 1. Ubicación de la isla Moe en relación con las islas Orcadas del Sur y demás zonas protegidas de la región. Recuadro: ubicación de las islas Orcadas del Sur en la Antártida. Especificaciones cartográficas: Proyección: estereográfica de la Antártida polar WGS84. Paralelos normales: 71° S. Meridiano central 45° O.

Figura 2. Mapa de la isla Moe con mayor detalle. Especificaciones cartográficas: Proyección: estereográfica de la Antártida polar WGS84. Paralelos normales: 71° S. Meridiano central 45° O.

## 6. Descripción de la Zona

6 i) *Coordenadas geográficas, indicaciones de límites y rasgos naturales*

LÍMITES Y COORDENADAS

Las coordenadas de los límites de la Zona, desde el extremo noroeste y en el sentido de las agujas del reloj, se muestran en el cuadro 1.

| Cantidad | Latitud | Longitud |
|----------|---------|----------|
| 1 | 60° 43' 40" S | 045° 42' 15" O |
| 2 | 60° 43' 40" S | 045° 40' 30" O |
| 3 | 60° 43' 55" S | 045° 40' 10" O |
| 4 | 60° 44' 40" S | 045° 40' 10" O |
| 5 | 60° 44' 40" S | 045° 42' 15" O |

Esta Zona incluye toda la isla Moe, así como las islas e islotes sin nombre adyacentes. La Zona abarca todo el suelo libre de hielo, el hielo permanente y el hielo semipermanente que se encuentra dentro de sus límites, sin incluir el medio marino que se extiende más allá de 10 m hacia las aguas profundas desde la línea de bajamar (Figura 2). No se han instalado indicadores de límites.

DESCRIPCIÓN GENERAL DE LA ZONA

La isla Moe, islas Orcadas del Sur, es una pequeña isla de forma irregular situada a 300 m del extremo sudoeste de la isla Signy, de la cual se encuentra separada por el canal Fyr. Mide aproximadamente 1,3 km de noreste a sudoeste y 1 km de noroeste a sudeste (1,22 km²). Se debe tener presente que la ubicación de la isla Moe en la Carta de Almirantazgo n.° 1775 (60° 44' S, 45° 45' O), no concuerda totalmente con las coordenadas más exactas de la Figura 2 (60° 44' S, 45° 41' O).

Los lados noreste y sudeste de la isla se elevan de forma escarpada, hasta formar el pico Snipe (226 m de altura). Existe una cumbre subsidiaria sobre la punta Sur (102 m de altura), así como colinas más bajas en cada uno de los tres promontorios del lado occidental arriba de la punta Corral (92 m), la punta Conroy (89 m) y la punta Spaull (56 m). En los taludes orientados hacia el este y el sur hay pequeñas capas de hielo permanente, mientras que, en las laderas occidentales abruptas, hay zonas de nieve tardía. No hay arroyos o charcas permanentes.

GEOLOGÍA

Las rocas son esquistos metamórficos de mica-cuarzo, con mantos ocasionales ricos en biotita y cuarzo. En la costa noreste hay un manto delgado de anfibolita no diferenciada. Gran parte de la isla está cubierta de escombro glaciar y derrubio. Los suelos son principalmente depósitos inmaduros de arcilla y arena, cuya textura va de fina a gruesa, mezclados con grava, piedras y rocas. Por la acción del congelamiento y el deshielo, en lugares altos o expuestos, los suelos suelen estar clasificados en círculos, polígonos, franjas y lóbulos pequeños. Hay acumulaciones profundas de turba (de hasta 2 m de espesor en los taludes occidentales) y gran parte de su superficie está desnuda y erosionada.

COMUNIDADES BIOLÓGICAS TERRESTRES

Las comunidades de plantas predominantes son el páramo de *Andreaea-Usnea* y bancos de musgo *Chorisodontium-Polytrichum* (el mayor ejemplo de este tipo de comunidad conocido en la Antártida). El uso de técnicas de teledetección (índice de vegetación de diferencia normalizada) reveló que la zona de vegetación de color verde dentro de la ZAEP alcanza los 0,58 km² (48 % del área de la ZAEP; Figuras 3 y 4). Los bancos de musgo tienen un gran valor biológico y constituyen una de las razones para la designación de la Zona. La flora criptógama es diversa. La mayoría de estos bancos de musgo han sido poco dañados por los lobos finos y muestran pocos signos visibles de degradación. Sin embargo, la excepción a esta observación son los bancos que están en el extremo norte, alrededor de la punta

Spaull. Aunque estos bancos de musgo todavía son extensos, se calculó que fueron dañados en un 50 % por los lobos finos antárticos (*Arctocephallus gazella*) en un estudio realizado en enero de 2006. Estos daños todavía eran evidentes durante las observaciones realizadas en febrero de 2016. Durante el estudio de enero de 2006, se observó un lobo fino antártico macho subadulto en esta área de bancos de musgo. Es casi seguro que los lobos marinos llegan a esta comunidad de plantas por la pendiente suave que conduce hacia el interior de la isla desde la pequeña playa de guijarros situada en la esquina noreste de la caleta Landing.

Bajo las piedras, es común encontrar los ácaros *Gamasellus racovitzai* y *Stereotydeus villosus*, así como el tisanuro *Cryptopygus antarcticus*.

FAUNA DE VERTEBRADOS

En 1978-1979 había cinco colonias de pingüinos de barbijo (*Pygoscelis antarctica*) que sumaban alrededor de 11 000 casales. En una visita realizada en febrero de 1994 se observaron menos de 100 casales en el sector septentrional de la caleta Landing y más de 1000 en el sector meridional. En una visita realizada en febrero de 2011, se observaron alrededor de 75 casales en el sector septentrional de la caleta Landing y alrededor de 750 casales en el sector meridional. Durante una visita en enero de 2006, se observaron aproximadamente 100 parejas reproductoras en la punta Spaull. En la isla se reproducen muchas otras aves, sobre todo unas 2000 parejas de petreles dameros (*Daption capensis*) en 14 colonias (1966) y un gran número de priones antárticos (*Pachyptila desolata*). En la isla Moe se observó la reproducción de petreles blancos (*Pagodroma nivea*) entre 1957 y 1958, cuando la colonia estaba compuesta por 34 casales reproductores (Croxall *et al.* 1995) y un estudio realizado entre 2005 y 2006 confirmó la reproducción (R. Fijn, nota personal 2015, citado en Harris *et al.*, 2015).

En las bahías del lado occidental de la isla, hay focas de Weddell (*Leptonychotes weddelli*), focas cangrejeras (*Lobodon carcinophaga*) y focas leopardo (*Hydrurga leptonyx*). Por el lado norte de la caleta Landing, llegan a tierra grupos cada vez más numerosos de lobos finos antárticos (*Arctocephalus gazella*), en su mayoría machos jóvenes, que han causado algunos daños a la vegetación de esa área (en febrero de 2016, se contabilizaron 25 lobos finos en esta área). Sin embargo, cabe la posibilidad de que, por la naturaleza del terreno, estos animales se vean restringidos a este pequeño promontorio, donde los daños podrían intensificarse.

*6 ii) Acceso a la Zona*

- Siempre que resulte posible, se utilizará una lancha para el acceso. No existen restricciones para desembarcar desde el mar. En general, es más seguro desembarcar en la esquina nororiental de la caleta Landing (Lat. 60° 43' 55" S, Long. 045° 41' 06'' O; véase la Figura 2). Si la caleta Landing es inaccesible debido a las condiciones del hielo, se puede desembarcar en el extremo occidental de la punta Spaull (Lat. 60° 43' 54" S, Long. 045° 41' 15" O), justo frente a una roca de 26 m de altura frente a la costa.
- En circunstancias excepcionales, cuando resulte necesario para fines acordes a los objetivos del Plan de Gestión, se permitirá el aterrizaje de helicópteros dentro de la Zona.
- Los helicópteros podrán aterrizar solo en la cresta que conecta la colina de 89 m y la ladera occidental del pico Snipe (Lat. 60° 44' 09" S, Long. 045° 41' 23" O (véase la Figura 2). Deberá evitarse al nivel máximo practicable el aterrizaje sobre la

vegetación en la cresta. Para no volar sobre colonias de aves, la aproximación debería efectuarse preferiblemente desde el sur, aunque también está permitida la aproximación desde el norte.

- Dentro de la Zona, la operación de aeronaves debe llevarse a cabo, como requisito mínimo, conforme a las "Directrices para la operación de aeronaves cerca de concentraciones de aves" contenidas en la Resolución 2 (2004). En los casos en que las condiciones exijan que la aeronave vuele a una altura menor que la recomendada en dichas Directrices, esta debería mantenerse a la máxima altura posible y reducir a un mínimo la duración del tránsito por la Zona.
- Se prohíbe el uso de granadas de humo de helicópteros en la Zona salvo que sea imprescindible por motivos de seguridad. Si se usan granadas de humo, todas ellas deberán ser recuperadas.

*6 iii) Ubicación de estructuras dentro de la Zona y en sus proximidades*

En el extremo noreste de la caleta Landing, al fondo de la pequeña playa de guijarros y pasando la rompiente, hay un señalizador sujeto con pernos a la parte superior de una roca plana (Lat. 60° 43' 55" S, Long. 045° 41' 05" O). Durante los períodos de grandes nevadas, el cartel señalizador podría quedar sepultado por la nieve y ser difícil de encontrar.

Hay un montículo de piedras y los restos de un mástil de relevamiento que fue instalado en 1965-1966, en la punta Spaull (Lat. 60° 43' 49" S, Long. 045° 41' 05" O). Este mástil es de interés para los estudios liquenométricos y no debe retirarse. No hay ninguna otra estructura en la isla Moe.

*6 iv) Ubicación de otras zonas protegidas en las cercanías*

La ZAEP n.° 110, isla Lynch, se ubica alrededor de 10 km al nornoreste de la isla Moe. La ZAEP n.° 111, isla Powell del Sur e islas adyacentes, se encuentra aproximadamente 41 km al este (Figura 1).

*6 v)    Áreas especiales al interior de la Zona*

Ninguna.

**7. Condiciones para la expedición de permisos**

*7 i) Condiciones generales para la expedición de permisos*

Se prohíbe el ingreso en la Zona excepto con un permiso expedido por una autoridad nacional pertinente designadas de acuerdo con el artículo 7 del Anexo V del Protocolo al Tratado Antártico sobre Protección del Medio Ambiente.

Las condiciones para la expedición de un permiso de ingreso a la Zona son las siguientes:
- se expedirán permisos para fines científicos indispensables que no puedan llevarse a cabo en otro lugar; o
- se expedirán permisos con fines de gestión indispensables tales como inspección, mantenimiento o revisión;

- que las acciones permitidas no pongan en peligro el sistema ecológico natural de la Zona;
- toda actividad de gestión deberá respaldar los objetivos del presente Plan de Gestión;
- las actividades permitidas están en conformidad con el presente Plan de gestión;
- se deberá portar el permiso o una copia autorizada de este dentro de la Zona;
- los permisos se deben expedir por un período determinado;
- se deberá presentar uno o varios informes a la autoridad o autoridades indicadas en el permiso;
- se deberá avisar a la autoridad pertinente sobre toda actividad o medida que no esté comprendida en el permiso.

*7 ii) Acceso a la Zona y desplazamientos en su interior o sobre ella*

- Se prohíbe la circulación de vehículos terrestres en la Zona.

- Los desplazamientos dentro de la Zona deben realizarse a pie.

- Los pilotos, tripulantes y otras personas que lleguen en helicóptero o en lancha no podrán avanzar a pie más allá de las inmediaciones del sitio de desembarco, a menos que tengan un permiso que les autorice específicamente para hacerlo.

- La circulación a pie se deberá mantener a un nivel mínimo, de conformidad con los objetivos de las actividades permitidas y se deberán realizar todos los esfuerzos razonables para reducir a un mínimo los efectos de las pisadas, es decir, se deberá tener mucho cuidado al realizar cualquier movimiento, de manera de reducir la alteración de los suelos y superficies con vegetación, y caminar sobre el terreno rocoso si resulta factible.

- No se debe permitir el sobrevuelo de colonias de aves por sistemas de aeronaves dirigidas por control remoto (RPAS, por sus siglas en inglés) al interior de la Zona, excepto con fines científicos o de operación, y de conformidad con un permiso expedido por una autoridad nacional competente

*7 iii) Actividades que pueden llevarse a cabo dentro de la Zona*

- Investigación científica indispensable que no pueda realizarse en ningún otro lugar y que no ponga en peligro el ecosistema de la Zona
- Actividades indispensables de gestión, incluida la observación.

*7 iv) Instalación, modificación o desmantelamiento de estructuras*

No se podrán erigir estructuras ni instalar equipo científico en la Zona salvo para actividades científicas o de gestión indispensables y durante el plazo de validez preestablecido que se especifique en el permiso. La instalación (incluida la elección del sitio), el mantenimiento, la modificación o el desmantelamiento de estructuras o equipos deben realizarse de manera tal que reduzca a un mínimo la perturbación de los valores de la Zona. Todas las estructuras o equipo científico instalados en la Zona deben estar claramente identificados e indicar el país al que pertenecen, el nombre del investigador principal y el año de su instalación. Todos estos elementos deben estar libres de organismos, propágulos (p. ej., semillas y huevos) y suelo no estéril, y además deben estar confeccionados con materiales que soporten las condiciones ambientales y que representen el mínimo riesgo posible de contaminación de la Zona. El desmantelamiento de estructuras o equipos específicos para los cuales el permiso haya expirado debe ser una condición para el otorgamiento del permiso. Se prohíbe erigir estructuras o instalaciones permanentes.

### 7 v) Ubicación de los campamentos

Como norma general, no se permite acampar dentro de la Zona. Si es indispensable acampar por motivos de seguridad, al instalar las tiendas de campaña se deberá tener cuidado de ocasionar el menor daño posible a la vegetación o la menor perturbación a la fauna.

### 7 vi) Restricciones relativas a los materiales y organismos que puedan introducirse en la Zona

Se prohíbe la introducción deliberada de animales vivos, material de plantas o microorganismos en la Zona. A fin de mantener los valores florísticos y ecológicos de la zona, se deberán tomar precauciones especiales para evitar la introducción accidental de microbios, invertebrados o plantas de otros lugares de la Antártida, incluidas las bases, o de regiones de fuera de la Antártida. Deberá limpiarse o esterilizarse todo el equipo de recolección de muestras que se introduzca en la Zona, así como también los marcadores. En el nivel máximo practicable, antes de su ingreso a la Zona, deberán limpiarse rigurosamente el calzado y demás equipos utilizados o introducidos en la Zona (incluidos bolsos o mochilas). Para obtener orientación más detallada, se deberá consultar el Manual sobre especies no autóctonas del CPA (Edición 2011) y las Listas de verificación del COMNAP/SCAR para gestores de cadenas de suministro de los Programas Antárticos Nacionales para la reducción del riesgo de transferencia de especies no autóctonas. En vista de la presencia de colonias de aves reproductoras dentro de la Zona, no podrán verterse en la Zona ni en sus alrededores productos derivados de aves, incluidos los productos que contengan huevos desecados crudos o los residuos de tales productos.

No se deben introducir a la Zona herbicidas ni pesticidas. Cualquier otro producto químico, incluidos los radionúclidos e isótopos estables, que se introduzca en la Zona con fines científicos o de gestión especificados en el permiso deberá ser retirado cuando concluya la actividad para la cual se haya expedido el permiso, o con anterioridad. Debe evitarse la descarga directa al ambiente de radionúclidos o isótopos estables de una manera que los vuelva irrecuperables. No deben almacenarse combustibles ni otros productos químicos en la Zona, salvo que esto se haya autorizado específicamente en las condiciones del permiso. Estos deben almacenarse y manipularse de manera de reducir al mínimo el riesgo de su introducción accidental en el medioambiente. Los materiales que se introduzcan en la Zona deberán permanecer en ella solo durante un período determinado y deben retirarse al concluir el periodo establecido. Si se produce alguna fuga o derrame que pueda arriesgar los valores de la Zona, se recomienda extraer el material únicamente si es improbable que el efecto de dicho retiro sea mayor que el de dejar el material *in situ*. Se deberá avisar a las autoridades pertinentes sobre los escapes de materiales que no se hayan retirado y que no estén incluidos en el permiso autorizado.

### 7 vii) Recolección de flora y fauna autóctonas o su alteración perjudicial

Están prohibidas la recolección de flora y fauna autóctonas o su alteración perjudicial, excepto con un permiso otorgado de conformidad con el Anexo II al Protocolo al Tratado Antártico sobre Protección del Medio Ambiente. En caso de recolección de animales o su intromisión perjudicial, se debería usar como norma mínima el *Código de conducta del SCAR para el uso de animales con fines científicos en la Antártida.*

### 7 viii) Recolección o traslado de materiales que el titular del permiso no haya llevado a la Zona

La recolección o retiro de materiales no llevados a la Zona por el titular del Permiso deberán realizarse únicamente según lo establecido en el permiso y se limitarán al mínimo necesario para satisfacer las necesidades científicas o de gestión.

Otros materiales de origen humano susceptibles de comprometer los valores de la Zona y que no hayan sido introducidos en esta por el titular del permiso o autorizados de otro modo, podrán ser retirados de la Zona a menos que el efecto ambiental provocado por su traslado sea probablemente mayor que los efectos que pueda ocasionar dicho material en el lugar. Si este fuera el caso, se debe notificar a la autoridad nacional pertinente y obtener su aprobación.

### 7 ix) Eliminación de desechos

Como norma mínima, todos los desechos se eliminarán de conformidad con el Anexo III al Protocolo al Tratado Antártico sobre Protección del Medio Ambiente. Además, todos los residuos deberán ser retirados de la Zona. Los residuos líquidos humanos pueden desecharse en el mar. Los residuos sólidos de origen humano no deben verterse al mar, en cambio, deben ser retirados de la Zona. No se debe verter ningún residuo sólido o líquido humano en tierra firme.

### 7 x) Medidas que podrían ser necesarias para garantizar el continuo cumplimiento de los objetivos y las finalidades del Plan de gestión

- Se podrán conceder permisos para ingresar en la Zona a fin de realizar actividades de investigación científica, seguimiento e inspección del sitio, las que podrían incluir la recolección de un número pequeño de muestras para análisis, emplazar o reparar carteles, o implementar medidas de protección.
- Todos los sitios donde se realicen observaciones a largo plazo deberán estar debidamente marcados y se deberán mantener los señalizadores o letreros.
- Las actividades científicas se deben realizar de conformidad con el *Código de Conducta Ambiental sobre el Trabajo de Investigación sobre el Terreno en la Antártida* del SCAR.

### 7 xi) Requisitos relativos a los informes

El titular principal de un permiso para cada visita a la Zona debe presentar un informe ante la autoridad nacional correspondiente tan pronto como sea posible, y no más allá de los seis meses luego de concluida la visita. Dichos informes deberán incluir, según corresponda, la información señalada en el formulario de informe de la visita contenido en la Guía para la Preparación de Planes de Gestión para las Zonas Antárticas Especialmente Protegidas. Si corresponde, la autoridad nacional debe remitir una copia del informe de la visita a la Parte que haya propuesto el Plan de Gestión, como ayuda en la gestión de la Zona y en la revisión del Plan de Gestión. Las Partes deben, de ser posible, depositar los originales de los informes de visita originales, o una copia de estos, en un archivo de acceso público a fin de mantener un registro del uso, para fines de revisión del Plan de Gestión y también para fines de organizar el uso científico de la Zona.

## 8. Documentación de apoyo

Croxall, J. P., Rootes, D. M. & Price, R. A. 1981. Increases in penguin populations at Signy Island, South Orkney Islands. *British Antarctic Survey Bulletin* 54, 47-56.

Croxall, J. P., Steele, W. K, McInnes, S. J., and Prince, P.A. 1995. Breeding distribution of the Snow Petrel *Pagodroma nivea. Marine Ornithology* 23, 69-99.

Harris, C.M., Lorenz, K., Fishpool, L.D.C., Lascelles, B., Cooper, J., Coria, N.R., Croxall, J.P., Emmerson, L.M., Fijn, R.C., Fraser, W.L., Jouventin, P., LaRue, M.A., Le Maho, Y., Lynch, H.J., Naveen, R., Patterson-Fraser, D.L., Peter, H.-U., Poncet, S., Phillips, R.A., Southwell, C.J., van Franeker, J.A., Weimerskirch, H., Wienecke, B., and Woehler, E.J. 2015. *Important Bird Areas in Antarctica 2015*. BirdLife International and Environmental Research & Assessment Ltd., Cambridge.

Longton, R.E. 1967. Vegetation in the maritime Antarctic. In Smith, J.E., *Editor*, A discussion of the terrestrial Antarctic ecosystem. *Philosophical Transactions of the Royal Society of London*, B, 252, 213-235.

Morgan, F., Barker, G., Briggs, C., Price, R. and Keys, H. 2007. Environmental Domains of Antarctica Version 2.0 Final Report, Manaaki Whenua Landcare Research New Zealand Ltd. 89 pp.

Ochyra, R., Bednarek-Ochyra, H. and Smith, R.I.L. *The Moss Flora of Antarctica*. 2008. Cambridge University Press, Cambridge. 704 pp.

Øvstedal, D.O. and Smith, R.I.L. 2001. *Lichens of Antarctica and South Georgia. A Guide to their Identification and Ecology*. Cambridge University Press, Cambridge, 411 pp.

Peat, H., Clarke, A., and Convey, P. 2007. Diversity and biogeography of the Antarctic flora. *Journal of Biogeography,* 34, 132-146.

Poncet, S., and Poncet, J. 1985. A survey of penguin breeding populations at the South Orkney Islands. *British Antarctic Survey Bulletin* 68, 71-81.

Smith, R. I. L. 1972. British Antarctic Survey science report 68. British Antarctic Survey, Cambridge, 124 pp.

Smith, R. I. L. 1984. Terrestrial plant biology of the sub-Antarctic and Antarctic. In: Antarctic Ecology, Vol. 1. Editor: R. M. Laws. London, Academic Press.

Figure 1. Map showing the location of Moe Island in relation to the South Orkney Islands and the other protected areas in the region. Inset: the location of the South Orkney Islands in Antarctica.

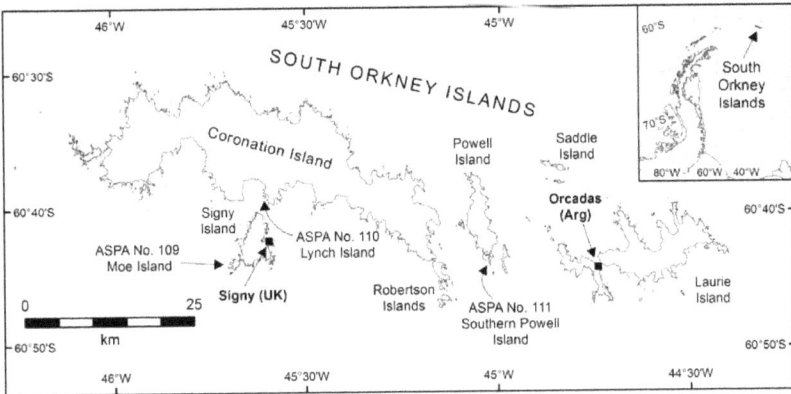

Figura 1. Ubicación de la isla Moe en relación con las islas Orcadas del Sur y demás zonas protegidas de la región. <u>Recuadro</u>: ubicación de las islas Orcadas del Sur en la Antártida.

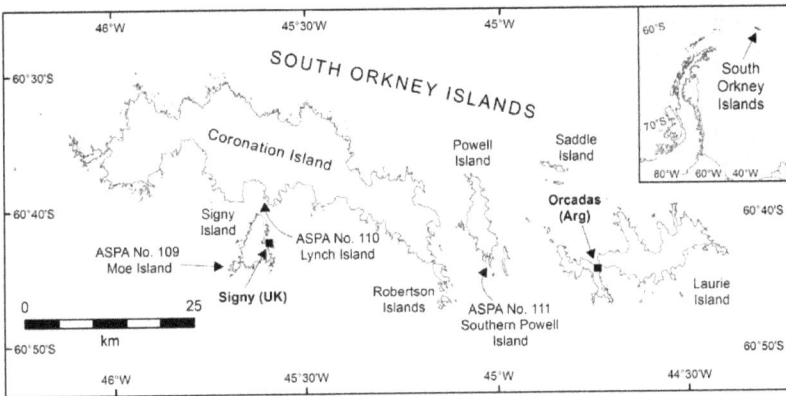

Figura 2.  Mapa de la isla Moe con mayor detalle.

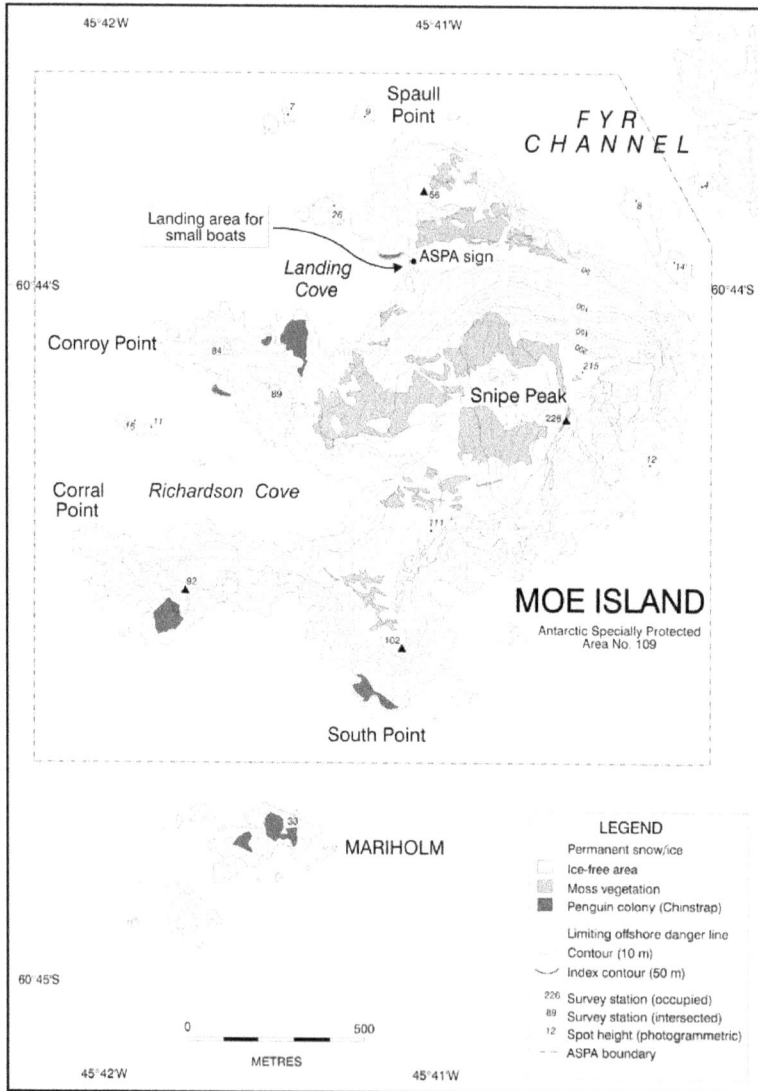

Figura 3. Imagen satelital de color simulado de la ZAEP n.° 109, isla Moe, islas Orcadas del Sur, que resalta en color rojo la presencia de vegetación.

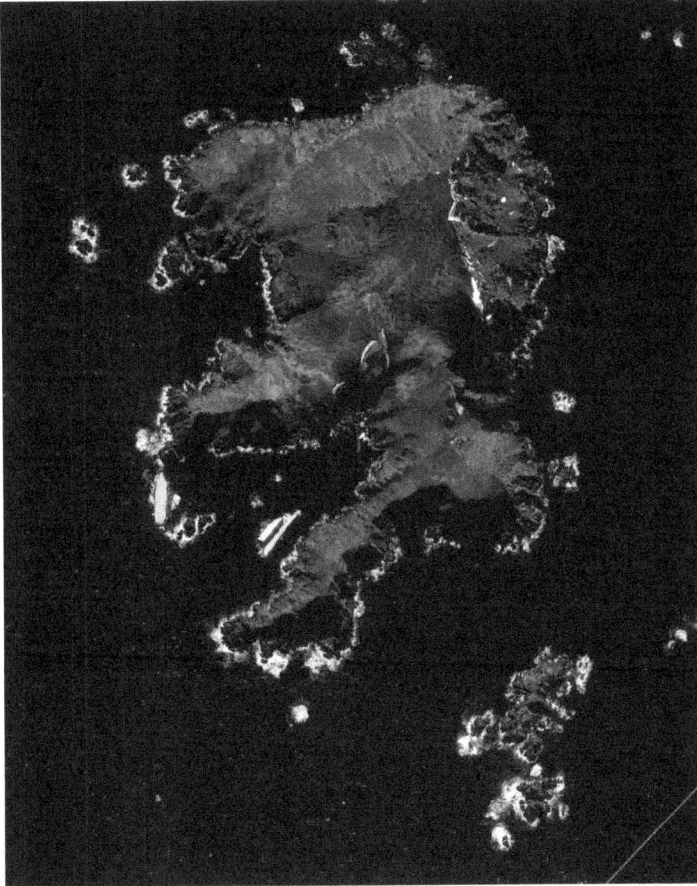

Informe Final de la XL RCTA

Figura 4. Índice de vegetación de diferencia normalizada (NDVI), derivado de imágenes satelitales para la ZAEP n.°109, isla Moe, islas Orcadas del Sur, donde se muestra una cubierta de vegetación con una escala de colores de blanco → anaranjado → rojo, donde el rojo indica los valores más altos del NDVI.

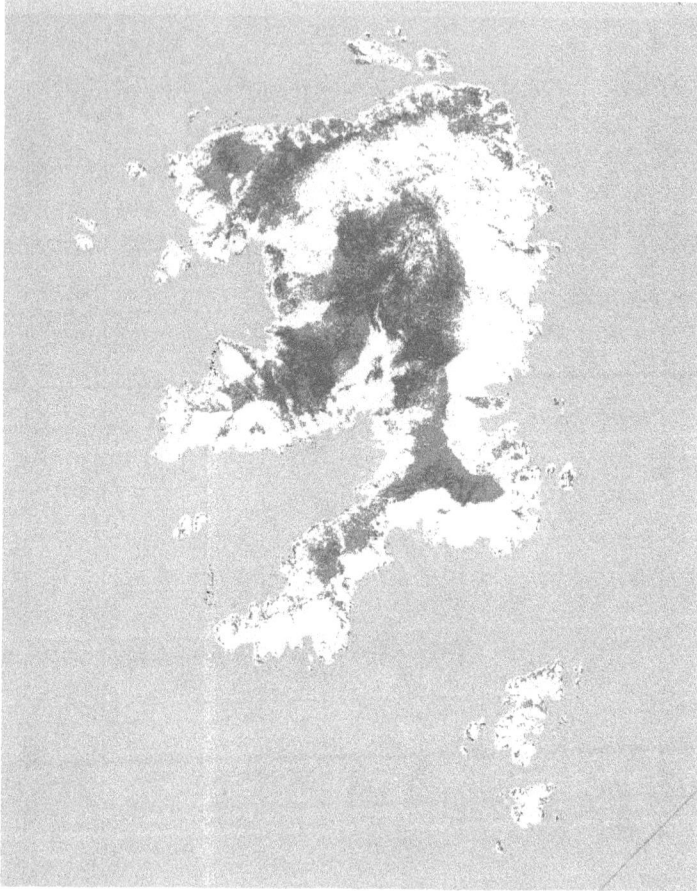

# Plan de Gestión para la Zona Antártica Especialmente Protegida n.° 110

# ISLA LYNCH, ISLAS ORCADAS DEL SUR

## Introducción

La razón primordial para designar a la isla Lynch, islas Orcadas del Sur (latitud 60°39'10'' S, longitud 045°36'25'' O; 0,14 km²), como Zona Antártica Especialmente Protegida (ZAEP) 110, es la protección de los valores medioambientales y, en especial, la flora terrestre dentro de la Zona.

La isla Lynch, bahía Marshall, islas Orcadas del Sur, fue originalmente designada como Zona Especialmente Protegida mediante la Recomendación IV - 14 (1966, ZEP n.° 14) a raíz de una propuesta presentada por el Reino Unido. Su designación se debía a que la isla "contiene una de las superficies más extensas y densas de pasto (*Deschampsia antarctica*) conocidas en la zona del Tratado Antártico y que brinda un destacado ejemplo de un sistema ecológico natural". Estos valores fueron ampliados mediante la Recomendación XVI - 6 (1991), cuando se aprobó un Plan de Gestión para el sitio.

La isla Lynch se encuentra a 2,4 Km. de la isla Signy, donde funciona la estación de investigación Signy (Reino Unido), y a unos 200 m de la isla Coronación, la mayor de las islas Orcadas del Sur. Se le ha otorgado protección especial a la Zona durante la mayor parte del período de actividad científica moderna en la región, y se han otorgado permisos de ingreso únicamente por razones científicas indispensables. Por lo tanto, la isla no ha sido objeto de visitas, investigación científica o muestreo frecuentes. El número de lobos finos antárticos en las islas Orcadas del Sur ha aumentado considerablemente desde 1983, con la consiguiente destrucción de las zonas de vegetación accesibles allí donde lobos entran a la costa. Ciertas zonas de vegetación de la isla Lynch han sido dañadas, como por ejemplo, las zonas accesibles de bancos de musgo de *Polytrichum* y *Chorisodontium* así como de *Deschampsia* en los lados noreste y este de la isla, donde el daño ha sido considerable. Una visita realizada en febrero de 2011 registró la presencia de lobos finos antárticos en el sector este de la isla (que prácticamente divide el sitio de desembarco [lat. 60°39'05" S, long. 045°36'12" O; Figura 2] y la cima de la isla [lat. 60°39'05" S, long. 045°36'12" O]). Se observó la presencia de focas en el punto más elevado de la isla, y se registraron 30 focas en la cima. Pese a ello, tanto el pasto antártico *Deschampsia antarctica* como el *Colobanthus quitensis* parecen proliferar. Según se informó en febrero de 2011, la zona cubierta por *Deschampsia* es más vasta que en el informe anterior (febrero de 1999). El pasto ha crecido en abundancia y ha aumentado su rango de distribución en una zona al este de la isla, la que se extiende hacia el oeste hasta el punto más elevado de la isla, cubre ampliamente la cima y toda el área que rodea el montículo que determina la cima (Figura 3). Durante una visita realizada en febrero de 1999 se observó que las zonas más exuberantes de pasto en las laderas norte y noroeste aún no se veían afectadas, y se confirmó esta observación durante una visita realizada en febrero de 2011. Pese a que hay cierta destrucción localizada, hasta el momento los valores de la isla antes mencionados no se han visto profundamente comprometidos por el acceso ya sea de seres humanos o de focas.

La Resolución 3 (2008) recomendaba usar el Análisis de Dominios Ambientales para el continente antártico□ como modelo dinámico para identificar las zonas antárticas especialmente protegidas aplicando los criterios ambientales y geográficos sistemáticos referidos en el Artículo 3(2) del anexo V del Protocolo (véase también Morgan et al., 2007). La ZAEP 110 no se encuentra categorizada en Morgan *et al.*; sin embargo, es probable que la ZAEP 110 se encuentre dentro de un Dominio ambiental G (Geológico de islas costa afuera de la Península Antártica). La escasez del Dominio ambiental G en relación con las demás áreas de dominios ambientales significa que se han invertido grandes esfuerzos en conservar los valores encontrados en otras partes dentro de este tipo de ambiente: otras áreas protegidas que contienen el Dominio G son las ZAEP 109, 111, 112, 125, 126 128, 145, 149, 150 y 152, y las ZAEA 1 y 4.

La Resolución 6 (2012) recomienda el uso de las Regiones Biogeográficas de Conservación de la Antártida (RBCA) en la "la identificación de zonas que pueden ser designadas como Zonas Antárticas Especialmente Protegidas en el marco del criterio ambiental y geográfico sistemático mencionado en el Artículo 3 (2) del Anexo V al Protocolo Ambiental". La ZAEP n.° 110 se encuentra dentro de la Región Biogeográfica de Conservación de la Antártida (RBCA) 2, islas Orcadas del Sur.

Las otras dos ZAEP presentes dentro de las islas Orcadas del Sur (la ZAEP n.° 109, isla Moe, la ZAEP n.° 111, isla Powell del Sur y las islas adyacentes) fueron principalmente designadas para proteger la vegetación terrestre y las comunidades de aves. La isla Lynch complementa la red local de ZAEP, al proteger una muestra representativa del ecosistema marítimo de la Antártida, incluidas las comunidades terrestres dominadas por fanerógamas.

## 1. Descripción de los valores que requieren protección

Luego de una visita a la ZAEP, realizada en febrero de 2011, los valores especificados en la designación anterior fueron revisados. Los valores de la Zona se exponen de la siguiente manera:

- La Zona contiene exuberantes matas del pasto antártico *Deschampsia antarctica* y también abunda el clavel antártico (*Colobanthus quitensis*), la otra única planta de floración en la Antártida. Es también uno de los pocos lugares en que el pasto *Deschampsia* crece directamente en bancos de musgo de *Polytrichum-Chorisodontium*.
- Si bien la vegetación de criptógamos es típica de la región, en la isla hay diversas variedades de musgo (*Polytrichastrum alpinum* (= *Polytrichum alpinum*) y *Muelleriella crassifolia*) que son excepcionalmente fértiles dada su ubicación meridional. Posiblemente sea el único lugar conocido de la Antártida en donde la *Polytrichastrum alpinum* desarrolla abundantes esporofitas cada año. Asimismo, la *Polytrichum strictum* (=*Polytrichum alpestre*) ocasionalmente produce florescencias macho en abundancia local, caso extraño en esta especie dentro de la Antártida, y el raro musgo *Plagiothecium ovalifolium*, aparece en las grietas de las rocas húmedas y a la sombra, cerca de la costa.
- El suelo de tipo arcilloso, poco profundo, que se asocia a estos pastizales, contiene una rica fauna invertebrada. La densidad poblacional de la comunidad de artrópodos que aparece con la *Deschampsia* en la isla Lynch aparece excepcionalmente alta. Algunas mediciones indican que es la más alta del mundo. El sitio tiene también una diversidad que es poco común en un sitio Antártico. También se encontró un raro gusano del tipo *enchytraeidia* en el musgo húmedo, entre las grietas en la roca de la parte norte de la isla. Una especie de artrópodo, la *Globoppia loxolineata*, está próxima al límite septentrional de su propia distribución, y los especímenes tomados en la isla Lynch mostraron características morfológicas extrañas cuando se la comparó con los especímenes obtenidos en otros sectores de las islas Orcadas del Sur, dentro de la Península Antártica.
- La bacteria *Chromobacterium* y las levaduras y hongos se encuentran con densidades mayores que en la isla Signy. Se cree que se debe a la menor acidez de los suelos donde crece la *Deschampsia* y el microclima más favorable de la isla Lynch.

- Es posible que el suelo poco profundo de grava de tipo arcilloso que se encuentra bajo estos pastizales de *Deschampsia*, represente uno de los tipos de suelo más avanzados de la Antártida.

## 2. Finalidades y objetivos

La finalidad de la gestión en la isla Lynch consiste en:

- evitar modificaciones importantes en la estructura y la composición de la vegetación terrestre;
- prevenir la perturbación innecesaria de la Zona por los seres humanos;
- evitar o reducir a un mínimo la introducción en la Zona de plantas, animales y microorganismos no autóctonos;
- permitir la investigación científica en la Zona, siempre que sea por razones indispensables que no puedan llevarse a cabo en otro lugar y siempre que no ponga en peligro el ecosistema natural de la Zona;
- garantizar que la flora y fauna no resulten adversamente afectadas por el excesivo muestreo en la Zona;
- permitir visitas con fines de gestión concordantes con los objetivos del Plan de Gestión;
- reducir al mínimo la posibilidad de introducir agentes patógenos que pudieran causar enfermedades en las poblaciones de vertebrados de la Zona.

## 3. Actividades de gestión

En aras de proteger los valores de la Zona se deberán emprender las siguientes actividades de gestión:

- Se realizarán las visitas que sean necesarias para determinar si la ZAEP continúa sirviendo a los fines para los cuales fue designada, y para garantizar que las medidas de gestión y mantenimiento sean apropiadas.
- El Plan de gestión debe ser revisado al menos una vez cada cinco años, y debe ser actualizado conforme sea necesario.
- Los hitos, señalizadores o estructuras instaladas en la Zona con fines científicos o de gestión deberán estar bien sujetos y en buen estado, y serán retirados cuando ya no sean necesarios.
- De conformidad con los requisitos del Anexo III al Protocolo al Tratado Antártico sobre Protección del Medio Ambiente, los equipos o materiales abandonados deberán retirarse en la mayor medida posible, siempre y cuando ello no produzca un impacto adverso sobre el medioambiente o los valores de la Zona.
- Debe ponerse a disposición una copia del presente Plan de Gestión en la estación de investigación Signy (Reino Unido, 60°42′30″ S, 045°36′30″ O) y en la estación Orcadas (Argentina; 60°44′15″ S, 044°44′20″ O).
- Cuando resulte adecuado, se alienta a los Programas Antárticos Nacionales a mantener un estrecho contacto a fin de garantizar la implementación de las actividades de gestión. En particular, se alienta a los Programas Antárticos Nacionales a consultarse entre sí, a fin de prevenir la toma excesiva de muestras de material biológico dentro de la Zona. Se recomienda también a los Programas Nacionales Antárticos considerar la

implementación conjunta de las directrices con el propósito de reducir al mínimo la introducción y dispersión de especies no autóctonas dentro de la Zona.

- Todas las actividades científicas y de gestión desarrolladas dentro de la Zona deben estar sujetas a una Evaluación de Impacto Ambiental, de conformidad con los requisitos establecidos en el Anexo I al Protocolo al Tratado Antártico sobre Protección del Medio Ambiente.

### 4. Período de designación

Designación por tiempo indeterminado.

### 5. Mapas e imágenes

Figura 1. Ubicación de la isla Lynch en relación con las islas Orcadas del Sur y demás zonas protegidas de la región. <u>Recuadro</u>: ubicación de las islas Orcadas del Sur en la Antártida. Especificaciones cartográficas: Proyección: polar antártica estereográfica WGS84. Paralelo estándar: 71 °S. Meridiano central: 45 °O.

Figura 2. ZAEP 110, mapa topográfico de la isla Lynch, islas Orcadas de Sur. Proyección: cónica conforme de Lambert. Paralelos normales: 1er 60°40'00'' O; 2do 63°20'00'' S. Meridiano central: 045°26'20'' O. Latitud de Origen: 63°20'00'' S. Esferoide: WGS84. Nivel de referencia: Nivel medio del mar. Precisión horizontal de los puntos de control: ±1 m.

Figura 3. Índice de vegetación de diferencia normalizada (NDVI, por sus siglas en inglés), derivado de la imagen satelital de la ZAEP 110, isla Lynch, islas Orcadas del Sur, que muestra una cubierta de vegetación de color verde con el uso de una escala de color de amarillo → naranjo → rojo, y en el cual el rojo indica el valor más alto del NDVI.

### 6. Descripción de la Zona

*6(i) Coordenadas geográficas, indicaciones de límites y rasgos naturales*

LÍMITES Y COORDENADAS
La Zona abarca toda la isla Lynch pero excluye todas las islas e islotes adyacentes sin nombre. La Zona abarca todo el territorio libre de hielo, el hielo permanente y semipermanente ubicado dentro de la isla Lynch, pero excluye el medio marino que se extiende más allá de 10 m costa afuera desde la línea de bajamar (mapa 2). No se han colocado las indicaciones de límites debido a que la costa propiamente dicha está bien delimitada y es un límite visual evidente.

DESCRIPCIÓN GENERAL
La isla Lynch (latitud 60°39'10" S, longitud 045°36'25" O), es una isla pequeña ubicada en el extremo oriental de la bahía Marshall en las islas Orcadas del Sur, a unos 200 m al sur de la isla Coronación y a 2,4 km. al norte de la isla Signy (mapa 1). La isla, de 500 x 300 m, tiene acantilados bajos de hasta 20 m de altura en sus lados sur, este y oeste, cortados por barrancos llenos de canto rodado. En el lado norte hay un acantilado bajo por debajo de una terraza rocosa, a unos 5-8 m de altura, por encima del cual se elevan laderas moderadas hasta una meseta ancha que se encuentra a unos 40 - 50 m, con una altura máxima de 57 m. Hay una playa, en el extremo oriental de la costa norte, que permite un acceso fácil a las laderas relativamente suaves que llevan a la zona de la meseta central. Los acantilados de la costa, por regla general,

dificultan el acceso a la parte superior de la isla por otros caminos, aunque el acceso es posible a través de uno o dos de los barrancos situados al este y norte. En verano aparecen pequeños arroyos de deshielo temporarios en las laderas, pero no hay arroyos o charcas permanentes, y aparecen muy escasas manchas de nieve tardías en el sur de la isla. No hay datos meteorológicos disponibles para la isla Lynch, pero a grandes rasgos se anticipa que las condiciones sean las mismas que en la estación de investigación Signy. Sin embargo, observaciones puntuales tienden a indicar que hay diferencias microclimáticas significativas en la isla Lynch como pareciera indicarlo el mayor grado de profusión de las comunidades de flora. La isla está expuesta a los vientos sudoeste y a vientos catabáticos y föhn (vientos calientes y secos) que bajan de la isla Coronación hacia el norte. No obstante, por otra parte la isla está bastante resguardada de los vientos del norte, este y sur que provienen de la isla Coronación, del cabo Hansen y de la isla Signy, respectivamente. El efecto föhn puede aumentar rápidamente la temperatura del aire en hasta 10° C en la isla Signy. Se ha observado con frecuencia que la isla Lynch es soleada mientras la región circundante está cubierta de nubes bajas. El ángulo de incidencia solar es también relativamente alto en el sector norte de la isla debido a su pendiente y aspecto generales. Los factores mencionados pueden constituir razones importantes para explicar la abundancia de las dos plantas de floración encontradas en la isla.

GEOLOGÍA

El lecho rocoso de la isla Lynch consiste en cuarzo-feldespático y esquistos micáceos del complejo metamórfico Scotia, pero tiene poca exposición y las rocas equivalentes se notan mucho más en la zona del cabo Hansen, al este de la isla Coronación.

EDAFOLOGÍA

En isla Lynch se han identificado tres tipos de suelo principales:

(i) una turba ácida (pH 3,8 - 4,5) con musgo conformada por los musgos de crecimiento alto *Chorisodontium aciphyllum* y *Polytrichum strictum* (=*Polytrichum alpestre*), que aparece sobre todo en el extremo noreste de la isla. Esta turba llega hasta una profundidad de unos 50 cm y es similar a la turba de la isla Signy donde llega hasta una profundidad de 2 m. Cuando la profundidad de la turba excede los 30 cm se produce permafrost. En los pocos lugares en los cuales el sustrato está húmedo, se acumuló una turba de escasa profundidad (10-15 cm) con un pH de 4,8 a 5,5 bajo los musgos *Warnstorfia laculosa* (=*Calliergidium austrostramineum*) y *Sanionia uncinata* (=*Drepanocladus uncinatus*) que forman tapetes.

(ii) un suelo poco profundo, de grava arcillosa y que se parece a los suelos marrones de la tundra bajo densas matas del pasto *Deschampsia antarctica*. Raras veces tiene una profundidad de más de 30 cm (pH 5,0 - 5,8) y probablemente sea uno de los tipos de suelo más avanzado de la Antártida.

(iii) un aluvión glacial con material que va desde la arcilla fina (pH 5,2 - 6,0) y arena hasta grava y piedras mayores. Esto recubre la meseta de la cumbre y se produce en depresiones rocosas en toda la isla, al igual que en la terraza rocosa. En la meseta, la crioturbación ha subdividido el material en varios sectores creando patrones de pequeños círculos y polígonos de piedra en el piso horizontal y líneas en el piso con pendiente. En el extremo noreste de la isla, los depósitos de conchuela de lapa (*Nacella concinna*) traídos por la gaviota dominicana (*Larus dominicanus*) ha producido un suelo mineral más calcáreo en las depresiones rocosas, con un pH de 6,5 -6,8.

FLORA TERRESTRE

En gran parte de la isla se encuentra la vegetación de criptógamos y fanerógamos típica de la Antártida marítima (Figura 3). El uso de técnicas de teledetección (índice de vegetación de diferencia normalizada) reveló que la zona de vegetación de color verde dentro de la ZAEP alcanza los 35 000 m² (25 % del área de la ZAEP). Los aspectos más significativo de la vegetación son la abundancia y el éxito reproductivo de las dos plantas antárticas autóctonas de floración, el pasto antártico (*Deschampsia antarctica*) y el clavel antártico (*Colobanthus quitensis*), que se encuentra sobre todo en las laderas septentrionales (mapa 3). Ambas especies florecen abundantemente y la viabilidad de sus semillas es mucho mayor que en la isla Signy. La isla Lynch tiene los mayores rodales de *Deschampsia* y la mayor abundancia de *Colobanthus* que se conozca en las islas Orcadas del Sur y una de las más extensas de toda la zona del Tratado Antártico. En la terraza rocosa y la ladera húmeda que se encuentra por encima de la costa norte, el pasto forma extensos tapetes de césped de hasta 15 x 50 m. Estos tapetes van de rodales continuos de plantas relativamente exuberantes en los sitios y bancos más húmedos a plantas pequeñas, amarillentas, más ralas en el terreno más seco, pedregoso y expuesto. En general, el *Colobanthus* se asocia también con el pasto, pero aquí las plantas no se agrupan conformando manchones. Es uno de los pocos sitios conocidos donde la *Deschampsia* crece directamente en bancos del musgo *Polytrichum-Chorisodontium*. En otros puntos de la isla, el pasto, y, en menor medida, el clavel antártico se asocian con frecuencia a otras comunidades, especialmente los rodales de vegetación de páramos rocosos más densos, donde los diversos musgos y líquenes (particularmente hacia el extremo occidental de la terraza norte) permiten una cobertura bastante alta.

Son frecuentes los bancos poco profundos pero a veces extensos (unos 50 m²) de *Chorisodontium aciphyllum* y *Polytrichum strictum* en el extremo noroeste de la isla y, en menor medida, en el lado sur. Son típicos de los bancos de musgo que se producen en la isla Signy y en otros sectores de la Antártida marítima septentrional, con varios líquenes del tipo fruticoso y crustoso, que crecen de manera epifita en la superficie del musgo. En las pequeñas depresiones húmedas, hay tapetes de *Warnstorfia laculosa* y *Sanionia uncinata*, con algo de *Warnstorfia sarmentosa* (=*Calliergon sarmentosum*) y *Cephaloziella varians* (= *C. exiliflora*). Sobre los suelos húmedos y los bancos rocosos es frecuente el *Brachythecium austro-salebrosum*. En los suelos más pedregosos y con superficies rocosas más secas, más expuestos al viento, sobre todo en la zona de la meseta, una comunidad rocosa abierta típica de muchos briofitos y de formaciones de líquenes constituyen un complejo mosaico. Las especies dominantes en este lugar son los líquenes *Usnea antarctica* y *U. aurantiaco-atra* (=*U. fasciata*) y los musgos *Andreaea depressinervis*; *Sphaerophorus globosus* y otras especies de *Alectoria*, *Andreaea*, *Cladonia* y *Stereocaulon* también son comunes, no así las especies *Himantormia lugubris* y *Umbilicaria antarctica*. Los líquenes crustosos son abundantes en todas las superficies rocosas. Los musgos y macrolíquenes de esta zona están agarrados con poca fuerza en suelos finos y son vulnerables. En los cantos rodados protegidos y húmedos y en la cara de las rocas se encuentran grandes talos de las especies *Usnea* y *Umbilicaria antarctica*, especialmente en el sector sur de la isla.

Las comunidades de líquenes crustosos aparecen en los acantilados por encima de la marca de pleamar, especialmente en los lugares donde la roca se ve afectada por pájaros que allí anidan o se posan. La distribución de diversas especies conforma zonas distintivas en función de si son inundadas por el agua de mar que se rocía o si están expuestas al viento. Las comunidades mejor desarrolladas de tipo ornitocoprófilo de colores brillantes aparecen en el extremo occidental de la isla, donde son frecuentes las especies *Caloplaca*, *Haematomma erythromma*, *Mastodia tesselata*, *Physcia caesia*, *Xanthoria candelaria*, *X. elegans*, y *Buellia* y *Verrucaria*. El musgo halófilo *Muelleriella crassifolia*, poco frecuente, también aparece dentro de la zona rociada por el agua de mar alrededor de la isla.

El único musgo raro visto en la isla Lynch es el *Plagiothecium ovalifolium*, que se encuentra en las grietas de rocas a la sombra cerca de la costa. No obstante, la isla tal vez sea el único sitio conocido en la Antártida marina donde el musgo *Polytrichastrum alpinum* desarrolla cada año abundantes esporofitas. Esto ocurre entre las *Deschampsia*, *Colobanthus* y los criptógamos en el sector norte de la isla. En el resto de la Antártida las esporofitas pueden ser muy escasas algunos años. Asimismo, la especie *Polytrichum strictum* produce florescencias macho en abundancia local, fenómeno raro en esta especie en la Antártida. Si bien el talo agrimonia conocido como *Marchantia berteroana* es localmente común en la isla Signy, la isla Lynch es una de las muy contadas localidades, aparte de la anterior, donde se la conoce en las islas Orcadas del Sur. No se han observado en la isla Lynch algunas de las diversas especies de criptógamos de distribución sumamente restringida en la Antártida, pero que son comunes en la isla Signy y en tierra firme en la isla Coronación, a pocos metros de distancia.

## INVERTEBRADOS TERRESTRES

La fauna microinvertebrada asociada a los ricos pastos *Deschampsia* antes descritos comprende 13 tipos: tres tisanuros (*Cryptopygus antarcticus, Friesea woyciechowskii* e *Isotoma* (*Folsomotoma*) *octooculata* (=*Parisotoma octooculata*), un acárido mesoestigmático (*Gamasellus racovitzai*), dos acáridos criptoestigmátidos (*Alaskozetes antarcticus* y *Globoppia loxolineata*) y siete acáridos proestigmátidos (*Apotriophtydeus sp., Ereynetes macquariensis, Nanorchestes berryi, Stereotydeus villosus*, y tres especies de *Eupodes*). La cantidad de tipos identificados probablemente aumente con un muestreo más amplio. La comunidad está dominada por colémbolos, especialmente el *Cryptopygus antarcticus* (84 % de todos los artrópodos obtenidos), con cifras relativamente altas de *I. octooculata*. El principal acárido corresponde a una especie no determinada de *Eupodes*. El *Globoppia loxolineata* se encuentra cerca del límite septentrional de su distribución conocida. En general, la densidad poblacional de la comunidad de artrópodos en los montes de pasto de la isla Lynch parece ser excepcionalmente alta. Algunas mediciones parecen indicar que es una de las más altas del mundo, lo cual también es muestra de una gran diversidad para un sitio antártico, aunque esta observación se basó en un número pequeño de réplicas de muestra y haría falta un muestreo adicional para disponer de estimación más confiable de las densidades, algo difícil de lograr en la isla Lynch dada la escasa extensión de las comunidades disponibles para el muestreo.

La isla Lynch fue el primer sitio de la Antártida donde se encontró un enquitreido (en el suelo, bajo de musgo *Hennediella antarctica*, en un banco rocoso por encima de la costa septentrional). Solo en algunos lugares de las islas Orcadas del Sur se ha encontrado este gusano, aunque se han obtenido pocas muestras y falta identificar la especie. De la fauna tardígrada, la mayoría de los 16 especímenes aislados a partir de una muestra de *Brachythecium* correspondieron a *Hypsibius alpinus* y *H. pinguis* con algunos *H. dujardini*, en tanto que de los 27 especímenes aislados de una muestra de *Prasiola crispa*, casi todos correspondieron a especies tardías y algunos a otras especies de *Hypsibius*.

## MICROORGANISMOS

Los suelos minerales y orgánicos de la isla Lynch tienen un pH ligeramente superior a los suelos equivalentes de la vecina isla Signy. Este mayor estado de nutrientes y alcalinidad, junto con un microclima más favorable, se ve reflejado en el mayor número de bacterias (incluso el *Chromobacterium*), levaduras y hongos en comparación con suelos similares de la isla Signy. La cantidad de bacterias de la turba *Polytrichum* en la isla Lynch son superiores en un factor 8, y en la turba *Warnstorfia*, en un factor 6, a las turbas correspondientes de la isla Signy. Asimismo son mucho más abundantes las levaduras y hongos. El suelo asociado a las dos plantas de floración contenían varios hongos nematófagos: en el suelo con *Deschampsia* se encontraron *Acrostalagmus goniodes, Cephalosporium balanoides* y *Dactylaria gracilis*; en el de *Colobanthus, Cephalosporium balanoides, Dactylaria gracilis, Dactylella stenobrocha* y *Harposporium anguillulae*. En el musgo húmedo hay presencia del hongo basidiomiceto *Galerina antarctica* y el *G. longinqua*.

VERTEBRADOS

En la isla no hay colonias de pingüinos ni colonias importantes de otras aves que aniden allí. Hay grupos de pingüinos de barbijo (*Pygoscelis antarctica*), de Adelia (*P. adeliae*) y de pico rojo (*P. papua*) y, en ocasiones, cormoranes de ojos azules (*Phalacrocorax atriceps*) que se reúnen a menudo en los extremos noreste y oeste de la isla. A principios de los años 80, se observaron varias parejas de skúas pardas (*Catharacta lonnbergii*) y por lo menos dos parejas de gaviotas cocineras (*Larus dominicanus*) que anidaban en el extremo noreste. También puede aparecer una pequeña colonia de gaviotines antárticos (*Sterna vittata*) en la vecindad, aunque en febrero de 1994 no se observaran nidos. El petrel damero (*Daption capense*) y el petrel blanco (*Pagodroma nivea*) suelen anidar en los acantilados más altos en el extremo oriental y a lo largo de la costa noroeste de la isla. Pocas parejas de petrel blanco y petrel de Wilson (*Oceanites oceanicus*) anidan en los bancos y bajo los cantos rodados del lado sur de la isla.

Periódicamente se avistan focas de Weddell (*Leptonychotes weddellii*), focas cangrejeras (*Lobodon carcinophgus*), ocasionalmente focas leopardo (*Hydrurga leptonyx*) y pequeños grupos de elefantes marinos del sur (*Mirounga leonina*) en la costa y en los témpanos de la vecindad. No se sabe de ninguno que se reproduzca en la isla Lynch. Desde principios de los años 80 se han observado en la isla Lynch cantidades en aumento de lobos finos antárticos (*Arctocephalus gazella*), virtualmente todos machos jóvenes no reproductores, algunos de los cuales llegan hasta las pendientes menos escarpadas del noroeste donde hay zonas con vegetación, causando daños que, aunque localizados, son graves, a los bancos de musgo de *Polytrichum-Chorisodontium* y otras comunidades.

El acceso de las focas a la playa se hace principalmente desde la playa de la costa noreste. Una vez que logran llegar hasta allí, no existen otras trabas geográficas considerables para que se puedan desplazar más ampliamente por la isla, observándose grupos de focas cerca de la cumbre. En 1988 se notificó por primera vez la destrucción de campos de *Deschampsia*. En la inspección más reciente de la isla (febrero de 2011) se observó que las zonas más exuberantes de *Deschampsia* y *Colobanthus* sobre las laderas norte y noroeste aún no habían sido afectadas. Las zonas accesibles de vegetación, en los sectores oriente y nororiente de la isla, en especial los bancos de musgo de *Polytrichum* y *Chorisodontium* habían resultado seriamente dañados por la presencia de lobos finos antárticos. En algunas de las áreas al este y noreste que han sido severamente afectadas por los lobos finos, la *Deschampsia* y *Colobanthus* han sido dañadas o han desaparecido, pero en zonas menos afectadas a mayores altitudes, estas plantas continúan creciendo, y es posible que aumenten en abundancia y extiendan su rango de distribución en la isla (véase el mapa 3).

*6 (ii) Acceso a la Zona*

- Siempre que resulte posible, se utilizará una lancha para el acceso. El acceso desde el mar debería hacerse desde la ribera este de la costa norte de la isla (lat. 60°39'05" S, long. 045°36'12" O, mapa 2), a menos que el permiso autorice específicamente el desembarco en otro punto, o cuando el desembarco en esta costa no pueda realizarse debido a condiciones adversas.
- En circunstancias excepcionales, cuando resulte necesario para fines acordes a los objetivos del Plan de Gestión, se permitirá el aterrizaje de helicópteros dentro de la Zona.
- El aterrizaje de helicópteros dentro de la Zona se realizará en la ubicación designada en la plataforma rocosa (8 m) en el extremo noroeste de la isla (lat. 60°39'04,5" S, long. 045°36'12" O, mapa 2).
- Dentro de la Zona, como requisito mínimo, la operación de aeronaves debería llevarse a cabo conforme a los Lineamientos para la operación de aeronaves cerca de las concentraciones de aves, contenidas en la Resolución 2 (2004). En los casos en que las

condiciones exijan que la aeronave vuele a una altura menor que la recomendada en las Lineamientos, la aeronave deberá mantenerse a la máxima altura posible y reducir a un mínimo la duración del tránsito.

- Se prohíbe el uso de granadas de humo de helicópteros en la Zona salvo que sea imprescindible por motivos de seguridad. Si se usan granadas de humo, todas ellas deberán ser recuperadas.

### 6(iii) Ubicación de estructuras dentro de la Zona y en sus proximidades

No hay estructuras en la Zona, aparte de los diversos montículos de piedras que marcan los sitios que se usan para estudios topográficos. El montículo que determina la cima de la isla se ubica en la lat. 60°39'05" S, long. 045°36'12" O. En febrero de 1994 se instaló un cartel señalizador del estado de protección de la isla Lynch sobre un prominente afloramiento rocoso sobre la playa recomendada para desembarcar, el que fue destruido por los fuertes vientos.

La estación de investigación de Signy (Reino Unido) se encuentra a 6,4 km al sur, en la caleta Factory, bahía Jorge, en la isla Signy.

### 6(iv) Ubicación de las zonas protegidas en las cercanías

Las zonas protegidas más próximas a la isla Lynch son la isla Moe (ZAEP n.º 109), que está a unos 10 km. al SSO, y la isla Powell del Sur e islas adyacentes (ZAEP n.º 111), a unos 35 Km. al este (mapa 1).

### 6(v) Áreas especiales dentro de la Zona

Ninguna.

## 7. Condiciones para la expedición de permisos

### 7(i) Condiciones generales para la expedición de permisos

Se prohíbe el ingreso en la Zona excepto con un permiso expedido por una autoridad nacional pertinente designada de conformidad con el Artículo 7 del Anexo V del Protocolo al Tratado Antártico sobre Protección del Medio Ambiente.

Las condiciones para la expedición de un permiso de ingreso a la Zona son las siguientes:

- se expedirán permisos para fines científicos indispensables que no puedan llevarse a cabo en otro lugar; o
- se expedirán permisos con fines de gestión indispensables tales como inspección, mantenimiento o examen;
- las acciones permitidas no pondrán en peligro el sistema ecológico natural de la Zona;
- toda actividad administrativa deberá respaldar los objetivos del Plan de Gestión;
- las actividades permitidas deberán realizarse en conformidad con el presente Plan de Gestión;
- se deberá portar el permiso, o una copia autorizada de este, dentro de la Zona;
- se expedirá el permiso solo para el período indicado;
- se deberá presentar un informe a la autoridad o las autoridades que figuren en el permiso;
- se deberá informar a las autoridades pertinentes sobre cualquier actividad o medida que no esté comprendida en el permiso autorizado.

*7 (ii) Acceso a la Zona y desplazamientos en su interior o sobre ella*

- Se prohíbe la circulación de vehículos terrestres en la Zona.

- Los desplazamientos dentro de la Zona se realizarán a pie.

- Se prohíbe el desplazamiento a pie más allá del área inmediatamente colindante con su lugar de aterrizaje o desembarco de los pilotos, la tripulación de helicópteros o embarcaciones u otras personas a bordo de helicópteros o embarcaciones, a menos que hacerlo esté autorizado específicamente en el permiso.

- La circulación a pie deberá reducirse al mínimo de conformidad con los objetivos de toda actividad autorizada, y se deberá hacer el mayor esfuerzo posible por reducir al mínimo los efectos de las pisadas, por ejemplo, todo desplazamiento deberá realizarse con cuidado para reducir a un mínimo la perturbación del suelo y las superficies con vegetación, y se debe caminar sobre terreno rocoso siempre que sea posible.

- No se debe permitir el sobrevuelo de colonias de aves por sistemas de aeronaves dirigidas por control remoto (RPAS, por sus siglas en inglés) al interior de la Zona, excepto con fines científicos o de operación, y de conformidad con un permiso expedido por una autoridad nacional competente

*7 (iii) Actividades que pueden llevarse a cabo dentro de la Zona*

- Investigaciones científicas indispensables que no puedan llevarse a cabo en otro lugar y que no pongan en peligro al ecosistema de la Zona.
- Actividades indispensables de gestión, incluida la observación.

*7(iv) Instalación, modificación o desmantelamiento de estructuras*

No se podrán instalar dentro de la Zona nuevas estructuras ni equipos científicos, salvo para actividades científicas o de gestión indispensables y durante el plazo de validez preestablecido y especificado en el permiso. La instalación (incluida la selección del sitio), mantenimiento, modificación o desmantelamiento de las estructuras y equipos se deberán realizar de manera tal que se limite al mínimo la perturbación de los valores de la Zona. Todas las estructuras o equipo científico instalados en la Zona deben estar claramente identificados indicando el país al que pertenecen, el nombre del principal investigador y el año de su instalación. Todos estos elementos deberían estar libres de organismos, propágulos (por ejemplo semillas y huevos) y de suelo no estéril (véase la Sección *7[vi]*), y deberían estar confeccionados con materiales que soporten las condiciones ambientales y que representen el mínimo riesgo posible de contaminación de la Zona. El desmantelamiento de estructuras o equipos específicos para los cuales el permiso haya expirado debe ser una condición para el otorgamiento del permiso. Se prohíbe erigir estructuras o instalaciones permanentes.

*7(v) Ubicación de los campamentos*

Deben evitarse los campamentos al interior de la Zona. No obstante, cuando sea absolutamente necesario para los objetivos especificados en el permiso, se permitirá acampar en forma temporal en el sitio designado en el extremo noroeste de la isla (lat. 60°39'04" S, long. 045°36'12" O, mapa 2).

*7(vi) Restricciones relativas a los materiales y organismos que puedan introducirse en la Zona*

Se prohíbe la introducción deliberada de animales vivos, material vegetal o microorganismos en la Zona. A fin de mantener los valores de flora y medioambientales de la Zona, se deberían tomar precauciones especiales para evitar la introducción accidental de microbios, invertebrados o plantas provenientes de otros lugares de la Antártida, incluidas las bases, o de regiones de fuera de la Antártida. Deberá limpiarse o esterilizarse todo el equipo de recolección de muestras que se introduzca en la Zona, así como también los marcadores. Al nivel máximo practicable, deberán limpiarse rigurosamente el calzado y demás equipos utilizados o introducidos en la Zona (bolsas o mochilas incluidas) antes de su ingreso a la Zona. **Para obtener orientación más detallada, se deberá consultar** el *Manual sobre Especies No Autóctonas del CPA* (CPA, 2016) y el *Código de Conducta Ambiental sobre el Trabajo de Investigación sobre el Terreno en la Antártida* (SCAR, 2009).

No se deben introducir a la Zona herbicidas ni pesticidas. Cualquier otro producto químico, incluidos radionúclidos o isótopos estables, que se introduzca con los fines científicos o de gestión especificados en el Permiso deberá ser retirado de la Zona a más tardar cuando concluya la actividad para la cual se haya expedido el permiso. Debe evitarse la descarga directa al medioambiente de radionúclidos o isótopos estables de una manera que los vuelva irrecuperables. No deben almacenarse combustibles ni otros productos químicos en la Zona, salvo que esto se haya autorizado específicamente en las condiciones del permiso. Estos deben almacenarse y manipularse de manera tal de reducir a un mínimo el riesgo de su introducción accidental en el medioambiente. Los materiales que se introduzcan en la Zona deberán permanecer en ella sólo por un periodo determinado y deben retirarse al concluir dicho periodo. Si se producen vertimientos que puedan comprometer los valores de la Zona, se recomienda extraer el material únicamente si no es probable que el impacto de dicho retiro sea mayor que el de dejar el material *in situ*. Se deberá avisar a las autoridades pertinentes sobre los materiales liberados al medioambiente que no se hayan retirado y que no estén incluidos en el permiso autorizado.

### 7(vii) Recolección de flora y fauna autóctonas o su alteración perjudicial

Se prohíbe la toma de ejemplares de flora o fauna autóctonas y la intromisión perjudicial en estas, excepto con un permiso otorgado de conformidad con el Anexo II al Protocolo al Tratado Antártico sobre Protección del Medio Ambiente. En caso de recolección o intromisión perjudicial de animales, se deberá usar como norma mínima el *Código de Conducta del SCAR para el Uso de Animales con Fines Científicos en la Antártida*.

### 7(viii) Recolección o traslado de materiales que el titular del permiso no haya llevado a la Zona

La recolección o retiro de materiales que no hayan sido llevados a la Zona por el titular del permiso deberá realizarse según lo establecido en el permiso, y se limitará al mínimo necesario para satisfacer las necesidades científicas o de gestión.

No se expedirán permisos si existe una preocupación razonable en cuanto a que el muestreo propuesto conduzca a la toma, retiro o daño de una cantidad tal del suelo o de la flora o fauna autóctonas que su distribución o abundancia en la Zona se vean afectadas de forma significativa.

Otros materiales de origen humano susceptibles de comprometer los valores de la Zona y que no hayan sido ingresados a esta por el titular del permiso o autorizados de otro modo, podrán ser retirados de la Zona a menos que el impacto ambiental provocado por su traslado sea mayor que los efectos que pueda ocasionar dicho material en el lugar. Si este es el caso, se debe notificar a la autoridad nacional correspondiente y se debe obtener su aprobación.

### 7(ix) Eliminación de residuos

Como norma mínima, todos los residuos se eliminarán de conformidad con el Anexo III al Protocolo al Tratado Antártico sobre Protección del Medio Ambiente. Asimismo, todos los residuos deberán ser retirados de la Zona. Los residuos líquidos de origen humano pueden desecharse en el mar. Los residuos sólidos de origen humano no deben verterse al mar, y deben ser retirados de la Zona. No se debe verter en tierra firme ningún residuo sólido o líquido de origen humano.

*7(ix) Medidas que podrían requerirse para garantizar el continuo cumplimiento de los objetivos del Plan de Gestión*

- Se podrán conceder permisos para ingresar en la Zona a fin de realizar investigaciones científicas, actividades de vigilancia e inspecciones del sitio, que pueden incluir la toma de un número pequeño de muestras para análisis, la instalación o reparación de carteles señalizadores o la toma de medidas de protección.

- Todos los sitios donde se realicen observaciones a largo plazo deberán estar debidamente marcados y se deberán mantener los señalizadores o letreros.

- Las actividades científicas se llevarán a cabo de conformidad con el *Código de Conducta Ambiental sobre el Trabajo de Investigación sobre el Terreno en la Antártida.*

*7(xi) Requisitos relativos a los informes*

El titular principal de un permiso para cada visita a la Zona deberá presentar un informe ante la autoridad nacional correspondiente tan pronto como sea posible, dentro de un plazo que no supere los 6 meses posteriores a la visita. Dichos informes deberán incluir, según corresponda, la información señalada en el formulario de informe de la visita contenido en la Guía para la Preparación de Planes de Gestión para las Zonas Antárticas Especialmente Protegidas. Si procede, la autoridad nacional también debe enviar una copia del informe de visita a la Parte que haya propuesto el Plan de Gestión, a fin de brindar asistencia en la administración de la Zona y en la revisión del Plan de Gestión. Las Partes deben, de ser posible, depositar los originales o copias de los informes de visita originales en un archivo de acceso público, a fin de mantener un registro del uso, para fines de revisión del Plan de Gestión y también para fines de organización del uso científico de la Zona.

## 8. Documentación de apoyo

Convey, P. 1994. Modelling reproductive effort in sub- and maritime Antarctic mosses. *Oecologica* **100**: 45-53.

Block, W. and Christensen, B. 1985. Terrestrial Enchytraeidae from South Georgia and the Maritime Antarctic. *British Antarctic Survey Bulletin* **69**: 65-70.

Bonner, W.N. and Smith, R.I.L. (Eds) 1985. *Conservation areas in the Antarctic.* SCAR, Cambridge: 73-84.

Bonner, W.N. 1994. Active management of protected areas. In Smith, R.I.L., Walton, D.W.H. and Dingwall, P.R. (Eds) *Developing the Antarctic Protected Area system. Conservation of the Southern Polar Region I.* IUCN, Gland and Cambridge: 73-84.

Booth, R.G., Edwards, M. and Usher, M.B. 1985. Mites of the genus Eupodes (Acari, Prostigmata) from maritime Antarctica: a biometrical and taxonomic study. *Journal of the Zoological Society of London (A)* **207**: 381-406. (samples of Eupodes analysed)

Buryn, R. and Usher, M.B. 1986. A morphometric study of the mite, *Oppia loxolineata*, in the Maritime Antarctic. *British Antarctic Survey Bulletin* **73**: 47-50.

Chalmers, M.O. 1994. Lynch Island fur seal exclosure report 01/01/94. Unpublished British Antarctic Survey report BAS Ref AD6/2H/1993/NT2.

Greene, D.M and Holtom, A. 1971. Studies in *Colobanthus quitensis* (Kunth) Bartl. and *Deschampsia antarctica* Desv.: III. Distribution, habitats and performance in the Antarctic botanical zone. *British Antarctic Survey Bulletin* **26**: 1-29.

Hodgson, D.A. and Johnston, N.M. 1997. Inferring seal populations from lake sediments. *Nature* **387**(1 May).

Hodgson, D.A., Johnston, N.M., Caulkett, A.P., and Jones, V.J. 1998. Palaeolimnology of Antarctic fur seal *Arctocephalus gazella* populations and implications for Antarctic management. *Biological Conservation* **83**(2): 145-54.

Hooker, T.N. 1974. Botanical excursion to Lynch Island, 13/03/74. Unpublished British Antarctic Survey report BAS Ref AD6/2H/1973-74/N12.

Hughes, K. A., Ireland, L., Convey, P., Fleming, A. H. 2016. Assessing the effectiveness of specially protected areas for conservation of Antarctica's botanical diversity. *Conservation Biology*, **30**: 113-120.

Jennings, P.G. 1976. Tardigrada from the Antarctic Peninsula and Scotia Ridge region. *British Antarctic Survey Bulletin* **44**: 77-95.

SCAR (Comité científico de Investigación Antártica). 2009. Código de Conducta Ambiental sobre el Trabajo de Investigación sobre el Terreno en la Antártida. XXXII RCTA IP 4.

Shears, J.R. and Richard, K.J. 1994. Marking and inspection survey of Specially Protected Areas in the South Orkney Islands, Antarctica 07/01/94 – 17/02/94. Unpublished British Antarctic Survey report BAS Ref AD6/2H/1993/NT5.

Smith, R.I. Lewis 1972. Vegetation of the South Orkney Islands. *BAS Scientific Report* **68**, British Antarctic Survey, Cambridge.

Smith, R.I. Lewis 1990. Signy Island as a paradigm of environmental change in Antarctic terrestrial ecosystems. In K.R. Kerry and G. Hempel. *Antarctic Ecosystems: ecological change and conservation*. Springer-Verlag, Berlin: 32-50.

Smith, R.I. Lewis 1994. Introduction to the Antarctic Protected Area System. In Smith, R.I.L., Walton, D.W.H. and Dingwall, P.R. (Eds) *Developing the Antarctic Protected Area system. Conservation of the Southern Polar Region I.* IUCN, Gland and Cambridge: 14-26.

Smith, R.I. Lewis 1997. Impact of an increasing fur seal population on Antarctic plant communities: resilience and recovery. In Battaglia, B. Valencia, J. and Walton, D.W.H. *Antarctic communities: species, structure and survival*. Cambridge University Press, Cambridge: 432-36.

Star, J. and Block, W. 1998. Distribution and biogeography of oribatid mites (Acari: Oribatida) in Antarctica, the sub-Antarctic and nearby land areas. *Journal of Natural History* **32**: 861-94.

Usher, M.B. and Edwards, M. 1984. The terrestrial arthropods of the grass sward of Lynch Island, a specially protected area in Antarctica. *Oecologica* **63**: 143-44.

Usher, M.B. and Edwards, M. 1986. A biometrical study of the family Tydeidae (Acari, Prostigmata) in the Maritime Antarctic, with descriptions of three new taxa. *Journal of the Zoological Society of London (A)* **209**: 355-83.

Wynn-Williams, D.D. 1982. The microflora of Lynch Island, a sheltered maritime Antarctic site. *Comité National Française Recherche en Antarctiques* **51**: 538.

Figura 1. Mapa que muestra la ubicación de la isla Lynch en relación con las islas Orcadas del Sur y demás zonas protegidas de la región. <u>Recuadro</u>: ubicación de las islas Orcadas del Sur en la Antártida.

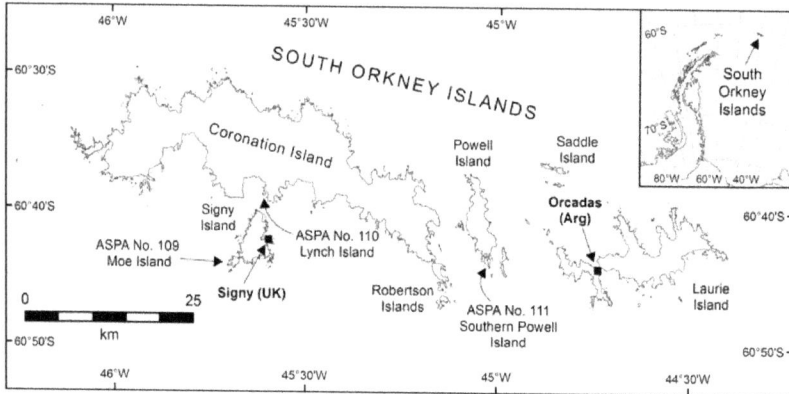

Figura 2. ZAEP n.° 110, mapa topográfico de la isla Lynch, islas Orcadas de Sur.

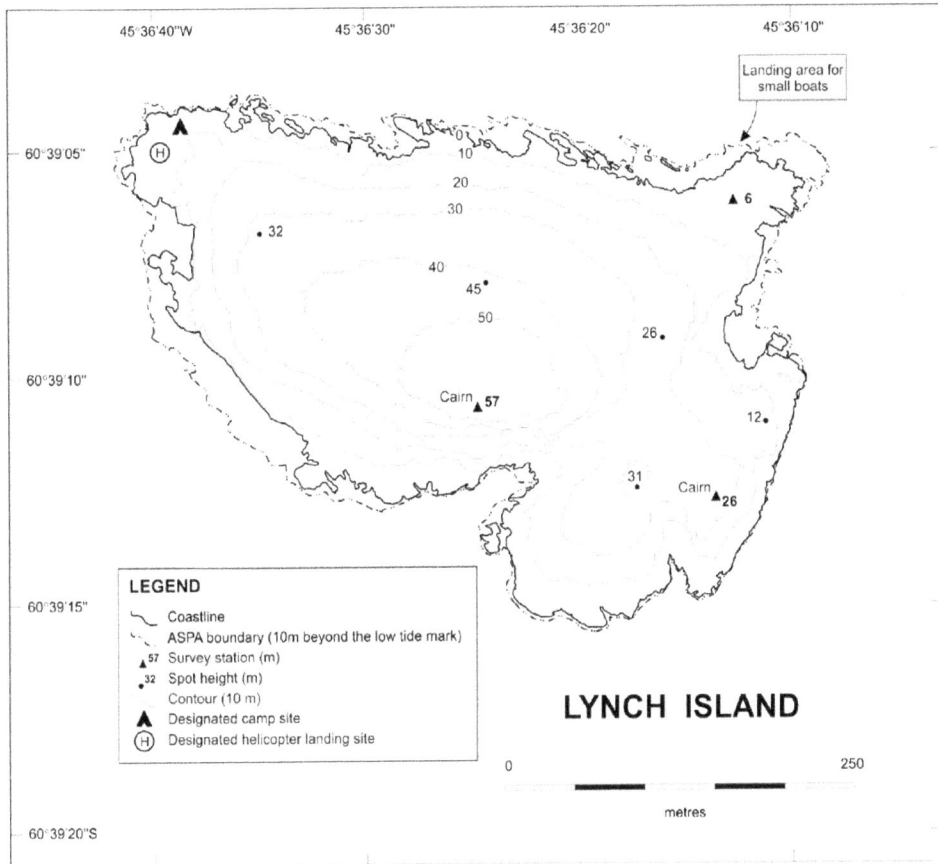

Figura 3. Índice de vegetación de diferencia normalizada (NDVI, por sus siglas en inglés), derivado de la imagen satelital de la ZAEP n.° 110, Isla Lynch, islas Orcadas del Sur, que muestra una cubierta de vegetación de color verde con el uso de una escala de color de amarillo → naranjo → rojo, y en el cual el rojo indica el valor más alto del NDVI.

# Plan de Gestión para la Zona Antártica Especialmente Protegida n.º 111,

## ISLA POWELL DEL SUR E ISLAS ADYACENTES, ISLAS ORCADAS DEL SUR

### Introducción

La razón primordial para la designación de la isla Powell del Sur e islas adyacentes, islas Orcadas del Sur (Lat. 62°57'S, Long. 60°38'W) como Zona Antártica Especialmente Protegida (ZAEP) es la protección de sus valores medioambientales, en forma predominante las poblaciones de aves y focas reproductoras, y en menor grado la vegetación terrestre que se encuentra al interior de la zona.

La Zona fue designada originalmente mediante la Recomendación IV-15 (1966, ZAEP n.º 15) tras la propuesta presentada por el Reino Unido basada en que la isla Powell del Sur e islas adyacentes, islas Orcadas del Sur, contenían importante vegetación y una considerable fauna compuesta por aves y mamíferos. La Zona era representativa del medioambiente natural de las islas Orcadas del Sur, y su importancia cobró relevancia debido a la presencia de una pequeña colonia de lobos finos antárticos (*Arctocephalus gazella*).

La Zona se reconoce también por su valor científico. Hoy en día se admite ampliamente que el cambio climático está afectando al Océano Austral, y que toda la región en torno a la Península Antártica, el mar de Scotia y las islas Orcadas del Sur, están revelando algunos de sus impactos más evidentes. Las temperaturas del aire y del océano han aumentado, algunas plataformas de hielo han colapsado y el hielo marino estacional se ha reducido de manera importante. También son importantes las repercusiones que esto tiene sobre las comunidades biológicas, y algunas de las consecuencias más evidentes del cambio en el medioambiente informadas están asociadas a los pingüinos pigoscélidos. En particular, se considera que los pingüinos de Adelia, una especie que habita en los bancos de hielo, se están reduciendo en la mayoría de los lugares de la península y de las islas Orcadas del Sur, y se considera que la población de pingüinos de barbijo, una especie que habita en mar abierto, también disminuye. Por consiguiente, comprender el comportamiento de búsqueda de alimento en un intento por vincularlo a su hábitat de forrajeo preferido tiene particular importancia. Es crucial comprender la forma en que los pingüinos pigoscélidos utilizan el océano en su entorno si nos proponemos proteger de manera adecuada sus colonias reproductoras, incluidas las zonas protegidas con alta biodiversidad, tales como la isla Powell del Sur.

La Resolución 3 (2008) recomendaba usar el Análisis de Dominios Ambientales para el continente antártico como modelo dinámico para identificar las zonas antárticas especialmente protegidas aplicando los criterios ambientales y geográficos sistemáticos referidos en el Artículo 3(2) del Anexo V del Protocolo (véase también Morgan et al., 2007). Según este modelo, la ZAEP 111 es predominantemente un Dominio Ambiental G (Geológico de islas costa afuera de la Península Antártica). La escasez del Dominio ambiental G en relación con los demás dominios ambientales implica que se han invertido grandes esfuerzos en conservar los valores encontrados en otros lugares dentro de este tipo de ambiente: otras áreas protegidas que contienen el Dominio G son las ZAEP 109, 112, 125, 126, 128 140, 145, 149, 150 y 152 y las ZAEA 1 y 4. También está presente el Dominio ambiental A (Geológico del Norte de la Península Antártica). Otras zonas protegidas que contienen un Dominio ambiental A incluyen las ZAEP 128 y 151, y la ZAEA 1.

La Resolución 6 (2012) recomienda el uso de las Regiones Biogeográficas de Conservación Antártica (RBCA) en la "identificación de zonas que se podrían designar como Zona Antártica Especialmente Protegida dentro los criterios ambientales y geográficos sistemáticos a los que se refiere el Artículo 3(2) del Anexo V al Protocolo del Medio Ambiente). La ZAEP n.° 111 se encuentra dentro de la Región Biogeográfica de Conservación Antártica 2, Islas Orcadas del Sur.

Mediante la Resolución 5 (2015), las Partes reconocen la conveniencia de la lista de Áreas importantes para la conservación de las aves en la Antártida (IBA) en la planificación y realización de actividades en la Antártida. El Área importante para la conservación de las aves, ANT015, isla Powell del Sur e islas adyacentes, tiene el mismo límite que la ZAEP 111, y su identificación se debe a sus grandes colonias de pingüinos de barbijo, pingüinos de Adelia, pingüinos de pico rojo, cormoranes de ojos azules y petreles gigantes comunes.

Las otras dos ZAEP presentes en las islas Orcadas del Sur (ZAEP 109, isla Moe, y ZAEP 110 isla Lynch) se designaron primordialmente para la protección de su vegetación terrestre. Por lo tanto la ZAEP 111, isla Powell del Sur e islas adyacentes complementa la red local de ZAEP principalmente a través la protección de sus poblaciones de aves y focas reproductoras, además de la vegetación terrestre.

## 1. Descripción de los valores que requieren protección.

Tras una visita a la ZAEP realizada en febrero de 2016, se confirmaron y ampliaron los valores especificados en la designación original. Estos valores se exponen de la siguiente manera:

- Al interior de la Zona, la avifauna reproductora es diversa e incluye hasta cuatro especies de pingüinos [de barbijo (*Pygoscelis antarctica*), de pico rojo (*P. papua*), Adelia (*P. adeliae*) y macaroni (*Eudyptes chrysolophus*)], petreles de Wilson (*Oceanites oceanicus*), petreles dameros (*Daption capense*), gaviotas cocineras (*Larus dominicanus*), petreles gigantes comunes (*Macronectes giganteus*), petreles de vientre negro (*Fregetta tropica*), cormoranes de ojos azules (*Phalacrocorax atriceps*), skúas pardas (*Catharacta loennbergi*), palomas antárticas (*Chionis alba*), petrel blanco (*Pagodroma nivea*) y posiblemente priones antárticos (*Pachyptila desolata*).

- En esta zona se encuentra también la mayor colonia de lobos finos antárticos en la Antártida desde su cuasi exterminio en el siglo diecinueve.

- En la Zona hay presencia de una diversa flora propia de la región, que incluye bancos de musgo con turba subyacente, tapetes de musgo en las áreas húmeda, algas de nieve y la macroalga nitrófila *Prasiola crispa*, asociada a las colonias de pingüinos.

- La Zona tiene valor científico como lugar de recopilación de datos telemétricos destinados a explorar el comportamiento de búsqueda de alimento de los pingüinos. Está información contribuirá en la elaboración de modelos de hábitats que describan las relaciones entre el comportamiento de búsqueda de alimento y la extensión del hielo marino.

## 2. Finalidades y objetivos

La gestión de la isla Powell del Sur e islas adyacentes aspira a lo siguiente:

- evitar la degradación de la Zona y los riesgos importantes para sus valores, previniendo las perturbaciones innecesarias causadas por los seres humanos;

- permitir la investigación científica en la Zona siempre que sea por razones convincentes que no puedan aplicarse a otro lugar y siempre que no arriesgue el ecosistema natural de la Zona;

- evitar o reducir a un mínimo la introducción en la Zona de plantas, animales y microorganismos no autóctonos;

- reducir al mínimo la posibilidad de introducción de agentes patógenos que puedan causar enfermedades en las poblaciones de aves de la Zona;

- preservar el ecosistema natural de la Zona como área de referencia para futuros estudios comparativos y para el seguimiento de los cambios en la flora y en la ecología, los procesos de colonización y el desarrollo de comunidades;

- permitir visitas para fines de gestión que sean concordantes con los objetivos del Plan de Gestión.

- permitir la recopilación regular y sustentable de datos sobre el estado de las poblaciones de pingüinos y focas que habitan la Zona.

## 3. Actividades de gestión

- Se realizarán las visitas que sean necesarias para determinar si la ZAEP continúa sirviendo a los fines para los cuales fue designada, y para cerciorarse de que las medidas de gestión y mantenimiento sean apropiadas.

- El Plan de Gestión debe ser revisado al menos una vez cada cinco años, y debe ser actualizado conforme sea necesario.

- Los señalizadores, carteles o estructuras instaladas en la Zona con fines científicos o de gestión deberán estar bien sujetos y mantenerse en buen estado, y deberán ser retirados cuando ya no sean necesarios.

- De conformidad con los requisitos del Anexo III al Protocolo al Tratado Antártico sobre Protección del Medio Ambiente, los equipos o materiales abandonados deberán retirarse en la mayor medida posible, siempre y cuando ello no produzca un impacto adverso sobre el medioambiente o los valores de la Zona.

- Debe estar disponible una copia del presente Plan de Gestión en la estación de investigación Signy (Reino Unido; 60°42′30″ S, 045°36′30″ O) y en la estación Orcadas (Argentina; 60°44′15″ S, 044°44′20″ O).

- Si corresponde, se alienta a los Programas Antárticos Nacionales a trabajar en conjunto para garantizar la implementación de las actividades de gestión. En particular, se alienta a los Programas Antárticos Nacionales a consultarse entre sí a fin de evitar la toma excesiva de muestras de material biológico al interior de la Zona. Se recomienda también a los Programas Antárticos Nacionales considerar la implementación conjunta de directrices orientadas a reducir al mínimo la introducción y propagación de especies no autóctonas al interior de la Zona.

- Todas las actividades científicas y de gestión al interior de la Zona deberían quedar sujetas a una Evaluación de Impacto Ambiental de conformidad con los requisitos contenidos en el Anexo I del Protocolo al Tratado Antártico sobre Protección del Medio Ambiente.

## 4. Período de designación

La ZAEP 111 se designa por tiempo indefinido.

## 5. Mapas

Mapa 1.: ubicación de la isla Powell del Sur e islas adyacentes en relación con las islas Orcadas del Sur y demás zonas protegidas en la región. Recuadro: ubicación de las islas Orcadas del Sur en la Antártida. Especificaciones cartográficas: proyección estereográfica de la Antártida polar WGS84. Paralelos normales: 71 °S. Meridiano central 45 °O.

El Mapa 2 muestra la zona en mayor detalle.

## 6. Descripción de la Zona

*6(i) Coordenadas geográficas y rasgos naturales*

LÍMITES Y COORDENADAS

Las coordenadas de los vértices de la Zona se muestran en el Cuadro 1.

| Vértice | Latitud | Longitud |
|---------|---------|----------|
| noroeste | 60°42'35'' S | 45°04'00'' O |
| noreste | 60°42'35'' S | 44°58'00'' O |
| suroeste | 60°45'30'' S | 45°04'00'' O |
| sureste | 60°45'30'' S | 44°58'00'' O |

La Zona incluye toda la isla Powell al sur de la cumbre sur de las crestas John (415 m de altitud), junto con la isla Fredriksen, la isla Michelsen (una península tidal en el extremo sur de la isla Powell), la isla Christoffersen, la isla Grey y las islas sin nombre contiguas en su integridad. La Zona abarca todo el territorio libre de hielo, hielo permanente y hielo semipermanente que se encuentra dentro de sus límites, sin incluir el medio marino que se extiende más allá de 10 m hacia las aguas profundas desde la línea de bajamar. Con excepción del glaciar de pie de monte Crutchley de la isla Powell del Sur, todo el territorio está libre de hielo durante el verano, si bien en algunos lugares hay parches de hielo semipermanente o de nieve tardía.

GEOLOGÍA

Las rocas de la isla Powell del Sur, la isla Michelsen y la isla Christoffersen son conglomerados que datan de los periodos cretáceo y jurásico. Los dos promontorios que se encuentran al oeste de las crestas John corresponden a grauvaca y esquistos carboníferos. En los depósitos glaciales en torno al puerto Malvinas (Falkland) hay bloques que contienen fósiles vegetales. Gran parte del centro y sur de la isla Fredriksen está compuesta de arenisca y esquistos filíticos de color oscuro. El sector noreste, y probablemente la mayor parte del norte de esta isla es un conglomerado con mucha cizalla y esquistos de barro. La Zona tiene una gruesa capa de sedimentos glaciarios con gran influencia de guano de aves marinas.

COMUNIDADES BIOLÓGICAS

La vegetación de la isla Michelsen es escasa, aunque sobre las rocas hay presencia de extensas comunidades de líquenes con predominio de las especies nitrófila y crustosa. Estas también se encuentran difundidas en la isla Fredriksen y en otros lugares en los que hay acantilados y rocas con presencia de aves, cerca de la costa. La mayor diversidad vegetal de la isla Powell se produce en los dos promontorios y sus laderas asociadas, al oeste del puerto Malvinas (Falkland). Aquí, y también en la isla Christoffersen y en el sector septentrional de la isla Fredriksen, se producen bancos de musgo con turba subyacente. Las zonas húmedas albergan tapetes de musgo. Se trata de amplias zonas con presencia de la macroalga nitrófila *Prasiola crispa* asociada a las colonias de pingüinos que hay en la Zona. Las algas de nieve son prominentes en el glaciar de pie de monte y en los parches de nieve a fines de la temporada estival. El uso de técnicas de teledetección satelital (Índice de vegetación de diferencia normalizada) demostró que la zona de vegetación verde dentro de la ZAEP se extiende sobre una superficie de 0,8 km$^2$ (cerca de 3 % de la superficie que abarca la ZAEP).

No hay disponible información sobre fauna artrópoda, pero es probable que sea muy similar a la de la isla Signy. Bajo las piedras se producen los colémbolos *Cryptopygus antarcticus* y *Parisotoma octoculata* y los acáridos *Alaskozetes antarcticus, Stereotydeus villosus* y *Gamasellus racovitzai* en grandes cantidades.

Hay escasas observaciones sobre la biota e invertebrados marinos en la Zona, pero es probable que estos sean bastante similares a los de la región de la isla Signy, que se han investigado bastante. La relativamente delimitada zona del puerto Malvinas (puerto Malvinas (Falkland)) y la bahía del sector oriental de la península influenciada en gran medida por los deslaves del glaciar de pie de monte.

En la Zona se reproducen grandes cantidades de pingüinos y petreles. Se trata de varios miles de casales de pingüinos de barbijo (*Pygoscelis antarctica*), los que en su mayor parte se encuentran en la isla Fredriksen. De igual manera, hay grandes cantidades de pingüinos de Adelia (*P. adeliae*), principalmente en el sector que está al sur de las islas Powell y Michelsen. En el lugar hay además varios miles de casales de pingüinos de pico rojo (*P. papua*), y algunos casales bastante dispersos de pingüinos macaroni (*Eudyptes chrysolophus*) se reproducen entre ellos (véase más información en Harris et al., 2015).

Otras aves reproductoras incluyen a los petreles gigantes comunes (*Macronectes giganteus*), petreles dameros *(Daption capensis)*, petreles blancos *(Pagodroma nivea)*, petreles de Wilson (*Oceanites oceanicus*), cormoranes de ojos azules (*Phalacrocorax atriceps*), gaviotas cocineras (*Larus dominicanus*), skúas pardas (*Catharacia lonnbergi*), palomas antárticas (*Chionis alba*), y posiblemente priones antárticos (*Pachyptila desolata*) y petreles de vientre negro (*Fregetta tropica*).

La isla Michelsen es el mayor lugar de reproducción de lobos finos antárticos conocido en la Antártida luego de su cuasi exterminio en el siglo diecinueve. La cantidad anual de cachorros nacidos ha aumentado de manera lenta pero bastante constante, llegando a unos 60 en 1989 desde los apenas 11 en 1956. En enero de 1994 se observaron 34 cachorros vivos. Sin embargo, su cantidad ha disminuido, llegando a observarse tan solo cuatro cachorros durante las temporadas de reproducción 2013-2014 y 2015-2016. No obstante, durante el verano visitan la Zona muchos machos no reproductores y crías. En las playas se observan con frecuencia otras especies de focas, principalmente elefantes marinos (*Mirounga leonina*) y focas de Weddell (*Leptopychotes weddelli*). En los témpanos se observan ocasionalmente focas leopardo (*Hydrurga leptonyx*) y cangrejeras (*Lobodon carcinophagus*).

*6 (ii) Acceso a la Zona*

- El acceso se hará mediante lancha.
- No existen restricciones especiales para los desembarcos en lancha o aplicables a las rutas marítimas utilizadas para ingresar a la Zona o salir de ella. Debido a la gran extensión de playa accesible alrededor de la Zona, es posible desembarcar en muchos lugares. Sin embargo, si es posible, el desembarco de carga y equipos científicos debería realizarse en las cercanías del campamento recomendado, a 60°43'20''S, 045°01'32''O.
- Bajo circunstancias excepcionales, y con fines indispensables para el cumplimiento de los objetivos del Plan de Gestión, se permite el aterrizaje de helicópteros en el sitio designado, ubicado junto al campamento recomendado, a 60°43'20''S, 045°01'32''O. Los helicópteros no deben aterrizar en ningún otro lugar de la Zona.
- Para evitar la perturbación de la avifauna reproductora, entre el 1 de noviembre y el 15 de febrero se prohíbe el aterrizaje de helicópteros dentro de la Zona.
- Al interior de la Zona, como requisito mínimo, la operación de aeronaves debe llevarse a cabo conforme a las Directrices para la operación de aeronaves cerca de las concentraciones de aves, contenidas en la Resolución 2 (2004). En los casos en que las condiciones exijan que la aeronave vuele a una altura menor que la recomendada en las

Directrices, esta debería mantenerse a la máxima altura posible y reducir a un mínimo la duración del tránsito.

- El sobrevuelo de helicópteros debería evitar aquellos lugares donde hay concentraciones de aves (por ejemplo, la zona de las islas Powell y Michelsen, o la isla Fredriksen).
- Se prohíbe el uso de granadas de humo de helicópteros en la Zona, salvo que sea imprescindible por motivos de seguridad. Si se usan granadas de humo, estas deberán recuperarse en su totalidad.

*6(iii) Ubicación de estructuras dentro de la Zona y en sus proximidades*

Hay carteles señalizadores que indican la condición protegida de la Zona en las siguientes ubicaciones:

- Isla Christoffersen: sobre un pequeño promontorio en la costa noreste de la isla, a la entrada del puerto Malvinas (Falkland). El cartel se ubica en el sector posterior de la playa, exactamente bajo un pequeño criadero de pingüinos de Adelia (60°43'36''S, 045°02'08''O).
- Isla Fredriksen: en el extremo norte de la playa de guijarros y pedregullo en el sector occidental de la isla, bajo un pequeño criadero de pingüinos de barbijo. El cartel se encuentra en la parte posterior de la playa, sobre un pequeño afloramiento rocoso (60°44'06''S, 044°59'25''O).

Otras estructuras presentes en la Zona incluyen un poste señalizador sobre un pequeño afloramiento rocoso en la parte posterior de una playa de grava en el sector oriental del promontorio que está al sur de la isla Powell (60°43'20''S, 045°01'40''O) y hay varias cadenas, postes y aros de amarre asociados al uso de los puertos Ellefsen y Falkland por las procesadoras balleneras flotantes de la década de 1910 que están en la playa.

*6(iv) Ubicación de otras zonas protegidas en las cercanías*

Las ZAEP n.° 109, Isla Moe, y n.° 110, Isla Lynch, se ubican a unos 35 km al oeste de la Zona (véase el mapa 1).

*6(v) Áreas especiales al interior de la Zona*

Ninguna.

## 7. Condiciones para la expedición de permisos

*7(i) Condiciones generales para la expedición de permisos*

Se prohíbe el ingreso en la Zona excepto con un permiso expedido por una autoridad nacional pertinente designada de conformidad con el artículo 7 del Anexo V del Protocolo al Tratado Antártico sobre Protección del Medio Ambiente.

Las condiciones para la expedición de un permiso de ingreso a la Zona son las siguientes:

- se expedirán permisos para fines científicos indispensables que no puedan llevarse a cabo en otro sitio;
- se expedirán permisos con fines de gestión indispensables tales como inspección, mantenimiento o examen;
- que las acciones permitidas no pongan en peligro el sistema ecológico natural de la Zona;
- toda actividad de gestión deberá respaldar los objetivos del Plan de Gestión;

- las actividades permitidas están en conformidad con el presente Plan de Gestión;
- se deberá portar el permiso o una copia autorizada de este dentro de la Zona;
- el permiso será expedido por un período determinado;
- se deberá presentar un informe o informes sobre la visita a la autoridad o autoridades indicadas en el permiso;
- se deberá avisar a la autoridad pertinente sobre cualquier actividad realizada o medida tomada que no esté comprendida en el permiso.

*7(ii) Acceso a la Zona y desplazamientos en su interior y sobre ella*
- Se prohíbe el uso de vehículos terrestres en la Zona.

- En el interior de la Zona no hay rutas peatonales designadas, pero siempre que sea posible, las personas que circulen a pie deberían evitar pisar las zonas con vegetación o perturbar a las aves.

- A fin de reducir la perturbación de las especies de aves, se desalienta enfáticamente el fondeo de naves dentro de los puertos Falkland y Ellefsen, salvo en casos de emergencia.

- Los pilotos, tripulantes y otras personas que lleguen a la Zona en aeronave o lancha no podrán avanzar a pie más allá de las inmediaciones del sitio de desembarco, a menos que tengan un permiso que les autorice específicamente para hacerlo.

- No se debe permitir el sobrevuelo de colonias de aves por sistemas de aeronaves dirigidas por control remoto (RPAS, por sus siglas en inglés) al interior de la Zona, excepto con fines científicos o de operación, y de conformidad con un permiso expedido por una autoridad nacional competente

*7 (iii) Actividades que pueden llevarse a cabo dentro de la Zona*
Estas actividades incluyen:
- investigación científica indispensable que no pueda realizarse en otro lugar;
- actividades de gestión indispensables, incluidas las actividades de observación;

*7(iv) Instalación, modificación o desmantelamiento de estructuras*

No se podrán instalar dentro de la Zona nuevas estructuras ni equipos científicos, salvo para actividades científicas o de gestión indispensables y durante el plazo de validez preestablecido y especificado en el permiso. La instalación (incluida la selección del sitio), y el mantenimiento, modificación o desmantelamiento de estructuras o equipos debe realizarse de manera tal que reduzca a un mínimo la perturbación de los valores de la Zona. Todas las estructuras o equipo científico instalados en la Zona deben estar claramente identificados, indicando el país al que pertenecen, el nombre del principal investigador y el año de su instalación. Todos estos elementos deben estar libres de organismos, propágulos (por ejemplo semillas y huevos) y de suelo no estéril (véase la sección *7(vi)*), y deberían estar confeccionados con materiales que soporten las condiciones ambientales y que representen el mínimo riesgo posible de contaminación de la Zona. Como condición para el otorgamiento del permiso deberá contemplarse el desmantelamiento de las estructuras o equipos específicos para los cuales el permiso haya expirado. La instalación de estructuras o instalaciones permanentes está prohibida.

*7(v) Ubicación de los campamentos*

A fin de reducir la superficie de terreno dentro de la ZAEP que resulte afectada por las actividades de campamento, las tiendas de campaña deberían emplazarse en los lugares designados para campamento, a 60°43'20''S, 045°01'32''O. Si fuera necesario a los fines para los cuales fue expedido el permiso, se permite acampar de manera temporal fuera de estos lugares para campamento designados dentro de la Zona. Los campamentos deben emplazarse en lugares donde no haya vegetación, tales como las partes más secas de las terrazas costeras, o si es posible, sobre una capa gruesa de nieve de más de 0,5 m de espesor, y deben evitarse los lugares donde se congreguen aves o mamíferos reproductores.

### 7(vi) Restricciones relativas a los materiales y organismos que puedan introducirse en la Zona

Se prohíbe la deliberada introducción en la Zona de animales vivos, material vegetal o microorganismos. A fin de mantener los valores de flora y los valores medioambientales de la Zona, se deberían tomar precauciones especiales para evitar la introducción accidental de microbios, invertebrados o plantas provenientes de otros lugares de la Antártida, incluidas las estaciones, o provenientes de regiones fuera de la Antártida. Deberá limpiarse o esterilizarse todo el equipo de recolección de muestras que se introduzca en la Zona, así como también los señalizadores. En el mayor grado posible, y antes de su ingreso a la Zona, deberán limpiarse rigurosamente el calzado y demás equipos utilizados o introducidos en la Zona (bolsos o mochilas incluidas). Para obtener directrices más detalladas, se deberá consultar el Manual sobre especies no autóctonas del CPA (Edición 2011) y las Listas de verificación del COMNAP/SCAR para gestores de cadenas de suministro de los Programas Antárticos Nacionales para la reducción del riesgo de transferencia de especies no autóctonas. Considerando la presencia de colonias de aves reproductoras dentro de la Zona, no podrán verterse en ella ni en sus alrededores productos derivados de aves, incluidos los productos que contengan huevos desecados crudos ni los desechos de tales productos.

No se deben introducir a la Zona herbicidas ni pesticidas. Cualquier otro producto químico, incluidos radionúclidos o isótopos estables, que se introduzca en la Zona con los fines científicos o de gestión especificados en el permiso, deberá ser retirado de esta una vez concluida la actividad para la cual se haya expedido dicho permiso, o con anterioridad. Debe evitarse la descarga directa al medioambiente de radionúclidos o isótopos estables de una manera que los vuelva irrecuperables. No deben almacenarse combustibles ni otros productos químicos en la Zona, salvo que esto se haya autorizado específicamente en las condiciones del permiso. Estos deben almacenarse y manipularse de manera de reducir al mínimo el riesgo de su introducción accidental en el medioambiente. Los materiales que se introduzcan en la Zona deberán permanecer en ella sólo por un periodo determinado y deben desmantelarse al concluir el periodo establecido. Si se produce alguna fuga de un material que pueda arriesgar los valores de la Zona, se recomienda extraer dicho material únicamente si es improbable que el impacto de su retiro sea mayor que el de dejar el material *in situ*. Se deberá avisar a las autoridades pertinentes sobre los escapes de materiales que no se hayan retirado y que no estén incluidos en el permiso autorizado.

### 7(vii) Toma de ejemplares de la flora o fauna autóctonas e intromisión perjudicial en estas

Se prohíbe la toma de ejemplares de flora o fauna autóctonas y la intromisión perjudicial en estas, excepto con un permiso otorgado de conformidad con el Anexo II al Protocolo al Tratado Antártico sobre Protección del Medio Ambiente. En caso de toma de animales o intromisión perjudicial en los mismos, se debe usar como norma mínima el *Código de conducta del SCAR para el uso de animales con fines científicos en la Antártida*.

### 7 (viii) Recolección y retiro de materiales que no hayan sido introducidos a la Zona por el titular del permiso

La recolección o retiro de materiales que no hayan sido introducidos en la Zona por el titular del permiso deberán realizarse según lo establecido en el permiso y deberán limitarse al mínimo necesario para satisfacer las necesidades científicas o de gestión.

Otros materiales de origen humano susceptibles de comprometer los valores de la Zona y que no hayan sido introducidos en esta por el titular del permiso o autorizados de otro modo, podrán ser retirados de la Zona a menos que el impacto ambiental provocado por su traslado sea mayor que los efectos que pueda ocasionar dicho material en el lugar. Si este fuera el caso, se debe notificar a la autoridad nacional pertinente y obtener su aprobación.

### 7(ix) Eliminación de residuos

Como norma mínima se eliminarán todos los residuos, de conformidad con el Anexo III al Protocolo al Tratado Antártico sobre Protección del Medio Ambiente. Asimismo, deben retirarse de la Zona todos los residuos. Los residuos líquidos de origen humano pueden desecharse en el mar. Los residuos sólidos de origen humano no deben verterse al mar, y deben ser retirados de la Zona. No se debe verter en tierra firme ningún residuo sólido o líquido de origen humano.

### 7(ix) Medidas que podrían requerirse para garantizar el continuo cumplimiento de las finalidades y objetivos del Plan de Gestión

- Se podrán conceder permisos para ingresar en la Zona a fin de realizar actividades de observación y seguimiento biológico e inspección del sitio, las que podrían incluir la recolección de una pequeña cantidad de muestras para análisis científico, el emplazamiento o reparación de señalizadores, o la implementación de medidas de protección.

- Todos los sitios donde se realicen observaciones a largo plazo deberán estar debidamente marcados y se deberán mantener en buen estado los señalizadores o letreros.

- Las actividades científicas deberán realizarse de conformidad con el *Código de Conducta Ambiental para el Trabajo de Investigación sobre el Terreno en la Antártida* del SCAR.

### 7(xi) Requisitos relativos a los informes

El titular principal de un permiso para cada visita a la Zona debe presentar un informe de la visita ante la autoridad nacional pertinente, tan pronto como sea posible y no más allá de seis meses luego de concluida la visita. Dichos informes deberán incluir, según corresponda, la información señalada en el Formulario de informe de visita contenido en la Guía para la Preparación de Planes de Gestión para las Zonas Antárticas Especialmente Protegidas. Si corresponde, la autoridad nacional también debe remitir una copia del Informe de visita a la Parte que ha propuesto el Plan de Gestión como ayuda en la gestión de la Zona y en la revisión del Plan de Gestión. Siempre que sea posible, las Partes deben depositar los originales de los informes de visita, o una copia de estos, en un archivo de acceso público a fin de mantener un registro del uso, para fines de revisión del Plan de Gestión y también para fines de organizar el uso científico de la Zona.

## 8. Documentación de apoyo

Cantrill, D. J. 2000. A new macroflora from the South Orkney Islands, Antarctica: evidence of an Early to Middle Jurassic age for the Powell Island Conglomerate. Antarctic Science 12: 185-195.

Harris, C. M.; Lorenz, K.; Fishpool, L. D. C.; Lascelles, B.; Cooper, J.; Croxall, J. P.; Emmerson, L. M.; Fraser, W. R.; Fijn, R.; Jouventin, P.; LaRue, M. A.; Le Maho, Y.; Lynch, H. J.; Naveen, R.; Patterson-Fraser, D. L.; Peter, H. U.; Poncet, S.; Phillips, R. A.; Southwell, C. J.; van Franeker, J. A.; Weimerskirch, H.; Wienecke, B. y Woehler, E. J. 2015. *Important Bird Areas in Antarctica 2015*. BirdLife International y Environmental Research & Assessment Ltd., Cambridge.

Holmes, K. D. 1965. *Interim geological report on Matthews and Powell islands*. British Antarctic Survey Scientific Report 1965. 2pp

Longton, R. 1967. Vegetation in the maritime Antarctic. In Smith, J.E., *Editor*, A discussion of the terrestrial Antarctic ecosystem. *Philosophical Transactions of the Royal Society of London*, B, **252**, 213-235.

Morgan, F., Barker, G., Briggs, C., Price, R. and Keys, H. 2007. *Environmental Domains of Antarctica Version 2.0 Final Report*. Manaaki Whenua Landcare Research New Zealand Ltd, 89 pp.

Ochyra, R., Bednarek-Ochyra, H. and Smith, R.I.L. *The Moss Flora of Antarctica*. 2008. Cambridge University Press, Cambridge. 704 pp.

Øvstedal, D.O. and Smith, R.I.L. 2001. *Lichens of Antarctica and South Georgia. A Guide to their Identification and Ecology*. Cambridge University Press, Cambridge, 411 pp.

Peat, H., Clarke, A., and Convey, P. 2007. Diversity and biogeography of the Antarctic flora. *Journal of Biogeography*, 34, 132-146.

Poncet, S., and Poncet, J. 1985. A survey of penguin breeding populations at the South Orkney Islands. *British Antarctic Survey Bulletin*, No. 68, 71-81.

Smith, R. I. L. 1972. *British Antarctic Survey science report 68*. British Antarctic Survey, Cambridge, 124 pp.

Smith, R. I. L. 1984. Terrestrial plant biology of the sub-Antarctic and Antarctic. In: *Antarctic Ecology*, Vol. 1. Editor: R. M. Laws. London, Academic Press.

Thomson, J. W. 1973. The geology of Powell, Christoffersen and Michelsen islands, South Orkney Islands. *British Antarctic Survey Bulletin*, Nos. 33 & 34, 137-167.

Thomson, M. R. A. 1981. Late Mesozoic stratigraphy and invertebrate palaeontology of the South Orkney Islands. *British Antarctic Survey Bulletin*, No. 54, 65-83.

Mapa 1: ubicación de la isla Powell del Sur e islas adyacentes en relación con las islas Orcadas del Sur y demás zonas protegidas en la región. <u>Recuadro</u>: ubicación de las islas Orcadas del Sur en la Antártida.

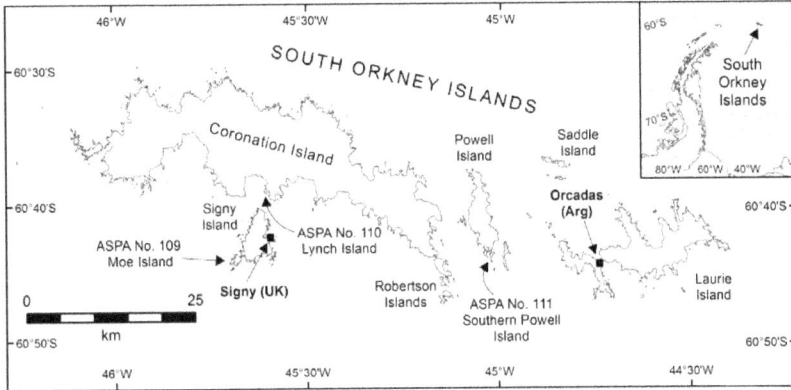

Mapa 2. Isla Powell del Sur e islas adyacentes, Zona Antártica Especialmente Protegida N.°
111.

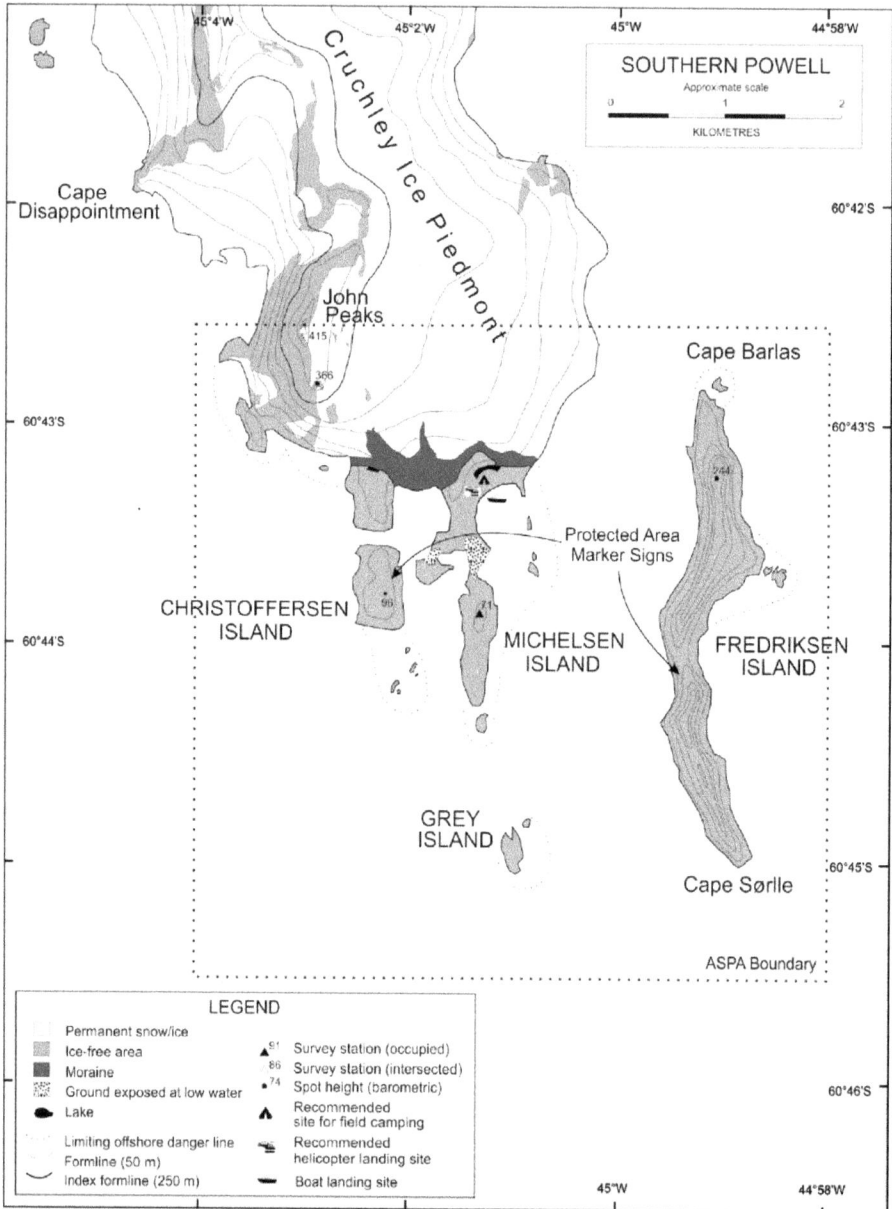

# Plan de gestión para la Zona Antártica Especialmente Protegida n.° 115

# ISLA LAGOTELLERIE, BAHÍA MARGARITA, TIERRA DE GRAHAM

**Introducción**

El motivo principal para la designación de la isla Lagotellerie, bahía Margarita, Tierra de Graham (Latitud 67° 53' 20" S, Longitud 67° 25' 30" O; área de 1,58 km²) como Zona Antártica Especialmente Protegida (ZAEP) es proteger los valores medioambientales, principalmente la flora y fauna terrestre, pero también la avifauna al interior de la Zona.

La isla Lagotellerie es de aproximadamente 2 km por 1,3 km y está orientada de manera general de este a oeste. La Zona está a 11 km al sur de la isla Porquois-Pas y 3,25 km al oeste del extremo sur de la isla Horseshoe. Jean-Baptiste Charcot fue el primero en hacer un mapa de la isla Lagotellerie durante la Deuxième Expédition Antarctiques Française (Segunda Expedición Antártica Francesa), que duró de 1908 a 1910. No hay registros de otras visitas hasta la década de 1940, cuando la isla recibió visitas ocasionales de expediciones estadounidenses, argentinas y británicas desde las estaciones científicas cercanas. La isla no ha sido sujeto de investigaciones científicas importantes, por lo que la escasa actividad humana ha permitido que se mantenga en gran medida inalterada.

La isla Lagotellerie fue designada originalmente como Zona Especialmente Protegida mediante la Recomendación XIII-II (1985, ZEP n.° 19) tras la presentación de una propuesta del Reino Unido. Esta fue designada basándose en que la isla contiene una flora y fauna típica rica y diversa de la región sur de la península Antártica. Estos valores se reiteraron en la Recomendación XVI-6 (1991) cuando se aprobó el Plan de Gestión para el sitio y se reafirmaron ampliamente en el presente Plan de Gestión.

La Resolución 3 (2008) recomendaba usar el Análisis de Dominios Ambientales para el continente antártico☐ como modelo dinámico para identificar las zonas antárticas especialmente protegidas aplicando criterios ambientales y geográficos sistemáticos señalados en el Artículo 3(2) del Anexo V del Protocolo (véase también Morgan *et al.*, 2007) En virtud de este modelo, la ZAEP n.° 115 se encuentra dentro del Dominio ambiental B (Geológico de latitudes del norte medio de la Península Antártica). Otras zonas protegidas que contienen un Dominio B incluyen las ZAEP n.° 108, 134, 140, y 153, y la ZAEA n.° 4. La Resolución 6 (2012) recomienda el uso de las Regiones Biogeográficas de Conservación Antártica (RBCA) en la identificación de zonas que se podrían designar como Zona Antártica Especialmente Protegida dentro los criterios ambientales y geográficos sistemáticos a los que se refiere el Artículo 3(2) del Anexo V al Protocolo del Medio Ambiente. La ZAEP n.° 115, isla Lagotellerie, se encuentra dentro de la RBCA 3, Noroeste de la Península Antártica (Terauds *et al.*, 2012). Mediante la Resolución 5 (2015), las Partes reconocieron la utilidad de mantener la lista de Áreas importantes para la conservación de las aves en la Antártida (IBA) en la planificación y realización de actividades en la Antártida. El Área importante para la conservación de las aves ANT098, isla Lagotellerie, tiene el mismo límite que la ZAEP n.° 115, y se identificó debido a la presencia de una gran colonia de cormoranes de ojos azules.

Hay otras tres ZAEP presentes dentro de la zona de bahía Margarita (ZAEP n.° 107, isla Emperor, islas Dion, ZAEP n.° 117, isla Avian, y ZAEP n.° 129, punta Rothera). Las ZAEP n.° 107, isla Emperor, y ZAEP n.° 117, isla Avian, se designaron para proteger principalmente la avifauna de la zona, mientras la ZAEP n.° 129, punta Rothera, se designó para hacer un seguimiento del efecto de la estación cercana en el ecosistema de páramo antártico. Por lo tanto, la isla Lagotellerie complementa las redes locales de las ZAEP al proteger principalmente las comunidades biológicas terrestres.

1. **Descripción de los valores que requieren protección.**

Luego de una visita a la ZAEP realizada en febrero de 2017, los valores especificados en la designación anterior fueron reafirmados. Estos valores se exponen de la siguiente manera:

- La isla Lagotellerie contiene una flora relativamente diversa típica de la región sur de la península Antártica. La abundancia de las únicas dos plantas floridas de la Antártida, *Deschampsia antarctica* y *Colobanthus quitensis*, que forma rodales de hasta 10 m², es de particular interés. Estos rodales están entre los de mayor tamaño conocidos en el sur de las islas Shetland del sur, a solo 90 km al norte del límite sur. Ambas especies florecen abundantemente y las semillas tiene una viabilidad mayor a las producidas en las islas Shetland del Sur u Orcadas del Sur.

- Varios musgos y líquenes forman comunidades bien desarrolladas en la isla. Algunos de estos musgos son fértiles, lo cual es un fenómeno poco común en la mayoría de las localidades de la Antártida.

- La isla se destaca por la aparición de *Deschampsia antarctica* a la altura más elevada registrada al sur de 56° S, con plantas pequeñas dispersas a alturas de hasta 275 m. Por lo tanto, la isla tiene un particular valor científico futuro para el estudio de la influencia del gradiente altitudinal sobre la viabilidad biológica de las especies de plantas representadas en este lugar.

- La fauna invertebrada es rica y la isla es uno de los lugares más australes en los que se encuentra la mosca áptera *Belgica antarctica*.

- El suelo arcilloso y poco profundo bajo la vegetación, y la fauna invertebrada y la microbiota asociadas probablemente son únicas en esta latitud.

- Existe una colonia de pingüinos de Adelia (*Pygoscelis adeliae*) y, en la esquina sudeste de la isla, se encuentra una colonia de algunas decenas de cormoranes de ojos azules (*Phalacrocorax atriceps*), una de las más remotas al sur. En la isla se reproducen varios casales de skúas antárticas y pardas (*Catharacta lonnbergii* y *C. maccormicki*).

- Se considera que los valores asociados a las colonias de pingüinos y skúas constituyen las interrelaciones ecológicas con los demás rasgos biológicos de valor excepcional mencionados anteriormente.

- Los estratos fosilíferos presentes en el extremo este de la isla tienen un valor geológico particular, ya que estas formaciones no suelen estar expuestas en el grupo volcánico de la península Antártica.

- La isla no ha sido sujeto de visitas frecuentes, investigación científica o muestreo; por lo tanto, se puede considerar como una de las áreas altamente pobladas de vegetación más prístinas de la región.

## 2. Finalidades y objetivos

Las finalidades de la gestión de la isla Lagotellerie son las siguientes:

- evitar la degradación de los valores de la Zona y los riesgos importantes para los mismos, previniendo las perturbaciones innecesarias causadas por el ser humano;

- permitir la investigación científica en la Zona, siempre y cuando esto sea por razones indispensables que no puedan llevarse a cabo en otro lugar y que no arriesgue el sistema ecológico natural de la Zona;

- permitir visitas para fines de gestión en apoyo de los objetivos del Plan de Gestión;

- evitar o reducir al mínimo la introducción en la Zona de plantas, animales y microorganismos no autóctonos;

- reducir al mínimo la posibilidad de introducción de agentes patógenos que puedan causar enfermedades en las poblaciones de aves de la Zona;

- preservar el ecosistema natural de la Zona como área de referencia para futuros estudios.

## 3. Actividades de gestión

Para proteger los valores de la Zona deben ser realizadas las siguientes actividades de gestión:

- Se realizarán las visitas que sean necesarias para determinar si la ZAEP continúa sirviendo a los fines para los cuales fue designada y para cerciorarse de que las medidas de gestión y mantenimiento sean apropiadas.

- El Plan de gestión debe ser revisado al menos una vez cada cinco años, y debe ser actualizado conforme sea necesario.

- Los hitos, los carteles o las estructuras instaladas en la Zona con fines científicos o de gestión deberán estar bien sujetos y en buen estado, y serán retirados cuando ya no sean necesarios.

- De acuerdo con los requisitos del Anexo III al Protocolo al Tratado Antártico sobre Protección del Medio Ambiente, los equipos o materiales abandonados deberán retirarse en la mayor medida posible, siempre y cuando ello no produzca un impacto adverso sobre el medioambiente o los valores de la Zona.

- Se pondrá a disposición una copia de este Plan de Gestión en la estación de investigación Rothera (Reino Unido, Latitud 67° 34' S, Longitud 68° 07' O) y en la estación General San Martín (Argentina, Latitud 68° 08' S, Longitud 67° 06' O).

- Todas las actividades científicas y de gestión realizadas dentro de la Zona se deben someter a una Evaluación de Impacto Ambiental, de acuerdo con los requisitos del Anexo I al Protocolo del Tratado Antártico sobre Protección del Medio Ambiente.

## 4. Período de designación

La designación de la ZAEP abarca un período indeterminado.

## 5. Mapas

Figura 1. Zona Antártica Especialmente Protegida n.° 115, isla Lagotellerie, bahía Margarita, mapa de ubicación donde se muestra la ubicación de la estación General San Martín (Arg.), la estación Teniente Luis Carvajal (Chile), isla Adelaida, la estación de investigación Rothera (Reino Unido) y la ZAEP n.° 129 cercana en la punta Rothera, también en la isla Adelaida, y la ubicación de otras zonas protegidas en la región [isla Emperor, islas Dion (ZAEP n.° 107) e isla Avian (ZAEP n.° 117)]. Se muestra la "Base Y" (Reino Unido) (Monumento Histórico n.° 63) en la isla Horseshoe. Recuadro: ubicación de la isla Lagotellerie en la península Antártica.

Figura 2. Mapa topográfico de la isla Lagotellerie (ZAEP n.° 115). Especificaciones cartográficas: Proyección: Cónica conforme de Lambert. Paralelos normales: Primero, 63° 20' 00" S; Segundo, 76° 40' 00" S; Meridiano central: 65° 00' 00" O; Latitud de origen: 70° 00' 00" S. Esferoide: WGS84. Nivel de referencia: Nivel medio del mar. Equidistancia de las curvas de nivel, 20 m. Se espera una precisión horizontal y vertical mejor a ±5 m.

Figura 3. Borrador del mapa geológico de la isla Lagotellerie (ZAEP n.° 115).

Figura 4. Índice de vegetación de diferencia normalizada (NVDI), derivado de imágenes satelitales, para la ZAEP n.° 115, isla Lagotellerie, bahía Margarita, Tierra de Graham, donde se muestra una cubierta de vegetación verde en una escala de colores de amarillo → anaranjado → rojo, donde el rojo indica los valores más altos de NDVI.

## 6. Descripción de la Zona

*6 i) Coordenadas geográficas y rasgos naturales*

LÍMITES Y COORDENADAS
Las coordenadas del vértice de la Zona se muestran en el Cuadro 1.

| Vértice | Latitud | Longitud |
|---------|---------|----------|
| noroeste | 67° 52' 30" S | 67° 27' 00" O |
| noreste | 67° 52' 30" S | 67° 22' 00" O |
| suroeste | 67° 54' 00" S | 67° 27' 00" O |
| sudeste | 67° 54' 00" S | 67° 22' 00" O |

Esta Zona incluye toda la isla Lagotellerie, así como las islas y los islotes sin nombre adyacentes. La Zona abarca todo el suelo libre de hielo, el hielo permanente y el hielo semipermanente que se encuentra dentro de sus límites, sin incluir el medio marino que se extiende más allá de 10 m hacia las aguas profundas desde la línea de bajamar (Figura 2). No se han instalado indicadores de límites debido a que la costa en sí está bien delimitada y es un límite visual evidente.

La isla Lagotellerie es rocosa y tiene laderas empinadas, con aproximadamente un 13 % de capa de hielo permanente, mayoritariamente en los taludes al sur. La isla se eleva a en dos cumbres de 268 m y 288 m separadas por un amplio collado a alrededor de los 200 m, con acantilados escarpados hasta esta altura en los lados sur, este y oeste. Las pendientes superiores al norte también presentan acantilados abruptos, intersectados por quebradas y pedregales, y atravesados por amplias terrazas de roca. Las pendientes al norte son más suaves y bajas, especialmente en la mitad este de la isla, con una terraza rocosa amplia a una elevación de alrededor de 15 m, que se formó con escombros de terrazas costeras desmenuzadas por el hielo.

GEOLOGÍA

La mayor parte de la isla Lagotellerie está formada de diorita de cuarzo de edad desconocida, cortada con granodiorita de grano grueso rosa y diferentes contravetas félsicas y básicas (Figura 3). En el extremo este de la isla, las rocas plutónicas están en contacto con fallas con rocas volcánicas ligeramente corneanas con pliegues de los períodos cretáceo y jurásico. Estas constan de aglomerados, tobas y lavas andesitas del grupo volcánico de la península Antártica, con restos de plantas (probablemente jurásicas) presentes en lechos pelíticos intercalados con lechos de toba. Estos estratos fosilíferos no suelen estar expuestos en el grupo volcánico de la península Antártica, por lo que tienen una importancia geológica particular.

Las áreas localmente extensas de arena gruesa y grava derivadas de diorita de cuarzo erosionada se presentan en taludes, salientes, quebradas y depresiones. Las acumulaciones más extensas están en el collado entre las dos cimas, donde el suelo se ordena en forma de polígonos, círculos y franjas de roca bien definidos. En las amplias terrazas de roca, compactos rodales de musgo y hierba han desarrollado un terreno arcilloso relativamente rico de hasta 25 cm de profundidad. Los bloques glaciares erráticos son comunes en la isla.

## COMUNIDADES BIOLÓGICAS TERRESTRES

La isla tiene una flora relativamente diversa y exuberantes comunidades de vegetación típica de la región marítima austral de la Antártida. El uso de técnicas de teledetección satelital (Índice de vegetación de diferencia normalizada) muestra que el área de vegetación de color verde dentro de los sitios de la ZAEP es de 0,06 km2 (aprox. 3,7 % de la superficie de la ZAEP) (véase la Figura 4). Herwil Bryant, biólogo de la base este (EE. UU., en la isla Stonington, ahora Monumento Histórico n.° 55), fue el primero en notar la rica biología terrestre de la isla Lagotellerie durante una visita en la temporada 1940-1941, cuando observó el desarrollo de musgo, pasto antártico *Deschampsia antarctica* y "una pequeña planta de floración" (casi con certeza el clavel antártico *Colobanthus quitensis*), en una pequeña hondonada, que se cree es la que se encuentra en el extremo noreste de la isla, considerándola de tal riqueza para la región que la llamó extraoficialmente "Valle Shangri-la". No describió las comunidades menos exuberantes, pero más extensas de *Deschampsia antarctica* y *Colobanthus quitensis* que se encuentran en los taludes más altos que dan al norte de la isla. Estas pendientes y terrazas también proporcionan condiciones microclimáticas favorables para el crecimiento, con una temporada de crecimiento libre de nieve relativamente larga, que sostiene una cantidad abundante de *Deschampsia antarctica* y *Colobanthus quitensis*, la hierba que forma un césped tupido de hasta 10 m2 en algunas de las terrazas. Estos se encuentran entre los rodales más amplios de estas plantas de los que se tiene conocimiento al sur de las islas Shetland del Sur. Ambas especies florecen abundantemente y las semillas tienen una viabilidad mayor a las producidas en las islas Shetland del Sur u Orcadas del Sur, si bien están cerca del límite sur de su rango. Sin embargo, la isla Lagotellerie se destaca por el crecimiento de *Deschampsia antarctica* a las alturas más elevadas registradas al sur de 56° S, con plantas pequeñas esparcidas que se pueden observar a alturas de hasta 275 m. Se ha observado el crecimiento de *Colobanthus quitensis* a alturas de hasta 120 m en la isla.

La isla Lagotellerie también cuenta con una rica flora de criptógamos, con pequeños rodales de comunidades bien desarrolladas que contienen diferentes musgos y líquenes, poco comunes en esta latitud (especialmente los musgos *Platydictya jungermannioides* y *Polytrichastrum alpinum*, y los líquenes *Caloplaca isidioclada*, *Fuscoparmelia gerlachei* y *Usnea trachycarpa*). Entre las especies briofitas que se han identificado hasta ahora, se incluyen 20 tipos de musgo y dos agrimonias (*Barbilophozia hatcheri* y *Cephaloziella varians*), además de al menos 60 especies de líquenes. Aún no se ha realizado un relevamiento de la flora de la isla, y quedan varias especies por determinar con precisión, especialmente de líquenes crustosos.

La vegetación está mejor desarrollada en una serie de terrazas de roca a alrededor de 30 a 50 m s.n.m. en el lado norte de la isla. Aquí, abundan las hierbas *Deschampsia* y *Colobanthus,* y el césped tupido forma rodales de varios metros cuadrados. Asociado a estas especies, especialmente en las terrazas más húmedas, suele haber musgo de las especies *Brachythecium austro-salebrosum*, *Bryum spp.*, *Pohlia nutans*, *Polytrichastrum alpinum* y *Sanionia uncinata*, y las agrimonias *Barbilophozia hatcheri* y *Cephaloziella varians*. Las skúas usan muchos de estos céspedes como lugares de nidificación.

En hábitats más secos, especialmente en pedregales y caras de rocas, hay rodales densos localmente dominados por los macrolíquenes *Usnea sphacelata* y *U. subantarctica*, con *Pseudephebe minuscula*, *Umbilicaria decussata*, y una gran cantidad de tipos crustosos. Varios líquenes están asociados con las comunidades de hierba y musgo (p. ej., las especies *Cladonia*, *Leproloma*, *Leptogium puberulum*, *Ochrolechia frigida* y *Psoroma*). Cerca de las colonias de pingüinos y cormoranes abundan varios líquenes nitrófilos coloridos (p. ej., las especies *Buellia*, *Caloplaca*, *Fuscoparmelia gerlachei*, *Xanthoria*).

Varios líquenes (en particular, *Caloplaca isidioclada*, *Pseudephebe minuscula*, *Usnea sphacelata*, *Umbilicaria decussata* y muchos tipos crustosos) y algunos musgos (en especial *Grimmia refelxidens*) aparecen cerca de la cima de la isla, así como plantas de *Deschampsia* individuales esparcidas. Pocos briofitos producen esporofitos en latitudes tan australes, pero en la isla Lagotellerie hay varios musgos fértiles (p. ej., *Andreaea regularis*, *Bartramia patens*, *Bryum amblyodon*, *B. pseudotriquetrum*, *Grimmia reflexidens*, *Hennediella heimii*, *Pohlia nutans*, *Schistidium antarctici*, *Syntrichia princeps*).

No se han realizado estudios específicos sobre la fauna de invertebrados en la isla Lagotellerie. Sin embargo, se han registrado al menos seis especies de artrópodos: *Alaskozetes antarcticus*, *Gamasellus racovitzai*, *Globoppia loxolineata* (Acari), *Cryptopygus antarcticus*, *Friesea grisea* (Collembola) y *Belgica antarctica* (Diptera, Chironomidae). Se han aislado varias especies de hongos nematófagos de los suelos asociados a musgos y *Deschampsia* en la isla Lagotellerie (*Cephalosporium balanoides*, *Dactylaria gracilis*, *Dactylella ellipsospora*), especies ampliamente distribuidas en hábitats similares a lo largo de la Antártida que también se encuentran comúnmente en suelos temperados.

A principios de la década de 1940, Bryant informó sobre varias charcas pequeñas presentes en la isla que, supuestamente, son las mismas, o parecidas, a las que se han observado recientemente en el extenso terreno plano y bajo en el lado norte de la isla. Observó que estas charcas contenían muchos crustáceos filópodos identificados como *Branchinecta granulosa*. Las rocas en una de las charcas estaban cubiertas de un alga filamentosa de color verde brillante, en la cual se observaron acáridos *Alaskozetes antarcticus*. También era común encontrar *A. antarcticus* bajo guijarros en el suelo de la charca. Se observó a otros microorganismos del tipo troquelminto viviendo en el alga, con un rotífero rosa particularmente numeroso, identificado como *Philodina gregaria*. Se observaron pequeñas parcelas de algas verde grisáceo en los guijarros grandes cerca del fondo de la charca. Estas algas no se han descrito con más detalles, aunque se indicó la presencia de *Prasiola crispa*. Las observaciones más recientes a principios de la década de 1980 sugieren que no hay masas de agua dulce permanentes en la isla, sino que se encuentra nieve derretida temporalmente durante el verano, con algunas charcas de agua salobre en depresiones rocosas cerca de la costa norte. Durante la visita de inspección en enero de 1989 y más recientemente, se notó la presencia de varias pequeñas charcas de deshielo de alrededor de 5 a 10 m², algunas con alfombras de musgo húmedo alrededor, y se sugirió que probablemente eran el hábitat de *Belgica antarctica*.

## FAUNA DE VERTEBRADOS

Una pequeña colonia de pingüinos de Adelia (*Pygoscelis adeliae*) ocupa el sector oriental promontorio de la isla (Figura 2). Las cantidades han variado desde pocos casales, unos 350 a 400 según una estimación realizada en diciembre de 1936, a la alta cantidad de 2402 casales registrados en un preciso conteo de nidos en noviembre de 1955. En un conteo de nidos de la colonia realizado el 19 de febrero de 2011, se registraron aproximadamente 1850 aves adultas y juveniles (con una precisión dentro del 10 %). Entre 1955 y 1960 la colonia se usó regularmente como fuente de suministro de huevos para el personal de la estación en la Base Y británica en la isla Horseshoe. Se informó que durante 1955 se tomaron alrededor de 800 huevos. La cantidad de casales reproductores bajó a alrededor de 1000 en 1959 y 1960. Ahora se sabe que las colonias de pingüinos de Adelia exhiben un gran cambio interanual en su cantidad como resultado de una variedad de factores naturales, y en marzo de 1981 se observó que había muerto la totalidad de los cerca de 1000 polluelos de la colonia. Un conteo de polluelos realizado en febrero de 1983 sugirió que la colonia consistía en aproximadamente 1700 casales, lo cual se considera dentro de una precisión del 15 % al 25 %.

Se observó una pequeña colonia de cormoranes de ojos azules (*Phalacrocorax atriceps*) en el sector oriental promontorio de la isla, que es una de las zonas de reproducción más australes informadas para la especie. El 16 de enero de 1956 se observaron cerca de la isla alrededor de 200 aves jóvenes, dentro del rango de visión de la colonia. El 17 de febrero de 1983 se informó que la colonia constaba de 10 nidos. No se vio esta colonia durante la inspección de enero de 1989 en la isla Lagotellerie; sin embargo, en febrero de 2011, se observaron alrededor de 250 polluelos y adultos, y muchos de los nidos contenían dos polluelos grandes.

También hay skúas antárticas y pardas (*Catharacta loenbergi* y *C. maccormicki*) presentes, observándose 12 nidos en 1956, cuando se indicó que muchos de los polluelos definitivamente eran skúas antárticas (*C. maccormicki*). En 1958 se estimó que cinco casales anidaban alrededor de la colonia de pingüinos, y ambas especies se encontraban presentes. Se registró un grupo de 59 aves no reproductivas de ambas especies el 12 de enero de 1989, a medio camino por el lado norte de la isla. Dos nidos de petreles de Wilson (*Oceanites oceanicus*) fueron observados el 14 de enero de 1956. En diciembre de 1940 Bryant registró un nido de gaviota cocinera (*Larus dominicanus*) con huevos en el "Valle Shangri-La" (para obtener más información sobre las aves de la Zona, consulte Harris *et al.*, 2015).

En la visita de inspección realizada en enero de 1989, se observaron 12 focas de Weddell (*Leptonychotes weddellii*) aisladas en una playa de grava en la base de un banco rocoso en la costa norte, pero no se vieron más focas. En contraste, en la visita de inspección realizada en febrero de 2011, se observaron cerca de 200 lobos finos en el lado norte de la isla y dentro de la colonia de pingüinos de Adelia (especialmente al sur de la colonia sobre las playas de guijarros). También se observaron veinte focas de Weddell.

IMPACTO HUMANO

El efecto ambiental más importante en la isla Lagotellerie parece deberse a la práctica de cosechar huevos para alimentar al personal de las bases que operaron en lugares cercanos durante el período comprendido entre 1955 y 1960. En la visita de inspección realizada en febrero de 2017, no se observó evidencia de cambios físicos o biológicos recientes en la isla y se concluyó que la Zona seguía sirviendo el fin para el cual fuera designada.

*6 ii) Acceso a la Zona*

- El acceso a la Zona deberá realizarse en lancha. El acceso desde el mar debe hacerse por la costa norte de la isla (Figura 2), a menos que esté autorizado específicamente mediante un permiso de desembarco en otro lugar, o cuando el desembarco por la costa no sea factible debido a condiciones adversas. La costa suele ser rocosa, y las zonas de desembarco recomendadas están ubicadas en la costa norte en la Lat. 67° 52' 57", Long. 067° 24' 03" y Lat. 67° 53' 04", Long. 067° 23' 30" (véase la Figura 2).

- No se permite el acceso a la Zona a una distancia menor a 100 m a cada lado del barranco de la costa noreste en la Lat. 67° 53' 10", Long. 067° 23' 13" (es decir, la costa bajo el valle al que Bryant se refería no oficialmente como el "Valle Shangri-la"; véase la Figura 2). El valle hacia el interior de la costa contiene los crecimientos de vegetación más ricos de la isla y, para disminuir los impactos de las pisadas, se recomienda no llevar a cabo actividades que no sean esenciales al interior de esta zona (Figura 2). Las restricciones se aplican por igual para las personas que desean ingresar a la Zona por medio de hielo marino durante el invierno.

- En circunstancias excepcionales necesarias para el cumplimiento de los objetivos del Plan de Gestión, se permitirá el aterrizaje de helicópteros en el sitio designado para aterrizaje ubicado junto al campamento recomendado sobre la amplia plataforma de nieve permanente y roca a medio camino, por la costa noroeste, a alrededor de 15 m de altura y 200 m tierra adentro desde el mar (Lat. 67° 53' 04", Long. 067° 23'43"). Los helicópteros no podrán aterrizar en ningún otro lugar dentro de la Zona, a menos que cuenten con un permiso específico que los autorice.

- Dentro de la Zona, la operación de aeronaves debe llevarse a cabo, como requisito mínimo, conforme a las "Directrices para la operación de aeronaves cerca de concentraciones de aves" contenidas en la Resolución 2 (2004). En los casos en que las condiciones exijan que la aeronave vuele a una altura menor que la recomendada en dichas Directrices, esta debería mantenerse a la máxima altura posible y reducir a un mínimo la duración del tránsito.

- Se prohíben los sobrevuelos por debajo de 610 m (2000 pies) en el extremo oriental de la isla, sobre las colonias de pingüinos y cormoranes (Figura 2).

- Se prohíbe el uso de granadas de humo de helicópteros en la Zona salvo que sea imprescindible por motivos de seguridad. Si se usan granadas de humo, todas ellas deberán ser recuperadas.

*6 iii) Ubicación de estructuras dentro de la Zona y en sus proximidades*

En la cima de la isla se encuentran un mojón y los restos de un mástil erigido para un relevamiento en la década de 1960. Durante la visita de inspección realizada febrero de 2011, se retiró parte del cableado y los restos de una bandera negra de relevamiento asociados con el mástil. Los cinco postes de bambú de 8 a 10 m de largo, a partir de los que se construyó el mástil original, se reunieron y sujetaron junto a seis estacas de metal cerca de la cima oriental de la isla (288 m). En febrero de 2017, se retiraron todos los postes de bambú y las estacas de metal.

Un montículo (de aprox. 1 m de alto) se encuentra en la costa norte de la isla (Lat. 67° 53' 16", Long. 067° 22' 51") y una pila de piedras de 30 cm de ato que contiene un poste de madera corto con un disco de metal de 2,5 cm de diámetro en un extremo, con el número 10 grabado se encuentra en los acantilados al oeste de la colonia de pingüinos (Lat. 67° 53' 17", Long. 067° 22' 46"). Se desconoce la existencia de más estructuras en la isla.

En las cercanías, hay dos estaciones de investigación que operan durante todo el año: la estación General San Martín (Argentina; Lat. 68° 08' S, Long. 67° 06' O) que está 29,5 km al sudsudeste, y la estación de investigación Rothera (Reino Unido; Lat. 67° 34' S, Long. 68° 07' O), 46 km al noroeste. La estación Teniente Luis Carvajal (Lat. 67° 46' S, Long. 68° 55' O) ha sido operada por Chile en el extremo sur de la isla Adelaida desde 1985 y funciona solo en verano.

*6 iv) Ubicación de otras zonas protegidas en las cercanías*

Las zonas protegidas más cercanas a la isla Lagotellerie son la isla Emperor, las islas Dion (ZAEP n.° 107), aproximadamente 55 km al oeste, la isla Avian (ZAEP n.° 117), 65 km al oeste y la punta Rothera (ZAEP n.° 129), 46 km al noroeste (Figura 1). Ubicados también en las cercanías, hay varios Sitios y Monumentos Históricos: "Base Y" (Reino Unido), en la isla Horseshoe (SMH n.° 63); "Base E" (Reino Unido) (SMH n.° 64), edificios y artefactos en la Base Este (EE. UU.) (SMH n.° 55) y alrededores, en la isla Stonington; y las instalaciones de la Estación San Martín (Argentina), en la isla Barry (SMH n.° 26).

*6 v) Área especial al interior de la Zona*
Ninguna.

## 7. Condiciones para la expedición de permisos

*7 i) Condiciones generales para la expedición de permisos*

Se prohíbe el ingreso en la Zona excepto con un permiso expedido por una autoridad nacional pertinente designadas de acuerdo con el artículo 7 del Anexo V del Protocolo al Tratado Antártico sobre Protección del Medio Ambiente.

Las condiciones para la expedición de un permiso de ingreso a la Zona son las siguientes:
- se expedirán permisos para fines científicos indispensables que no puedan llevarse a cabo en otro sitio;
- se expedirán permisos con fines de gestión indispensables tales como inspección, mantenimiento o examen;
- que las acciones permitidas no pongan en peligro el sistema ecológico natural de la Zona;
- toda actividad de gestión deberá respaldar los objetivos del presente Plan de Gestión;
- las actividades permitidas están en conformidad con el presente Plan de gestión;
- se deberá portar el permiso dentro de la Zona;

- los permisos se deben expedir por un período determinado;
- se deberá presentar uno o varios informes a la autoridad o autoridades indicadas en el permiso;
- Se deberá avisar a la autoridad pertinente sobre toda actividad o medida que no esté comprendida en el permiso.

*7 ii) Acceso a la Zona y desplazamientos en su interior o sobre ella*

- Se prohíbe la circulación de vehículos dentro de la Zona.

- Los desplazamientos dentro de la Zona deben realizarse a pie.

- Los pilotos, tripulantes y otras personas que lleguen en helicóptero o en lancha no podrán avanzar a pie más allá de las inmediaciones del sitio de desembarco, a menos que tengan un permiso que les autorice específicamente para hacerlo.

- La circulación a pie se deberá mantener a un nivel mínimo, de conformidad con los objetivos de las actividades permitidas y se deberán realizar todos los esfuerzos razonables para reducir a un mínimo los efectos de las pisadas, es decir, se deberá tener mucho cuidado al realizar cualquier movimiento, de manera de reducir la alteración de los suelos y superficies con vegetación, y caminar sobre el terreno rocoso si resulta factible.

- No se debe permitir el sobrevuelo de colonias de aves por sistemas de aeronaves dirigidas por control remoto (RPAS, por sus siglas en inglés) al interior de la Zona, excepto con fines científicos o de operación, y de conformidad con un permiso expedido por una autoridad nacional competente

*7 iii) Actividades que pueden llevarse a cabo dentro de la Zona*

- Investigaciones científicas que no puedan llevarse a cabo en otro lugar y que no pongan en peligro el ecosistema o los valores científicos de la Zona.
- Actividades indispensables de gestión, incluida la observación.

*7 iv) Instalación, modificación o desmantelamiento de estructuras*

No se podrán erigir estructuras ni instalar equipo científico en la Zona salvo para actividades científicas o de gestión indispensables y durante el plazo de validez preestablecido que se especifique en el permiso. La instalación (incluida la elección del sitio), el mantenimiento, la modificación o el desmantelamiento de estructuras o equipos deben realizarse de manera tal que reduzca a un mínimo la perturbación de los valores de la Zona. Todas las estructuras o equipo científico instalados en la Zona deben estar claramente identificados e indicar el país al que pertenecen, el nombre del investigador principal y el año de su instalación. Todos estos elementos deben estar libres de organismos, propágulos (p. ej., semillas y huevos) y de suelo no estéril, y deben estar confeccionados con materiales que soporten las condiciones ambientales y que representen el mínimo riesgo posible de contaminación de la Zona (véase la Sección *7 vi)*). El desmantelamiento de estructuras o equipos específicos cuyo permiso haya expirado debe ser una condición para el otorgamiento del permiso. Se prohíbe erigir estructuras o instalaciones permanentes.

*7 v) Ubicación de los campamentos*

Cuando sea necesario para los fines especificados en el permiso, se permitirán los campamentos temporales en el sitio designado en la plataforma amplia de nieve permanente y roca, a medio camino por la costa noroeste, a alrededor de 15 m de altura y 200 m tierra adentro desde el mar (Lat. 67° 53' 04", Long. 067° 23' 43"; Figura 2).

*7 vi) Restricciones relativas a los materiales y organismos que puedan introducirse en la Zona*

Se prohíbe la introducción deliberada de animales vivos, material de plantas o microorganismos en la Zona. A fin de mantener los valores florísticos y ecológicos de la zona, se deberán tomar precauciones especiales para evitar la introducción accidental de microbios, invertebrados o plantas de otros lugares de la Antártida, incluidas las bases, o de regiones de fuera de la Antártida. Deberá limpiarse o esterilizarse todo el equipo de recolección de muestras que se introduzca en la Zona, así como también los marcadores. En el nivel máximo practicable, antes de su ingreso a la Zona, deberán limpiarse rigurosamente el calzado y demás equipos utilizados o introducidos en la Zona (incluidos bolsos o mochilas). Puede encontrar más orientación en el *Manual sobre Especies No Autóctonas del CPA* (CPA, 2016) y el *Código de Conducta Ambiental sobre el Trabajo de Investigación sobre el Terreno en la Antártida* (SCAR, 2009). En vista de la presencia de colonias de aves reproductoras dentro de la Zona, no podrán verterse en la Zona ni en sus alrededores productos derivados de aves, incluidos los productos que contengan huevos desecados crudos o los residuos de tales productos.

No se deben introducir a la Zona herbicidas ni pesticidas. Cualquier otro producto químico, incluidos radionúclidos o isótopos estables, que se introduzca con los fines científicos o de gestión especificados en el permiso deberá ser retirado de la Zona a más tardar cuando concluya la actividad para la cual se haya expedido el permiso. Debe evitarse la descarga directa al medioambiente de radionúclidos o isótopos estables de una manera que los vuelva irrecuperables. No deben almacenarse combustibles ni otros productos químicos en la Zona, salvo que esto se haya autorizado específicamente en las condiciones del permiso. Estos deben almacenarse y manipularse de manera de reducir al mínimo el riesgo de su introducción accidental en el medioambiente. Los materiales que se introduzcan en la Zona deberán permanecer en ella solo durante un período determinado y deben retirarse al concluir el periodo establecido; Si se produce alguna fuga o derrame que pueda arriesgar los valores de la Zona, se recomienda extraer el material únicamente si es improbable que el efecto de dicho retiro sea mayor que el de dejar el material *in situ*. Se deberá avisar a las autoridades pertinentes sobre los escapes de materiales que no se hayan retirado y que no estén incluidos en el permiso autorizado.

*7 vii) Recolección de flora y fauna autóctonas o su alteración perjudicial*

Están prohibidas la recolección de flora y fauna autóctonas o su alteración perjudicial, excepto con un permiso otorgado de conformidad con el Anexo II al Protocolo al Tratado Antártico sobre Protección del Medio Ambiente. En caso de recolección de animales o su intromisión perjudicial, se debería usar como norma mínima el *Código de conducta del SCAR para el uso de animales con fines científicos en la Antártida*.

Para evitar las alteraciones humanas de la colonia reproductora de cormoranes y, en particular, la muda prematura de los cormoranes juveniles, entre el 15 de octubre y el 28 de febrero, los visitantes no podrán aproximarse a una distancia menor a 10 m de la colonia ubicada en la punta oriental de la isla, a menos que lo autorice un permiso para fines científicos o de gestión específicos.

*7 viii) Recolección o traslado de materiales que el titular del permiso no haya llevado a la Zona*

La recolección o retiro de materiales no llevados a la Zona por el titular del Permiso deberán realizarse únicamente según lo establecido en el Permiso y se limitarán al mínimo necesario para satisfacer las necesidades científicas o de gestión. No se otorgarán permisos en los casos en que se proponga la recolección, el retiro o el daño de una cantidad de tierra o ejemplares de la flora o fauna autóctonas que pueda afectar significativamente su distribución o abundancia en la isla Lagotellerie. Todo material de origen humano que probablemente comprometa los valores de la Zona y que no haya sido llevado a la Zona por el titular del permiso o que no esté comprendido en otro tipo de autorización podrá ser retirado salvo que el impacto de su extracción sea probablemente mayor que el efecto de dejar el material *in situ*. En tal caso se deberá notificar a las autoridades pertinentes.

*7 ix) Eliminación de desechos*

Como norma mínima, todos los desechos se eliminarán de conformidad con el Anexo III al Protocolo al Tratado Antártico sobre Protección del Medio Ambiente. Además, todos los residuos deberán ser retirados de la Zona. Los residuos líquidos humanos pueden desecharse en el mar. Los residuos sólidos de origen humano no deben verterse al mar, en cambio, deben ser retirados de la Zona. No se debe verter ningún residuo sólido o líquido humano en tierra firme.

*7 x) Medidas que podrían ser necesarias para garantizar el continuo cumplimiento de los objetivos y las finalidades del Plan de gestión*

- Se podrán conceder permisos para ingresar en la Zona a fin de realizar actividades de investigación científica, seguimiento e inspección del sitio, las que podrían incluir la recolección de un número pequeño de muestras para análisis, emplazar o reparar carteles, o implementar medidas de protección.

- Todos los sitios donde se realicen observaciones a largo plazo deberán estar debidamente marcados y se deberán mantener los señalizadores o letreros.

- Las actividades científicas se deben realizar de conformidad con el *Código de Conducta Ambiental sobre el Trabajo de Investigación sobre el Terreno en la Antártida* del SCAR.

*7 xi) Requisitos relativos a los informes*

El titular principal de un permiso para cada visita a la Zona debe presentar un informe ante la autoridad nacional correspondiente tan pronto como sea posible, y no más allá de los seis meses luego de concluida la visita. Dichos informes deberán incluir, según corresponda, la información señalada en el formulario de informe de la visita contenido en la Guía para la Preparación de Planes de Gestión para las Zonas Antárticas Especialmente Protegidas. Si corresponde, la autoridad nacional debe remitir una copia del informe de la visita a la Parte que haya propuesto el Plan de Gestión, como ayuda en la gestión de la Zona y en la revisión del Plan de Gestión. Las Partes deben, de ser posible, depositar los originales de los informes de visita originales, o una copia de estos, en un archivo de acceso público a fin de mantener un registro del uso, para fines de revisión del Plan de Gestión y también para fines de organizar el uso científico de la Zona.

## 8. Documentación de apoyo

Bryant, H.M. 1945. Biology at East Base, Palmer Peninsula, Antarctica. Reports on scientific results of the United States Antarctic Service Expedition 1939-1941. In *Proceedings of the American Philosophical Society* **89**(1): 256-69.

Block, W. and Star, J. 1996. Oribatid mites (Acari: Oribatida) of the maritime Antarctic and Antarctic Peninsula. *Journal of Natural History* **30**: 1059-67.

Convey, P. and Smith, R.I. Lewis 1997. The terrestrial arthropod fauna and its habitats in northern Marguerite Bay and Alexander Island, maritime Antarctic. *Antarctic Science* **9**(1):12-26.

Croxall, J.P. and Kirkwood, E.D. 1979. The distribution of penguins on the Antarctic Peninsula and the islands of the Scotia Sea. British Antarctic Survey, Cambridge.

Farquharson, G.W and Smellie, J.L. 1993. Sedimentary section, Lagotellerie Island. Unpublished document, British Antarctic Survey Archives Ref 1993/161.

Gray, N.F. and Smith, R.I. Lewis. 1984. The distribution of nematophagous fungi in the maritime Antarctic. *Mycopathologia* **85**: 81-92.

Harris, C.M., Lorenz, K., Fishpool, L.D.C., Lascelles, B., Cooper, J., Coria, N.R., Croxall, J.P., Emmerson, L.M., Fijn, R.C., Fraser, W.L., Jouventin, P., LaRue, M.A., Le Maho, Y., Lynch, H.J., Naveen, R., Patterson-Fraser, D.L., Peter, H.-U., Poncet, S., Phillips, R.A., Southwell, C.J., van Franeker, J.A., Weimerskirch, H., Wienecke, B., and Woehler, E.J. 2015. *Important Bird Areas in Antarctica 2015.* BirdLife International and Environmental Research & Assessment Ltd., Cambridge.

Lamb, I.M. 1964. Antarctic lichens: the genera *Usnea, Ramalina, Himantormia, Alectoria, Cornicularia. BAS Scientific Report* **38**, British Antarctic Survey, Cambridge.

Matthews D.W. 1983. The geology of Horseshoe and Lagotellerie Islands, Marguerite Bay, Graham Land. *British Antarctic Survey Bulletin* **52**: 125-154.

McGowan, E.R. 1958. Base Y Ornithological report 1958-59. Unpublished BAS internal report AD6/2Y/1958/Q.

Morgan, F., Barker, G., Briggs, C., Price, R. and Keys, H. 2007. Environmental Domains of Antarctica Version 2.0 Final Report, Manaaki Whenua Landcare Research New Zealand Ltd, 89 pp.

Poncet, S. and Poncet, J. 1987. Censuses of penguin populations of the Antarctic Peninsula, 1983-87. *British Antarctic Survey Bulletin* **77**: 109-129.

SCAR (Comité Científico de Investigación Antártica). 2009 Código de Conducta Ambiental sobre el Trabajo de Investigación sobre el Terreno en la Antártida. Documento de Información IP 4 de la XXXII RCTA

Smith, H.G. 1978. The distribution and ecology of terrestrial protozoa of sub-Antarctic and maritime Antarctic islands. *BAS Scientific Report* **95**, British Antarctic Survey, Cambridge.

Smith, R.I. Lewis, 1982. Farthest south and highest occurrences of vascular plants in the Antarctic. *Polar Record* **21**: 170-73.

Smith, R.I. Lewis, 1996. Terrestrial and freshwater biotic components of the western Antarctic Peninsula. In Ross, R.M., Hofmann, E.E. and Quetin, L.B. *Foundations for ecological research west of the Antarctic Peninsula.* Antarctic Research Series **70**: American Geophysical Union, Washington D.C.: 15-59.

Star, J., and Block, W. 1998. Distribution and biogeography of oribatid mites (Acari: Oribatida) in Antarctica, the sub-Antarctic and nearby land areas. *Journal of Natural History* **32**: 861-94.

Terauds, A., Chown, S. L., Morgan, F., Peat, H. J., Watt, D., Keys, H., Convey, P., and Bergstrom, D. M. 2012. Conservation biogeography of the Antarctic. Diversity and Distributions 18: 726–41.

United Kingdom. 1997. *List of protected areas in Antarctica.* Foreign and Commonwealth Office, London.

Usher, M.B. 1986. Further conserved areas in the maritime Antarctic. *Environmental Conservation* 13: 265-66.

Vaughan, A. 1994. A geological field report on N and E Horseshoe Island and SE Lagotellerie Island, Marguerite Bay, and some adjoining areas of S. Graham Land. 1993/94 Field Season. Unpublished report, BAS Archives Ref R/1993/GL5.

Woehler, E.J. (ed) 1993. The distribution and abundance of Antarctic and sub-Antarctic penguins. SCAR, Cambridge

.

Figura 1. Zona Antártica Especialmente Protegida n.° 115, isla Lagotellerie, bahía Margarita, mapa de ubicación donde se muestra la ubicación de la estación General San Martín (Arg.), la estación Teniente Luis Carvajal (Chile), isla Adelaida, la estación de investigación Rothera (Reino Unido) y la ZAEP n.° 129 cercana en la punta Rothera, también en la isla Adelaida, y la ubicación de otras zonas protegidas en la región [isla Emperor, islas Dion (ZAEP n.° 107) e isla Avian (ZAEP n.° 117)]. Se muestra la "Base Y" (Reino Unido) (Monumento Histórico n.° 63) en la isla Horseshoe. Recuadro: ubicación de la isla Lagotellerie en la península Antártica.

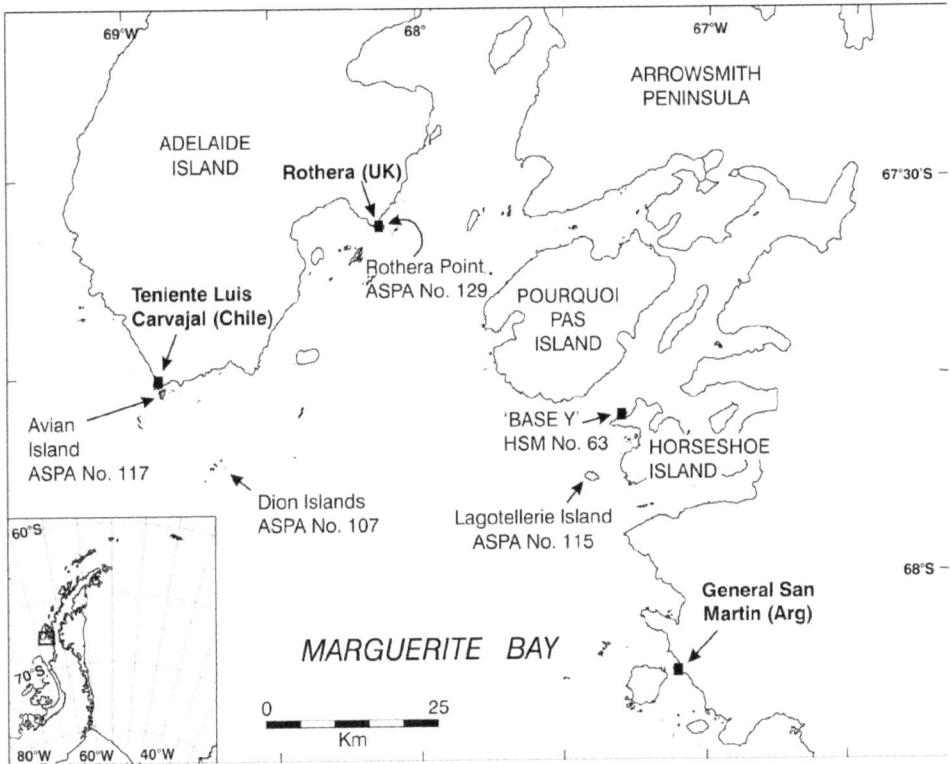

Figura 2. Mapa topográfico de la isla Lagotellerie (ZAEP n.° 115).

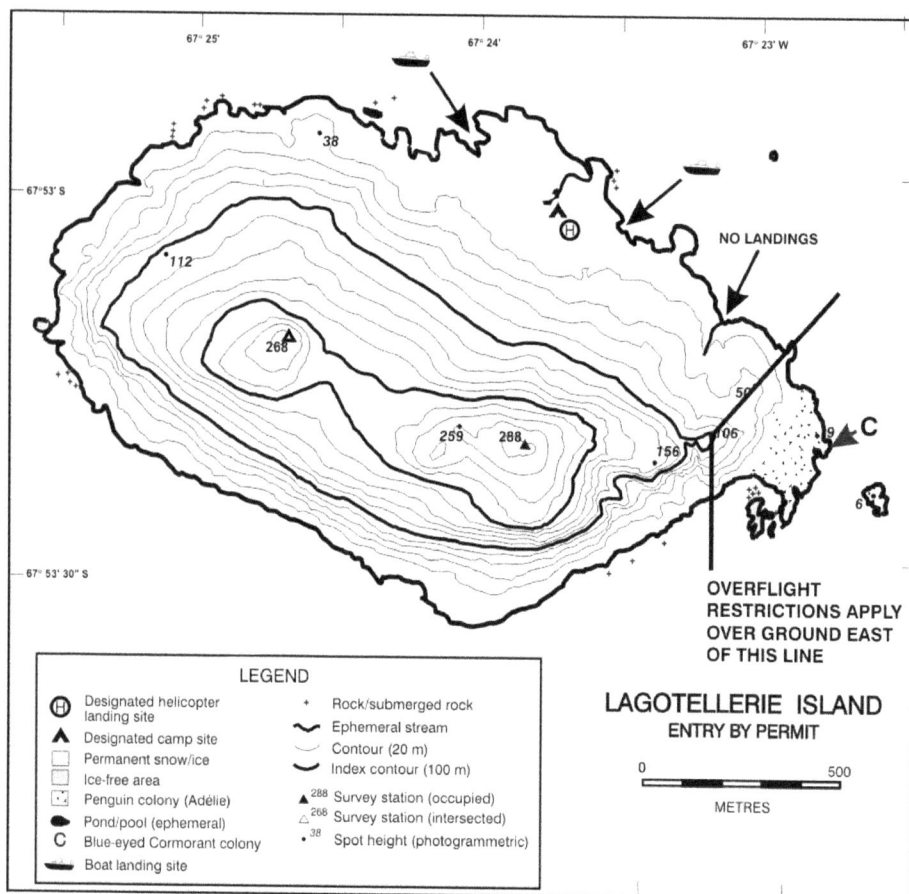

Figura 3. Borrador del mapa geológico de la isla Lagotellerie (ZAEP n.° 115).

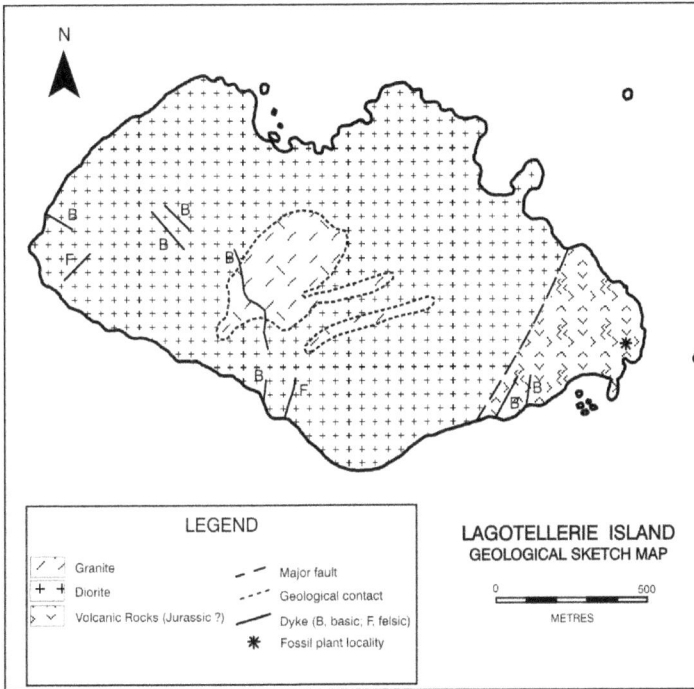

Figura 4. Índice de vegetación de diferencia normalizada (NVDI), derivado de imágenes satelitales, para la ZAEP n.° 115, isla Lagotellerie, bahía Margarita, Tierra de Graham, donde se muestra una cubierta de vegetación verde en una escala de colores de amarillo → anaranjado → rojo, donde el rojo indica los valores más altos de NDVI.

# Plan de Gestión para la Zona Antártica Especialmente Protegida (ZAEP) n.° 129

# PUNTA ROTHERA, ISLA ADELAIDA

**Introducción**

El motivo principal para designar a punta Rothera, isla Adelaida (lat. 68°07' S, long. 67°34' O), islas Shetland del sur, como Zona Antártica Especialmente Protegida (ZAEP) es resguardar los valores científicos, principalmente el hecho de que la Zona serviría como área de control para el seguimiento de los efectos del impacto antropogénico asociado a la contigua estación de investigación Rothera (Reino Unido) en un ecosistema de páramo antártico. La punta Rothera fue originalmente designada en la Recomendación XIII-8 (1985, SEIC n.° 9) tras la presentación de una propuesta por el Reino Unido. La Zona propiamente tal tiene escaso valor intrínseco para la conservación de la naturaleza.

Esta Zona es única en la Antártida, puesto que actualmente no existe otra zona protegida designada solo por su valor para la observación del impacto producido por el ser humano. El objetivo es utilizar la Zona, que prácticamente no se ve afectada por el impacto directo del ser humano, como un área de control para la evaluación del impacto de las actividades realizadas en la estación de investigación Rothera sobre el medioambiente antártico. Los estudios de observación del instituto British Antarctic Survey (BAS) en la punta Rothera comenzaron en 1976, antes del establecimiento de la estación, lo cual tuvo lugar más adelante ese mismo año. Algunas de las actividades de vigilancia del ecosistema que se encuentran en curso dentro de la Zona y en punta Rothera son: (i) evaluación de las concentraciones de metales pesados en líquenes; (ii) medición de hidrocarburos y concentraciones de metales pesados en gravas y suelos, y (iii) relevamiento de las poblaciones de aves reproductoras.

La Resolución 3 (2008) recomendaba usar el "Análisis de Dominios Ambientales para el continente antártico" como modelo dinámico para identificar las Zonas Antárticas Especialmente Protegidas aplicando los criterios ambientales y geográficos sistemáticos referidos en el Artículo 3(2) del Anexo V al Protocolo (véase también Morgan *et al.*, 2007). Según este modelo, la punta Rothera es predominantemente un Dominio ambiental E (Península Antártica y los principales campos de hielo de la isla Alexander), que también se encuentra en las ZAEP 113, 114, 117, 126, 128, 129, 133, 134, 139, 147, 149, 152, y las ZAEA 1 y 4. Sin embargo, dado que la punta Rothera está libre de hielo en su mayor parte, es posible que no represente plenamente el dominio comprendido por la Zona. Aun cuando no se describe específicamente de esta manera, la punta Rothera también podría abarcar un Dominio ambiental B (geológico de latitudes del norte medio de la Península Antártica). Otras zonas protegidas que contienen un Dominio ambiental B incluyen las ZAEP 108, 115, 134, 140 y 153, y la ZAEA 4. La Resolución 6 (2012) recomienda el uso de las Regiones Biogeográficas de Conservación de la Antártida (RBCA) para la "identificación de zonas que pueden ser designadas como Zonas Antárticas Especialmente Protegidas en el marco del criterio ambiental y geográfico sistemático mencionado en el Artículo 3(2) del Anexo V al Protocolo". La ZAEP n.° 129 se encuentra dentro de la Región Biogeográfica de Conservación de la Antártida (RBCA) 3, Noroeste de la Península Antártica.

### 1. Descripción de los valores que requieren protección

- La Zona propiamente tal tiene escaso valor intrínseco para la conservación de la naturaleza. Sin embargo, sí tiene un valor científico como área de control para el seguimiento de los efectos del impacto antropogénico asociado a la contigua estación de investigación Rothera (Reino Unido) en un ecosistema de páramo antártico.
- La Zona también tiene valor como sitio de investigación biológica, especialmente para los científicos que trabajan en el Laboratorio Bonner (estación de investigación Rothera).

### 2. Finalidades y objetivos
Los objetivos de la gestión de la Zona son los siguientes:
- evitar la degradación de los valores de la Zona y los riesgos importantes para los mismos, previniendo las perturbaciones innecesarias causadas por el ser humano;
- evitar cambios importantes en la estructura y composición de los ecosistemas terrestres, particularmente el ecosistema de páramo y las aves reproductoras, al (i) evitar la urbanización dentro del sitio y (ii) limitar el acceso humano a la Zona, con el fin de mantener su valor como área de control para estudios de vigilancia del ecosistema;
- permitir la investigación y observación científica en la Zona, siempre que sea por razones convincentes que no puedan llevarse a cabo en otro lugar y que no pongan en riesgo el ecosistema natural de la Zona;
- reducir al nivel máximo practicable la introducción de especies no autóctonas que pudieran comprometer el valor científico de la Zona;
- preservar el ecosistema natural de la Zona como área de referencia para futuros estudios comparativos;
- permitir visitas periódicas con fines de gestión concordantes con los objetivos del Plan de Gestión.

### 3. Actividades de gestión
Para proteger los valores de la Zona se deben realizar las siguientes actividades de gestión:
- En los principales puntos de acceso se colocarán letreros con indicaciones de la ubicación y límites de la Zona, así como las restricciones al ingreso, los cuales serán objeto de un mantenimiento regular.
- Se colocará un mapa de la ubicación y los límites de la Zona, que indique los requisitos para el ingreso, en un lugar visible en la estación de investigación Rothera.
- Se realizarán las visitas que sean necesarias para determinar si la Zona continúa sirviendo a los fines para los cuales fue designada, y para garantizar que las medidas de gestión y mantenimiento sean apropiadas.
- Los equipos o materiales abandonados deberán eliminarse en el mayor grado posible, siempre y cuando su eliminación no produzca un impacto adverso en el medioambiente o en los valores de la Zona.

**4. Período de designación**
Designación con período de vigencia indefinida.

**5. Mapas**
Mapa 1. ZAEP n.° 129, punta Rothera, mapa de ubicación.
Especificaciones cartográficas: Proyección: estereográfica de la Antártida polar WGS84. Paralelo de referencia: 71° S. Meridiano central 67°45' O.

Mapa 2. ZAEP n.° 129, punta Rothera, mapa topográfico.
Especificaciones cartográficas: Proyección: estereográfica de la Antártida polar WGS84. Paralelo de referencia: 71° S. Meridiano central 67°45' O.

**6. Descripción de la Zona**
*6(i) Coordenadas geográficas, indicadores de límites y rasgos naturales*

LÍMITES Y COORDENADAS
La punta Rothera (67°34' S, 68°08' O) se ubica en la bahía Ryder, en la esquina sudeste de la península Wright, sector oriental de isla Adelaida, al sudoeste de la Península Antártica (mapa 1). La Zona corresponde al tercio noreste de punta Rothera (mapa 2) y es representativa de la zona en general. Se extiende 280 m de oeste a este y 230 m de norte a sur, con una altitud máxima de 36 m. En la costa, el límite de la Zona es la curva de nivel de 5 m. Por consiguiente, la parte superior de la playa, el litoral y el sublitoral de punta Rothera no están incluidos en la ZAEP. El límite occidental de la Zona, que atraviesa punta Rothera, está señalizado parcialmente por medio de letreros con los límites de la ZAEP instalados en gaviones llenos de piedras. El resto del límite no está marcado. Hay dos letreros fuera del perímetro de la Zona, situados en los puntos de partida de la ruta de acceso peatonal que rodea punta Rothera (véase el mapa 2). Los límites están representados en términos generales por las siguientes coordenadas, mencionadas en el sentido de las agujas del reloj a partir del punto más septentrional:

| Zona | Número | Latitud | Longitud |
|---|---|---|---|
| ZAEP n.° 129, punta Rothera | 1 | 67°33'59'' S | 068°06'47'' O |
| | 2 | 67°34'06'' S | 068°06'48'' O |
| | 3 | 67°34'06'' S | 068°07'00'' O |
| | 4 | 67°34'02'' S | 068°07'08'' O |

La estación de investigación Rothera (Reino Unido) se encuentra cerca de 250 m al oeste del límite occidental de la Zona (véase el recuadro del mapa 2).

DESCRIPCIÓN GENERAL
Existen pequeñas áreas de hielo permanente en el norte y sur de la cima de la ZAEP. No hay arroyos o charcas permanentes. Las rocas son principalmente intrusiones heterogéneas de diorita, granodiorita y adamelita del Ciclo Orogénico Andino, desde el Cretácico Medio hasta el Terciario Inferior. En la roca se observan vetas de mineral de cobre en la forma de notorias manchas de un color verde brillante. El suelo se limita a pequeños sectores de sedimento glaciar y arena en acantilados rocosos. Los depósitos locales más profundos producen pequeños círculos y polígonos dispersos de diverso material congelado. No hay áreas extensas de suelo estructurado. Acumulaciones de conchas de lapa

(*Nacella concinna*) recientes y en descomposición forman parches de suelo calcáreo alrededor de afloraciones rocosas sobresalientes donde se posan las gaviotas cocineras (*Larus dominicanus*). No hay acumulaciones de materia orgánica. No hay accidentes geológicos o geomorfológicos especiales o extraños en la Zona.

El escaso interés biológico que presenta la Zona a nivel terrestre se concentra en los acantilados rocosos, donde existe una proliferación abundante de líquenes. La vegetación existente es representativa del ecosistema de páramo antártico "marítimo" del sur, en el cual predominan los líquenes fruticosos *Usnea antarctica*, *Usnea sphacelala* y *Pseudephebe minuscula*, así como el liquen folioso *Umbilicaria decussata*. Se observan numerosos líquenes crustosos, pero las briofitas (principalmente *Andreaea spp.*) son escasas. La fauna invertebrada se ha visto empobrecida y consiste solo de algunas especies de acáridos y colémbolos, cuyos ejemplos más comunes son *Halozetes belgicae* y *Cryptopygus antarcticus*. No hay flora o fauna terrestre que sea especial o poco común en la Zona. Durante los estudios de seguimiento realizados en 2015, no se encontraron colémbolos no autóctonos en la ZAEP ni en ningún otro lugar de la punta Rothera.

Las skúas pardas y antárticas (*Catharacta lonnbergii* y *C. maccormicki*) son las aves reproductoras más numerosas de la Zona y se documentó la anidación de hasta cinco parejas de ellas. Una pareja de gaviotas cocineras (*Larus dominicanus*) anida en la Zona y también se encontró un nido de petrel de Wilson (*Oceanites oceanicus*).

## 6(ii) Acceso a la Zona

- El acceso a la Zona deberá realizarse a pie.
- Se prohíbe el aterrizaje de helicópteros en la Zona.
- La operación de aeronaves debería efectuarse, en el mayor grado posible, de conformidad con las "Directrices para la Operación de Aeronaves cerca de Concentraciones de Aves en la Antártida" contenidas en la Resolución 2 (2004). Sin embargo, la Zona se encuentra a solo 250 m aproximadamente de la pista de aterrizaje de la estación de investigación Rothera. Por lo tanto, por razones de seguridad se reconoce que en ocasiones no será posible cumplir a cabalidad estas directrices.
- Los límites de la Zona se extienden hasta la curva de nivel de 5 m en la costa. El acceso peatonal no tiene restricciones por debajo de esta curva de nivel alrededor del límite de la Zona. La ruta de acceso peatonal recomendada sigue la línea media de pleamar, como se muestra en el Mapa 2. Durante los períodos en que el suelo está cubierto de nieve y se ha formado hielo marino, los peatones deben permanecer a una distancia segura de la costa para no correr el peligro de caminar accidentalmente sobre hielo marino inestable o caer en grietas de marea.

## 6(iii) Ubicación de estructuras dentro de la Zona y en sus proximidades

Un montículo de piedras marca la cima de la Zona (36 m; lat. 68°34'01,5'' S, long. 068°06'58'' O) y 35 m al este - sudeste se encuentra otro montículo que indica una estación de relevamiento (35,4 m; lat. 68°34'02'' S, long. 068°06'55'' O).

La estación de investigación Rothera (Reino Unido) se encuentra cerca de 250 m al oeste del límite occidental de la Zona (véase el recuadro del mapa 2). Existe una serie de mástiles y antenas aéreas en la terraza costera adyacente al límite meridional de la Zona.

## 6(iv) Ubicación de otras zonas protegidas en las cercanías

La ZAEP n.° 107, Isla Emperor, islas Dion, bahía Margarita, se encuentra cerca de 15 km al sur de la isla Adelaida. La ZAEP n.° 115, Isla Lagotellerie, bahía Margarita, se encuentra cerca de 11 km al sur de la isla Pourquoi-Pas. La ZAEP n.° 117, Isla Avian, bahía Margarita, se encuentra cerca de 0,25 km al sur de la punta sudoeste de la isla Adelaida. La ubicación de estas ZAEP se muestra en el Mapa 1.

*6(v) Áreas especiales al interior de la Zona*
Ninguna.

## 7. Condiciones para la expedición de permisos

*7(i) Condiciones generales para la expedición de permisos*
Se prohíbe el ingreso a la Zona excepto con un permiso expedido por una autoridad nacional
pertinente. Las condiciones para la expedición de un permiso de ingreso a la Zona son las siguientes:

- se emitirán únicamente por razones científicas convincentes que no puedan llevarse a cabo en
  ningún otro lugar, o bien con fines de gestión indispensables, tales como inspección,
  mantenimiento o examen;
- las acciones permitidas no deben poner en riesgo los valores medioambientales o científicos
  de la Zona;
- toda actividad de gestión facilitará el cumplimiento de los objetivos del Plan de Gestión;
- las acciones permitidas deben ser compatibles con este Plan de Gestión;
- se deberá portar el permiso o una copia autorizada de este dentro de la Zona;
- el permiso se emitirá solo por un período determinado;
- se deberá avisar a la autoridad pertinente sobre cualquier actividad o medida que no esté
  comprendida en el permiso.

*7(i) Acceso a la Zona y desplazamientos en su interior o sobre ella*
- El acceso y circulación dentro de la Zona deberán efectuarse a pie.
- Se prohíbe el uso de vehículos terrestres al interior de la Zona.
- Se prohíbe el aterrizaje de aeronaves en la Zona.
- Todo desplazamiento deberá efectuarse con cuidado para reducir a un mínimo la perturbación
  del suelo y la vegetación.
- No se debe permitir el sobrevuelo de colonias de aves por sistemas de aeronaves dirigidas por
  control remoto (RPAS, por sus siglas en inglés) al interior de la Zona, excepto con fines
  científicos o de operación, y de conformidad con un permiso expedido por una autoridad
  nacional competente

*7(iii) Actividades que pueden llevarse a cabo dentro de la Zona*
Entre las actividades que pueden llevarse a cabo dentro de la Zona se incluyen:
- investigación u observación científica que no ponga en peligro los ecosistemas de la Zona;
- actividades de gestión indispensables.

*7(iv) Instalación, modificación o desmantelamiento de estructuras*
No se podrán erigir nuevas estructuras ni instalar equipo científico dentro de la Zona salvo para
actividades científicas o de gestión indispensables y durante el plazo de validez preestablecido
especificado en el permiso. La instalación (incluida la elección del sitio), mantenimiento,
modificación o desmantelamiento de estructuras o equipos debe realizarse de manera tal que reduzca
a un mínimo la perturbación de los valores de la Zona. Todas las estructuras o equipo científico
instalados en la Zona deben estar claramente identificados indicando el país al que pertenecen, el
nombre del principal investigador y el año de su instalación. Todos estos elementos deben estar libres
de organismos, propágulos (por ejemplo, semillas y huevos) y suelo no estéril, y además estar
confeccionados con materiales que soporten las condiciones ambientales y que representen el mínimo
riesgo posible de contaminación de la Zona. Como condición para el otorgamiento del permiso,
deberá contemplarse el desmantelamiento de las estructuras o equipos específicos para los cuales el
permiso haya expirado. Se prohíbe erigir estructuras o instalaciones permanentes.

*7(v) Ubicación de los campamentos*
Se prohíbe acampar en la Zona. Puede haber alojamiento disponible en la estación de investigación
Rothera.

*7(vi) Restricciones relativas a los materiales y organismos que puedan introducirse en la Zona*
Se prohíbe la introducción deliberada de animales vivos, material vegetal o microorganismos en la Zona. A fin de mantener los valores de la Zona, se deben tomar precauciones especiales para evitar la introducción accidental de microbios, invertebrados o plantas provenientes de otros lugares de la Antártida, incluidas las estaciones, o provenientes de regiones fuera de la Antártida. Deberá limpiarse o esterilizarse todo el equipo de recolección de muestras que se ingrese a la Zona, así como también los marcadores. En el mayor grado posible, y antes de su ingreso a la Zona, deberán limpiarse rigurosamente el calzado y demás equipos utilizados o introducidos en la Zona (bolsos o mochilas incluidas). No se podrá llevar carnes de ave ni huevos o sus derivados a la Zona. Para obtener directrices más detalladas, se deberá consultar el Manual sobre Especies No Autóctonas del CPA y las Listas de verificación del COMNAP/SCAR para gestores de cadenas de suministro de los Programas Antárticos Nacionales para la reducción del riesgo de transferencia de especies no autóctonas. No se deben introducir herbicidas ni pesticidas en la Zona. Cualquier otro producto químico, incluidos los radionúclidos e isótopos estables, que se introduzca en la Zona con fines científicos o de gestión especificados en el permiso deberá ser retirado cuando concluya la actividad para la cual se haya expedido el permiso, o con anterioridad. No se permitirá la descarga directa al medioambiente de radionúclidos o isótopos estables de una manera que los vuelva irrecuperables. No se podrá depositar combustibles, alimentos y otros materiales en la Zona, salvo que hacerlo con fines científicos o administrativos específicos esté autorizado en el permiso. No se permiten los depósitos permanentes. Todo el material que se introduzca en la Zona podrá permanecer en ella durante un período determinado únicamente, deberá ser retirado cuando concluya dicho período, o con anterioridad, y deberá ser almacenado y manipulado de forma tal que se reduzca a un mínimo el riesgo de su introduccción en el medioambiente. Si se produce alguna fuga de material que pueda poner en riesgo los valores de la Zona, se recomienda extraer dicho material únicamente si es improbable que el impacto de su retiro sea mayor que el de dejar el material *in situ*. Se deberá informar a la autoridad pertinente sobre la liberación de cualquier material que no se haya retirado y que no esté incluido en el permiso.

*7(vii) Recolección o interferencia perjudicial sobre la flora y fauna autóctonas*
Se prohíbe la recolección de flora y fauna autóctonas, o la interferencia perjudicial sobre estas, salvo que se realice en virtud de un permiso otorgado de conformidad con el Anexo II al Protocolo al Tratado Antártico sobre Protección del Medio Ambiente. En caso de toma de animales o interferencia perjudicial sobre los mismos, se debería usar como norma mínima el Código de Conducta del SCAR para el Uso de Animales con Fines Científicos en la Antártida.

*7(viii) Recolección o traslado de materiales que el titular del permiso no haya llevado a la Zona*
Se podrá recoger o retirar material de origen biológico o geológico en la Zona únicamente de conformidad con un permiso, y dicho material deberá limitarse al mínimo necesario para los fines de índole científica o de gestión. No se otorgarán permisos si existe una preocupación razonable de que el muestreo propuesto pueda resultar en la recolección, retiro o daño de una cantidad tal de suelo, sedimento o ejemplares de la flora o fauna que su distribución o abundancia en la Zona se vería significativamente afectada. Todo material de origen humano que pueda comprometer los valores de la Zona y que no haya sido llevado al sitio por el titular del permiso, o que no esté comprendido en otro tipo de autorización, podrá ser retirado salvo que el impacto de su retiro sea mayor que el efecto de dejar dicho material *in situ*. En tal caso, se deberá notificar a las autoridades pertinentes.

*7(ix) Eliminación de residuos*
Todos los residuos deberán ser retirados de la Zona, de conformidad con el Anexo III (Eliminación y tratamiento de residuos) del Protocolo al Tratado Antártico sobre Protección del Medio Ambiente (1998). Todos los residuos de origen humano, tanto líquidos como sólidos, deben ser retirados de la Zona.

*7(x) Medidas que podrían requerirse para garantizar el continuo cumplimiento de los objetivos del Plan de Gestión*

- Se podrán conceder permisos para ingresar en la Zona a fin de realizar actividades de observación y seguimiento biológico e inspección del sitio, las que podrían incluir la recolección de una pequeña cantidad de muestras para análisis científico, el emplazamiento o reparación de señalizadores, o la implementación de medidas de protección.
- Todos los sitios donde se realicen observaciones a largo plazo deberán estar debidamente señalizados y los señalizadores o letreros se deberán mantener en buen estado.
- Las actividades científicas deberán realizarse de conformidad con el Código de Conducta Ambiental sobre el Trabajo de Investigación sobre el Terreno en la Antártida del SCAR.

*7(xi) Requisitos relativos a los informes*

El titular principal del permiso deberá presentar cuanto antes un informe de cada visita a la Zona a la autoridad nacional correspondiente una vez concluida la visita, y en un plazo no superior a los seis meses. Dichos informes deberán incluir, según corresponda, la información señalada en el formulario de informe de visita recomendado (contenido como Apéndice en la Guía para la Preparación de Planes de Gestión para las Zonas Antárticas Especialmente Protegidas [disponible en el sitio Web de la Secretaría del Tratado Antártico: www.ats.aq]). Si corresponde, la autoridad nacional también debe remitir una copia del informe de visita a la Parte que ha propuesto el Plan de Gestión, para que sirva de ayuda en la gestión de la Zona y en la revisión del Plan de Gestión. Siempre que sea posible, las Partes deben depositar los originales o copias de los informes de visita en un archivo de acceso público, a fin de mantener un registro del uso para fines de revisión del Plan de Gestión.

## 8. Documentación de apoyo

Block, W., and Star, J. 1996. Oribatid mites (Acari: Oribatida) of the maritime Antarctic and Antarctic Peninsula. Journal of Natural History 30: 1059-67.

Bonner, W. N. 1989. Proposed construction of a crushed rock airstrip at Rothera Point, Adelaide Island - final Comprehensive Environmental Evaluation. NERC, Swindon. 56 pp.

Convey, P., and Smith, R.I.L. 1997. The terrestrial arthropod fauna and its habitats in northern Marguerite Bay and Alexander Island, maritime Antarctic. Antarctic Science 9:12-26.

Downie, R., Ingham, D., Hughes, K. A., and Fretwell, P. 2005. Initial Environmental Evaluation: proposed redevelopment of Rothera Research Station, Rothera Point, Adelaide Island, Antarctica. British Antarctic Survey, Cambridge, 29 pp.

Hughes, K. A., Greenslade, P., Convey, P. The fate of the non-native Collembolon, *Hypogastrura viatica*, at the southern extent of its introduced range in Antarctica. In submission.

Milius, N. 2000. The birds of Rothera, Adelaide Island, Antarctic Peninsula. Marine Ornithology 28: 63-67.

Morgan, F., Barker, G., Briggs, C., Price, R., and Keys, H. 2007. Environmental Domains of Antarctica Version 2.0 Final Report. Manaaki Whenua Landcare Research New Zealand Ltd, 89 pp.

Øvstedal, D.O. and Smith, R.I.L. 2001. Lichens of Antarctica and South Georgia. A Guide to their Identification and Ecology. Cambridge University Press, Cambridge, 411 pp.

Ochyra, R., Bednarek-Ochyra, H. and Smith, R. I. L. 2008. The Moss Flora of Antarctica. Cambridge University Press, Cambridge. pp 704.

Peat, H., Clarke, A., and Convey, P. 2007. Diversity and biogeography of the Antarctic flora. Journal of Biogeography, 34: 132-146.

Riley. T. R., Flowerdew, M. J. and Whitehouse, M. J. 2012. Chrono- and lithostratigraphy of a Mesozoic–Tertiary fore- to intra-arc basin: Adelaide Island, Antarctic Peninsula. Geological Magazine 149: 768-782.

Shears, J. R. 1995. Initial Environmental Evaluation – expansion of Rothera Research Station, Rothera Point, Adelaide Island, Antarctica. British Antarctic Survey, Cambridge, 80 pp.

Shears, J. R., and Downie, R. 1999. Initial Environmental Evaluation for the proposed construction of an accommodation building and operations tower at Rothera Research Station, Rothera Point, Adelaide Island, Antarctica. British Antarctic Survey, Cambridge, 22 pp.

Mapa 1. Mapa de ubicación. de la ZAEP n.° 129, Punta Rothera

Especificaciones cartográficas: Proyección: estereográfica de la Antártida polar WGS84. Paralelo de referencia: 71° S. Meridiano central 67°45' O.

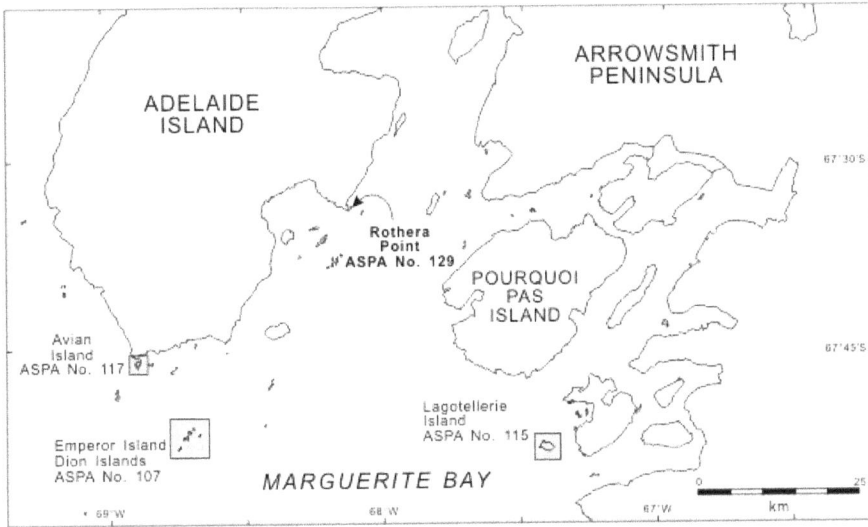

Mapa 2. Mapa topográfico de laZAEO n.° 129, Punta Rothera

Especificaciones cartográficas: Proyección: estereográfica de la Antártida polar WGS84. Paralelo de referencia: 71° S. Meridiano central 67°45' O.

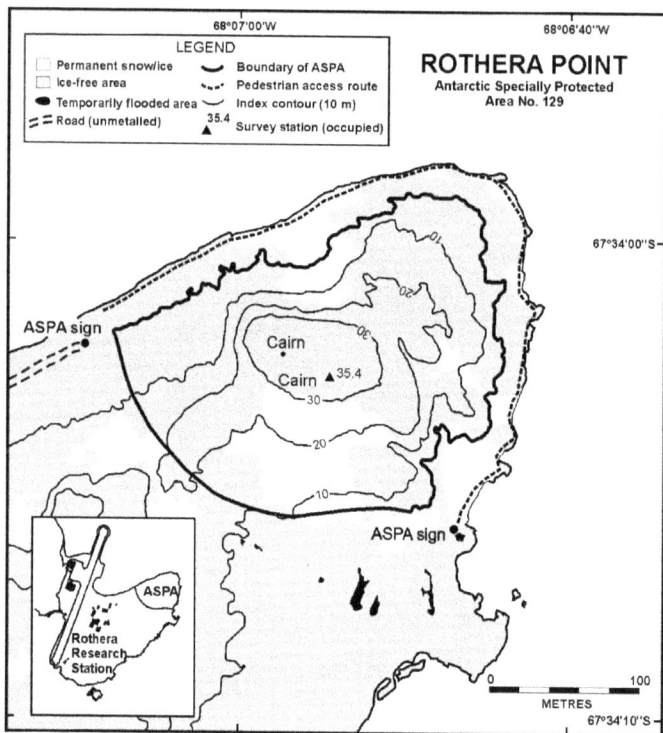

# Plan de Gestión para Zona Antártica Especialmente Protegida n.° 140

# PARTES DE ISLA DECEPCIÓN, ISLAS SHETLAND DEL SUR

## Introducción

La principal razón para la designación de Partes de isla Decepción, (Lat. 62°57'S, Long. 60°38'O), islas Shetland del Sur, como Zona Antártica Especialmente Protegida (ZAEP) es la protección de sus valores medioambientales, predominantemente la flora terrestre al interior de la Zona. La flora de la isla es singular dentro de la Antártida, especialmente en aquellos lugares en donde se encuentra asociada a estas áreas geotérmicas pero también debido a sus superficies de reciente formación, que ofrecen hábitats de edad conocida para estudiar la colonización y otros procesos ecológicos dinámicos por parte de los organismos terrestres (Smith, 1988).

La isla Decepción es un volcán activo. Las recientes erupciones, ocurridas en 1967, 1969 y 1970 (Baker *et al.* 1975), alteraron muchas de las características topográficas de la isla y crearon nuevas superficies localmente transitorias que fueron luego colonizadas por plantas y otra biota terrestre (Collins, 1969; Cameron y Benoit, 1970; Smith, 1984a, b, c). La Zona tiene diversos sitios de actividad geotérmica, algunos con fumarolas (Smellie *et al.* 2002).

Cinco pequeños sitios en torno a la costa de puerto Foster fueron aprobados en virtud de la Recomendación XIII–8 (XIII RCTA, Bruselas, 1985) como Sitio de Especial Interés Científico n.° 21 basándose en que "*La isla Decepción ofrece condiciones singulares debido a su actividad volcánica. Las mayores erupciones se produjeron en 1967, 1969 y 1970. Algunas partes de la isla quedaron destruidas por completo, otras se crearon, mientras que otras quedaron sepultadas bajo diferentes capas de cenizas. Solo unas pocas zonas del interior permanecieron inalteradas. Esta isla ofrece condiciones excepcionales para estudiar los procesos de colonización en un medio antártico*". Luego de un extenso estudio científico, se mejoró la protección de los valores botánicos de la isla a través de la Medida 3 (2005), cuando la cantidad de sitios de interés botánico incluidos dentro de la ZAEP fue aumentada a 11.

La ZAEP 140 hace una contribución sustancial al sistema de zonas antárticas protegidas debido a que (a) contiene una diversidad particularmente amplia de especies, (b) se distingue de otras zonas debido al terreno calentado geotérmicamente en algunos sectores de la isla, lo que crea hábitats de gran importancia ecológica que son únicos en la región de la Península Antártica, y (c) es vulnerable a la interferencia humana, en particular, debido a la distribución espacial altamente restringida de muchas especies vegetales, en particular aquellas asociadas con la tierra calentada. Si bien la ZAEP 140 está protegida principalmente por sus sobresalientes valores medioambientales (específicamente su diversidad biológica), también está protegida debido a sus valores científicos (es decir, su biología terrestre, su zoología, y su geomorfología y geología). En particular, la investigación científica incluye estudios de largo plazo sobre la colonización y mediciones de la temperatura del terreno.

Los 11 sitios dentro de la Zona (cerca de 2,7 km²) abarcan hábitats terrestres y lacustres alrededor del terreno calentado geotérmicamente, ricas zonas de flora y superficies de edad conocida creadas tras las erupciones de 1967, 1969 y 1970, que pueden resultar útiles para los estudios sobre recolonización. Se considera que la Zona tiene un tamaño suficiente como para proporcionar adecuada protección a los valores identificados, los cuales pueden ser muy susceptibles a la alteración física debida a las actividades de los visitantes nacionales y no gubernamentales, y los límites proporcionados ofrecen una adecuada zona de amortiguación en torno a las características vulnerables.

La isla Decepción es predominantemente un Dominio Ambiental G (Geológico de islas costa afuera de la Península Antártica) de conformidad con el "Análisis de dominios ambientales para la Antártida" (Resolución 3 [2008]). El Dominio ambiental G es limitado en relación con los demás dominios ambientales y es necesario invertir grandes esfuerzos para conservar los valores que se han encontrado en este tipo de medioambiente.

La ZAEP 140 se encuentra dentro de la Región Biogeográfica de Conservación Antártica (RBCA) 3, Nordeste de la Península Antártica (Resolución 6 [2012]).

No hay ZIA dentro de las fronteras de los sitios de la ZAEP (Resolución 5 [2015]).

## 1. Descripción de los valores que requieren protección

Luego de un detallado estudio botánico de la isla, realizado en 2002 (revisado en 2010 y durante la temporada 2014 - 2015), se identificaron 11 sitios de singular interés botánico. En consecuencia, se confirmaron y ampliaron considerablemente los valores especificados en la designación original.

Estos valores se exponen de la siguiente manera:

- La isla tiene el mayor número de especies vegetales poco comunes (es decir, de las que se sabe que crecen en pocas localidades de la región antártica y, con frecuencia, en escasa cantidad) y extremadamente poco comunes (es decir, de las que se sabe que crecen solamente en una o dos localidades de la región antártica) en cualquier lugar en la región antártica. 28 de los 54 tipos de musgo registrados en la isla, cuatro de las ocho agrimonias y 14 de cerca de 75 líquenes se consideran poco comunes, o extremadamente poco comunes. En el Anexo 1 se enumeran las especies vegetales presentes en la isla Decepción que están clasificadas como poco comunes o extremadamente poco comunes en la zona del Tratado Antártico. Estas representan, respectivamente, el 25 %, el 17 % y cerca del 4 % del número total de musgos, agrimonias y líquenes que se conocen en la región antártica (Aptroot y Van der Knaap, 1993; Bednarek-Ochyra *et al*, 2000; Ochyra *et al.* 2008; Øvstedal y Lewis Smith 2001). Trece especies de musgo (incluidos dos endémicos), dos especies de agrimonia y tres especies de liquen que crecen en la isla Decepción no se han registrado en ningún otro lugar de la Antártida. Ningún otro sitio es comparable en toda la región antártica. Esto sugiere que sobre la región antártica existe una significativa deposición de propágulos inmigrantes (por medio del viento y aves marinas), que provienen particularmente del sur de América del Sur y que solamente se establecen donde prevalecen las condiciones favorables para su germinación (por ejemplo el calor y la humedad que obtienen alrededor de las fumarolas) (Smith, 1984b; c). Tales sitios son únicos en toda la zona del Tratado Antártico.

- Las zonas geotérmicas más estables, algunas de las cuales presentan fumarolas que emiten vapor y gas sulfuroso, han desarrollado comunidades briófitas de diversa complejidad y densidad, cada una con una flora distinta y singular. La mayoría de estas zonas se crearon en el transcurso de la serie de erupciones ocurridas entre 1967 y 1970, pero por lo menos una (en el monte Pond) es anterior a dicho período. Las especies que crecen cerca de las fumarolas activas están continuamente sometidas a temperaturas de entre 30 y 50°C, lo cual plantea importantes preguntas con respecto a su tolerancia fisiológica.

- Las zonas de ceniza volcánica, escurrimientos de lodo, escoria y lapilli depositados entre 1967 y 1970 proporcionan singulares superficies de edad conocida. Estas zonas están siendo colonizadas por vegetación y otros tipos de biota terrestre, lo que permite el seguimiento de las dinámicas de inmigración y colonización. Se trata de zonas inestables y sujetas a la erosión eólica y acuática, con lo que algunas están expuestas a un continuo cambio en la superficie y ciclos de recolonización.

- El lago Kroner, la única laguna intercotidal con fuentes termales en la Antártida, mantiene una singular comunidad de algas de agua salobre.

- Dentro de la Zona, en varios sitios que no fueron afectados por los depósitos de ceniza durante las erupciones de 1967 a 1970, hay comunidades maduras y afianzadas de vegetación diversa, típicas de los ecosistemas estables más antiguos de la isla.

- Dentro de la zona se encuentra el mayor rodal conocido de clavel antártico (*Colobanthus quitensis*), una de las dos plantas floridas de la región antártica. Después de haber quedado prácticamente sepultado por las cenizas y cuasi erradicado durante la erupción de 1967, se ha recuperado y ahora se está propagando a una celeridad sin precedentes. Esto se correlaciona con la actual tendencia del cambio climático regional, en particular el aumento de la temperatura.

- La Zona contiene algunos sitios en los que se realiza investigación científica que incluye experimentos de colonización de largo plazo (Punta Collins (Fontana)) y mediciones de largo plazo de la variación de las temperaturas del suelo (cerro Caliente).

- La Zona contiene también algunos sitios cuyas superficies datan de la erupción de 1967 que permiten el seguimiento exacto de la colonización por plantas y otra biota y son de importante interés científico.

## 2. Finalidades y objetivos

Los objetivos de la gestión de la Zona son los siguientes:

- evitar la degradación de los valores de la Zona y los riesgos importantes para los mismos, previniendo las perturbaciones innecesarias causadas por el ser humano;

- permitir la investigación científica en la Zona, siempre que sea por razones convincentes que no puedan llevarse a cabo en otro lugar y siempre que no arriesgue el ecosistema natural de la zona;

- evitar o reducir a un mínimo la introducción en la Zona de plantas, animales y microorganismos no autóctonos;

- garantizar que la flora no resulte adversamente afectada por el excesivo muestreo al interior de la Zona;

- preservar el ecosistema natural de la Zona como zona de referencia para futuros estudios comparativos y para el seguimiento de los cambios en la flora y el medioambiente, de los procesos de colonización y del desarrollo de comunidades;

## 3. Actividades de gestión

En aras de proteger los valores de la Zona, se deberán emprender las siguientes actividades de gestión:

- Se harán las visitas que sean necesarias para evaluar si los diferentes sitios siguen sirviendo a los propósitos para los que fueron designados y para garantizar que las medidas de gestión y mantenimiento sean adecuadas.

- Los marcadores, carteles señalizadores u otras estructuras (por ejemplo, vallas y montículos) que se hayan instalado dentro de la Zona para fines científicos o administrativos deben estar asegurados y mantenidos en buenas condiciones y deben ser retirados cuando ya no sean necesarios.

- De acuerdo con los requisitos del Anexo III al Protocolo al Tratado Antártico sobre Protección del Medio Ambiente, los equipos o materiales abandonados deberán retirarse en la mayor medida posible, siempre y cuando ello no produzca un impacto adverso sobre el ambiente o los valores de la Zona.

- Debe exponerse de manera prominente un mapa que muestra la ubicación de cada sitio al interior de la isla Decepción (estableciendo todas las restricciones especiales que aplican). Además, debe ponerse a disposición una copia de este Plan de Gestión en la estación

3

Gabriel de Castilla (España) y en la estación Decepción (Argentina). Todas las embarcaciones que tengan planes de visitar la isla llevarán a bordo copias del presente Plan de Gestión, y las entregarán a quienes las soliciten.

- En los casos en que corresponda, se alienta a los Programas Antárticos Nacionales a mantener un estrecho contacto entre sí para garantizar la implementación de las actividades de gestión (incluso a través del Grupo de Gestión de la Zona Antártica Especialmente Administrada de isla Decepción). En particular, se alienta a los Programas Antárticos Nacionales a consultar entre sí para evitar la excesiva toma de muestras de material biológico al interior de la Zona, ya que la tasa de recuperación suele ser lenta y a lo limitado de la cantidad y distribución de algunas especies de flora. Se recomienda también a los programas antárticos nacionales a considerar la implementación conjunta de las directrices orientadas a reducir al mínimo la introducción y dispersión de especies no autóctonas dentro de la Zona.

- Todo escombro que haya sido desplazado por el viento desde el SMH n.° 71 debe retirarse entre el sitio K del monte Ronald hasta el lago Kroner. En el sitio G (caleta Péndulo), deberán retirarse todos los escombros transportados por el viento desde el SMH 76 (véase la Sección 7*(viii)*).

- En el sitio A (Punta Collins (Fontana)) deberán mantenerse las parcelas marcadas con estacas a fin de que se pueda continuarse el seguimiento de los cambios ocurridos en la vegetación desde 1969.

## 4. Período de designación

La designación abarca un período indeterminado.

## 5. Mapas

Figura 1: Zona Antártica Especialmente Protegida n.° 140, isla Decepción, que muestra la ubicación de los Sitios A a L (escala 1:100 000).

Figuras 1a – d: Mapas topográficos de la Zona Antártica Especialmente Protegida n.°140, que muestran los Sitios A – L (escala 1: 25 000). Se añadió el efecto de "sombreado de colina" para resaltar la topografía de los sitios.

## 6. Descripción de la Zona

*6(i) Coordenadas geográficas, indicaciones de límites y rasgos naturales*

DESCRIPCIÓN GENERAL

Las investigaciones de Smith (1984a) y Peat *et al.* (2007) describían las regiones biogeográficas reconocidas que se encuentran dentro de la Península Antártica. La Antártida puede dividirse en tres campos biológicos principales: marítimo del norte, marítimo del sur y continental. La isla Decepción se encuentra dentro del campo marítimo del norte (Smith, 1984a).

CARACTERÍSTICAS NATURALES, LÍMITES Y VALORES CIENTÍFICOS

La ZAEP 140 comprende 11 sitios, que se muestran en las Figuras 1 y 1a - 1d. En el Anexo 2 se muestran fotografías comentadas de cada sitio. Esta distribución fragmentada es característica de la cubierta vegetal de la isla Decepción. Debido a la índole irregular de los sustratos estables y húmedos que no están sometidos a erosión, la vegetación está distribuida de forma dispareja y, por consiguiente, está limitada a hábitats muy dispersos y a menudo muy pequeños. El uso de técnicas de teledetección satelital (Índice de vegetación de diferencia normalizada) muestra que el área de vegetación de color verde dentro de los sitios de la ZAEP es de 0,10 km$^2$ (4 % de la superficie abarcada por la ZAEP).

Los sitios se designan de la A a la L (sin incluir la I) en el sentido de las agujas del reloj a partir del sudoeste de la caldera. Para referirse a cada uno se utiliza el accidente geográfico más prominente de cada sitio. En el Anexo 2 se muestran fotografías de cada sitio. Las coordenadas de los límites se muestran en el Anexo 3, aunque, como muchos de los límites siguen características naturales, deberá consultarse además la descripción de límites a continuación.

### Sitio A: Punta Collins (Fontana)

Área abarcada. Las laderas que dan al norte entre la Punta Collins (Fontana) y la punta sin nombre a 1,15 km al este (0,6 km al oeste de punta Entrada), justo frente a la punta Fildes, y que se extienden desde la parte trasera de la playa hasta una cresta que se extiende aproximadamente 1 km hacia el interior desde la costa.

Límites. El límite oriental del sitio A va hacia el sur desde la costa en la punta sin nombre a 0,6 km al oeste de la punta Entrada, siguiendo el perfil de una cresta a una elevación de 184 m. El límite occidental se extiende desde la Punta Collins (Fontana), siguiendo una cresta hacia el sur hasta una elevación de 145 m. El límite meridional sigue una cresta arciforme (que sigue una línea de cimas de este a oeste a 172, 223 y 214 m) que une los puntos de 184 y 145 m. La playa, donde está la baliza de Punta Collins (Fontana) (de cuyo mantenimiento se ocupa la Marina de Chile), hasta la curva de nivel de 10 m, no está incluida en el sitio.

Valor científico. No se conocen terrenos calentados geotérmicamente dentro de los límites del sitio. Este sitio contiene algunos de los mejores ejemplos de la vegetación que lleva más tiempo establecida en la isla, en su mayor parte exenta de los efectos de las erupciones recientes, con una gran diversidad de especies y varias rarezas antárticas, algunas de ellas en considerable abundancia. Recientemente se han establecido algunas plantas pequeñas de *Colobanthus quitensis* y un colono bastante reciente es la agrimonia (*Marchantii berteroana*), de gran tamaño y que también se está propagando. En la playa al norte del sitio se llevan a cabo investigaciones acerca de las focas. Además, el sitio contiene una colonia de gaviotas cocineras en los acantilados bajos sobre la playa. Seis parcelas de 50 × 50 cm marcadas con estacas de madera en las esquinas (Lat. 62° 60' 00'' S, Long. 060° 34' 48'' O) fueron colocadas en 1969 por el instituto British Antarctic Survey para realizar el seguimiento de los cambios en la vegetación en años subsiguientes (Collins, 1969).

Impacto humano. En el sitio A se encontraron los colémbolos no autóctonos *Hypogastrura viatica*.

### Sitio: Lago Cráter

Área abarcada. El lago Cráter y su costa, el terreno plano al norte y la lengua de lava cubierta de escoria hacia el sur.

Límites. El límite norte se extiende desde las estribaciones de la pendiente hacia el norte del valle ancho, aproximadamente 300 m al norte del lago Cráter (a unos 30 m de altura). El límite occidental sigue las crestas que se hallan inmediatamente el oeste del lago, y al este del pequeño lago sin nombre situado a Lat. 62° 59' 00'' S, Long. 060° 40' 30'' O. Los límites sudoeste y sur siguen la parte superior de la pendiente (a unos 80 m de altura) que se extiende al sudoeste y sur del lago. El límite oriental pasa al este de la lengua de lava al sur del lago Cráter, alrededor del borde oriental del lago y a unos 300 m a través de la planicie al norte del lago Cráter.

Valor científico. No se conocen terrenos calentados geotérmicamente dentro de los límites del sitio. La principal zona de interés botánico está en una lengua de lava cubierta de escoria al sur del lago. El sitio no fue afectado por las erupciones recientes. La vegetación en la lengua de escoria consiste en una flora criptógama diversa, que incluye varias rarezas antárticas, y un césped de musgo que presenta un desarrollo excepcional, con predominio de una especie relativamente común (*Polytrichastrum alpinum*). Este musgo reviste especial interés porque se

5

reproduce sexualmente en gran abundancia en este sitio. En ningún otro lugar de la Antártida se ha observado tal profusión de esporofitos de esta especie ni en este musgo ni en ningún otro. El extenso tapete de musgo (*Sanionia uncinata*), situado en la planicie al norte del lago Cráter, es uno de los mayores rodales de vegetación ininterrumpida de la isla.

### Sitio C: Cerro Caliente, extremo sur de la bahía Primero de Mayo (Septiembre)

Área abarcada. Una línea estrecha de fumarolas que se extiende alrededor de 40 × 3 m a lo largo de la cresta de cimas de pendiente suave a una elevación alrededor de 95 a 107 m el cerro Caliente sobre el lado noroeste de la laguna Albufera al noroeste de la estación Decepción (Argentina) en el extremo sur de la bahía Primero de Mayo (Septiembre).

Límites. La zona incluye todo el terreno sobre el contorno de 90 m en el cerro, con la excepción del terreno al sureste de un punto 10 m al noroeste del montículo de piedras (Lat. 62° 58' 27'' S, Long. 060°42'31''O) que se encuentra al extremo sudeste de la cresta. El acceso al montículo de piedras que se encuentra al extremo sudeste de la cresta no está restringido.

Valor científico. El sitio incluye terreno calentado geotérmicamente. Varias especies raras de musgo, algunas de las cuales crecen únicamente en la isla, colonizan la costra de terreno calentado cerca de las fumarolas, de las cuales solamente dos o tres son visibles. La vegetación es extremadamente limitada y poco evidente, de manera que abarca en total un área inferior a 1 m², lo que la hace sumamente vulnerable a los daños ocasionados por pisadas y el excesivo muestreo. Entre las estructuras que se encuentran en el sitio hay algunos aparatos destinados a experimentos que llevan a cabo el seguimiento de las variaciones a largo plazo en la temperatura del suelo (operados por el programa antártico español) y dispuestas a lo largo de las crestas hay varias estacas metálicas cortas cerca del punto más alto de la cresta.

Impacto humano. Dentro del sitio C se encontraron los colémbolos no autóctonos *Proisotoma minuta*. En años recientes, la escasa vegetación, que contiene conjuntos de briófitas poco comunes y extremadamente poco comunes, se ha expuesto al daño acumulativo producido por las pisadas humanas, lo que ha reducido la cobertura de vegetación de la zona. Dado el estado de riesgo y la naturaleza delicada de las comunidades vegetales locales, se recomienda enfáticamente reducir a un mínimo el ingreso y recolección de muestras dentro del sitio.

### Sitio D: bahía Primero de Mayo (Septiembre)

Área abarcada. Laderas de pedregales húmedos e inestables bajo los acantilados de lava cortados a pico en el lado oriental del extremo septentrional de la cresta Stonethrow hasta la interrupción de la ladera, pasando la playa al oeste del medio de la bahía Primero de Mayo (Septiembre). En este sitio no hay estructuras, aunque se observan muchos escombros de madera en la parte trasera de la playa, varios metros sobre la marca de pleamar. Es posible que la madera haya sido depositada en el lugar por un maremoto generado por la anterior actividad volcánica.

Límites. El extremo sur de los acantilados termina en una prominente cresta que desciende hacia el sudeste, hasta la playa. El límite sur del sitio se extiende desde la base de esta cresta (a una altura cercana a los 10 m) a lo largo de la línea de la cresta hasta la base de los acantilados a una altura cercana a los 50 m. El límite occidental sigue el límite del pedregal en la base de los acantilados, aproximadamente con rumbo norte, durante 800 m, a una altura de aproximadamente 50 m. El límite oriental se extiende hacia el norte a lo largo de la interrupción en la parte trasera de la playa durante 800 m, incluidas todas las rocas grandes. El límite norte (de aproximadamente 100 m de longitud) se une a la interrupción de la pendiente en la parte trasera de la playa hasta el pedregal en la base de los acantilados de roca extrusiva. La playa plana que comienza en la costa y que incluye dos prominentes fumarolas intercotidales al sur de la bahía Primero de Mayo (Septiembre), hasta la interrupción de la ladera, no está incluida en el sitio.

Valor científico. No se conocen terrenos calentados geotérmicamente dentro del sitio, aunque existe actividad de fumarolas en la zona intercotidal, al este del sitio. El sitio tiene una geología compleja y contiene la flora más diversa de la isla, entre ellas varias rarezas antárticas. No fue afectado por las recientes erupciones.

## Sitio E: oeste de la cresta Stonethrow

Área abarcada. El sitio abarca una zona de actividad de fumarolas e incluye un cono de escoria roja a unos 270 m de altura, en el lado norte de la cresta que va de este a oeste, cerca de 600 m al sur-sudoeste del punto más alto de la cresta Stonethrow (330 m), al oeste de la parte central de la bahía Primero de Mayo (Septiembre). Comprende dos fumarolas separadas a unos 20 m de distancia entre sí, siendo la fumarola más oriental la más poblada de vegetación, con líquenes, musgo y acrimonias que cubren una superficie de unos 15 × 5 m.

Límites. El límite se extiende 10 m después de los últimos indicios de actividad geotérmica, y ambas fumarolas están conectadas por suelo no calentado.

Valor científico. Dentro del sitio hay áreas de terreno calentado geotérmicamente. En este sitio hay varios musgos, agrimonias y líquenes muy raros. Dos de las especies predominantes son una agrimonia (*Clasmatocolea grandiflora*) y un liquen (*Stereocaulon condensatum*) que no se han encontrado en ningún otro lugar de la Antártida. Las fotografías tomadas a mediados de los años ochenta indican que el desarrollo y la diversidad de esta vegetación han avanzado considerablemente. Dentro de la vegetación hay un nido de skúas (que también se observó en 1993 y 2002, y fue ocupado en 2010). Es posible que estas aves hayan introducido algunas plantas desde la Tierra del Fuego, especialmente la predominante agrimonia.

## Sitio F: bahía Telefon

Área abarcada. El sitio abarca varios accidentes geográficos creados durante la erupción de 1967 en la bahía Telefon: el cerro Pisagua en el lado sur del sitio, el lago Ajmonecat, pequeño y poco profundo, en la planicie de cenizas al norte de la caleta Stancomb y la baja planicie de cenizas que se extiende desde la costa de la bahía Telefon hasta las laderas empinadas y los afloramientos de lava que están a aproximadamente 0,5 km tierra adentro. El cerro surgió como una isla nueva en 1967, pero ahora está unido a la isla principal por dicha planicie de cenizas. En el extremo norte de la planicie se encuentra la caleta Extremadura, que fue un lago hasta la ruptura del estrecho istmo (de cerca de 2 m de ancho por 50 m de largo) que lo separaba de puerto Foster, alrededor de 2006. La caleta Extremadura está excluida del sitio.

Límites. La línea costera norte de la laguna (caleta Stancomb) al suroeste de la bahía Telefon marca el límite sur del sitio, mientras que la orilla sudoeste de la caleta Extremadura al norte de la bahía Telefon marca el límite nororiental del Sitio. El límite sudeste se extiende a lo largo de la orilla sur del cerro Pisagua, con rumbo norte hasta la costa de la caleta Extremadura en el extremo norte de la bahía Telefon. El límite noroeste está delineado en forma dispareja por el contorno de 10 m de la cresta Telefon, que une las caletas Stancomb y Extremadura. El lago Ajmonecat (Lat. 62° 55' 23'' S, Long. 060°40'45''O) y su borde costero están incluidos en el sitio. La costa de la bahía Telefon no está incluida a fin de permitir el acceso al otro lado del sitio. Las personas que circulen en lancha al interior de la caleta Extremadura sin portar un permiso para entrar a la ZAEP deben tener cuidado de no descargar pasajeros en la costa suroeste de la caleta, ya que marca el límite del sitio F (véase la Figura 1c).

Valor científico. No se conocen terrenos calentados geotérmicamente dentro del sitio. La principal característica de interés botánico es que todas las superficies del sitio datan de 1967, lo cual permite observar con exactitud la colonización por plantas y otros tipos de biota. En general, el sitio tiene un aspecto yermo, pero un examen más detenido revela una abundancia de musgos y líquenes poco visibles. En vista de que aquí no hay actividad geotérmica, los procesos de colonización podrían estar relacionados con aspectos de la tendencia actual del cambio

7

climático. Aunque hay poca diversidad de especies, las comunidades en desarrollo son características de los hábitats no calentados de la isla.

Impacto humano. En el sitio F se encontraron los colémbolos no autóctonos *Hypogastrura viatica.*

Sitio G: Caleta Péndulo

Área abarcada. El sitio comprende la pendiente suave y muy dispareja de escoria gris, carmesí y roja de textura gruesa y bloques ocasionales en desintegración de toba amarillenta, al este-noreste del cerro Crimson y unos 0,4 a 0,8 km al este de la caleta Péndulo. Se extiende cerca de 500 m de este a oeste y alcanza alrededor de los 400 m de ancho de norte a sur. Fue creado principalmente a raíz de la erupción de 1969 que destruyó la base chilena abandonada en las cercanías (Sitio y Monumento Histórico n.° 76). El sitio comprende la ladera y la "meseta ondulada" detrás de la caleta Péndulo.

Límites. El límite occidental sigue el contorno de 40 m, mientras que el límite oriental sigue el contorno de 140 m al este-sudeste de la caleta Péndulo. Los límites norte y sur siguen el borde del hielo permanente cubierto por detritus volcánico que rodea el sitio.

Valor científico. Se registró actividad geotérmica durante un estudio realizado en 1987, con una emisión considerable de calor desde las grietas entre la escoria. En 2002 no se observaron indicios de ese tipo. Aunque la vegetación es muy rala, este sitio de edad conocida está siendo colonizado por numerosas especies de musgo y líquenes. Dos de los musgos (*Racomitrium lanuginosum* y *R. heterostichoides*) revisten singularidad tanto en la isla como en la Antártida, y ambos son muy raros en este lugar. Varios musgos adicionales constituyen una rareza en la Antártida.

Impacto humano. Se encontraron los colémbolos no autóctonos *Deuteraphorura cebennaria* en la caleta Péndulo, justo fuera del sitio G.

Sitio H: Monte Pond

Área abarcada. El sitio se encuentra aproximadamente entre 1,4 y 2 km al nor-noroeste de la cima del monte Pond. Esta extensa zona de terreno calentado geotérmicamente incluye un área (de unos 150 × 500 m) en el lado nororiental de la parte superior con una suave pendiente de una amplia cresta a una elevación cercana a los 385 a 500 m (Smith 1988). En el extremo norte del sitio hay numerosas fumarolas poco visibles en montículos bajos de tierra recocida compacta y muy fina. La parte septentrional superior del sitio está cerca de una gran cúpula de cencellada blanca a 512 m al abrigo de la cual hay varias fumarolas activas (a aproximadamente 500 a 505 m), también rodeadas de tierra fina y endurecida, en una ladera empinada, húmeda y protegida. El extenso terreno calentado alrededor de las fumarolas es de tierra fina con una costra blanda, sumamente vulnerable a los daños ocasionados por las pisadas. En esas zonas hay varios rodales espesos de densa vegetación de briofitas (de hasta 10 cm) asociadas a estas áreas. En los afloramientos adyacentes de toba amarillenta hay una comunidad diferente de musgos y líquenes.

Límites. El límite norte está marcado por la Lat. 62° 55' 51'' S, el límite sur está marcado por la Lat. 62° 56' 12'' S y el límite este está marcado por la Long. 060° 33' 30'' O. El límite occidental sigue la línea de serranía de la amplia cresta que se inclina al nor-noroeste desde la cima del monte Pond entre la Long. 060° 33' 48'' O y Long. 060° 34' 51'' O.

Valor científico. Este es un sitio de sobresaliente interés botánico, único en su género en la Antártida. Tiene varias especies de musgo que crecen únicamente en la Antártida o que son sumamente raras en la Antártida. El desarrollo del césped de musgo (*Dicranella hookeri* y *Philonotis polymorpha*) en la parte superior principal del sitio es excepcional, y esta ha sido colonizada profusamente por dos o más especies desde la última inspección del sitio, en 1994.

La gran agrimonia (*Marchantia berteroana*) está colonizando rápidamente la costra tibia y húmeda del suelo de la periferia de los rodales de musgo. En el musgo crece por lo menos una especie de hongo, que alcanza la cifra mayor para estos organismos de la cual se tiene constancia en la Antártida. En los afloramientos rocosos hay una comunidad totalmente diferente de musgos y líquenes, que también incluye varias especies sumamente raras (en particular, *Schistidium andinum* y *S. praemorsum*).

### Sitio J: Cono Perchuc

Área abarcada. Este cono de cenizas está situado a unos 750 m al nordeste del monte Ronald y abarca una línea muy estrecha de fumarolas y el terreno calentado adyacente en la ladera que da al oeste a unos 160 a 170 m de elevación (Lat. 62° 58' 00,9" S; Long. 060° 33' 39,7" O). El área geotérmica cubre aproximadamente 25 x 10 m y la superficie de ceniza fina y lapilli en toda la ladera es muy vulnerable a los daños ocasionados por las pisadas.

Límites. El límite norte está marcado por la Lat. 62° 57' 50'' S, el límite sur está marcado por la Lat. 62° 58' 05'' S, el límite este está marcado por la Long. 060° 33' 25'' O y el límite occidental por la Long. 060° 33' 50'' O. El sitio J, cono Perchuc se designó como una Zona Prohibida con objeto de proteger la vegetación vulnerable y las estructuras del suelo del lugar. El acceso al sitio J, cono Perchuc, está estrictamente prohibido.

Valor científico. El sitio contiene varios musgos que son sumamente raros en la Antártida. Las fotografías muestran que la colonización por musgos ha disminuido desde mediados de los años ochenta.

### Sitio K: del cerro Ronald al lago Kroner

Área abarcada. Este sitio incluye la planicie circular del cráter justo al sur del cerro Ronald y se extiende a lo largo de un barranco aluvial prominente, ancho y poco profundo, con un talud bajo a ambos lados, que se dirige al sur hasta el lago Kroner. El sustrato de toda la zona consiste en barro consolidado, ceniza fina y lapilli depositados por el lahar durante la erupción de 1969. Una parte del sitio, especialmente el barranco, sigue presentando actividad geotérmica. El sitio incluye también la laguna intercotidal geotérmica (lago Kroner), ya que forma parte del mismo accidente vulcanológico. En este lago, que es pequeño, circular, poco profundo y de agua salobre, penetró agua de mar durante los años ochenta y ahora es la única laguna calentada por fuentes geotérmicas en la Antártida.

Límites. El límite rodea la cuenca del cráter, el barranco, el lago Kroner y una zona entre los 100 y 150 m alrededor del lago. Un corredor bajo el cerro Ronald, desde la interrupción de la ladera hasta las grandes rocas de la parte más baja, unos 10 a 20 m más allá, se mantiene fuera del límite con el fin de permitir el acceso al otro lado de la Zona.

Valor científico. Las superficies de este sitio, cuya edad se conoce, están siendo colonizadas por numerosas especies de musgo, agrimonia y liquen, muchas de las cuales son sumamente raras en la Antártida (por ejemplo, los musgos *Notoligotrichum trichodon* y *Polytrichastrum longisetum* y un liquen raro, *Peltigera didactyla*, están colonizando >1 ha del fondo del cráter). La costa intercotidal geotérmica septentrional del lago Kroner posee una comunidad de algas única en su género.

Impacto humano. Se encontraron los colémbolos no autóctonos *Hypogastrura viatica*, *Mesaphorura macrochaeta* y *Proisotoma minuta*, y los acáridos *Speleorchestes* sp., *Terpnacarus gibbosus* y *Coccotydaeolus* cf. *krantzii* en varios sitios alrededor de la bahía Balleneros, y pueden estar presentes dentro del sitio K. Los colémbolos no autóctonos *Protaphorura fimata* y *Folsomia candida* se encontraron en la bahía Balleneros en la década de los 1960, pero no aparecen en los estudios posteriores.

9

Sitio L: Punta Sudeste

Área abarcada. Una cresta rocosa orientada de este a oeste, aproximadamente a 0,7 km al norte de la punta Sudeste, que se extiende desde la parte superior del acantilado (a unos 20 m de altura) hacia el oeste unos 250 m, hasta un punto situado a unos 80 m de altura. El borde septentrional de la cresta es un afloramiento vertical de lava bajo, que desemboca en una pendiente empinada e inestable que llega hasta el fondo de un barranco paralelo a la cresta. El lado sur del sitio es la cresta de pendiente suave cubierta de ceniza y lapilli.

Límites. El sitio se extiende 50 m al norte y al sur del afloramiento de lava.

Valor científico. Este sitio tiene la población más extensa de clavel antártico (*Colobanthus quitensis*) que se conoce en la Antártida. Constituía la población más numerosa antes de la erupción de 1967 (Longton, 1967), y cubría alrededor de 300 m², pero se destruyó prácticamente por completo tras quedar sepultada bajo las cenizas. Fue recuperándose gradualmente, pero desde 1985 a 1990 el establecimiento de plántulas ha aumentado en gran escala y la población se ha extendido viento abajo (hacia el oeste, cuesta arriba). Ahora abunda en una área de alrededor de 2 ha. El sitio es notable también por la falta de otra planta vascular autóctona, el pasto antártico (*Deschampsia antarctica*), que casi siempre está asociado a esta planta. Las fotografías del sitio, tomadas casi inmediatamente tras la erupción, revelaron la pérdida casi total de líquenes, pero en este caso también se ha producido una recolonización rápida y extensa. Abunda la especie *Usnea antarctica*, grande y frondosa, con colonias que alcanzaron una extensión considerable durante el período relativamente corto transcurrido desde la recolonización. La flora criptógama del sitio generalmente es rala y característica de la mayor parte de la isla. El sitio es especialmente importante para el seguimiento de la reproducción y propagación del clavel antártico en un sitio de edad conocida.

*6 (ii) Acceso a la Zona*

- El acceso a los sitios debe ser a pie o en lancha.

- Se prohíbe el aterrizaje de helicópteros en la Zona. El Plan de Gestión para la ZAEA n.° 4 de la isla Decepción muestra los lugares recomendados para el aterrizaje de helicópteros en la isla Decepción, los cuales se muestran además en la Figura 1. Los lugares recomendados para el aterrizaje de helicópteros, que pueden resultar convenientes para el acceso a los sitios, se encuentran en las siguientes ubicaciones: estación Decepción (Argentina; Lat. 62° 58' 30'' S, Long. 060°42'00''O), O), parte norte de la bahía Primero de Mayo (Septiembre) (Lat. 62°57'18''S, Long. 060° 42' 48'' O), al sur del cerro Obsidianas (cerro Cross) (Lat. 62°56'39''S, Long. 060°41'36''O), parte este de la bahía Telefon (Lat. 62°55'18''S, Long. 060°38'18''O), caleta Péndulo (Lat. 62°56'12''S, Long. 060°35'45''O), y bahía Balleneros (Lat. 62°58'48''S, Long. 060° 33' 12'' O).

- Todo desplazamiento hacia y desde los sitios deberá efectuarse con cuidado a fin de reducir a un mínimo la perturbación del suelo y la vegetación.

- La operación de aeronaves debería efectuarse, como requisito mínimo, en conformidad con las *Directrices para la operación de aeronaves cerca de concentraciones de aves en la Antártida* contenidas en la Resolución 2 (2004). Se debe tener particular cuidado al sobrevolar el Sitio A, Punta Collins (Fontana), ya que en los acantilados bajos que están en la playa hay una colonia de gaviotas cocineras.

*6(iii) Ubicación de estructuras dentro de la Zona y en sus proximidades*

Cerca de los sitios de la ZAEP se encuentran dos estaciones de investigación: la estación Decepción (Argentina; Lat. 62° 58' 30'' S, Long. 060° 41' 54'' O) y la estación Gabriel de Castilla (España; Lat. 62° 58' 36'' S, Long. 060° 40' 30'' O). También se encuentran cerca dos Sitios y Monumentos Históricos: Bahía Balleneros (SMH 71; Lat. 62° 58' 42'' S, Long. 060° 33' 36'' O) y las ruinas de la estación de la Base Pedro Aguirre Cerda (HSM 76; Lat. 62°

56' 12'' S, Long. 060° 35' 36'' O). La baliza de navegación de Punta Collins (Fontana) está situada en la Lat. 62° 59' 42'' S, Long. 060° 35' 12'' O. En el sitio A, Punta Collins (Fontana), hay seis parcelas de 50 ×50 cm marcadas con estacas de madera en las esquinas, aunque no todas las estacas se mantienen en todas las parcelas (Lat. 63° 00' 00'' S, Long. 060° 34' 48'' O). Las estacas fueron colocadas por el instituto British Antarctic Survey en 1969 con el fin de llevar a cabo el seguimiento de los cambios en la vegetación en años subsiguientes (Collins, 1969). Se obtuvieron datos en 1969 y 2002. Se deberán mantener estos señalizadores.

Entre las estructuras que se encuentran en el sitio C, Cerro Caliente, hay algunos aparatos destinados a experimentos que llevan a cabo el seguimiento de las variaciones a largo plazo en la temperatura del suelo (operados por el programa antártico español) y dispuestas a lo largo de las crestas hay varias estacas metálicas cortas cerca del punto más alto de la cresta, cerca de la cima.

Las demás estructuras cercanas a la zona figuran en el Plan de Gestión de la ZAEA de isla Decepción.

*6(iv) Ubicación de las zonas protegidas en las cercanías*

La ZAEP 145 comprende dos sitios de importancia béntica en puerto Foster. La isla Decepción y puerto Foster se gestionan dentro de la ZAEA 4 de isla Decepción.

*6(v) Áreas especiales al interior de la Zona*

El sitio J, Cono Perchuc se designó como una Zona Prohibida para proteger la vegetación vulnerable y las estructuras del suelo del lugar. El acceso al sitio J, cono Perchuc está estrictamente prohibido.

**7. Condiciones para la expedición de permisos**

*7(i) Condiciones generales para la expedición de permisos*

Se prohíbe el acceso a la Zona excepto con un permiso expedido por una autoridad nacional competente. Las condiciones para la expedición de un permiso de ingreso a la Zona son las siguientes:

- se expedirán permisos únicamente para investigaciones científicas indispensables que no puedan llevarse a cabo en ningún otro lugar; o
- se expedirán permisos con fines de gestión indispensables, tales como inspección, mantenimiento o examen;
- las actividades permitidas no deberán poner en peligro los valores de flora, medioambientales o científicos de la Zona;
- toda actividad de gestión deberá respaldar los objetivos del Plan de Gestión;
- las actividades permitidas están en conformidad con este Plan de gestión;
- se deberá portar el permiso o una copia autorizada de éste dentro de la Zona;
- los permisos se expedirán por un período determinado;
- se deberá avisar a la autoridad pertinente sobre cualquier actividad o medida que no esté comprendida en el permiso.

*7 (ii) Acceso a la Zona y desplazamientos en su interior o sobre ella*

- Se prohíben los vehículos terrestres en la zona.

- Se prohíbe el aterrizaje de helicópteros en la zona. El Plan de Gestión para la ZAEA 4 de la isla Decepción muestra los lugares recomendados para el aterrizaje de helicópteros en la isla Decepción, los cuales se muestran además en la Figura 1.

- Se permite el uso de botes de remo para realizar muestreos en el sitio B (lago Cráter) y sitio F (bahía Telefon), así como en la laguna del sitio K, desde el cerro Ronald al lago Kroner. Deberán limpiarse los botes antes de usarlos en cada sitio a fin de reducir el riesgo de introducir especies no autóctonas provenientes de lugares fuera de la zona del Tratado y de otros lugares dentro de la Antártida, incluidos otros sitios al interior de la ZAEP 140. Se prohíbe el uso de botes a motor.

- Los traslados al interior de los sitios de la Zona deben ser a pie.

- Los traslados hacia los sitios de la Zona deben considerar el *Código de conducta del SCAR para la realización de actividades en las zonas geotérmicas terrestres en la Antártida*.

- Todo desplazamiento deberá efectuarse con cuidado para reducir a un mínimo la perturbación del suelo y la vegetación:
    - La vegetación en el sitio C, Cerro Caliente, es rala y poco evidente, por lo que es sumamente vulnerable a los daños ocasionados por las pisadas. Al visitar este sitio, se debe tener extremo cuidado para evitar causar daño por pisadas a la vegetación.
    - El suelo en los alrededores del sitio J, Cono Perchuc, es extremadamente quebradizo y excepcionalmente vulnerable al daño por pisadas. Comparado con otras fumarolas de la isla Decepción, el Cono Perchuc ha experimentado relativamente pocas visitas humanas, y poco impacto asociado a las pisadas, y puede ofrecer un sitio representativo para estudios científicos futuros. Por consiguiente, el sitio J se designó como Zona Prohibida y está estrictamente prohibido entrar a él.

## 7 (iii) Actividades que pueden llevarse a cabo dentro de la Zona

Estas actividades incluyen:

- investigaciones científicas indispensables que no puedan llevarse a cabo en otro lugar y que no pongan en peligro la flora y la ecología de la Zona;
- actividades indispensables de gestión, incluida la observación.
- estudios, realizados según sea necesario, a fin de determinar el estado de los valores botánicos por los cuales ha sido designado cada sitio, en concordancia con los objetivos de este Plan de Gestión.

## 7(iv) Instalación, modificación o desmantelamiento de estructuras

No se podrán erigir estructuras en el sitio, salvo que eso se especifique en un permiso. Todo equipo científico, cuadrícula botánica u otro marcador instalado en la Zona debe estar aprobado en el permiso e identificado claramente por país, nombre del principal investigador y año de instalación. Todos dichos elementos deben estar confeccionados de materiales que presenten un riesgo mínimo de contaminación de la Zona (véase la Sección *7(vi)*).

## 7(v) Ubicación de los campamentos

No se permite acampar dentro de la Zona. El Plan de Gestión de la ZAEA de la isla Decepción muestra los sitios recomendados para campamento en terreno en la isla, pero fuera de la ZAEP 140. Los campamentos que pueden resultar convenientes para el acceso a los sitios se ubican en: la parte norte se la bahía Primero de Mayo (Septiembre) (Lat. 62° 57' 18'' S, Long. 060° 42' 42'' O), al sur del cerro Obsidianas (cerro Cross) (Lat. 62°56'36''S, Long. 060°41'30''O), parte este de la bahía Telefon (Lat. 62°55'18''S, Long. 060°38'12''O), caleta Péndulo (Lat. 62°56'12''S, Long. 060°35'42''O), y bahía Balleneros(Lat. 62°58'54''S, Long. 060° 33' 0'' O) (véase la Figura 1). La planificación de lugares para acampar y de actividades debe tomar en consideración las recomendaciones del *Código de conducta del SCAR para la realización de actividades en las zonas geotérmicas terrestres en la Antártida*, según corresponda.

*7(vi) Restricciones relativas a los materiales y organismos que puedan introducirse en la Zona*

No se permitirá la introducción deliberada de animales, material vegetal, microorganismos y suelos no estériles a la Zona. A fin de mantener los valores de flora y medioambientales de la Zona, se deberán tomar precauciones especiales a fin de evitar la introducción accidental de animales, material vegetal, microorganismos y suelos no estériles provenientes de otras regiones con características biológicas distintas (desde dentro de la Antártida o desde fuera de la zona comprendida en el Tratado Antártico). Se debe tener cuidado en evitar la distribución de especies entre los sitios de la ZAEP. Los visitantes deben tomar en consideración las recomendaciones contenidas en las directrices de bioseguridad que se encuentran en el Apéndice 11 del Plan de Gestión de la Zona Antártica Especialmente Administrada N° 4 isla Decepción, además del *Código de conducta ambiental del SCAR para las investigaciones científicas de campo sobre el terreno de la Antártida* y el *Código de conducta del SCAR para la realización de actividades en las zonas geotérmicas terrestres en la Antártida*, según corresponda (disponibles en: http://www.scar.org/codes-of-conduct). Los visitantes también deben consultar y seguir adecuadamente las recomendaciones incluidas en el *Manual sobre Especies no autóctonas del CPA* (disponible en: http://www.ats.aq/s/ep_faflo_nns.htm). En específico, deberá limpiarse o esterilizarse todo el equipo de recolección de muestras que se introduzca en la Zona, así como también los señalizadores. En el mayor grado posible, y antes de su ingreso a la Zona, deberán limpiarse rigurosamente el calzado y demás equipos utilizados o introducidos en la Zona (incluidos bolsos y mochilas). No se podrá llevar carne de aves, huevos o sus derivados a la Zona.

No se deben introducir a la Zona herbicidas ni pesticidas. Cualquier otro producto químico, incluidos los radionúclidos e isótopos estables, que se introduzca con fines científicos o de gestión especificados en el permiso deberá ser retirado de la Zona cuando concluya la actividad para la cual se haya expedido el permiso, o con anterioridad. No se permitirá la descarga directa al medioambiente de radionúclidos o isótopos estables de una manera que los vuelva irrecuperables.

No se podrá depositar en la Zona combustibles, alimentos u otros materiales, salvo que hacerlo con fines científicos o administrativos específicos esté autorizado en el permiso. No se permiten los depósitos permanentes. Todo el material que se introduzca podrá permanecer en ella durante un período determinado únicamente, deberá ser retirado cuando concluya dicho período, o con anterioridad, y deberá ser almacenado y manipulado de forma tal que se reduzca a un mínimo el riesgo de su introducción en el medioambiente. Si se produce alguna fuga que pueda arriesgar los valores de la Zona, se recomienda extraer el material únicamente si es improbable que el impacto de dicho retiro sea mayor que el de dejar el material *in situ*. Se deberá informar a la autoridad pertinente sobre la liberación de cualquier material que no se haya retirado y que no esté incluido en el permiso.

*7(vii) Recolección o intromisión perjudicial con la flora y fauna autóctonas*

Se prohíbe la toma de ejemplares de flora o fauna autóctonas y la intromisión perjudicial en estas, excepto con un permiso otorgado de conformidad con el Anexo II al Protocolo al Tratado Antártico sobre Protección del Medio Ambiente. En caso de toma de animales o intromisión perjudicial en los mismos, se deberá usar como norma mínima el *Código de Conducta del SCAR para el Uso de Animales con Fines Científicos en la Antártida*.

*7(viii) Recolección o traslado de materiales que no hayan sido llevados a la Zona por el titular del permiso*

Se podrá recolectar o retirar de la Zona material de origen biológico, geológico (incluso suelo y sedimentos lacustres) o hidrológico únicamente de conformidad con un permiso, y dicho

13

material debe limitarse al mínimo necesario para fines de índole científica o administrativa. No se concederán permisos si existe una preocupación razonable en cuanto a que el muestreo propuesto pudiera resultar en la toma, retiro o el daño de cantidades tales de suelo, sedimento, flora o fauna de forma tal que se vean gravemente afectadas su distribución o abundancia en la Zona. Todo material de origen humano que pudiera comprometer los valores de la Zona y que no haya sido llevado a la Zona por el titular del permiso o que no esté comprendido en otro tipo de autorización podrá ser retirado salvo que el impacto de su retiro sea mayor que el efecto de dejar el material *in situ*. En tal caso se deberá notificar a las autoridades pertinentes. Si se encuentran en la Zona escombros transportados por el viento, estos deben retirarse. Los escombros de materiales plásticos deben eliminarse de conformidad con lo estipulado en el Anexo III (*Eliminación y tratamiento de residuos*) del Protocolo al Tratado Antártico sobre Protección del Medio Ambiente (1998). Los demás materiales transportados por el viento deben ser devueltos al Sitio y Monumento Histórico desde donde hayan provenido, y deberán quedar debidamente sujetos para evitar su nueva dispersión debida al viento. Debe presentarse un informe que describa la naturaleza del material retirado de la ZAEP y su ubicación dentro del Sitio y Monumento Histórico donde se guardó y aseguró, al Grupo de Gestión de la Zona Antártica Especialmente Administrada (ZAEA) de isla Decepción, por medio de su Director, a fin de establecer la mejor manera de tratar dichos escombros (por ejemplo, su conservación para proteger valor histórico o su adecuada eliminación) (véase el sitio Web de la ZAEA de isla Decepción: *http://www.deceptionisland.aq/contact.php*).

### 7(ix) Eliminación de residuos

Todos los residuos deberán ser retirados de la Zona, de conformidad con el Anexo III (*Eliminación y tratamiento de residuos*) del Protocolo al Tratado Antártico sobre Protección del Medio Ambiente (1998). A fin de evitar el enriquecimiento de los suelos con microbios y nutrientes antropogénicos, no se depositarán desechos humanos sólidos o líquidos en la zona. Podrán verterse desechos humanos al interior de puerto Foster, pero se evitará hacerlo dentro de la ZAEP 145.

### 7(x) Medidas que podrían requerirse para garantizar el continuo cumplimiento de los objetivos del Plan de Gestión

- Podrán expedirse permisos para ingresar a la Zona con la finalidad de realizar observaciones biológicas, vulcanológicas o sísmicas e inspecciones del sitio.
- Todos los sitios donde se realicen observaciones a largo plazo deberán estar debidamente señalizados y los señalizadores o letreros deben mantenerse en forma adecuada.
- Pueden facilitarse permisos para realizar seguimiento, vigilancia u observación en la Zona, o para permitir algunas actividades de gestión, tal como lo establece la Sección 3.

### 7(xi) Requisitos relativos a los informes

El titular principal del permiso para cada visita a la Zona debe presentar un informe ante la autoridad nacional correspondiente tan pronto como sea posible, y no más allá de seis meses luego de concluida la visita. Dichos informes deberán incluir, según corresponda, la información señalada en el Formulario para informes de visitas recomendado (contenido como Apéndice en la *Guía para la Preparación de Planes de Gestión para las Zonas Antárticas Especialmente Protegidas* [disponible en el sitio Web de la Secretaría del Tratado Antártico *www.ats.aq*]). Si corresponde, la autoridad nacional también debe remitir una copia del Informe de visita a la Parte que ha propuesto el Plan de gestión como ayuda en la gestión de la Zona y en la revisión del Plan de Gestión. Siempre que sea posible, las Partes deben depositar los originales de los informes de visita, o una copia de estos, en un archivo de acceso público a fin de mantener un registro del uso, para fines de revisión del Plan de Gestión y también para fines de organizar el uso científico de la Zona.

## 8. Documentación de apoyo

Aptroot, A. y van der Knaap, W.O. 1993. The lichen flora of Deception Island, South Shetland Islands. *Nova Hedwigia*, **56**, 183-192.

Baker, P.E., McReath, I., Harvey, M.R., Roobol, M. y Davies, T.G. 1975. The geology of the South Shetland Islands: V. Volcanic evolution of Deception Island. *British Antarctic Survey Scientific Reports,* No. 78, 81 pp.

Bednarek-Ochyra, H., Váňa, J., Ochyra, R. Y Lewis Smith, R.I. 2000. *The liverwort flora of Antarctica.* Polish Academy of Sciences, Krakow, 236 pp.

Cameron, R.E. y Benoit, R.E. 1970. Microbial and ecological investigations of recent cinder cones, Deception Island, Antarctica – a preliminary report. *Ecology*, **51**, 802-809.

Collins, N.J. 1969. The effects of volcanic activity on the vegetation of Deception Island. *British Antarctic Survey Bulletin*, **21**, 79-94.

Greenslade, P., Potapov, M., Russell, D. y Convey, P. (2012) Global collembola on Deception Island. *Journal of Insect Science*, **12**, 111. http://www.insectscience.org/12.111

Hack, W.H. 1949. Nota sobre un colémbolo de la Antártida Argentina *Achorutes viaticus* Tullberg. *Notas del Museo de la Plata,* **14**, 211–212.

Longton, R.E. 1967. Vegetation in the maritime Antarctic. En Smith, J.E., *Editor*, A discussion of the terrestrial Antarctic ecosystem. *Philosophical Transactions of the Royal Society of London*, B, **252**, 213-235.

Morgan, F., Barker, G., Briggs, C., Price, R. y Keys, H. 2007. Informe final del Análisis de Dominios Ambientales para el continente antártico versión. 2.0, Manaaki Whenua Landcare Research New Zealand Ltd, 89 páginas.

Ochyra, R., Bednarek-Ochyra, H. y Smith, R.I.L. *La flora de musgos en la Antártida* 2008. Cambridge University Press, Cambridge. pp 704.

Øvstedal, D.O. y Smith, R.I.L. 2001. *Lichens of Antarctica and South Georgia. A Guide to their Identification and Ecology.* Cambridge University Press, Cambridge, 411 pp.

Peat, H., Clarke, A. y Convey, P. 2007. Diversity and biogeography of the Antarctic flora. *Journal of Biogeography*, **34**, 132-146.

Smellie, J.L., López-Martínez, J., Headland, R.K., Hernández-Cifuentes, Maestro, A., Miller, I.L., Rey, J., Serrano, E., Somoza, L. y Thomson, J.W. 2002. *Geology and geomorphology of Deception Island*, p. 78. Serie BAS GEOMAP, hojas 6-A y 6-B, 1:25,000, British Antarctic Survey, Cambridge.

Smith, R. I. L. 1984a. Terrestrial plant biology of the sub-Antarctic and Antarctic. In: Antarctic Ecolgy, Vol. 1. Editor: R. M. Laws. London, Academic Press.

Smith, R.I.L. 1984b. Colonization and recovery by cryptogams following recent volcanic activity on Deception Island, South Shetland Islands. *British Antarctic Survey Bulletin*, **62**, 25-51.

Smith, R.I.L. 1984c. Colonization by bryophytes following recent volcanic activity on an Antarctic island. *Journal of the Hattori Botanical Laboratory*, **56**, 53-63.

Smith, R.I.L. 1988. Botanical survey of Deception Island. *British Antarctic Survey Bulletin*, **80**, 129-136.

15

Figura 1. Mapa de la isla Decepción. Muestra los 11 sitios que conforma la ZAEA 140, Partes de isla Decepción, islas Shetland del Sur.

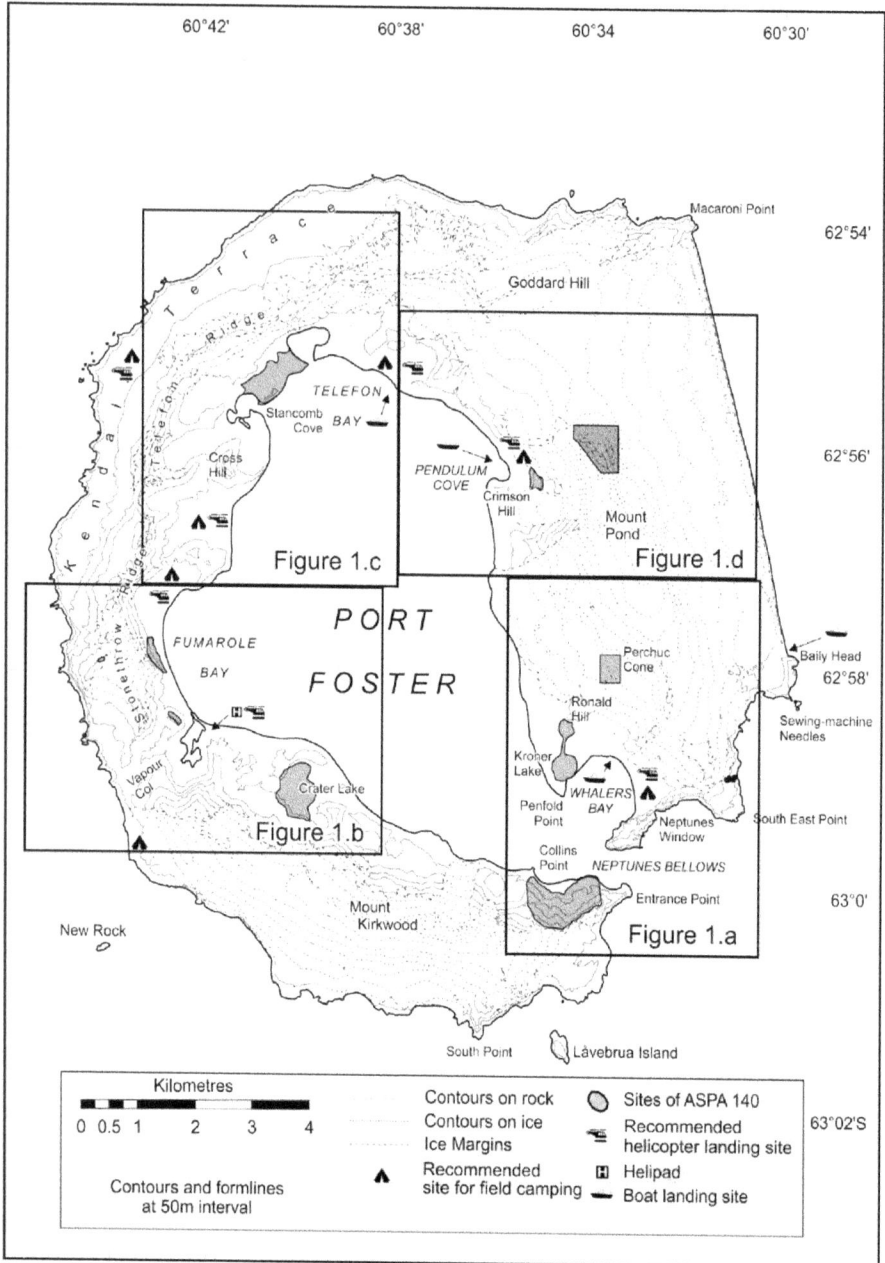

Figura 1a. Mapa que muestra la ubicación de la ZAEP N° 140, sitios A, J, K y L.

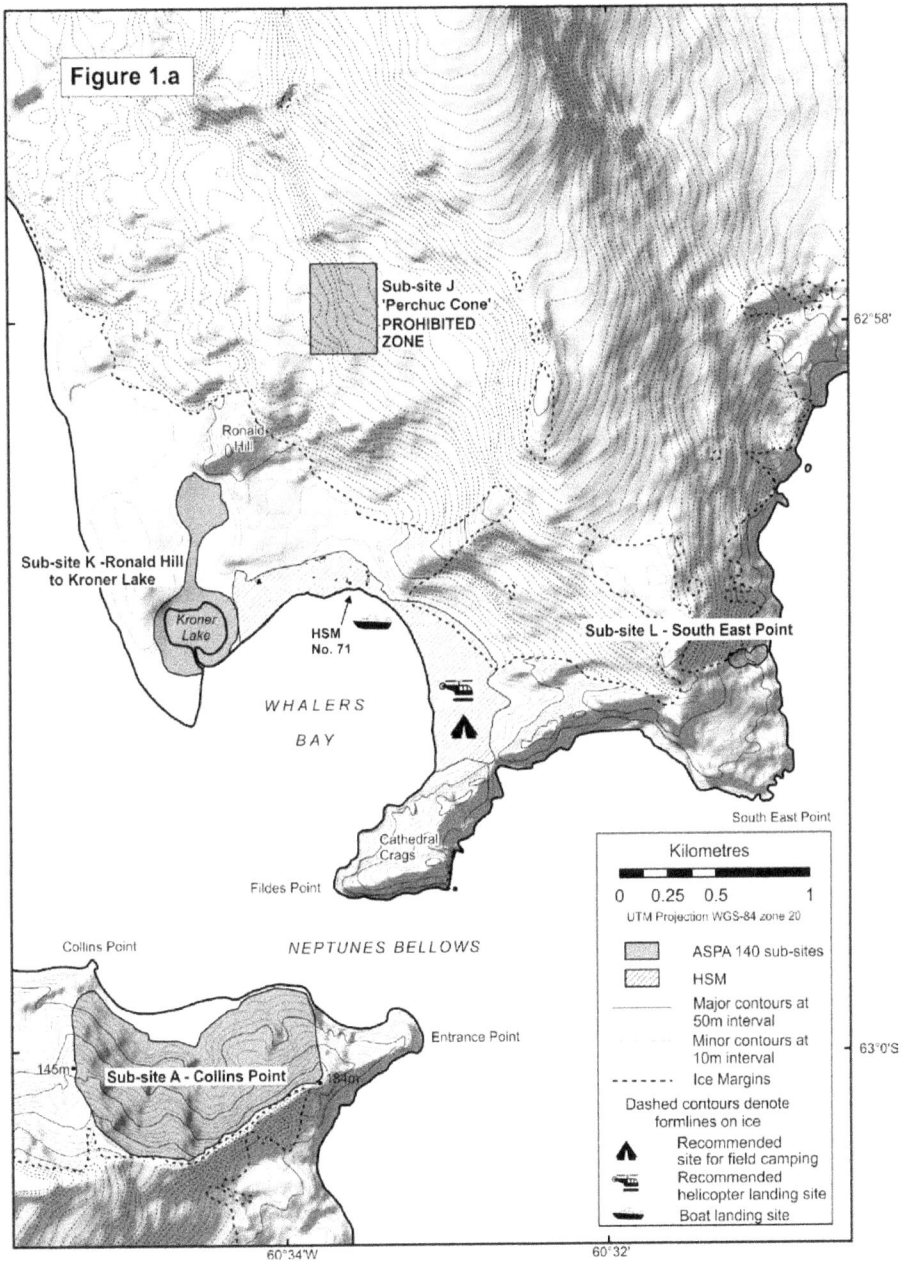

Figura 1b.  Mapa que muestra la ubicación de la ZAEP N° 140, sitios B, C, D y E.

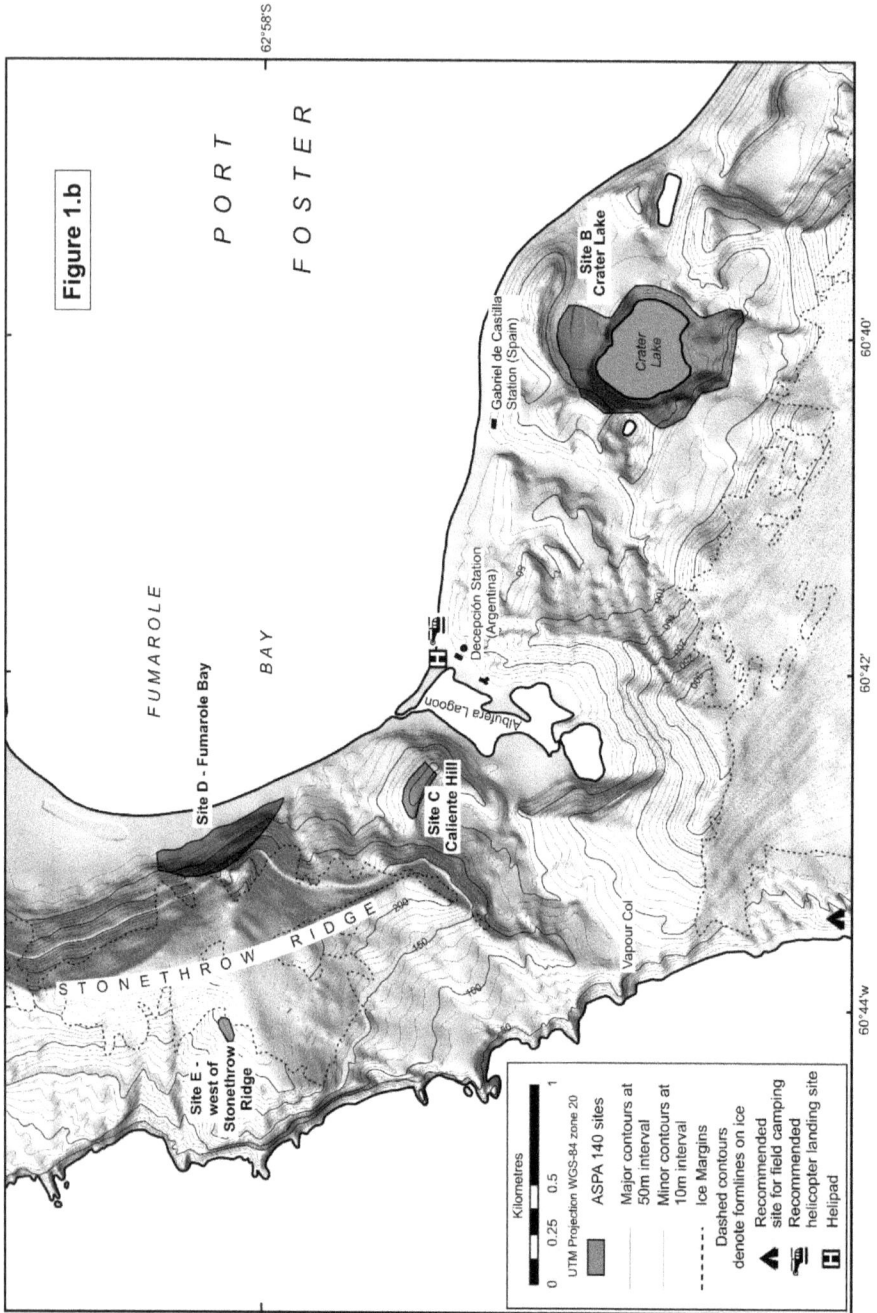

Figura 1c. Mapa que muestra la ubicación de la ZAEP N° 140, sitio F.

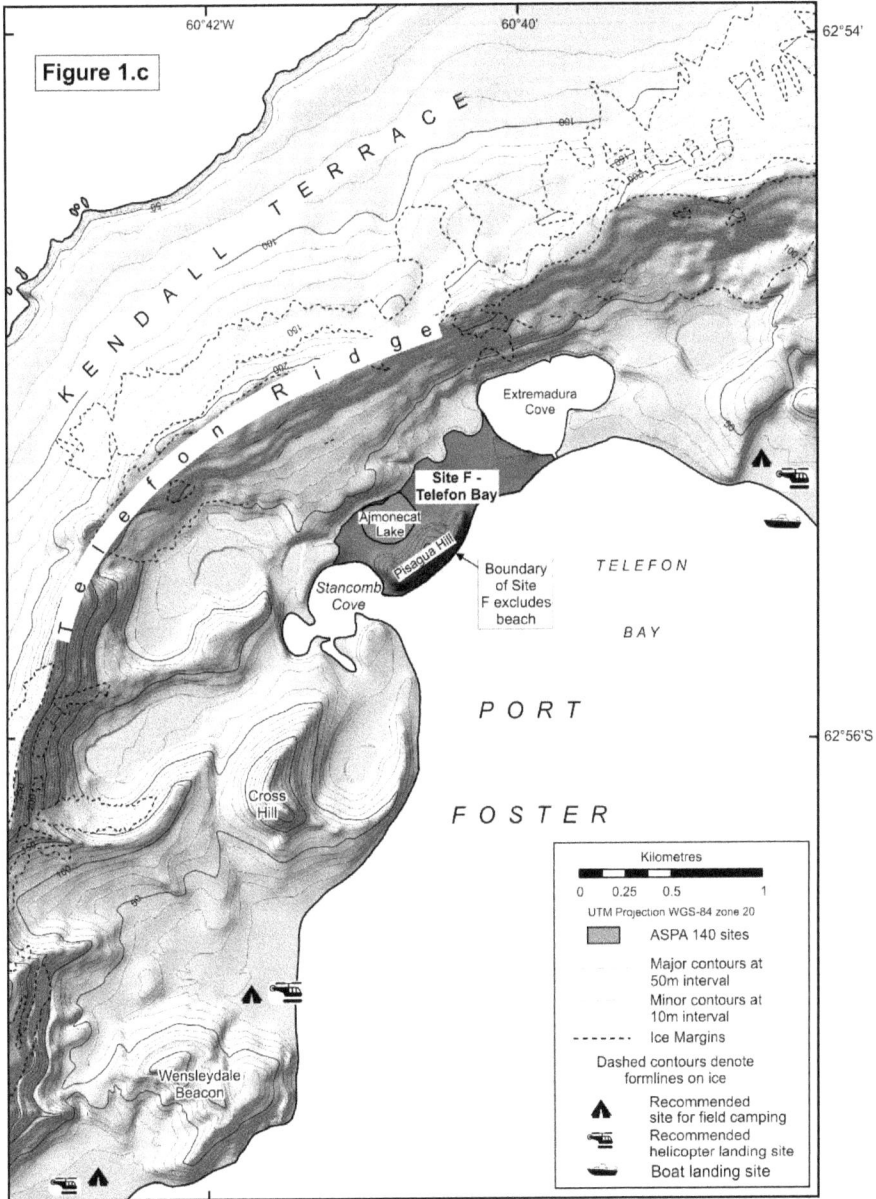

Figura 1d. Mapa que muestra la ubicación de la ZAEP N° 140, sitios G y H.

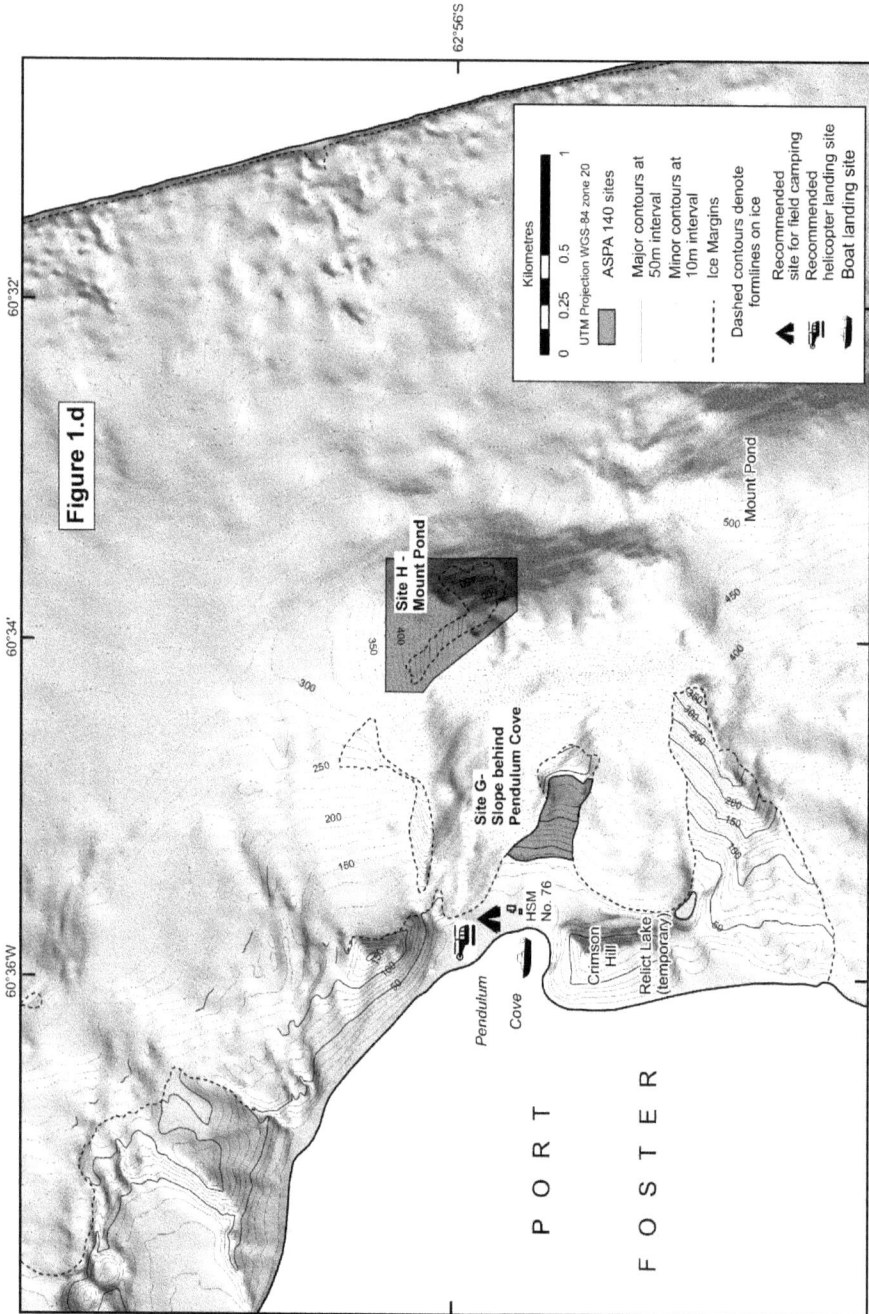

**Anexo 1.** Lista de especies vegetales clasificadas como raras o extremadamente raras en la zona del Tratado Antártico, que se producen en la isla Decepción.

A. Briofitas (L = acrimonia)

| Especie | Sitios donde la especie está presente | Notas |
|---|---|---|
| Brachythecium austroglareosum | D | Se conoce en pocos otros sitios antárticos |
| B. fuegianum | G | Solamente se conoce en este sitio antártico |
| Bryum amblyodon | C, D, G, K | Se conoce en pocos otros sitios antárticos |
| B. dichotomum | C, E, H, J | Solamente se conoce en este sitio antártico |
| B. orbiculatifolium | H, K | Se conoce en otro sitio antártico |
| B. pallescens | D | Se conoce en pocos otros sitios antárticos |
| Cryptochila grandiflora (L) | E | Solamente se conoce en este sitio antártico |
| Dicranella hookeri | C, E, H | Solamente se conoce en este sitio antártico |
| Didymodon brachyphillus | A, D, G, H | Es más abundante localmente que en cualquier otro sitio antártico en que se conoce |
| Ditrichum conicum | E | Solamente se conoce en este sitio antártico |
| D. ditrichoideum | C, G, J | Solamente se conoce en este sitio antártico |
| D. heteromallum | C, H | Solamente se conoce en este sitio antártico |
| D. hyalinum | G | Se conoce en pocos otros sitios antárticos |
| D. hyalinocuspidatum | G | Se conoce en pocos otros sitios antárticos |
| Grimmia plagiopodia | A, D, G | Especie de la Antártida continental |
| Hymenoloma antarcticum | B, C, D, E, G, K | Se conoce en pocos otros sitios antárticos |
| H. crispulum | G | Se conoce en pocos otros sitios antárticos |
| Notoligotrichum trichodon | K | Se conoce en otro sitio antártico |
| Philonotis polymorpha | E, H | Solamente se conoce en este sitio antártico |
| Platyneurum jungermannioides | D | Se conoce en pocos otros sitios antárticos |
| Polytrichastrum longisetum (L) | K | Se conoce en otro sitio antártico |
| Pohlia wahlenbergii | C, E, H | Se conoce en otro sitio antártico |
| Racomitrium heterostichoides | G | Solamente se conoce en este sitio antártico |
| R. lanuginosum | G | Solamente se conoce en este sitio |

| | | antártico |
|---|---|---|
| *R. subsecundum* | C | Solamente se conoce en este sitio antártico |
| *S. amblyophyllum* | C, D, G, H | Se conoce en pocos otros sitios antárticos |
| *S. andinum* | H | Se conoce en pocos otros sitios antárticos |
| *S. deceptionensis* sp. nov. | C | Es endémica de Decepción |
| *S. leptoneurum* sp. nov. | D | Es endémica de Decepción |
| *Schistidium praemorsum* | H | Se conoce en otro sitio antártico |
| *Syntrichia andersonii* | D, L | Solamente se conoce en este sitio antártico |

B. Líquenes

| Especie | Sitios donde la especie está presente | Notas |
|---|---|---|
| *Acarospora austroshetlandica* | A | Se conoce en otro sitio antártico |
| *Caloplaca johnstonii* | B, D, F, L | Se conoce en pocos otros sitios antárticos |
| *Catapyrenium lachneoides* | ? | Se conoce en pocos otros sitios antárticos |
| *Cladonia galindezii* | A, B, D | Es más abundante que en cualquier otro sitio en que se conoce |
| *Degelia sp.* | K | Solamente se conoce en este sitio antártico |
| *Ochrolechia parella* | A, B, D | Es más abundante que en cualquier otro sitio en que se conoce |
| *Peltigera didactyla* | B, K | Es muy rara en B; su forma colonizante muy pequeña es abundante en K |
| *Pertusaria excludens* | D | Se conoce en pocos otros sitios antárticos |
| *P. oculae-ranae* | G | Solamente se conoce en este sitio antártico |
| *Placopsis parellina* | A, D, G, H | Es más abundante que en cualquier otro sitio conocido |
| *Protoparmelia loricata* | B | Se conoce en pocos otros sitios antárticos |
| *Psoroma saccharatum* | D | Solamente se conoce en este sitio antártico |
| *Stereocaulon condensatum* | E | Solamente se conoce en este sitio antártico |
| *S. vesuvianum* | B, G | Se conoce en pocos otros sitios antárticos |

**Anexo 2.** Fotografías de los sitios incluidos en la ZAEP 140. Las fotografías se tomaron entre el 19 y el 26 de enero de 2010 (K. Hughes: A, B, C, E, F, G, J, K, L; P. Convey: D, H).

Site A: Collins Point
Viewed from Whalers Bay

Site A: Collins Point

Neptunes Bellows
Collins Point
Cathedral Crags
Port Foster

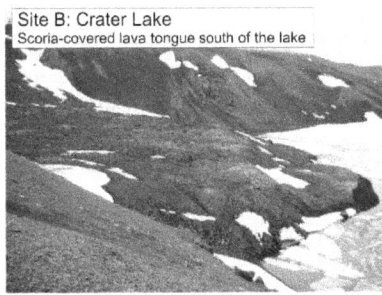

Site B: Crater Lake
Scoria-covered lava tongue south of the lake

Neptunes Bellows

Vegetated
flat ground

Scoria-covered
lava tongue

Crater Lake

Site B: Crater Lake

Stonethrow Ridge

Vegetation

Site C: Caliente Hill

Site D: Fumerole Bay

Fumerole
Bay

Site C: Caliente Hill

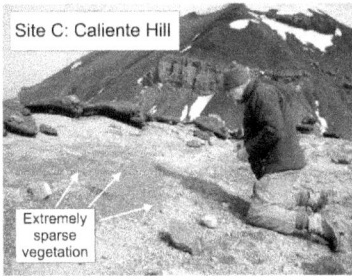

Site C: Caliente Hill

Extremely
sparse
vegetation

Site D: Fumerole Bay

Stonethrow Ridge

RIDGE

Site D: Fumerole Bay

Fumerole Bay

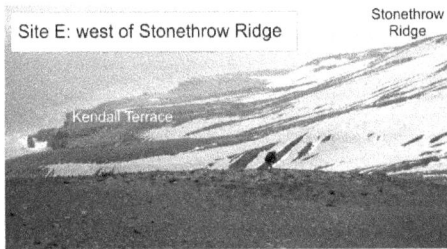

Site E: west of Stonethrow Ridge

Stonethrow
Ridge

Kendall Terrace

23

**Anexo 3.** Coordenadas limítrofes de los Sitios abarcados por la ZAEP 140, Partes de isla Decepción. Muchos de los límites siguen características naturales y en la Sección 6 se entregan sus descripciones pormenorizadas. Las coordenadas limítrofes están numeradas, siendo la número 1 la más septentrional. Las demás están numeradas secuencialmente en el sentido de las agujas del reloj en torno a cada sitio.

| Sitio | Cantidad | Latitud | Longitud |
|---|---|---|---|
| A: Punta Collins (Fontana) | 1 | 62° 59' 50'' S | 060° 33' 55'' O |
| | 2 | 63° 00' 06'' S | 060° 33' 51'' O |
| | 3 | 63° 00' 16'' S | 060° 34' 27'' O |
| | 4 | 63° 00' 15'' S | 060° 34' 53'' O |
| | 5 | 63° 00' 06'' S | 060° 35' 15'' O |
| | 6 | 62° 59' 47'' S | 060° 35' 19'' O |
| | 7 | 62° 59' 59'' S | 060° 34' 48'' O |
| | 8 | 62° 59' 49'' S | 060° 34' 07'' O |
| | | | |
| B: Lago Cráter | 1 | 62° 58' 48'' S | 060° 40' 02'' O |
| | 2 | 62° 58' 50'' S | 060° 39' 45'' O |
| | 3 | 62° 58' 56'' S | 060° 39' 52'' O |
| | 4 | 62° 59' 01'' S | 060° 39' 37'' O |
| | 5 | 62° 59' 11'' S | 060° 39' 47'' O |
| | 6 | 62° 59' 18'' S | 060° 39' 45'' O |
| | 7 | 62° 59' 16'' S | 060° 40' 15'' O |
| | 8 | 62° 59' 04'' S | 060° 40' 31'' O |
| | 9 | 62° 58' 56'' S | 060° 40' 25'' O |
| | | | |
| C: Cerro Caliente | 1 | 62° 58' 33'' S | 060° 42' 12'' O |
| | 2 | 62° 58' 27'' S | 060° 42' 28'' O |
| | 3 | 62° 58' 29'' S | 060° 42' 33'' O |
| | 4 | 62° 58' 25'' S | 060° 42' 51'' O |
| | | | |
| D: Bahía Primero de Mayo (Septiembre) | 1 | 62° 57' 42'' S | 060° 43' 05'' O |
| | 2 | 62° 58' 04'' S | 060° 42' 42'' O |
| | 3 | 62° 57' 53'' S | 060° 43' 08'' O |
| | 4 | 62° 57' 43'' S | 060° 43' 13'' O |
| | | | |
| E: Oeste de la cresta Stonethrow | 1 | 62° 57' 51'' S | 060° 44' 00'' O |
| | 2 | 62° 57' 54'' S | 060° 44' 00'' O |
| | 3 | 62° 57' 54'' S | 060° 44' 10'' O |
| | 4 | 62° 57' 51'' S | 060° 44' 10'' O |
| | | | |
| F: Bahía Telefon | 1 | 62° 55' 02'' S | 060° 40' 17'' O |
| | 2 | 62° 55' 11'' S | 060° 39' 45'' O |
| | 3 | 62° 55' 35'' S | 060° 40' 43'' O |
| | 4 | 62° 55' 30'' S | 060° 41' 13'' O |
| | 5 | 62° 55' 21'' S | 060° 41' 07'' O |

25

| | | | |
|---|---|---|---|
| G: Caleta Péndulo | 1 | 62° 56' 10'' S | 060° 35' 15'' O |
| | 2 | 62° 56' 20'' S | 060° 34' 41'' O |
| | 3 | 62° 56' 28'' S | 060° 34' 44'' O |
| | 4 | 62° 56' 21'' S | 060° 35' 16'' O |
| | | | |
| H: Monte Pond | 1 | 62° 55' 51'' S | 060° 33' 30'' O |
| | 2 | 62° 56' 12'' S | 060° 33' 30'' O |
| | 3 | 62° 56' 12'' S | 060° 33' 48'' O |
| | 4 | 62° 55' 57'' S | 060° 34' 42'' O |
| | 5 | 62° 55' 51'' S | 060° 34' 42'' O |
| | | | |
| J: Cono Perchuc | 1 | 62° 57' 50'' S | 060° 33' 50'' O |
| | 2 | 62° 57' 50'' S | 060° 33' 25'' O |
| | 3 | 62° 58' 05'' S | 060° 33' 25'' O |
| | 4 | 62° 58' 05'' S | 060° 33' 50'' O |
| | | | |
| K: Cerro Ronald hasta el lago Kroner | 1 | 62° 58' 25'' S | 060° 34' 22'' O |
| | 2 | 62° 58' 32'' S | 060° 34' 20'' O |
| | 3 | 62° 58' 34'' S | 060° 34' 27'' O |
| | 4 | 62° 58' 41'' S | 060° 34' 30'' O |
| | 5 | 62° 58' 44'' S | 060° 34' 18'' O |
| | 6 | 62° 58' 50'' S | 060° 34' 18'' O |
| | 7 | 62° 58' 58'' S | 060° 34' 38'' O |
| | 8 | 62° 58' 49'' S | 060° 34' 53'' O |
| | 9 | 62° 58' 41'' S | 060° 34' 40'' O |
| | 10 | 62° 58' 24'' S | 060° 34' 44'' O |
| | | | |
| L: Punta Sudeste | 1 | 62° 58' 53'' S | 060° 31' 01'' O |
| | 2 | 62° 58' 56'' S | 060° 30' 59'' O |
| | 3 | 62° 58' 57'' S | 060° 31' 13'' O |
| | 4 | 62° 58' 55'' S | 060° 31' 14'' O |

**Anexo 4** Accesos recomendados a los Sitios abarcados por la ZAEP 140

| Sitio | Nombre | Ruta de acceso recomendada |
|---|---|---|
| A | Punta Collins (Fontana) | En lancha: desembarco en la costa al norte del sitio (puerto Foster) |
| B | Lago Cráter | Por tierra: a través del lado oeste de la cresta que se levanta hacia el sur de la estación Gabriel de Castilla durante 500 m, luego, desplazarse hacia el este unos 200 m hasta llegar al límite oeste de la Zona. |
| C | Cerro Caliente | Por tierra: acceso a sitio desde la bahía Primero de Mayo (Septiembre) hacia el norte del sitio, o bien, a lo largo de una cresta pronunciada al suroeste de la cumbre del cerro Caliente. |
| D | Bahía Primero de Mayo (Septiembre) | En lancha: acceso desde cualquier lugar a lo largo de la costa de la bahía Primero de Mayo (Septiembre). |
| E | Oeste de la cresta Stonethrow | Por tierra: desde bahía Primero de Mayo (Septiembre), en dirección suroeste pasando la laguna Albufera y luego hacia el norte, atravesando la ladera oeste de la cresta Stonethrow. El sitio está al lado norte de la cresta que va de este a oeste, a unos 600 m al sur-suroeste del punto más alto de la cesta Stonethrow. |
| F | Bahía Telefon | En lancha: acceso al sitio ya sea desde bahía Telefon o desde la caleta Stancomb. |
| G | Caleta Péndulo | En lancha: acceso al sitio desde caleta Péndulo, puerto Foster, y luego por tierra pasando el SMH N° 76. |
| H | Monte Pond | Por tierra: acceso con precauciones desde caleta Péndulo a través de la pronunciada cresta libre de hielo hacia el oeste del sitio. |
| J | Cono Perchuc | Zona Prohibida: NO ENTRAR |
| K | Cerro Ronald hasta el lago Kroner | En lancha: desembarcar al sur del sitio en bahía Balleneros, no se debe ingresar en lancha en el lago Kroner para ingresar al sitio (véanse los detalles en la Sección *7(ii)*) Por tierra: acceso desde bahía Balleneros hacia el este del Sitio. |
| l. | Punta Sudeste | A pie: acceso por tierra, con precauciones, ya sea desde bahía Balleneros (al oeste del sitio) o desde Bailey Head (hacia el norte del sitio) |

# Plan de Gestión para la Zona Antártica Especialmente Protegida n.° 165

## PUNTA EDMONSON, BAHÍA WOOD, TIERRA VICTORIA,

## MAR DE ROSS

### 1. Descripción de los valores que requieren protección

Italia propone a Punta Edmonson (74° 20' S, 165° 08' E, 5,49 km$^2$), bahía Wood, Tierra Victoria, Mar de Ross, como Zona Antártica Especialmente Protegida (ZAEP) con base en que contiene sobresalientes valores ecológicos y científicos que requieren protección ante la posible interferencia que podría provocar el acceso no regulado. La Zona abarca el terreno libre de hielo y una parte pequeña del mar contiguo al pie de las laderas orientales del monte Melbourne (2732 m), de extensión limitada, donde se llevan a cabo investigaciones científicas a largo plazo.

El ecosistema terrestre y de agua dulce de la punta Edmonson es uno de los más sobresalientes del norte de la Tierra de Victoria. Abarca una diversidad excepcional de hábitats de agua dulce, con numerosos arroyos, lagos, lagunas y áreas de infiltración, así como nutrientes en condiciones que van de eutróficas a oligotróficas. Una gama tan grande de hábitats de agua dulce es poco común en la Tierra de Victoria. Por consiguiente, en estos hábitats hay una gran diversidad de especies de algas y cianobacterias, habiéndose documentado hasta ahora más de 120 especies, y su red de arroyos es la más extensa y sustancial del norte de la Tierra de Victoria. La litología volcánica y los substratos enriquecidos localmente por nutrientes (aportados por las aves), junto con la abundancia localizada de agua, ofrecen un hábitat propicio para el desarrollo relativamente extenso de briofitas. Las comunidades vegetales son sumamente sensibles a los cambios en el régimen hidrológico y las gradientes ambientales establecen límites muy marcados en estas comunidades. Por consiguiente, la gama de vegetación es diversa y abarca comunidades de líquenes epilíticos, algunas de las cuales dependen del gran aporte de nitrógeno de las aves, comunidades asociadas a parches de nieve tardía y comunidades en las cuales predominan los musgos que prefieren hábitats permanentemente húmedos o mojados. El sitio constituye uno de los mejores ejemplos de este último tipo de comunidades en la Tierra de Victoria. Hay una abundancia inusual de invertebrados, que presentan una distribución extensa para esta parte de la Antártida.

La índole y diversidad de los hábitats terrestres y de agua dulce ofrecen grandes oportunidades científicas, especialmente para estudios de variaciones y procesos biológicos a lo largo de las gradientes de humedad y nutrientes. El sitio se considera uno de los mejores de la Antártida para los estudios de la ecología de las algas. Estas características son algunas de las que llevaron a la selección de la punta Edmonson como sitio principal para el programa Investigaciones Biológicas de los Sistemas Terrestres Antárticos (BIOTAS) realizado por el Comité Científico de Investigaciones Antárticas en 1995 y 1996. Un programa multinacional de investigaciones coordinadas, conocido como BIOTEX-1, estableció sitios de estudio y formó grandes colecciones de muestras de suelo, roca, agua, nieve, guano, bacterias, vegetación (tapetes cianobacterianos, hongos, algas, líquenes, briofitas) e invertebrados terrestres.

El valor científico de la punta Edmonson también se considera excepcional para los estudios del impacto del cambio climático en los ecosistemas terrestres. Su ubicación, aproximadamente a mitad de camino en una gradiente latitudinal norte-sur a lo largo de la Tierra de Victoria, complementa la de otros sitios protegidos por sus importantes valores ecológicos terrestres, como el cabo Hallett (ZAEP n.° 106) y bahía Botany, cabo Geology (ZAEP n.°154), que se encuentran unos 300 hacia el norte y hacia el sur, respectivamente. En una red continental de investigaciones ecológicas (el programa RiSCC del Comité Científico de Investigaciones Antárticas) se ha reconocido la importancia de esta ubicación geográfica. Además, los lagos se encuentran entre los mejores de la Tierra de Victoria del Norte para la realización de estudios sobre procesos biogeoquímicos con variaciones a corto y a largo plazo. Junto con las propiedades singulares de la capa activa de permafrost, que tiene un espesor desacostumbrado en este lugar, estas características se consideran particularmente útiles como indicadores sensibles de cambios ecológicos inducidos por la radiación ultravioleta y los cambios climáticos.

Una colonia de aproximadamente 2000 casales de pingüinos de Adelia (*Pygoscelis adeliae*) ha sido el centro de la investigación en curso desde 1994-1995, junto con una colonia de aproximadamente 120 casales de skúas antárticas (*Catharacta maccormicki*). La colonia de pingüinos de Adelia de la punta Edmonson se incluye en la red de seguimiento del ecosistema de la Comisión de la Convención sobre la Conservación de los Recursos Marinos Vivos (CCRVMA). El sitio, que es representativo de las asociaciones encontradas en otros sitios, es un buen ejemplo de la asociación de estas especies. Sin embargo, es inusual debido a la diversa gama de hábitats para la reproducción disponibles para las skúas antárticas y debido también al número inusualmente elevado de skúas en relación con los pingüinos (1:20). En vista de su ubicación geográfica, el tamaño de las colonias, los rasgos topográficos, los hábitats del sitio, la protección natural que confiere la extensión del hielo firme durante el verano y la distancia de la estación Mario Zucchelli en la bahía Terra Nova (que aísla a la colonia de las perturbaciones ocasionadas por la estación de investigaciones pero permite el apoyo logístico), la punta Edmonson es particularmente apropiada para la investigación de estas aves. Los estudios, centrados en el seguimiento de la población, el éxito de la reproducción, las estrategias de alimentación y de búsqueda de alimentos, la migración y el comportamiento, contribuyen al Programa de Seguimiento del Ecosistema (CEMP) de la CCRVMA. Estas investigaciones son importantes para los estudios de mayor alcance sobre la forma en que las variaciones naturales e inducidas por los seres humanos en el ecosistema antártico pueden afectar el éxito reproductivo de los pingüinos de Adelia y para comprender el impacto que podría tener la captura de krill antártico (*Euphausia superba*).

El medio marino cercano a la costa es un buen ejemplo representativo del hábitat de hielo marino utilizado por las focas de Weddell para el nacimiento y el destete de los cachorros durante el verano. Solo se ha designado una ZAEP más en la región del Mar de Ross para proteger a las focas de Weddell (ZAEP n.° 137, Isla White noroeste, Ensenada McMurdo), aunque este sitio se designó debido a que el pequeño grupo reproductor de focas en esa localidad es altamente inusual; y en contraste, la inclusión aquí es un ejemplo representativo similar a las zonas de reproducción en toda la región.

Además de los sobresalientes valores biológicos, hay diversas características geomórficas que incluyen morrenas con núcleo de hielo que incorporan depósitos marinos, terrazas costeras, suelos estructurados, un antepaís en forma de cúspide y pingüinos fosilizados. El antepaís en forma de cúspide de la punta Edmonson es un accidente topográfico poco común en la Tierra de Victoria y uno de los mejores ejemplos de su tipo. Es poco común ya que no está ocupado por una colonia reproductora de pingüinos, como ocurre en los cabos Hallett y Adare. Las morrenas glaciales que incorporan depósitos marinos, entre ellos huesos de focas y conchas de los bivalvos Laternula elliptica y Adamussium colbecki, son especialmente valiosas para la datación de las fluctuaciones glaciales. Las secuencias sedimentarias de la parte noroeste de la punta Edmonson contienen fósiles de antiguas colonias de pingüinos. Estos son útiles para datar la persistencia de la reproducción de aves en el sitio, lo cual contribuye a la reconstrucción de las fases glaciales del holoceno y paleoclima.

La amplia representación y la calidad de los fenómenos en la punta Edmonson han despertado el interés de diversas disciplinas y hace más de veinte años que se llevan a cabo investigaciones en el sitio. Durante este período se han creado importantes bases de datos científicos que realzan el valor de la punta Edmonson para las investigaciones actuales y futuras. Es importante manejar las presiones de las actividades humanas en la Zona a fin de que no se comprometan accidentalmente las inversiones efectuadas en estos conjuntos de datos a largo plazo. Debido a estos factores, el sitio reviste también un valor científico excepcional para estudios multidisciplinarios.

En vista de la duración y la gama de las actividades pasadas, la punta Edmonson no puede considerarse prístina. Se han observado impactos en el medio ambiente, como daños ocasionales a los suelos y las comunidades de musgos causados por el pisoteo, la dispersión de materiales de equipo científico por el viento y la alteración del hábitat debido a la construcción de instalaciones. En contraste, la zona libre de hielo en la colina Ippolito (1,67 km2), aprox. 1,5 km al noroeste, ha recibido relativamente pocas visitas y se cree que las perturbaciones causadas por los seres humanos en este sitio han sido mínimas. Como tal, la colina Ippolito se considera particularmente útil como posible área de referencia para estudios comparativos con la parte principal de la punta Edmonson y es importante mantener este valor científico potencial. Aunque los efectos exactos de las investigaciones científicas y la presencia humana en ambos sitios es incierta puesto que todavía no se han hecho estudios detallados del impacto de los seres humanos, el nivel de contaminantes en el ecosistema marino local es muy bajo y, en general, se considera que el impacto de los seres humanos en el ecosistema en conjunto, especialmente en la colina Ippolito, es pequeño.

Los valores biológicos y científicos de la punta Edmonson y la colina Ippolito son vulnerables a las perturbaciones ocasionadas por los seres humanos. La vegetación, los suelos saturados de agua y los entornos de agua dulce son susceptibles a los daños ocasionados por el pisoteo, el muestreo y la contaminación. Los estudios científicos podrían verse comprometidos por la perturbación de los fenómenos o el equipo instalado. Es importante manejar las actividades humanas a fin de reducir a un mínimo el riesgo de un impacto en los valores sobresalientes de la Zona.

La Zona completa de 5,49 km2 comprende la zona libre de hielo de la punta Edmonson (1,79 km2 ), la más pequeña, pero similar superficie libre de hielo de la colina (1,12 km2) aproximadamente 1,5 km al norte, que está designada como Zona restringida, y el entorno marino adyacente (2,58 km2) que se extiende 200 m hacia las aguas profundas desde la punta Edmonson y la colina Ippolito, incluida la bahía Siena (mapa 1).

## 2. Finalidades y objetivos

Las finalidades de la gestión de punta Edmonson son:

- evitar la intervención humana innecesaria a fin de no degradar los valores de la Zona o crear riesgos considerables para los mismos;
- permitir las investigaciones científicas al mismo tiempo que se evitan la interferencia mutua y el muestreo excesivo;
- permitir las investigaciones científicas siempre que no puedan realizarse razonablemente en otro lugar;
- evitar la perturbación de los sitios donde se llevan a cabo estudios de larga duración;
- preservar una parte del ecosistema natural como posible zona de referencia para estudios comparativos futuros;
- prevenir o reducir al mínimo la posibilidad de introducción de plantas, animales y microbios no autóctonos en la Zona;
- permitir visitas para fines de gestión que sean concordantes con los objetivos del Plan de Gestión.

## 3. Actividades de gestión

- En aras de proteger los valores de la Zona se deberán emprender las siguientes actividades de gestión:
- Se dispondrá de copias de este Plan de Gestión, con mapas de la Zona, en la estación Mario Zucchelli, de la bahía Terra Nova (Italia), la estación Gondwana (Alemania) y las demás estaciones permanentes situadas dentro de un radio de 100 km de la Zona.
- Las estructuras, los señalizadores, los letreros, las cercas y demás equipo instalados en la Zona con fines científicos o de gestión deberán estar bien sujetos y mantenerse en buen estado, y deberán ser retirados cuando ya no se necesiten.
- Si se prevé que se realizarán varios aterrizajes de helicópteros en una temporada, deberán colocarse indicadores de la dirección del viento de material duradero cerca de los lugares designados para el aterrizaje.
- Deberán colocarse señalizadores que sean claramente visibles desde el aire y no presenten ningún riesgo importante para el medioambiente a fin de marcar los lugares designados para el aterrizaje de helicópteros.
- Se deberán colocar señalizadores, como por ejemplo una serie de estacas de material duradero, a fin de marcar las rutas peatonales preferibles a través de la colonia de pingüinos de Adelia y los lugares designados para el aterrizaje de helicópteros.

- Se realizarán las visitas necesarias a la Zona (por lo menos una vez cada cinco años) para determinar si esta continúa sirviendo a los fines para los cuales fue designada y garantizar que las medidas de gestión y mantenimiento sean apropiadas.

- Los programas antárticos nacionales que operen en la región deberán realizar consultas entre ellos a fin de cerciorarse de que se realicen las actividades de gestión antedichas.

## 3(i) Asuntos relativos a la gestión

Los principales asuntos relativos a la gestión están vinculados con la protección de características potencialmente sensibles, como por ejemplo, los siguientes: suelos húmedos que pueden ser fácilmente perturbados, la extensa pero frágil cobertura vegetal; la variedad de lagos y arroyos; dos especies de aves reproductoras y una especie reproductora de focas.

La gestión de actividades que pueden resultar perjudiciales o afectar la fauna y la flora también se considera una cuestión prioritaria, que incluye el acceso de aeronaves, los desplazamiento al interior de la Zona, los campamentos, las estructuras, la instalación y desmantelamiento de equipos, el uso de materiales, la eliminación de residuos y la coordinación de actividades científicas multidisciplinarias.

Las limitaciones logísticas impusieron restricciones a las temporadas determinadas para la realización de estudios, que solían comenzar después de la llegada de los pingüinos a la colonia. Debido a la necesidad de reducir los impactos para la nidificación de pingüinos y skúas, no fue posible poner en actividad el campamento de investigación del CEMP (mapas 2 y 4). Además, la cobertura de nieve y la distancia desde la colonia dificultaron el uso del sitio de campamento alternativo (sitio A, mapa 2). Por este motivo, durante la campaña de verano de 2011, se identificó una nueva posición de campamento, apta para las actividades de investigación, con un impacto reducido sobre las aves. Su posición, 74° 19' 44,58" S 165° 8' 4,99" E, se encuentra cerca del sitio de aterrizaje de helicópteros B (mapa 2 y 4). El campamento incluía un refugio grande tipo manzana, una carpa con sanitarios y un generador, y algunos tambores de combustible para 40 días de autonomía. Fue desmantelado al finalizar la temporada del estudio. Se recomienda utilizar esta ubicación para futuras actividades de investigación del CEMP.

## 4. Período de designación

Designación por tiempo indeterminado.

## 5. Mapas y fotografías

Mapa 1: ZAEP n. 165, Punta Edmonson, bahía Wood, Tierra Victoria, Mar de Ross. Especificaciones cartográficas: Proyección Zona UM 58S; esferoide: WGS84; Zonas libres de hielo y límite costero derivado de imagen satelital Quickbird rectificada con una resolución de pixeles en tierra de 70 cm, obtenida el 1/4/04 por el Programma Nazionale di Ricerche in Antartide (PNRA), Italia. Precisión horizontal aprox. de ±10 m; información de elevación no disponible. Recuadro 1: ubicación de la bahía Wood en la Antártida. Recuadro 2. ubicación del mapa 1 en relación con la bahía Wood y la bahía Terra Nova. Se muestra la ubicación de la estación Mario Zucchelli (Italia), la estación Gondwana (Alemania) y las zonas protegidas más cercanas.

Mapa 2: ZAEP n.° 165, Punta Edmonson, rasgos físicos y humanos y directrices de acceso. Mapa derivado de ortofotografía digital con una resolución espacial de 25 cm por pixel, a partir de levantamientos y observaciones con GPS y de imágenes del satélite Quickbird (4 de enero de 2004).

Especificaciones cartográficas: Proyección Cónica conforme de Lambert; Paralelos de referencia: Primero, 72° 40' 00" S; Segundo, 75° 20' 00" S; Meridiano central: 165° 07' 00" E; Latitud de origen: 74° 20' 00" S; Esferoide: WGS84; nivel de referencia vertical: Nivel medio del mar. Intervalo de curvas de nivel: 10 m. Precisión horizontal: ±1 m; se espera una precisión vertical mejor a ±1 m.

Mapa 3: Zona restringida de la Colina Ippolito, punta Edmonson, ZAEP n.° 165. Mapa derivado de imagen satelital Quickbird (1/4/04). Especificaciones cartográficas: iguales que las del mapa 2, excepto por la exactitud horizontal, que es aproximadamente ±10 m. No se dispone de información sobre la elevación. El nivel del mar se calcula a partir de la costa visible en las imágenes obtenidas por el satélite.

Mapa 4: Punta Edmonson, ZAEP No 165, topografía, fauna silvestre y vegetación. Especificaciones cartográficas iguales a las del mapa 2, excepto por la equidistancia de las curvas de nivel (2 m).

Datos y preparación de los mapas: PNRA, Departamento de Ciencias Ambientales (Universidad de Siena), Investigaciones y Evaluaciones Ambientales (Cambridge), Gateway Antarctica (Christchurch).

## 6. Descripción de la Zona

*6(i) Coordenadas geográficas, indicadores de límites y características naturales*

DESCRIPCIÓN GENERAL

La punta Edmonson (74° 20' S, 165° 08' E) es una zona costera libre de hielo de 1,79 km$^2$ ubicada en la bahía Wood, 50 km al norte de la bahía Terra Nova, 13 km al este de la cima y a los pies del monte Melbourne (2732 m), en Tierra Victoria. La Zona comprende un total de 5,49 km$^2$, que incluyen todo el suelo libre de hielo de la punta Edmonson (1,79 km$^2$), la zona libre de hielo separada de la colina Ippolito (1,12 km$^2$) aproximadamente 1,5 km al noroeste de la punta Edmonson, el medioambiente marino cercano y el mar intermedio de la bahía Siena entre estas áreas libres de hielo (2,58 km$^2$), a los pies de la capa de hielo permanente que se extiende desde el monte Melbourne (mapa 1). Una parte del glaciar del monte Melbourne separa ambas áreas libres de hielo en tierra. Una playa ancha de pedregullo prolonga la costa de la punta Edmonson, por encima de la cual se elevan acantilados de 128 m de altura hacia el sur de la Zona. El terreno de la Zona es accidentado, con varios cerros de origen volcánico de hasta 134 m de altura, y laderas libres de hielo de alrededor de 300 m de altura junto a la capa de hielo, aunque actualmente no se dispone de información exacta sobre la elevación de estas áreas. Hay morrenas onduladas con núcleo de hielo, zonas de bloques y afloramientos rocosos separados por pequeñas llanuras de cenizas y valles poco profundos. La Zona está cortada por numerosos valles y arroyos de deshielo, con varios lagos pequeños, y son comunes las áreas de infiltración. En la región central de la punta Edmonson hay varias cuencas anchas poco profundas, a una elevación de alrededor de 25 m, cubiertas de escoria fina y arena gruesa, mezcladas con extensas alfombras de vegetación y áreas de suelo estructurado. La costa norte de la punta Edmonson es un antepaís en forma de cúspide que comprende varias terrazas costeras.

Desde el punto de vista ambiental, la colina Ippolito es similar a la punta Edmonson. Tiene una playa angosta con rocas grandes y una cresta paralela a la costa. Hay arroyos pequeños de deshielo que fluyen en cauces poco profundos y cruzan llanos para desembocar en dos lagos situados detrás de la cresta costera en el norte. Las crestas y los conos alcanzan una elevación de unos 200 m antes de fusionarse con los campos nevados y los glaciares del monte Melbourne en el sur.

LÍMITES

El borde de la capa de hielo permanente que se extiende desde el monte Melbourne constituye los límites oeste, norte y sur de la Zona (mapas 1 a 3). El límite oriental es marino y, en la mitad meridional de la Zona, sigue la costa 200 m mar adentro desde el extremo meridional hasta el extremo septentrional del área libre de hielo de la punta Edmonson. Desde el extremo septentrional de la punta Edmonson, el límite oriental se extiende unos dos kilómetros hacia el noroeste, cruzando la bahía Siena, hasta un lugar situado 200 m justo al este de la costa del extremo norte de la colina Ippolito. Por lo tanto, la bahía Siena está dentro de la Zona. No se han instalado indicadores de límites porque el borde de la capa de hielo y la costa son referencias obvias.

CLIMA

No se dispone de registros meteorológicos extensos de la punta Edmonson, aunque los datos anuales correspondientes a la estación McMurdo, la base Scott y el cabo Hallett indican que la temperatura media en las proximidades de la punta Edmonson sería de alrededor de -16 °C, y la acumulación media anual de nieve, de 20 a 50 cm, que equivalen a 10 a 20 cm de agua (Bargagli *et al.*, 1997). Se dispone de datos de corto plazo sobre el período de diciembre de 1995 a enero de 1996, recopilados durante la expedición BIOTEX 1. Durante este período, la temperatura se situó entre -7 °C y 10 °C, superándose los 0 °C todos los días. La humedad relativa fue baja (15 a 40 % durante el día, 50 a 80 % durante la noche), con precipitaciones ocasionales en forma de nieve ligera y vientos de velocidades en su mayor parte bajas. A partir de fines de enero, las condiciones meteorológicas se deterioraron, con temperaturas diurnas frecuentemente bajo cero, nevadas y fuertes vientos. Los datos sobre las temporadas de verano de 1998-1999 y 1999-2000 obtenidos en una estación meteorológica instalada cerca de la colonia de pingüinos indican que, durante el verano, prevalecen en punta Edmonson los vientos del este, el sudeste y el sur. El promedio diario de la velocidad del viento generalmente se situaba entre 3 y 6 nudos, con una máxima diaria de 6 a 10 nudos por lo general que a veces llegaba a 25 a 35 nudos. El promedio diario de la temperatura del aire oscilaba entre -15 °C en octubre, -6 °C en noviembre, -2,5 °C en diciembre y -1 °C en enero, bajando nuevamente a -3,5 °C en febrero (Olmastroni, nota personal, 2000). La temperatura máxima diaria registrada durante las dos temporadas de verano fue 2,6° C el 25 de diciembre de 1998. La temperatura media del aire registrada durante las dos temporadas de verano fue -4° C, aproximadamente, en tanto que la velocidad media del viento fue 4,5 nudos. El promedio diario de la humedad relativa fue generalmente de 40 a 60%.

## CARACTERÍSTICAS GEOLÓGICAS Y EDAFOLÓGICAS

Las características geológicas de la punta Edmonson se deben a la actividad eruptiva del monte Melbourne (provincia volcánica de Melbourne), que forma parte del grupo volcánico McMurdo (Kyle, 1990) combinada con depósitos glaciales de la capa de hielo marino que cubrió gran parte de la costa de la Tierra de Victoria durante el último máximo glacial (en los últimos 7500 a 25000 años) (Baroni y Orombelli, 1994). El complejo volcánico de punta Edmonson se compone de un gran anillo subaéreo de toba, conos de escoria, derrames de lava y megasecuencias subacuáticas de lava almohadillada (Worner y Viereck, 1990). Las rocas, principalmente de composición basáltica o traquítica, incluyen diversos productos volcánicos adicionales tales como acumulaciones de toba, piedra pómez y depósitos de detritos (Simeoni *et al.*, 1989; Bargagli *et al.*, 1997). La superficie del suelo se compone principalmente de materiales volcánicos secos de textura gruesa, con una baja proporción de sedimentos y arcilla (Bargagli *et al.*, 1997). Estas superficies expuestas, así como la cara inferior de las piedras y las rocas, suelen estar cubiertas de incrustaciones o eflorescencias blancas de sales solubles. La mayor parte del suelo es de color oscuro, con parches amarronados o amarillentos de escoria y tufita. En las laderas de los cerros, secas y en su mayor parte sin vegetación, son comunes los pedregales inestables. El fondo de los valles y las cuencas están cubiertos de escoria fina y arena gruesa (Bargagli *et al.*, 1999).

## GEOMORFOLOGÍA

En el antepaís en forma de cúspide del extremo norte de la punta Edmonson hay una serie de depósitos marinos visibles. Las terrazas costeras de pendiente suave del antepaís se componen de arena, pedregullo y rocas grandes distribuidos sobre derrames de lava en distintas proporciones (Simeoni *et al.*, 1989). Justo encima de la marca de la pleamar se ven numerosos hoyos en forma de cráter, muchos con agua de deshielo o con hielo, que se cree que se forman como consecuencia de las mareas extremas y el derretimiento del hielo acumulado en la costa. Al sur del antepaís en forma de cúspide, son comunes los afloramientos de roca volcánica de fondo en gran parte del suelo, que se extienden unos 800 m desde la costa hacia el interior y son más evidentes en los cerros prominentes de alrededor de 120 m de altura del centro-norte de la punta Edmonson. En el lado occidental de estas afloraciones hay una serie de morrenas y limo de derrubios del pleistoceno tardío, con bandas de morrenas con núcleo de hielo del holoceno, pendientes de catos y escombros detríticos junto al hielo de glaciar que se extiende desde el monte Melbourne (Baroni y Orombelli, 1994).

## CURSOS DE AGUA Y LAGOS

En la punta Edmonson hay seis lagos con una longitud máxima de 350 m y una superficie de 1600 m$^2$ , hasta 15 000 m$^2$ (mapa 2). En la colina Ippolito, detrás de la cresta costera, hay dos lagos más, el mayor de los cuales tiene alrededor de 12 500 m$^2$ (mapa 3). Además, en la punta Edmonson hay unas 22 lagunas más pequeñas con un diámetro de menos de 30 m (Broady, 1987). Las lagunas más grandes están permanentemente cubiertas de hielo, formándose fosos periféricos durante el verano. Se han informado en forma detallada sobre las características fisicoquímicas y limnológicas de los lagos de la punta Edmonson en Guilizzoni et al. (1991). Hay numerosos arroyos en toda la Zona, algunos de los cuales reciben agua de deshielo de la capa de hielo adyacente, mientras que otros son alimentados por lagos y agua de deshielo en general. Varios lechos de arroyos tienen terrazas de inundación de suelo fino cubierto de guijarros de 5 a 10 mm de diámetro con aspecto de piedra pómez. Muchos de los arroyos y las charcas son transitorios y se secan poco después de desaparecer los parches de nieve tardía de sus cuencas de captación.

BIOLOGÍA VEGETAL

En comparación con muchos otros sitios de la región central de la Tierra de Victoria, la punta Edmonson no tiene una flora particularmente diversa y hay sólo unos pocos rodales extensos de vegetación. En la Zona se han documentado seis especies de musgos, una agrimonia y por lo menos 30 especies de líquenes (Broady, 1987; Lewis Smith, 1996, 1999; Lewis Smith, nota personal, 2004; Castello, 2004). Cavacini (nota personal, 2003) señaló que en análisis recientes se han identificado por lo menos 120 especies de algas y cianobacterias en la punta Edmonson. Estas se encuentran presentes en una gran variedad de formas, entre ellas tapetes de algas en el suelo y como epifitas en musgos, y en hábitats como lagos, arroyos, nieve, suelos ornitogénicos húmedos y suelos minerales brutos. Al comienzo del verano, la nieve derretida revela pequeños rodales de algas y musgos en el fondo de los valles, aunque en su mayoría están cubiertos por una capa de hasta 5 cm de partículas minerales finas arrastradas por el viento y el agua de deshielo. Esta comunidad puede crecer con rapidez en diciembre, cuando hay humedad y la temperatura del suelo es relativamente alta. En esa época aparecen brotes cuyo ápice sobresale hasta un centímetro sobre la superficie, a medida que la arena acumulada es arrastrada por el viento o por el agua. La intensificación de las corrientes de agua y los fuertes vientos pueden enterrar rápidamente estos rodales, aunque hasta uno o dos centímetros bajo la superficie penetra suficiente luz como para permitir el crecimiento (Bargagli et al., 1999). Las principales comunidades de musgo se presentan en sustratos más estables que no están expuestos a ser sepultados por la arena, por ejemplo en depresiones protegidas o a lo largo de los márgenes de las lagunas y los arroyos de deshielo, y áreas de infiltración bajo los lechos de nieve tardía donde hay humedad disponible por varias semanas. Algunas de estas áreas se encuentran entre los rodales más extensos de la Antártida continental, de hasta 3000 m$^2$, muy especialmente el rodal de *Bryum subrotundifolium* (= *B. argenteum*) varios cientos de metros al oeste de la colonia principal de pingüinos de Adelia (mapa 4). Hay otros rodales destacados, pero menos extensos cerca del lago que está junto a la colonia de pingüinos de Adelia (mapa 4), y otros rodales destacados pero menos extensos de *Ceratodon purpureus* (con depósitos relativamente gruesos de material orgánico muerto) que se encuentran en el valle al norte de la punta Edmonson, además del área superior del arroyo principal del área libre de hielo al norte. Greenfield *et. al*. (1985) sugirió que, además del cabo Hallett, ningún área del mar de Ross cuenta con una abundancia comparable de plantas, aunque en 1996 se descubrió una zona de extensión similar colonizada casi exclusivamente por *Bryum subrotundifolium* (= *B. argenteum*) en la isla Beaufort (ZAEP n.° 105), aproximadamente 280 km al sur de la punta Edmonson.

Las comunidades en las que predominan los musgos comprenden hasta siete especies de briofitas, varias algas y cianobacterias y, en el extremo más seco de la gradiente de humedad, varios líquenes incrustados en musgos moribundos (Lewis Smith, 1999; Bargagli *et al.*, 1999). Estas son zonas o comunidades mixtas de *Bryum subrotundifolium* (= *B. argenteum*), *B. pseudotriquetrum* y *Ceratodon purpureus*. En algunos sitios más húmedos se presenta la agrimonia *Cephaloziella varians* entre *C. purpureus*. Las comunidades de musgo seco, muy abiertas, a menudo incrustadas de liquen, suelen contener *Hennediella heimii*, y con frecuencia se presentan en hondonadas que contienen parches pequeños de nieve tardía. El musgo *Sarconeurum glaciale* se presenta en un pedregal estable sobre el gran lago al sur de la Zona (Lewis Smith, 1996). La parte superior de las colonias de musgo suelen están recubiertas de incrustaciones blancas de sales solubles (Bargagli *et al.*, 1999).

Las comunidades de líquenes son relativamente diversas, con 24 especies identificadas, y hasta ahora se han identificado por lo menos seis especies crustosas, aunque pocas son abundantes (Castello, 2004; Lewis Smith, nota personal, 2004). Los líquenes epilíticos, generalmente escasos y poco difundidos, consisten principalmente en especies crustosas y microfoliadas restringidas a las rocas donde se posan las skúas, aunque ocasionalmente se encuentran en rocas estables de pedregales, cauces húmedos y zonas de infiltración temporarias. Los macrolíquenes son escasos, con presencia de *Umbilicaria aprina* y *Usnea sphacelata* encontrada en pocos lugares. La primera especie es más abundante en los canales de lavado inundados intermitentemente y con una pendiente ligera de la colina Ippolito, junto con la especie *Physcia* y asociada con pequeñas almohadillas de *Bryum subrotundifolium* (= *B. argenteum*) (Given, 1985, 1989), *B. pseudotriquetrum* y *Ceratodon purpureus* (Lewis Smith, nota personal, 2004). *Buellia frigida* es el tipo de liquen crustoso más difundido en la lava dura, pero una comunidad distinta de especies nitrófilas se produjo en las rocas donde se posan las skúas (*Caloplaca, Candelariella, Rhizoplaca, Xanthoria*). En las depresiones gravosas debajo de los lechos de nieve tardía, los colchones de musgo suelen estar colonizados por cianobacterias incrustantes y líquenes ornitocoprófilos (*Candelaria, Candelariella, Lecanora, Xanthoria*) y, donde no hay influencia de aves, por el liquen blanco *Leproloma cacuminum* (Lewis Smith, 1996).

En los primeros trabajos sobre las algas de la punta Edmonson se identificaron 17 especies como cianofitas, 10 como crisolitas y 15 como clorofitas (Broady, 1987). En análisis más recientes (Cavacini, nota personal, 2003) se han identificado 120 especies de algas y cianobacterias, lo cual se considera mayor a la cantidad de especies cianofitas (28), clorofitas (27), bacilariofitas (25) y xantofitas (5) registradas previamente (Cavacini, 1997, 2001; Fumanti *et al.*, 1993, 1994a, 1994b; Alfinito *et al.*, 1998). Broady (1987) observó pocas áreas con algas en la superficie del suelo. Las más extensas consistían en tapetes de oscilatoriáceas en depresiones húmedas de la arena de las playas que podrían haber sido charcas temporarias de deshielo antes del momento en que se realizó el estudio. Se encontraron tapetes similares junto a un área de musgo con abundantes ejemplares de una especie de *Gloeocapsa*. Se observó la presencia de *Prasiococcus calcarius* en las cercanías de la colonia de pingüinos de Adelia, tanto en un área pequeña de cortezas verdes abundantes en el suelo y creciendo en una zona de almohadillas de musgo moribundas. Entre otras algas epifíticas se encuentran oscilatoriáceas, *Nostoc* sp., clorofitas unicelulares, entre las que se incluyen las *Pseudococcomyxa simplex* y las desmidiales *Actinotaenium cucurbita*. Se encontraron abundantes algas de arroyos en aguas que contenían tapetes de oscilatoriáceas en el lecho de los arroyos, con tramas de filamentos verdes adheridos a la superficie de las piedras (principalmente *Binuclearia tectorum* y *Prasiola* spp.), pequeñas franjas de Prasiola calophylla en las superficies inferiores de las piedras, y rocas cubiertas de cortezas epilíticas de color marrón oscuro de cianofitas (dominadas por las especies *Chamaesiphon subglobosus* y*Nostoc*). Las charcas en la arena de la playa contenían la especie *Chlamydomonas* y cf. *Ulothrix*, y en las charcas blancas fertilizadas por el guano de los pingüinos y las skúas estaba presente la especie *Chlamydomonas* junto a tapetes bénticos de oscilatoriáceas negras. En otras charcas había crecimientos abundantes de bentos de oscilatoriáceas, frecuentemente asociadas con *Nostoc sphaericum*. Otras algas abundantes eran las *Aphanothece castagnei, Binuclearia tectorum, Chamaesiphon subglobosus, Chroococcus minutus, C. turgidus*, *Luticola muticopsis, Pinnularia cymatopleura, Prasiola crispa* (especialmente asociadas con las colonias de pingüinos y otros hábitats ricos en nitrógeno), *Stauroneis anceps*, diferentes clorofitas unicelulares y, en la charca de mayor conductividad en la playa de arena, cf. *Ulothrix*.

Localmente abundan las algas y cianobacterias en suelos húmedos, habiéndose identificado filamentos y tapetes foliosos de la especie *Phormidium* (que predominaban en parches de suelo mojado y en el fondo de lagos de poca profundidad), agregados de *Nostoc commune* y una población de diatoms (Wynn-Williams, 1996; Lewis Smith, nota personal, 2004). Se ha aislado la especie de hongos *Arthrobotrys ferox* de las especies de musgo *Bryum pseudotriquetrum* (= *B. algens*) y *Ceratodon purpureus*. El *A. ferox* produce una secreción adhesiva que, según se ha observado, captura los colémbolos de la especie *Gressittacantha terranova* (de alrededor de 1,2 mm de longitud) (Onofri y Tosi, 1992).

## 7. Valores científicos

### 7(i)    Invertebrados

En comparación con otras áreas descritas en la Tierra de Victoria, en los suelos húmedos de la punta Edmonson hay una gran diversidad de nematodo, entre los que se encontraron se incluyen las especies

*Eudorylaimus antarcticus, Monhysteridae , Panagrolaimus , Plectus antarcticus, P. frigophilus*, y *Scottnema lyndsayea* (Frati, 1997; Wall, nota personal, 2000). Esta última especie, que hasta ese momento se había encontrado únicamente en los valles secos de McMurdo, se encontró en la punta Edmonson en 1995-1996 (Frati, 1997). Los colémbolos se encuentran de forma menos abundante, especialmente *Gressittacantha terranova*, que se encuentra bajo las rocas, en el suelo y los musgos de varios microhábitats húmedos (Frati, 1997). Son comunes las agregaciones de ácaros rojos (probablemente de las especies *Stereotydeus* o *Nanorchestes*, aunque no se ha identificado la especie) bajo las piedras en hábitats húmedos. Además se encuentran presentes colémbolos, rotíferos, tardígrados y una variedad de protozoos (Frati *et al.*, 1996; Lewis Smith, 1996; Wall, nota personal, 2000; Convey, nota personal, 2003).

## 7(ii)  Aves reproductoras

Los pingüinos de Adelia (*Pygoscelis adeliae*) se reproducen en dos grupos cerca de la costa en las partes central y más al este de la punta Edmonson, con lo que ocupan un área de alrededor de 9000 m$^2$ (mapa 4). El número de casales reproductores documentados entre 1981 y 2005 se resume en el cuadro 1. El promedio durante ese período fue 2080. En 1994-1995 se observó que la mayoría de las aves llegaron alrededor del 30 o 31 de octubre, mientras la mayoría de los polluelos de la temporada ya habían desarrollado plumaje para el 12 de febrero y todos habían emplumado el 21 de febrero (Franchi *et al.*, 1997). Aproximadamente un kilómetro al noroeste de la colonia actual hay un lugar de nidificación abandonado, que fue ocupado hace alrededor de 2600-3000 años, en roca de fondo adyacente al antepaís en forma de cúspide (Baroni y Orombelli, 1994).

**Cuadro 1.** Pingüinos de Adelia (casales reproductores) en la punta Edmonson 1981-2005 (datos Woehler, 1993; Olmastroni, 2005, *nota personal*).

| Año | Cant. de casales | Año | Cant. de casales |
|---|---|---|---|
| 1981 | 1300 | 1995 | 1935 |
| 1984 | 1802 | 1996 | 1824 |
| 1987 | 2491 | 1997 | 1961 |
| 1989 | 1792 | 1999 | 2005 |
| 1991 | 1316 | 2001 | 1988 |
| 1994 | 1960 | 2003 | 2588 |
| | | 2005 | 2385 |
| | | 2007 | 2303 |
| | | 2010 | 2112 |
| | | 2016 | 2704 |

De acuerdo con los procedimientos del Programa de Seguimiento del Ecosistema (CEMP), entre 2005 y 2010 se realizaron tres recuentos de población en la punta Edmonson, y ser registró que la colonia contaba con 2385, 2303 y 2112 nidos ocupados en 2005, 2007 y 2010 respectivamente.

El número promedio, desde el inicio del programa de investigación, fue de 2112. Por tanto, la población total parece mantenerse estable con respecto al valor promedio de 2080 desde 1994 a 2005.

En la última cuenta realizada en noviembre de 2016, la colonia constaba de 3066 casales reproductores distribuidos en 11 colonias (datos enviados al CCRVMA en junio de 2016).

Se evaluó que la población de skúas (Stercorarius maccormicki) constaba de alrededor de 100 casales reproductores en toda la zona, ligeramente menos que lo informado por Pezzo *et al.* (2001), aunque lo suficientemente acorde con lo informado por Piece et al. (2001) con respecto a la proporción entre skúas y pingüinos de alrededor de 1:20.

La relación entre skúas y pingüinos continúa siendo alta (1:20), según lo observado antes por Pezzo *et al*, (2001). La población de skúas cercana a la colonia de pingüinos de Adelia en punta Edmonson ha permanecido estable a través de los años, con aproximadamente 130 parejas reproductoras en verano de 2010. Durante el verano de 2010 también se identificaron 55 y 61 casales reproductores al norte y al sur de la punta Edmonson, respectivamente.

Una colonia reproductora de skúas antárticas (*Catharacta maccormicki*) dentro de la Zona es una de las más numerosas de la Tierra Victoria, con más de 120 casales, de los cuales 36 ocupan la colina Ippolito (CCRVMA, 1999; Pezzo *et al.*, 2001; Volpi, nota personal, 2005). . Asimismo, en la Zona hay dos "clubes", cerca de grandes lagunas de agua dulce, que son utilizados durante toda la temporada de cría por grupos de 50 a 70 ejemplares no reproductores (Pezzo 2001; Volpi, 2005, nota personal). Se han observado bandadas de petreles blancos (*Pagodroma nivea*) sobrevolando la Zona, y se han visto con regularidad petreles de Wilson (*Oceanites oceanicus*). No se tiene conocimiento de que ninguna de estas dos especies se reproduzca en la Zona.

Cámaras de nidos de pingüinos (NC49)

El sistema de imágenes digitales PNC49 (de la División Antártica Australiana) se instaló en la punta Edmonson durante la campaña antártica 2014-2015. Esta herramienta permite, mediante la adquisición remota de imágenes, el seguimiento de la zona con alrededor de 30 nidos de control, externos a la zona del sistema de seguimiento automatizado de pingüinos (APMS, por sus siglas en inglés). El centro de nidos de pingüinos, que se reactivó de manera autónoma después de la temporada de invierno, gracias al panel solar y las baterías, nos permitió observar la primera llegada a la zona reproductiva el 20 de octubre de 2015.

Todas las imágenes fueron recopiladas y enviadas a colegas de la División Antártica Australiana con el propósito de incorporarlas a una base de datos internacional para el estudio de la fenología reproductiva de los pingüinos de Adelia.

### 7(iii)  Mamíferos reproductores

En la punta Edmonson se reproducen regularmente numerosas (>50) focas de Weddell en el medio marino cercano a la costa en el hielo fijo dentro de la Zona. Las hembras usan esta área para dar a luz y criar los cachorros en el hielo firme a lo largo de la costa. Más tarde en el verano, las focas de Weddell suelen permanecer en tierra en las playas de la Zona.

## 8.  Investigación científica

### 8(i)  Estudios del Programa de Seguimiento del Ecosistema de la CCRVMA (CEMP) de la CCRVMA

1. Debido a la presencia en la punta Edmonson de colonias de pingüinos reproductores y la ausencia de pesquerías de krill en su área de búsqueda de alimento, este sitio es crucial para los estudios comparativos y debería incluirse, junto con otras localidades del CEMP, en la red de seguimiento del ecosistema establecida con el propósito de alcanzar los objetivos de la CCRVMA. El propósito de la designación de la zona protegida es continuar las investigaciones y el seguimiento planificados, evitando o reduciendo en la mayor medida de lo posible otras actividades que puedan interferir en los resultados del programa de investigación y seguimiento o afectarlos, o alterar los rasgos naturales del sitio.

2. El pingüino Adelia es una especie que reviste especial interés para las tareas regulares de seguimiento e investigaciones dirigidas del CEMP. Con este fin, desde 1994-1995 viene realizándose en la punta Edmonson el programa de seguimiento de pingüinos de Adelia, un proyecto de investigación que llevan a cabo conjuntamente biólogos italianos y australianos. El sistema APMS, combinado con las observaciones *in situ* de los investigadores, constituye la base de un estudio de 500 a 600 nidos como mínimo en el sector norte de la colonia como parte del CEMP (CCRVMA, 1999; Olmastroni *et al.*, 2000). Se instalaron cercas con el fin de encaminar a los pingüinos sobre un puente que registra su peso e identidad y la dirección del cruce cuando transitan desde el mar a la colonia reproductora y viceversa.

3. Los parámetros que son objeto de un seguimiento regular son las tendencias del tamaño de la población, la demografía, la duración de los viajes de búsqueda de alimento, el éxito de la reproducción, el peso de los

polluelos, el régimen alimentario de los polluelos y la cronología de la reproducción.

4. Los estudios sobre los pingüinos de Adelia abarcan también el seguimiento de la población, experimentos con transmisores satelitales y registradores de temperatura y profundidad para investigar los lugares donde se alimentan y la duración de los viajes de búsqueda de alimento. En el marco de este programa, además del lavado del estómago para documentar el régimen alimentario de los pingüinos estudiados se están realizando observaciones exhaustivas de la ecología alimentaria de los pingüinos de Adelia (Olmastroni, 2002). Los datos sobre el régimen alimentario (Olmastroni *et al.*, 2004) confirmaron los resultados de los estudios de la distribución de krill en el mar de Ross (Azzali y Kalinowski, 2000; Azzali *et al.*, 2000) e indicaron que esta colonia se ubica en un punto de transición de disponibilidad de *E. superba* entre las colonias del norte y más al sur, donde esta especie está ausente o es poco común en la alimentación de los pingüinos (Emison, 1968; Ainley, 2002). Estos estudios también ponen de relieve la importancia de los peces para el régimen alimentario de los pingüinos de Adelia, que algunos años representan hasta 50% del contenido del estómago.

Los datos locales sobre el hielo marino y las condiciones meteorológicas ayudan a comprender los posibles factores que afectan a la biología reproductiva de esta especie (Olmastroni *et al.*, 2004). Las investigaciones abarcan además estudios sobre el comportamiento (Pilastro *et al.*, 2001).

Las investigaciones sobre la colonia de skúas antárticas se centran en su biología reproductiva (Pezzo *et al.*, 2001), dinámica de población, biometría y patrones migratorios. Desde 1998-1999 se han anillado más de 300 skúas antárticas, con anillos metálicos de colores que facilitan las investigaciones para las cuales es necesario reconocer a los animales individualmente. El anillado permitirá identificar las aves que emigren de la Zona.

*8(ii)  Investigaciones científicas luego de 2005*

Estudios de la ecología de las aves marinas y Programa de Seguimiento del Ecosistema de la CCRVMA (CEMP).

En los estudios sobre la población de pingüinos de Adelia se utilizaron parámetros demográficos que se estimaron en relación con características individuales (sexo y edad), y variables ambientales a gran escala (anomalías en la extensión de los hielos invernales del Mar de Ross e IOS) y a escala local (disponibilidad de alimento). Si bien los factores ambientales a gran escala afectaron la supervivencia de los adultos, el éxito de la reproducción experimentó variaciones, principalmente, de acuerdo con las variables locales. El éxito reproductivo fue particularmente bajo cuando los eventos estocásticos locales (tormentas) se produjeron en momentos sensibles del ciclo de reproducción (inmediatamente después de la eclosión) (Olmastroni et al. 2004; Pezzo et al, 2007; Ballerini et al., 2009). Asimismo, se observó que los cambios en la extensión del hielo fijo frente al área de reproducción afectaba el tiempo de traslado de los adultos reproductores entre la colonia y el área de búsqueda de alimento, y las hembras realizaban trayectos más largos para procurar alimento, se sumergían durante períodos más prolongados y con mayor frecuencia que los machos. Los parámetros de buceo no se vieron afectados por el sexo ni por el año, pero variaron entre las distintas etapas de la reproducción (Nesti et al, 2010). La probabilidad de supervivencia anual de los adultos en la punta Edmonson (0,85, rango 0,76-0,94) fue similar a la estimada para otras poblaciones de pingüinos, en las cuales los individuos fueron marcados con transpondedores pasivos. Un índice de supervivencia promedio anual de 0,85 parece ser lo habitual para la especie, y es compatible con una expectativa de vida promedio de aproximadamente 11 años (6,6 años después de alcanzar la adultez) (Ballerini et al., 2009).

Algunos aspectos de la biología de la reproducción de las skúas antárticas han sido investigados durante cinco temporadas, y son el objeto de una tesis doctoral actualmente en desarrollo en la Universidad de Siena (A. Franceschi, Aspetti della Biologia riproduttiva dello Stercorario di McCormick, *Stercorarius maccormicki*).

Proyectos relacionados con la vegetación

En la punta Edmonson, se iniciaron durante los últimos cinco años varios proyectos de investigación centrados en los problemas relacionados con la vegetación.

1) seguimiento de largo plazo: instalación de la parcela permanente n.° 3 para el seguimiento de largo plazo de la vegetación, el permafrost y el régimen térmico del suelo (período de instalación de la parcela en 2002)

2) análisis de los flujos de $CO_2$: los análisis se llevaron a cabo por medio de analizadores de $CO_2$ portátiles (IRGA), seleccionando distintos tipos de cubierta vegetal en las inmediaciones de los sitios de seguimiento de largo plazo.

3) Durante la campaña 2014-2015, se adaptaron experimentos de intervención para el estudio de los posibles impactos futuros del cambio climático. Estos experimentos (aún en curso) se realizaron en un gradiente latitudinal desde la punta Finger (a 77° S) en la isla Apostrophe (a 73° S). La punta Edmonson es el sitio maestro para estos experimentos, donde se desarrolla el mayor número de experimentos complejos y sus réplicas. En todos los sitios, cada experimento incluía una parcela de tratamiento y una parcela de control (se mantuvo inalterada).

Los tipos de intervención fueron los siguientes:

a) se aumentó la temperatura por medio de cámaras de techo abierto (OTC, por sus siglas en inglés) según el protocolo ITEX (International Tundra EXperiment);

b) se instalaron toldos contra precipitaciones;

c) se instalaron barreras para la redistribución de la nieve acumulada por el viento (cercas de nieve).

Además de estas intervenciones relacionadas con el entorno físico, se intervinieron los regímenes de agua, nieve y nutrientes. Específicamente, se incorporó: A) nieve, B) agua en estado líquido, C) N-NO3, D) urea-N, E) P-PO4 y F) guano.

4) Se llevan a cabo nuevos análisis moleculares asociados a la filogenia y filogeografía de musgos del género Bryum a nivel panantártico usando además muestras de material biológico recopilado en la punta Edmonson.

*8(iii) Otras actividades científicas*

En los años ochenta se iniciaron en la punta Edmonson estudios sobre ecología terrestre. Las investigaciones de este tipo y en otras ramas de las ciencias, especialmente las realizadas por científicos italianos, se intensificaron en los años noventa. En la punta Edmonson se llevó a cabo la primera expedición de investigación del SCAR (BIOTEX 1) en el marco del programa de investigaciones biológicas de los sistemas terrestres antárticos (BIOTAS), en diciembre de 1995 y enero de 1996. Diez investigadores de tres países participaron en diversos proyectos científicos tales como estudios taxonómicos, ecológicos, fisiológicos y biogeográficos de cianobacterias, algas, briofitas, líquenes (incluidas comunidades casmolíticas y endolíticas), nematodos, tisanuros y ácaros; estudios de las características bioquímicas del suelo y el agua dulce; estudios de la actividad metabólica y la colonización microbianas; e investigaciones sobre la respuesta fotosintética a las condiciones ambientales y controladas de musgos, líquenes y pigmentos vegetales que podrían actuar como fotoprotectores (Bargagli, 1999). Aunque el programa BIOTAS ha concluido oficialmente, se prevé continuar realizando estudios de este tipo en la punta Edmonson.

## 9. Actividades e impacto de los seres humanos

La punta Edmonson probablemente haya sido visitada por primera vez el 6 de febrero de 1900, cuando Carsten Borchgrevink desembarcó justo al norte del monte Melbourne en "un promontorio casi desprovisto de nieve (...) de alrededor de 100 hectáreas de extensión", y ascendió 200 m por los taludes (Borchgrevink, 1901: 261). La región de la bahía Wood se mencionó muy pocas veces durante los 70 años siguientes y cabe suponer que fue visitada con poca frecuencia. La actividad en el área se intensificó en los años ochenta, primero con las expediciones GANOVEX (Alemania). Se realizó una investigación botánica en diciembre de 1984 (Given, 1985; Greenfield et al., 1985; Broady, 1987) y en enero de 1989, momento en que se realizaron las primeras propuestas de protección del sitio (Given, nota personal 2003). Italia instaló una estación muy cerca de la bahía Terra Nova en 19861987, tras lo cual se intensificó en el sitio el interés en la investigación.

La era moderna de la actividad humana en la punta Edmonson se ha limitado en gran medida a la ciencia. No se ha descrito el impacto de estas actividades, pero se cree que es menor y se limita a los lugares campamentos, las pisadas, señalizadores de distintos tipos, desechos de origen humano, muestreo científico, manipulación de un número limitado de aves (por ejemplo, instalación de dispositivos de rastreo, lavado del estómago, mediciones biométricas, etc.) y, posiblemente, el impacto asociado al acceso de helicópteros y el emplazamiento y uso del campamento y las instalaciones de investigación en la colonia de pingüinos y en el antepaís en forma de cúspide de la parte septentrional. En 1996 se notificaron como mínimo un derrame de combustible de alrededor de 500 ml y otros derrames más pequeños como consecuencia de las operaciones de reabastecimiento de combustible del generador y el depósito de combustible situados en la colonia de pingüinos (los sitios alterados están indicados en el mapa 4). Además, en las playas de la Zona se deposita de vez en cuando basura arrastrada por el agua de mar. En la Zona restringida de la colina Ippolito, la actividad humana ha sido menor que en la punta Edmonson y cabe suponer que el impacto en esta área sea insignificante.

### 9(i) *Áreas restringidas y administradas dentro de la Zona*

### *Zona restringida*

La zona libre de hielo de la colina Ippolito (1,12 km2), aprox. a 1,5 km al noroeste de la punta Edmonson se designó como Zona restringida con el fin de conservar parte de la Zona como sitio de referencia para futuros estudios comparativos, mientras el resto de la Zona terrestre (que es similar en biología, rasgos y características) suele prestarse mejor para programas de investigación y recolección de muestras. Los límites norte, oeste y sur de la Zona restringida consisten en los bordes del hielo permanente que se extienden desde el monte Melbourne y coinciden con el límite de la Zona (mapas 1 y 3). El límite oriental de la Zona restringida es el nivel medio de la bajamar en la costa de esta zona libre de hielo.

Se permite el acceso a la Zona restringida sólo por razones científicas urgentes o con fines de gestión (como tareas de inspección o revisión) que no puedan realizarse en ningún otro lugar de la Zona.

### 9(ii) *Ubicación de estructuras dentro de la Zona y en sus proximidades*

*Localidad del CEMP:* En 1994-1995, el Programa Nacional de Investigaciones Antárticas instaló una cabina de fibra de vidrio para las observaciones en el terreno, que contiene instrumentos y un panel del sistema de seguimiento automatizado de pingüinos (APMS), y dos cabañas Nunsen para cuatro personas, con el propósito de facilitar las investigaciones del CEMP. Estas estructuras están en una loma rocosa a una elevación de 16 m, a 80 m de la costa y 40 m al sur de la subcolonia de pingüinos situada en la parte norte (mapas 2 y 4). Al comienzo de cada temporada se almacenan temporalmente un generador y varios tambores de combustible a unos 20 m del campamento, los que se retiran al final de cada temporada. Junto a la subcolonia de pingüinos del norte se instalaron cercas de malla metálica (30-50 cm) para encaminar a los pingüinos sobre el puente báscula del APMS.

*Otras actividades:* En 1995-1996 se instalaron alrededor de 50 campanas de plástico en 10 lugares de toda la Zona como parte del programa BIOTEX-1 (mapas 2 y 4). El año anterior se habían instalado varias campanas en cuatro lugares (Wynn-Williams, 1996). No se sabe con exactitud cuántas de estas campanas permanecen en la Zona. Durante el período en que se llevó a cabo el programa BIOTEX-1 se instaló un campamento temporario en el lugar designado para acampar, que luego fue retirado.

Durante la trigésima expedición antártica italiana se eliminó gran parte de la valla que rodeaba a la colonia D (mapa 4) y la parte subyacente. La barrera en el valle bajo el sistema de seguimiento automatizado de pingüinos (APMS) se eliminó por completo, con lo que quedó limitada solo a la valla que rodea el APMS. De esta manera, se mejoró y despejó una zona de varios metros de cerca y se recuperaron más de 40 pernos de acero que estaban en el suelo (mapa 4).

El 28 de octubre de 2016, durante la XXXII Campaña Antártica, se recuperó el antiguo campo eliminándose dos tambores de combustible y la cabaña Nansen ubicada cerca del refugio tipo manzana. Ahora queda el refugio tipo manzana, el APMS y las construcciones anexas, la estación meteorológica y la cámara de nidos de pingüinos en los puntos de observación A y B (mapa 4).

Las estaciones permanentes más cercanas son la estación Mario Zucchelli, en Terra Nova (Italia), Gondwana (Alemania), y Jang Bogo (República de Corea) a unos 50, 44 y 43 km al sur, respectivamente.

*9(iii) Ubicación de otras zonas protegidas en las cercanías*

Las zonas protegidas más cercanas a la punta Edmonson son la cima del monte Melbourne (ZAEP n.° 118), 13 km al este, y el área marina de la bahía Terra Nova (ZAEP n.° 161), que se encuentra a aproximadamente 52 km al sur (mapa 1, recuadro 2).

## 10. Condiciones para la expedición de permisos

Se prohíbe el acceso a la Zona excepto con un permiso expedido por una autoridad nacional competente. Las condiciones para la expedición de un permiso de ingreso a la Zona son las siguientes:

- se expedirán permisos únicamente para investigaciones científicas sobre la Zona o por razones científicas urgentes que no puedan atenderse en ningún otro lugar;
- se expedirán permisos con fines de gestión indispensables concordantes con los objetivos del Plan de Gestión, tales como inspección, mantenimiento o revisión;
- se permite el acceso a la Zona restringida sólo por razones científicas urgentes o con fines de gestión (como tareas de inspección o revisión) que no puedan realizarse en ningún otro lugar de la Zona;
- las acciones permitidas no deben poner en riesgo los valores medioambientales o científicos de la Zona;
- toda actividad de gestión deberá respaldar los objetivos del Plan de Gestión;
- las acciones permitidas deben ser compatibles con el presente Plan de Gestión;
- se deberá llevar el permiso o una copia autorizada dentro de la Zona;
- se deberá presentar un informe de la visita a la autoridad que figure en el permiso;
- los permisos se expedirán por un período determinado.
- se deberá avisar a la autoridad pertinente sobre cualquier actividad o medida que no esté comprendida en el permiso.

*10 (i) Acceso a la zona y desplazamientos en su interior*

El ingreso en la Zona se efectuará en lancha, a pie o en helicóptero. El desplazamiento dentro de la Zona deberá efectuarse a pie o en helicóptero. El acceso a la Zona en vehículos está sujeto a restricciones y deberá ceñirse a las condiciones que se describen a continuación.

*Acceso en lancha*

En la parte de la Zona correspondiente a la punta Edmonson se podrá ingresar por cualquier lugar donde no haya pinnípedos o colonias de aves marinas en la playa o en sus proximidades. Al entrar con fines distintos a las investigaciones del CEMP, se deberá evitar la perturbación de los pinnípedos y aves marinas (mapas 1 y 2). No hay restricciones especiales para los desembarcos, aunque al llegar a la zona principal libre de hielo de la punta Edmonson los visitantes deberán desembarcar en el antepaís en forma de cúspide de la parte norte y evitar los desembarcos en el lugar donde están las colonias de aves reproductoras (mapa 2).

*Restricciones para el acceso de vehículos*

Se prohíbe usar vehículos dentro de la Zona, excepto en el límite sur de la Zona, donde podrían usarse vehículos en el hielo marino para llegar a la costa, desde donde los visitantes deberán seguir a pie. Por lo tanto, al usar vehículos se deberá evitar interferir en las rutas de alimentación de los animales y la colonia de pingüinos de Adelia. Al usar vehículos en el hielo marino se debe tener cuidado para evitar las focas de Weddell que estén presentes, circulando a baja velocidad y no acercándose en vehículo a menos de 50 m de las estas. Se permite el acceso de vehículos por tierra hasta el límite de la Zona. El tráfico vehicular deberá limitarse al mínimo necesario para realizar las actividades permitidas.

*Acceso y sobrevuelo de aeronaves*

Todas las restricciones para el acceso de aeronaves y sobrevuelos establecidas en este plan se aplicarán durante el período que va desde el 15 de octubre al 20 de febrero inclusive. Podrán operar y aterrizar aeronaves en la Zona cumpliendo estrictamente las siguientes condiciones:

(i)     todos los sobrevuelos de la Zona que no sean con fines de acceso deberán ceñirse a las restricciones sobre la altura que se especifican en el cuadro siguiente:

**Altura mínima para el sobrevuelo de la Zona según el tipo de aeronave.**

| Tipo de aeronave | Cantidad de motores | Altura mínima sobre el | |
|---|---|---|---|
| | | Pies | Metros |
| Helicóptero | 1 | 2461 | 750 |
| Helicóptero | 2 | 3281 | 1000 |
| Aeronave de ala fija | 1 o 2 | 1476 | 450 |
| Aeronave de ala fija | 4 | 3281 | 1000 |

(ii)     Normalmente se permite el aterrizaje de helicópteros sólo en tres lugares designados (mapas 1 a 4). Los lugares para aterrizaje y sus coordenadas son los siguientes:

(A) para la mayoría de los fines, está en el antepaís en forma de cúspide del norte de la punta Edmonson (mapa2) (74°19'24"S, 165°07'12"E);

(B) se permite en apoyo del Programa de seguimiento de pingüinos de Adelia para el transporte de equipo pesado y suministros (mapa 2) (74°19'43"S, 165°07'57"E); y

(C) para ingresar en la Zona restringida ubicada en la zona libre de hielo del norte (colina Ippolito, mapa 3) (74°18'50"S, 165°04'29"E).

(iii)     En circunstancias excepcionales, se podrá autorizar específicamente el acceso de helicópteros a otros lugares de la Zona con fines científicos o de gestión de conformidad con las condiciones establecidas en el permiso con respecto a los lugares y los momentos permitidos para el acceso. Se deberá evitar en todo momento el aterrizaje de helicópteros en lugares donde haya mamíferos, aves marinas y vegetación importante (mapas 2-4).

(iv)     La ruta designada para la aproximación de aeronaves es desde el oeste de la Zona, pasando las laderas orientales heladas más bajas del monte Melbourne (mapas 1 a 3). Las aeronaves deberán aproximarse al sitio principal designado para los aterrizajes (A) en el antepaís en forma de cúspide desde el noroeste sobre la bahía Siena o en sus proximidades. Cuando corresponda, para el acceso al sitio de aterrizaje (B) se deberá seguir la misma ruta y proceder otros 700 m hacia el sudeste. La ruta de partida es idéntica en sentido inverso.

(v)  Cuando corresponda, la aproximación al sitio de aterrizaje (C) deberá efectuarse desde las laderas orientales heladas más bajas del monte Melbourne y se deberá proceder directamente hasta el sitio de aterrizaje desde el sur sobre el terreno, o si eso no es posible, sobre la bahía Siena, evitando las skúas que anidan al norte del sitio de aterrizaje.

(vi)  Se prohíbe el uso de granadas de humo para indicar la dirección del viento dentro de la Zona, a menos que sea absolutamente necesario para la seguridad, y se deberán recuperar todas las granadas que se usen.

*Acceso a pie y circulación dentro de la Zona*

Los desplazamientos por tierra en la Zona deberán realizarse a pie. Los visitantes deberían desplazarse con cuidado para reducir a un mínimo la perturbación de las aves reproductoras, el suelo, los rasgos geomorfológicos y las superficies con vegetación, y deberían caminar únicamente en terreno rocoso o crestas si es factible a fin de no dañar las plantas delicadas y los suelos a menudo anegados. Los desplazamientos de peatones deberán limitarse al mínimo necesario para alcanzar los objetivos de las actividades permitidas y se deberá hacer todo lo posible para reducir a un mínimo los efectos de las pisadas. Los peatones que no estén realizando investigaciones o tareas de gestión relacionadas con los pingüinos no deberán entrar en las colonias y deberán mantenerse en todo momento a una distancia de 15 m como mínimo de las aves reproductoras. Hay que tener cuidado de no perturbar el equipo de seguimiento, las cercas y demás instalaciones científicas.

Los peatones que circulen entre los sitios de aterrizaje de helicópteros (A) o (B) y la colonia de pingüinos de Adelia deberán seguir las rutas peatonales preferibles que se indican en los mapas 2 y 4 o seguir una ruta a lo largo de la playa.

*10(ii) Actividades que se llevan a cabo o que se pueden llevar a cabo dentro de la Zona y restricciones con respecto del momento y el lugar*

• El programa de investigaciones relacionado con el CEMP de la CCRVMA

• Investigaciones científicas que no pongan en peligro los valores de la Zona;

• Actividades indispensables de gestión, incluida la observación.

*10(iii) Instalación, modificación o desmantelamiento de estructuras*

No se podrán erigir estructuras en la Zona excepto por lo que se especifique en un permiso. Todo el equipo científico que se instale en el sitio debe estar autorizado en el permiso y debe llevar claramente el nombre del país, el nombre del investigador principal y el año de su instalación. Todos esos artículos deberán estar confeccionados con materiales que presenten un riesgo mínimo de contaminación de la Zona. El retiro de todo el equipo específico cuyo permiso haya vencido será una condición para el otorgamiento del permiso. Se prohíben las estructuras permanentes.

*10(iv) Ubicación de los campamentos*

Se permiten los campamentos semipermanentes y temporarios en la Zona en el sitio principal designado, en el antepaís en forma de cúspide de la punta Edmonson (mapa 2). Se permite acampar en el campamento de investigaciones del CEMP (mapas 2 y 4) sólo con fines relacionados con el programa de seguimiento de pingüinos de Adelia. Cuando sea necesario acampar temporalmente en la Zona restringida para los fines especificados en el permiso, se deberá utilizar el sitio designado (C) (74°18'51"S, 165°04'16"E), unos 100 m al oeste del sitio de aterrizaje de helicópteros (mapa 3).

### 10(v) Restricciones relativas a los materiales y organismos que pueden introducirse en la Zona

No se deben introducir deliberadamente animales vivos, material vegetal o microorganismos vivos en la Zona, y deberán tomarse las precauciones indicadas en la sección 7(ix) a continuación para evitar su introducción accidental. En vista de la presencia de colonias de aves reproductoras en la punta Edmonson, no deben verterse en la Zona productos de aves de corral, incluidos aquellos que contengan huevos crudos desecados y desechos de tales productos. No se deben introducir a la Zona herbicidas ni pesticidas. Cualquier otro producto químico, incluidos radionúclidos o isótopos estables, que se introduzca con los fines científicos o de gestión especificados en el permiso deberá ser retirado de la Zona a más tardar cuando concluya la actividad para la cual se haya expedido el permiso. No se debe almacenar combustible en la Zona, salvo que esté autorizado en un permiso para fines científicos o de gestión específicos. En los lugares donde se manipule combustible regularmente se deberá disponer de equipo para la limpieza de derrames de combustible. Todo aquello que se introduzca en la Zona, se mantendrá durante un período de tiempo establecido, y deberá retirarse al concluir la actividad para la que se concedió el Permiso, dicho período, o antes, y deberá ser almacenado y manipulado de manera tal que se reduzca a un mínimo cualquier riesgo de introducción en el medioambiente. Si se produce alguna fuga de un material que pueda arriesgar los valores de la Zona, se recomienda extraer dicho material únicamente si es improbable que el impacto de su retiro sea mayor que el de dejar el material *in situ*. Se deberá avisar a las autoridades pertinentes sobre la fuga o derrame de materiales que no se hayan retirado y que no estén incluidos en el permiso.

### 10(vi) Recolección de flora y fauna autóctonas o daños que puedan sufrir estas

Se prohíbe la toma de ejemplares de flora o fauna autóctonas y la intromisión perjudicial en estas, excepto con un permiso otorgado de conformidad con el Anexo II al Protocolo al Tratado Antártico sobre Protección del Medio Ambiente. En caso de recolección o intromisión perjudicial en animales, se deberá usar como norma mínima el *Código de Conducta del SCAR para el Uso de Animales con Fines Científicos en la Antártida*.

### 10(vii) Recolección o retiro de materiales que el titular del permiso no haya llevado a la Zona

La recolección o retiro de materiales que no hayan sido llevados a la Zona por el titular del permiso deberán realizarse según lo establecido en el permiso y se limitarán al mínimo necesario para satisfacer las necesidades científicas o de gestión. No se otorgarán permisos si existe una preocupación razonable de que el muestreo propuesto resulte en la toma, el retiro o el daño de tal cantidad de roca, suelo o flora o fauna autóctonas que su distribución o abundancia en la punta Edmonson se vea afectada considerablemente. Todo material de origen humano que probablemente comprometa los valores de la Zona y que no haya sido llevado a la Zona por el titular del permiso o que no esté comprendido en otro tipo de autorización podrá ser retirado salvo que el impacto de su extracción probablemente sea mayor que el efecto de dejar el material *in situ*. En tal caso se deberá notificar a las autoridades pertinentes.

### 10(viii) Eliminación de residuos

Todos los residuos, con excepción de los residuos humanos, deberán ser retirados de la Zona. Los residuos de origen humano podrán ser retirados de la Zona o incinerados utilizando técnicas diseñadas con ese fin, tales como inodoros de propano para incinerar residuos o, en el caso de los residuos líquidos de origen humano, vertidos en el mar.

### 10(ix) Medidas necesarias para garantizar el continuo cumplimiento de los objetivos y las finalidades del Plan de Gestión

1. Se podrán otorgar permisos para ingresar en la Zona a fin de realizar actividades de vigilancia e inspecciones de sitios que pueden implicar la obtención de muestras a pequeña escala para análisis o examen, o para implementar medidas de protección.

2. Todos los sitios donde se lleven a cabo actividades de seguimiento de largo plazo deberán estar debidamente demarcados.

3. A fin de mantener los valores ecológicos y científicos de la punta Edmonson, se deberán tomar precauciones especiales para evitar la introducción de especies no autóctonas. Es especialmente preocupante la introducción de microbios, animales invertebrados o vegetación provenientes de otros sitios antárticos, incluidas las estaciones, o de regiones situadas fuera de la Antártida. Todo el equipo de muestreo y los señalizadores que se lleven a la Zona deberán limpiarse minuciosamente. En la medida de lo posible, antes de ingresar en la Zona se deberá limpiar minuciosamente el calzado y demás equipo que se use en la Zona o que se lleve a ésta (incluidas las mochilas, los bolsos y las tiendas de campaña);

*10(x) Requisitos relativos a los informes*

Las Partes deberán cerciorarse de que el titular principal de cada permiso expedido presente a la autoridad pertinente un informe en el cual se describan las actividades realizadas. Dichos informes deberán incluir, según corresponda, la información señalada en el Formulario de informe de visita contenido en la Guía para la Preparación de Planes de Gestión para las Zonas Antárticas Especialmente Protegidas. Las Partes deberán llevar un registro de dichas actividades y, en el intercambio anual de información, presentar descripciones resumidas de las actividades realizadas por las personas bajo su jurisdicción, suficientemente pormenorizadas como para que se pueda determinar la eficacia del Plan de Gestión. Siempre que sea posible, las Partes deberían depositar el informe original o sus copias en un archivo de acceso público, a fin de llevar un registro de uso, que podrá emplearse tanto para las revisiones del Plan de Gestión como para la organización del uso científico de la Zona.

**Bibliografía**

Ainley, D.G. 2002. *The Adélie Penguin. Bellwether of climate change*. Columbia University Press, New York.

Alfinito, S., Fumanti, B. and Cavacini, P. 1998. Epiphytic algae on mosses from northern Victoria Land (Antarctica). *Nova Hedwigia* **66** (3-4): 473-80.

Ancora, S., Volpi, V., Olmastroni, S., Leonzio, C. and Focardi, S. 2002. Assumption and elimination of trace elements in Adélie penguins from Antarctica: a preliminary study. *Marine Environmental Research* **54**: 341-44.

Azzali M. and J. Kalinowski. 2000. Spatial and temporal distribution of krill *Euphausia superba* biomass in the Ross Sea. In: Ianora A. (ed). *Ross Sea Ecology*. Springer, Berlin, 433-455.

Azzali M., J. Kalinowski, G. Lanciani and G. Cosimi. 2000. Characteristic Properties and dynamic aspects of krill swarms from the Ross Sea. In: Faranda F. G.L., Ianora A. (Ed). *Ross Sea Ecology*. Springer, Berlin, 413-431.

Bargagli, R., Martella, L. and Sanchez-Hernandez, J.C. 1997. The environment and biota at EdmonsonPoint (BIOTEX 1): preliminary results on environmental biogeochemistry. In di Prisco, G., Focardi, S. and Luporini, P. (eds) *Proceed. Third Meet. Antarctic Biology,* Santa Margherita Ligure, 13-15 December 1996. Camerino University Press: 261-71.

Bargagli, R. 1999. Report on Italian activities. *BIOTAS Newsletter* No. 13. Austral Summer 1998/99. A.H.L. Huiskes (ed) Netherlands Institute of Ecology: 16-17.

Bargagli, R., Sanchez-Hernandez, J.C., Martella, L. and Monaci, F. 1998. Mercury, cadmium and lead accumulation in Antarctic mosses growing along nutrient and moisture gradients. *Polar Biology* 19: 316-322.

Bargagli, R., Smith, R.I.L., Martella, L., Monaci, F., Sanchez-Hernandez, J.C. and Ugolini, F.C. 1999. Solution geochemistry and behaviour of major and trace elements during summer in a moss community at Edmonson Point, Victoria Land, Antarctica. *Antarctic Science* 11(1): 3- 12.

Bargagli, R., Wynn-Williams, D., Bersan, F., Cavacini, P., Ertz, S., Freckman, D. Lewis Smith, R., Russell, N. and Smith, A. 1997. Field Report – BIOTEX 1: First BIOTAS Expedition (Edmonson Point – Baia Terra Nova, Dec 10 1995 – Feb 6 1996). *Newsletter of the Italian Biological Research in Antarctica* 1 (Austral summer 1995-96): 42-58.

Baroni, C. and Orombelli, G. 1994. Holocene glacier variations in the Terra Nova Bay area (Victoria Land, Antarctica). *Antarctic Science* 6(4):497-505.

Broady, P.A. 1987. A floristic survey of algae at four locations in northern Victoria Land. *New Zealand Antarctic Record* 7(3): 8-19.

Borchgrevink, C. 1901. *First on the Antarctic Continent: Being an Account of the British Antarctic Expedition 1898-1900.* G. Newnes. Ltd, London.

Cannone, N. and Guglielmin, M. 2003. Vegetation and permafrost: sensitive systems for the development of a monitoring program of climate change along an Antarctic transect. In: Huiskes, A.H.L., Gieskes, W.W.C., Rozema, J., Schorno, R.M.L., Van der Vies, S.M., Wolff, W.J. (Editors) *Antarctic biology in a global context.* Backhuys, Leiden: 31-36

Cannone, N., Guglielmin, M., Ellis Evans J.C., and Strachan R. in prep. Interactions between climate, vegetation and active layer in Maritime Antarctica. (submitted to *Journal of Applied Ecology*)

Cannone, N., Guglielmin, M., Gerdol, R., and Dramis, F. 2001. La vegetazione delle aree con permafrost per il monitoraggio del Global Change nelle regioni polari ed alpine. Abstract and Oral Presentation, 96à Congresso della Societa Botanica Italiana, Varese, 26-28 Settembre 2001.Castello, M. 2004. Lichens of the Terra Nova Bay area, northern Victoria Land (continental Antarctica). *Studia Geobotanica* 22: 3-54.

Cavacini, P. 1997. La microflora algale non marina della northern Victoria Land (Antartide). Ph.D. Thesis. Università "La Sapienza" di Roma. 234 pp.
Cavacini, P. 2001. Soil algae from northern Victoria Land (Antarctica). *Polar Bioscience* 14: 46-61. CCAMLR. 1999.       Report of member's activities in the Convention Area 1998/99:       Italy. CCAMLR-XVIII/MA/14.

Clarke, J., Manly, B., Kerry, K., Gardner, H., Franchi, E. and Focardi, S. 1998. Sex differences in Adélie penguin foraging strategies. *Polar Biology* 20: 248-58.

Corsolini, S. and Trémont, R. 1997. Australia-Italy cooperation in Antarctica: Adélie Penguin monitoring program, Edmonson Point, Ross Sea Region. *Newsletter of the Italian Biological Research in Antarctica* 1 (Austral summer 1995-96): 59-64.

Corsolini, S., Ademollo, N., Romeo, T., Olmastroni, S. and Focardi, S. 2003. Persistent organic pollutants in some species of a Ross Sea pelagic trophic web. *Antarctic Science* 15(1): 95-104.

Corsolini, S., Kannan, K., Imagawa, T., Focardi, S. and Giesy J.P. 2002. Polychloronaphthalenes and other dioxin-like compounds in Arctic and Antarctic marine food webs. *Environmental*

*Science and Technolology* **36**: 3490-96.

Corsolini, S., Olmastroni, S., Ademollo, N. and Focardi, S. 1999. Concentration and toxic evaluation of polychlorobiphenyls (PCBs) in Adélie Penguin (*Pygoscelis adeliae*) from Edmonson Point (Ross Sea, Antarctica). Tokyo 2-3 December 1999.

Emison, W. B. 1968. Feeding preferences of the Adélie penguin at Cape Crozier, Ross Island. Antarctic Research Series 12: 191-212.

Ertz, S. 1996. BIOTEX field report: December 1995 – February 1996. Strategies of Antarctic terrestrial organisms to protect against ultra-violet radiation. Unpublished field report in BAS Archives AD6/2/1995/NT3.

Fenice M., Selbmann L., Zucconi L. and Onofri S. 1997. Production of extracellular enzymes by Antarctic fungal strains. *Polar Biology* 17:275-280.

Franchi, E., Corsolini, S., Clarke, J.C., Lawless R. and Tremont, R. 1996. The three dimensional foraging patterns of Adélie penguins at Edmonson Point, Antarctica. Third International Penguin Conference, Cape Town, South Africa, 2-6 September 1996.

Franchi, E., Corsolini, S., Focardi, S., Clarke, J.C., Trémont, R. and Kerry, K.K. 1997. Biological research on Adélie penguin (*Pygoscelis adeliae*) associated with the CCAMLR Ecosystem Monitoring Program (CEMP). In di Prisco, G., Focardi, S. and Luporini, P. (eds) *Proceed. Third Meet. Antarctic Biology,* Santa Margherita Ligure, 13-15 December 1996. Camerino University Press: 209-19.

Frati, F. 1997. Collembola of the north Victoria Land: distribution, population structure and preliminary data for the reconstruction of a molecular phylogeny of Antarctic collembola. *Newsletter of the Italian Biological Research in Antarctica* 1 (Austral summer 1995-96): 30- 38.

Frati F. 1999. Distribution and ecophysiology of terrestrial microarthropods in the Victoria Land. *Newsletter of the Italian Biological Research in Antarctica* 3: 13-19.

Frati F., Fanciulli P.P., Carapelli A. and Dallai R. 1997. The Collembola of northern Victoria Land (Antarctica): distribution and ecological remarks. *Pedobiologia* 41: 50-55.

Frati F., Fanciulli P.P., Carapelli A., De Carlo L. and Dallai R. 1996. Collembola of northern Victoria Land: distribution, population structure and preliminary molecular data to study origin and evolution of Antarctic Collembola. Proceedings of the 3rd Meeting on Antarctic Biology, G. di Prisco, S. Focardi and P. Luporini eds., Camerino Univ. Press: 321-330.

Fumanti, B., Alfinito, S. and Cavacini, P. 1993. Freshwater algae of Northern Victoria Land (Antarctica). *Giorn. Bot. Ital.,* **127** (3): 497.

Fumanti, B., Alfinito, S. and Cavacini, P. 1994a. Freshwater diatoms of Northern Victoria Land (Antarctica). 13th International Diatom Symposium, 1-7 September 1994, Acquafredda di Maratea (PZ), Italy, Abstract book: 226.

Fumanti, B., Alfinito, S. and Cavacini, P. 1994b. Floristic survey of the freshwater algae of Northern Victoria Land (Antarctica). Proceedings of the 2nd meeting on Antarctic Biology, Padova, 26-28 Feb. 1992. Edizioni Universitarie Patavine: 47-53.

Guilizzoni P., Libera V., Tartagli G., Mosello R., Ruggiu D., Manca M., Nocentini A, Contesini M., Panzani P., Beltrami M. 1991. Indagine per una caratterizzazione limnologica di ambienti lacustri antartici. Atti del 1° Convegno di Biologia Antartica. Roma CNR, 22-23 giu. 1989. Ed. Univ. Patavine: 377-408.Given, D.R. 1985. Fieldwork in Antarctica, November – December 1984. Report 511b. Botany Division, DSIR, New Zealand.

Given, D.R. 1989. A proposal for SSSI status for Edmonson Point, north Victoria Land.
Unpublished paper held in PNRA Archives.

Greenfield, L.G., Broady, P.A., Given, D.R., Codley, E.G. and Thompson, K. 1985. Immediate science report of NZARP Expedition K053 to RDRC. Botanical and biological studies in Victoria Land and Ross Island, during 1984–85.

Harris, C.M. and Grant, S.M. 2003. Science and management at Edmonson Point, Wood Bay, Victoria Land, Ross Sea: Report of the Workshop held in Siena, 8 June 2003. Includes Science Reviews by R. Bargagli, N. Cannone & M. Guglielmin, and S. Focardi. Cambridge, *Environmental Research and Assessment.*

Keys, J.R., Dingwall, P.R. and Freegard, J. (eds) 1988. *Improving the Protected Area system in the Ross Sea region, Antarctica*: Central Office Technical Report Series No. 2. Wellington, NZ Department of Conservation.

Kyle, P.R. 1990. A.II. Melbourne Volcanic Province. In LeMasurier, W.E. and Thomson, J.W. (eds) Volcanoes of the Antarctic Plate and Southern Oceans. *Antarctic Research Series* 48: 48-52.

La Rocca N., Moro I. and Andreoli, C. 1996. Survey on a microalga collected from an Edmonson Point pond (Victoria Land, Antarctica). *Giornale Botanico Italiano*, 130:960-962.

Lewis Smith, R.I. 1996. BIOTEX 1 field report: December 1995 – January 1996: plant ecology, colonisation and diversity at Edmonson Point and in the surrounding region of Victoria Land, Antarctica. Unpublished field report in BAS Archives AD6/2/1995/NT1.

Lewis Smith, R.I. 1999. Biological and environmental characteristics of three cosmopolitan mosses dominant in continental Antarctica. *Journal of Vegetation Science* 10: 231-242.

Melick D.R. and Seppelt R.D. 1997. Vegetation patterns in relation to climatic and endogenous changes in Wilkes Land, continetal Antarctica. *Journal of Ecology* **85**: 43-56.

Meurk, C.D., Given, D.R. and Foggo, M. N. 1989. Botanical investigations at Terra Nova Bay and Wood Bay, north Victoria Land. 1988–89 NZARP Event K271 science report.

Olmastroni S, Pezzo F, Bisogno I., Focardi S, 2004b. Interannual variation in the summer diet of Adélie penguin *Pygoscelis adeliae* at Edmonson Point . WG-EMM04/ 38.

Olmastroni S, Pezzo F, Volpi V, Corsolini S, Focardi S, Kerry K. 2001b. Foraging ecology of chick rearing of Adélie penguins in two colonies of the Ross Sea; 27/8-1/9 2001; Amsterdam, The Netherlands. SCAR.

Olmastroni, S. 2002. Factors affecting the foraging strategies of Adélie penguin (*Pygoscelis adeliae*) at Edmonson Point, Ross Sea, Antarctica. PhD Thesis, Università di Siena.

Olmastroni, S., Corsolini, S., Franchi, E., Focardi, S., Clarke, J., Kerry, K., Lawless, R. and Tremont, R. 1998. Adélie penguin colony at Edmonson Point (Ross Sea, Antarctica): a long term monitoring study. 31 August-September 1998; Christchurch, New Zealand. SCAR. p 143.

Olmastroni, S., Corsolini, S., Pezzo, F., Focardi, S. and Kerry, K. 2000. The first five years of the Italian-Australian Joint Programme on the Adélie Penguin: an overview. *Italian Journal of Zoology Supplement* **1**: 141-45.

Onofri, S. and Tofi, S. 1992. *Arthrobotrys ferox* sp. nov., a springtail-capturing hyphomycete from continental Antarctica. *Mycotaxon* 44(2):445-451.Orombelli, G. 1988. Le spiagge emerse oloceniche di Baia Terra Nova (Terra Vittoria, Antartide). Rend. Acc. Naz. Lincei.

Pezzo, F., Olmastroni, S., Corsolini, S., and Focardi, S. 2001. Factors affecting the breeding success of the south polar skua *Catharacta maccormicki* at Edmonson Point, Victoria Land, Antarctica. *Polar Biology* **24**:389-93.

Pilastro, A., Pezzo, F., Olmastroni, S., Callegarin, C., Corsolini, S. and Focardi, S. 2001. Extrapair paternity in the Adélie penguin *Pygoscelis adeliae*. *Ibis* **143**: 681-84.

Ricelli A., Fabbri A.A., Fumanti B., Cavacini P., Fanelli C. 1997. Analyses of effects of ultraviolet radiation on fatty acids and $\alpha$-tocopherol composition of some microalgae isolated from Antarctica. In di Prisco, G., Focardi, S., and Luporini P. (eds.), Proceedings of the 3rd meeting on "Antarctic Biology", S. Margherita Ligure, December 13-15, 1996. Camerino University Press: 239-247.

Simeoni, U., Baroni, C., Meccheri, M., Taviani, M. and Zanon, G. 1989. Coastal studies in northern Victoria Land (Antarctica): Holocene beaches of Inexpressible Island, Tethys Bay and Edmonson Point. *Bollettino di Oceanologia Teorica ed Applicata* 7(1-2): 5-17.

Taylor, R.H., Wilson, P.R. and Thomas, B.W. 1990. Status and trends of Adélie Penguin populations in the Ross Sea region. *Polar Record* 26:293-304.

Woehler, E.J. (ed) 1993. *The distribution and abundance of Antarctic and sub-Antarctic penguins.* SCAR, Cambridge.

Wörner, G. and Viereck, L. 1990. A.I0. Mount Melbourne. In Le Masurier, W.E. and Thomson, J.W. (eds) Volcanoes of the Antarctic Plate and Southern Oceans. *Antarctic Research Series* 48: 72-78.

Wynn-Williams, D.D. 1996. BIOTEX 1, first BIOTAS expedition: field report: Taylor Valley LTER Dec 1995, Terra Nova Bay Dec 1995 – Jan 1996: microbial colonisation, propagule banks and survival processes. Unpublished field report in BAS Archives AD6/2/1995/NT2.

Zucconi L., Pagano S., Fenice M., Selbmann L., Tosi S., and Onofri S. 1996. Growth temperature preference of fungal strains from Victoria Land. *Polar Biology* **16**: 53-61.

**Apéndice 1**

**Nueva bibliografía y otras publicaciones de interés para la actividad de investigación en la punta Edmonson (Mar de Ross)**

D. Ainley, V. Toniolo, G. Ballard, K. Barton, J. Eastman, B. Karl, S. Focardi, G. Kooyman, P. Lyver, S. Olmastroni, B.S. Stewart, J. W. Testa, P. Wilson, 2006. Managing ecosystem uncertainty: critical habitat and dietary overlap of top-predators in the Ross Sea. WG-EMM 06/29

Tosca Ballerini, Giacomo Tavecchia, Silvia Olmastroni, Francesco Pezzo, Silvano Focardi 2009. Nonlinear effects of winter sea ice on the survival probabilities of Adélie penguins. *Oecologia* 161:253–265.

Ballerini T, Tavecchia G, Pezzo F, Jenouvrier S and Olmastroni S 2015. Predicting responses of the Adélie penguin population of Edmonson Point to future sea ice changes in the Ross Sea. Front.Ecol.Evol. 3:8. doi:10.3389/fevo.2015.00008

F. Borghini, A. Colacevich, S. Olmastroni 2010. Studi di ecologia e paleolimnologia nell'area protetta di Edmonson Point (Terra Vittoria, Antartide). *Etruria Natura* Anno VII: 77-86.

Cincinelli A., Martellini T. and Corsolini S., 2011. Hexachlorocyclohexanes in Arctic and Antarctic Marine Ecosystems, Pesticides - Formulations, Effects, Fate, Edited by: Margarita Stoytcheva, ISBN: 978- 953-307-532-7, Publisher: InTech, Publishing, Janeza Trdine 9, 51000 Rijeka, Croatia, January 2011,453-476, available at http://www.intechopen.com/articles/show/title/hexachlorocyclohexanes- in-arctic-and-antarctic-marine-ecosystems.

Corsolini S., 2011. Contamination Profile and Temporal Trend of POPs in Antarctic Biota. In Global contamination trends of persistent organic chemicals. Ed. B. Loganathan, P.K.S. Lam, Taylor & Francis, Boca Raton, FL, USA, in press.

Corsolini S., 2011. Antarctic: Persistent Organic Pollutants and Environmental Health in the Region. In: Nriagu JO (ed.) *Encyclopedia of Environmental Health*, volume 1, pp. 83–96 Burlington: Elsevier, NVRN/978-0-444-52273-3.

Corsolini S., Ademollo N., Mariottini M., Focardi S., 2004. Poly-brominated diphenyl-ethers (PBDEs) and other Persistent Organic Pollutants in blood of penguins from the Ross Sea (Antarctica). *Organohalogen Compd.*, 66: 1695-1701.

Corsolini S, Covaci A, Ademollo N, Focardi S, Schepens P., 2005. Occurrence of organochlorine pesticides (OCPs) and their enantiomeric signatures, and concentrations of polybrominated diphenyl ethers (PBDEs) in the Adelie penguin food web, Antarctica. *Environ Pollut.*, 140(2): 371-382.

Corsolini S., Olmastroni S., Ademollo N., Minucci G., Focardi S., 2003. Persistent organic pollutants in stomach contents of Adélie penguins from Edmonson Point (Victoria Land, Antarctica). In:

Antarctic Biology in a global context, Ed. A.H.L. Huiskes, W.W.C. Gieskes, J. Rozema, R.M.L. Schorno, S.M. van der Vies, W.J. Wolff. Backhuys Publishers, Leiden, The Netherlands. pp. 296-300

Fuoco, R.; Bengtson Nash, S. M.; Corsolini, S.; Gambaro, A.; Cincinelli, A. *POPs in Antarctica; A Report to the Antarctic Treaty in Kiev 2-13 June, 2008*; Environmental Contamination in Antarctica (ECA) Pisa, 2008.

Lorenzini. S., Olmastroni S., Pezzo. F., Salvatore M.C., Baroni C. 2009. Holocene Adélie penguin diet in Victoria Land, Antarctica. *Polar Biology* 32:1077–1086.

Irene Nesti, Yan Ropert-Coudert, Akiko Kato, Michael Beaulieu, Silvano Focardi, Silvia Olmastroni 2010. Diving behaviour of chick-rearing Adélie Penguins at Edmonson Point, Ross Sea. *Polar Biology* 33:969–978.

S. Olmastroni, F. Pezzo, V. Volpi, S. Focardi 2004a. Effects of weather and sea ice on Adélie penguin reproductive performance. *CCAMLR Science* 11:99-109

F. Pezzo, S. Olmastroni, V. Volpi, S. Focardi 2007. Annual variation in reproductive parameters of Adélie penguins at Edmonson Point, Victoria Land, Antarctica. *Polar Biology* **31**:39-45.


Bibliografía posterior a 2011


Cannone N., Wagner D., Hubberten H. W., Guglielmin M. (2008). Biotic and abiotic factors influencing soil properties across a latitudinal gradient in Victoria Land, Antarctica. *Geoderma*, 144: 50-65

Cannone N., Seppelt R. (2009). A preliminary floristic classification of Northern and Southern Victoria Land vegetation (Continental Antarctica). ANTARCTIC SCIENCE, vol. 20, p. 553-62

Cannone N., Guglielmin M. (2009). Influence of vegetation on the ground thermal regime in continental Antarctica. GEODERMA, vol. 151, p. 215-223

Guglielmin M., Cannone N. 2012. A permafrost warming in a cooling Antarctica? Climatic Change, Climatic Change, 111 p. 177-195

Guglielmin M., Dalle Fratte M., Cannone N. (2014). Permafrost warming and vegetation changes in continental Antarctica. Environ. Res. Lett. 9: 045001

Singh S.M., Olech M., Cannone N., Convey P. (2015). Contrasting patterns in lichen diversity in the continental and maritime Antarctic. Polar Science, 9(3): 311–318

## Apéndice 2    Permisos expedidos

Durante los años 2006-2011 de la Campaña Antártica Italiana se han expedido los siguientes permisos para intervenir o tomar muestras de los siguientes organismos vivos en la punta de Edmonson, ZAEP No 165:

### Campaña 2006/2007

| Denominación del organismo | Cantidad o peso | Sistema de muestreo |
|---|---|---|
| Pygoscelis adeliae | 2000 | censo visual |
| "     "     " | 10 | etiquetado |
| "     "     " | 10 | muestreo de plumas |
| Stercorarius maccormicki | 200 | censo visual |

Se ha realizado el muestreo de agua de los lagos. Se otorgó un permiso para una estadía de 40 días en el campamento de la ZAEP 165.

### Campaña 2007-2008

| Organismo | Cantidad o peso | Sistema de muestreo |
|---|---|---|

Solo se otorgó un permiso para dos accesos de 3 horas de duración a la ZAEP 165 para la estación de control meteorológico.

### Campaña 2008/2009

| Organismo | Cantidad o peso | Sistema de muestreo |
|---|---|---|

No se desarrolló ninguna actividad en la punta Edmonson, ZAEP 165 durante la campaña 2007/2008

### Campaña 2009-2010

| Organismo | Cantidad o peso | Sistema de muestreo |
|---|---|---|
| Pingüinos pigoscélidos | 2000 | censo visual |
| "     "     " | 18 | muestreo de plumas y sangre |
| Stercorarius maccormicki | 120 | censo visual |
| "     "     " | 10 | muestreo de plumas y sangre |
| Musgos | 200 g | muestreo manual |
| Algas | 200 g | muestreo manual |

Se realizó la toma de muestras de agua, musgos y algas en los lagos. Se otorgó un permiso de acceso para 31 días en el campamento en la ZAEP 165, y otro de 3 horas de duración para realizar otros muestreos.

**Campaña 2010-2011**

| Organismo | Cantidad o peso | Sistema de muestreo |
|---|---|---|
| Musgos | 600 g | muestreo manual |
| Algas | 400 g | muestreo manual |
| Líquenes en las rocas y el suelo | 600 g | muestreo manual |
| Rocas y suelos colonizados por microorganismos y líquenes | 2 kg | muestreo manual |

Se realizaron muestreos y actividades de investigación en la ZAEP en 12 momentos diferentes con un total de 28 horas de trabajo.

Apéndice 3    Permisos expedidos

Durante 2011 - 2016 la Campaña Antártica Italiana recibió permisos para intervenir o tomar muestras de los siguientes organismos vivos en la punta Edmonson, ZAEP n.° 165:

**Campaña 2011-2012**

| Organismo | Cantidad o peso | Sistema de muestreo |
|---|---|---|
| | 0,005 kg | sistema manual |
| Líquenes | 0,002 kg | sistema manual |

Se expidieron permisos de ingreso a la ZAEP 165 en cuatro ocasiones durante 3 horas, y en 3 ocasiones para realizar actividades meteorológicas, durante 1 hora. 15 horas en total

**Campaña 2012-2013**

| Organismo | Cantidad o peso | Sistema de muestreo |
|---|---|---|
| Musgos | 0,08 kg | sistema manual |
| Líquenes | 0,05 kg | sistema manual |

Se emitieron permisos para el ingreso a la ZAEP 165 para realizar actividades de investigación y control de la estación meteorológica. El tiempo total de acceso a la ZAEP durante la campaña de 2012 - 2013 fue de unas 27 horas.

**Campaña 2013-2014**

| Organismo | Cantidad o peso | | Sistema de muestreo |
|---|---|---|---|
| Lacustrine algae | 1 | kg | sistema manual |
| Musgos | 1,2 | kg | sistema manual |
| Líquenes | 0,1 | kg | sistema manual |
| Heces y guano | lo que sea necesario | | sistema manual |
| Fósiles bivalvos | 3 especies para capa estratigráfica | | sistema manual |

Se otorgaron permisos de acceso a la estación de control meteorológico en la ZAEP 165 en dos ocasiones, 3 horas cada vez. El tiempo total de acceso a la ZAEP durante la campaña de 2013-2014 fue de unas 25 h.

**Campaña 2014/2015**

| Organismo | Cantidad o peso | Sistema de muestreo |
|---|---|---|
| Proyecto de conservación de una especie de mesodepredador susceptible al cambio en el ecosistema | 3000 pygoscelis adeliae | censo visual |
| | 20, muestreo de plumas y sangre | sistema manual |
| | Stercorarius maccormicki 120 | censo visual |
| | 10, muestreo de plumas y sangre | sistema manual |

Se creó un campamento en la ZAEP n.° 165 (Punta Edmonson) por un periodo aproximado de 60 días. El permiso de acceso a la estación de control meteorológico de la ZAEP se otorgó en 2 ocasiones, por 3 horas cada vez. El tiempo total dentro de la ZAEP durante la campaña 2014-2015 fue de 6 horas y 60 días aproximadamente.

**Campaña 2015-2016**

| Organismo | Cantidad o peso | Sistema de muestreo |
|---|---|---|
| superficie con corteza biológica | 1,5 kg | Con pala esterilizada |

También se otorgaron permisos de acceso a la estación de control meteorológico de la ZAEP para cinco accesos, de 3 horas por vez. El tiempo total de acceso a la ZAEP durante la campaña de 2015-2016 fue de unas 21 h.

**Campaña 2016-2017**

| Organismo | Cantidad o peso | Sistema de muestreo |
|---|---|---|

| | | |
|---|---|---|
| Recolección de tefra | | muestras con espátula |
| No se tomaron muestras de organismos vivos | | |
| Algas; Invertebrados planctónicos; peces | 5 por especie de | red de plancton, sedal |

También se otorgaron permisos de acceso a la estación de control meteorológico de la ZAEP para cinco accesos, de 3 horas por vez. El tiempo total de acceso a la ZAEP durante la campaña de 2016-2016 fue de unas 43 horas.

Mapas de la ZAEP n.° 165, Punta Edmonson

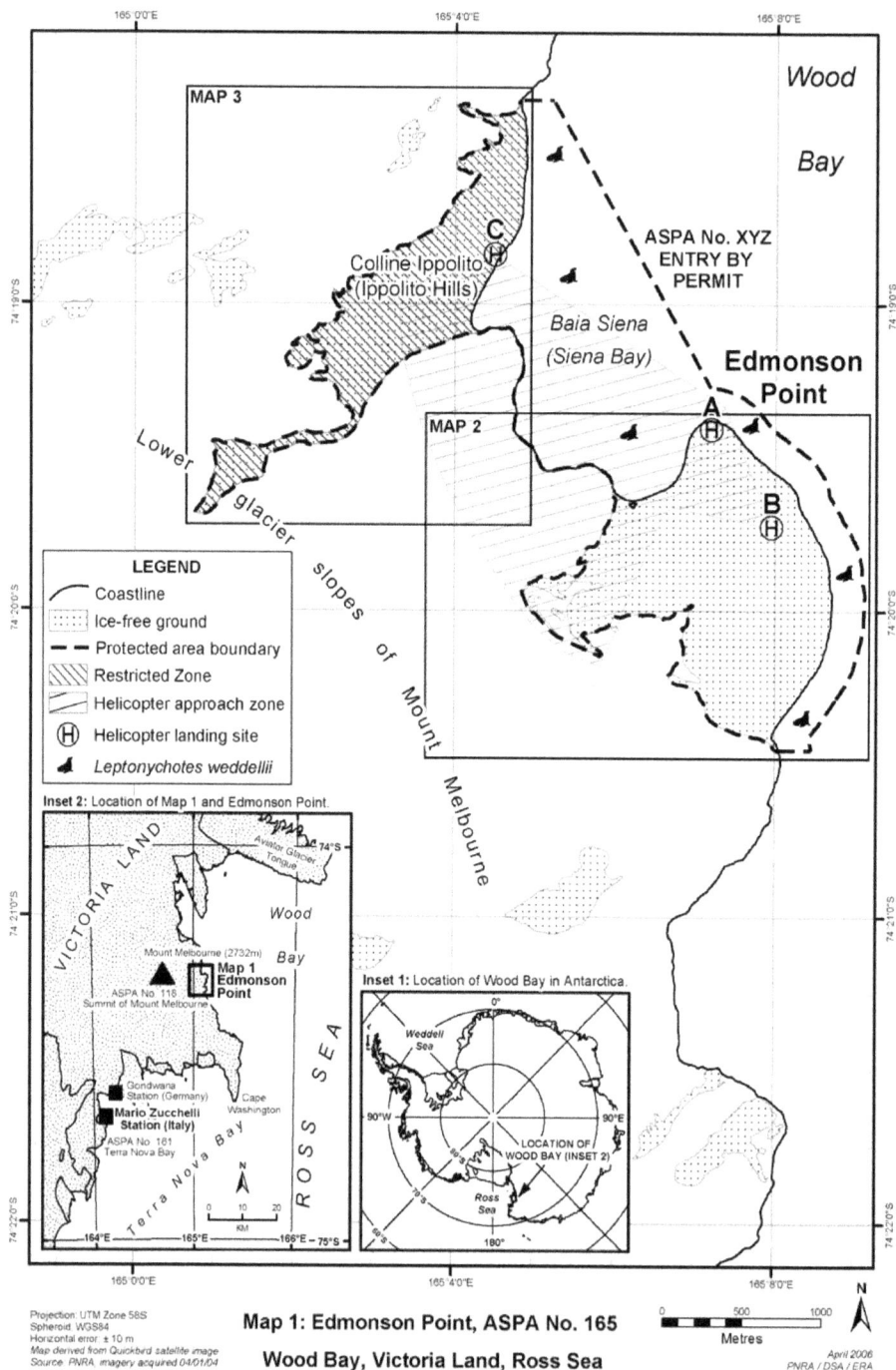

**Map 1: Edmonson Point, ASPA No. 165**

**Wood Bay, Victoria Land, Ross Sea**

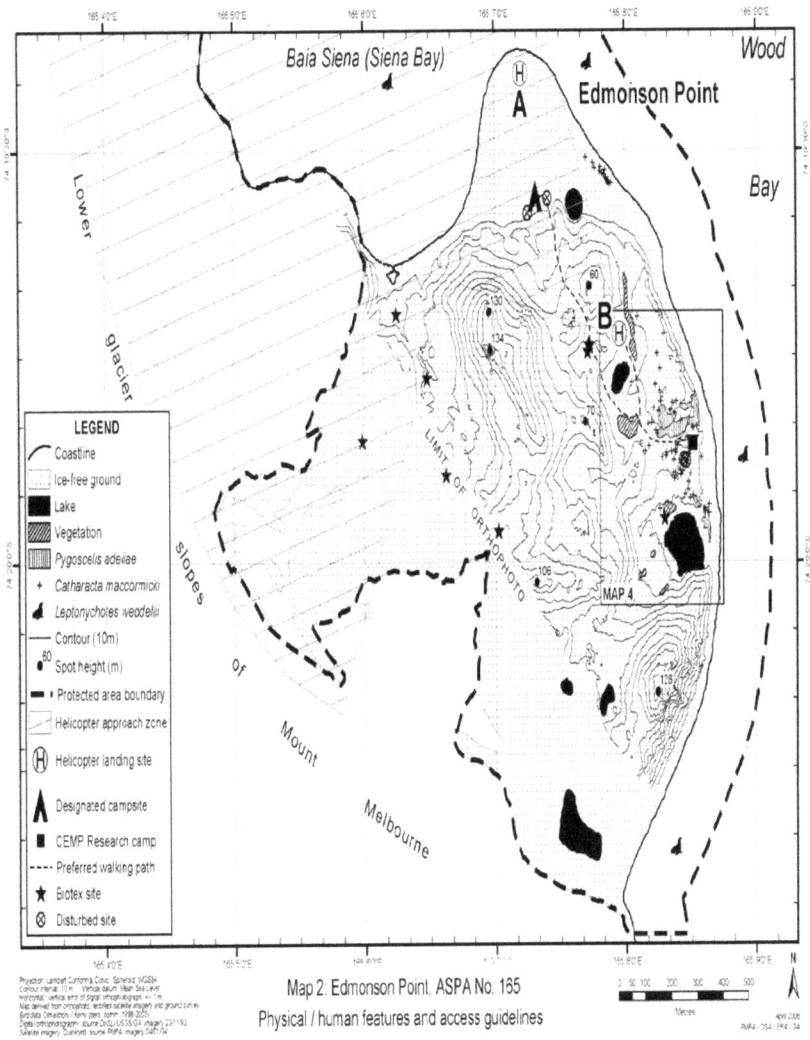

Map 2. Edmonson Point, ASPA No. 165
Physical / human features and access guidelines

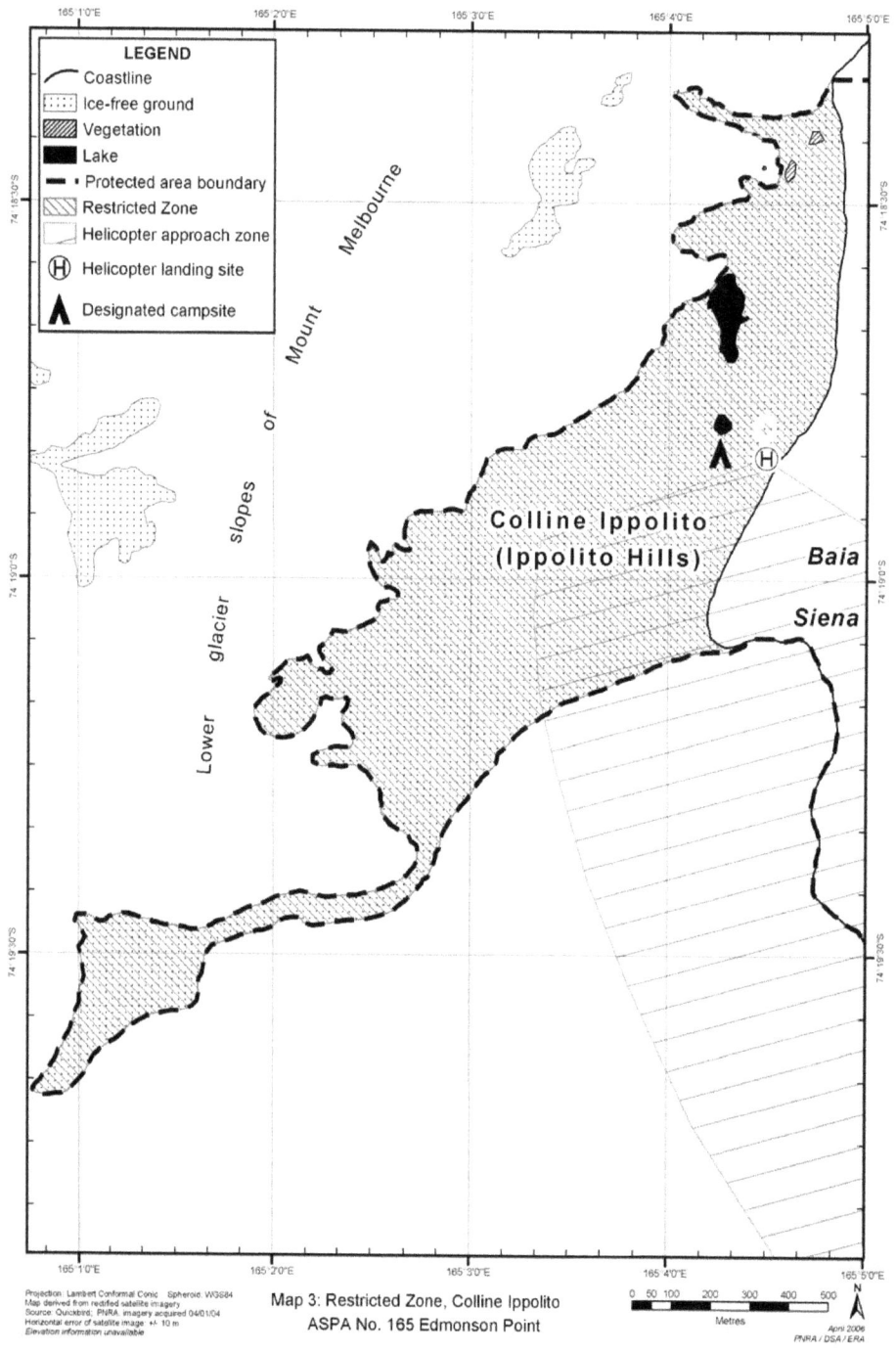

**LEGEND**
- Coastline
- Ice-free ground
- Vegetation
- Lake
- Protected area boundary
- Restricted Zone
- Helicopter approach zone
- (H) Helicopter landing site
- Designated campsite

Lower glacier of slopes Mount Melbourne

Colline Ippolito
(Ippolito Hills)

Baia

Siena

Projection: Lambert Conformal Conic  Spheroid: WGS84
Map derived from redified satellite imagery
Source: Quickbird; PNRA imagery acquired 04/01/04
Horizontal error of satellite image: +/- 10 m
Elevation information unavailable

Map 3: Restricted Zone, Colline Ippolito
ASPA No. 165 Edmonson Point

0  50 100    200    300    400    500
Metres

April 2006
PNRA / DSA / ERA

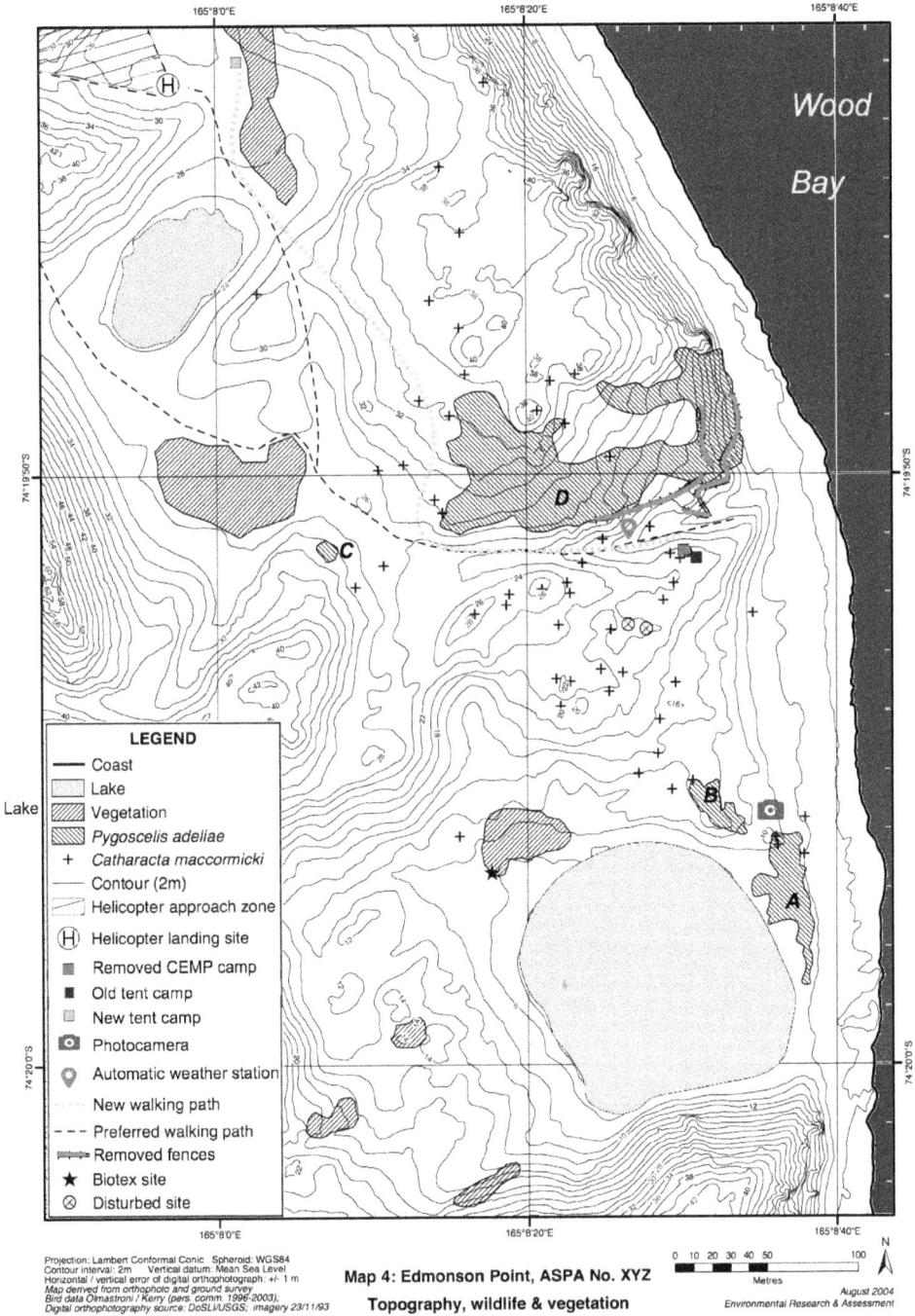

Wood
Bay

165°8'0"E  165°8'20"E  165°8'40"E

74°18'50"S  74°19'50"S

74°20'0"S  74°20'0"S

H

D

C

B

A

**LEGEND**
— Coast
▨ Lake
▨ Vegetation
▨ *Pygoscelis adeliae*
+ *Catharacta maccormicki*
— Contour (2m)
▨ Helicopter approach zone
Ⓗ Helicopter landing site
▨ Removed CEMP camp
■ Old tent camp
▨ New tent camp
📷 Photocamera
📍 Automatic weather station
··· New walking path
--- Preferred walking path
▭ Removed fences
★ Biotex site
⊗ Disturbed site

Lake

Projection: Lambert Conformal Conic  Spheroid: WGS84
Contour interval: 2m    Vertical datum: Mean Sea Level
Horizontal / vertical error of digital orthophotograph: +/- 1 m
Map derived from orthophoto and ground survey
Bird data Olmastroni / Kerry (pers. comm. 1996-2003);
Digital orthophotography source: DoSLI/USGS; imagery 23/11/93

**Map 4: Edmonson Point, ASPA No. XYZ**
**Topography, wildlife & vegetation**

0 10 20 30 40 50        100
Metres

N

August 2004
Environmental Research & Assessment

# Plan de Gestión para la Zona Antártica Especialmente Administrada n.° 5, ESTACIÓN AMUNDSEN-SCOTT DEL POLO SUR, POLO SUR

## Introducción

La Estación Amundsen-Scott del Polo Sur (en adelante la "Estación del Polo Sur"), operada por los Estados Unidos, está ubicada en la meseta polar cercana al Polo Sur geográfico a una elevación de 2835 m, a 90°S. Una zona de alrededor de 26 344 km² que rodea a la Estación Polo Sur se designó como Zona Antártica Especialmente Administrada (en adelante "la Zona"). La designación de la Zona tiene por objeto aprovechar al máximo las valiosas posibilidades científicas en el Polo, proteger su entorno casi prístino y garantizar que todas las actividades, incluidas aquellas destinadas a experimentar las extraordinarias cualidades del Polo Sur, puedan realizarse de manera segura, con responsabilidad hacia el medioambiente, y sin interferir en los programas científicos que allí se llevan a cabo. Con el fin de ayudar a alcanzar los objetivos del Plan de Gestión, la Zona se dividió en zonas destinadas a operaciones científicas, a operaciones y zonas restringidas. Luego se dividió la zona científica en cuatro sectores: Aire Puro, Silencioso, Sotavento y Oscuro. Las medidas de gestión convenidas para estas zonas ayudan a coordinar las actividades y a proteger los importantes valores del Polo Sur.

La Zona fue designada originalmente tras una propuesta presentada por los Estados Unidos, y aprobada en virtud de la Medida 2 (2007). El presente Plan de Gestión fue objeto de una exhaustiva revisión y actualización como parte del proceso de revisión exigido por el Protocolo del Tratado Antártico sobre Protección del Medio Ambiente (en adelante, el Protocolo).

La Zona se sitúa dentro del "Ambiente Q, Capa de hielo interior elevada de la Antártida Oriental," conforme a su definición en el Análisis de Dominios Ambientales para el Continente Antártico (Resolución 3 [2008]). La Zona no forma parte de la clasificación como Regiones Biogeográficas de Conservación Antártica (Resolución 6 [2012]).

## Índice

## 1.  Valores que requieren protección y actividades que requieren gestión

*Valores ambientales y científicos*

La Zona se encuentra en una región de gran valor científico y la Estación Amundsen-Scott del Polo Sur facilita la realización de investigaciones científicas excepcionales que cuentan con una extensa colaboración internacional. Las condiciones ambientales singulares de la Estación del Polo Sur, que incluyen su clima extremadamente frío y seco, su aislada ubicación en lo alto de una plataforma de hielo y en el punto más austral del eje de la Tierra, ofrecen las condiciones ideales para la realización de un amplio abanico de observaciones científicas:

- La astrofísica y las ciencias atmosféricas y geoespaciales, que incluyen estudios sobre los vientos solares cercanos a la Tierra y estudios sobre la magnetósfera, la ionósfera, astronomía y estudios astrofísicos que incluyen la física solar y de la radiación cósmica. La ubicación del Polo Sur en el eje de la Tierra, las condiciones climáticas de la Zona y su distancia de la contaminación lumínica facilitan la realización de observaciones astronómicas y astrofísicas prolongadas de objetos estelares específicos. Además, como la Zona está aislada de sonidos, vibraciones e interferencia electromagnética (EMI), es importante para las investigaciones sismológicas y astrofísicas. La ubicación es ideal para la realización de experimentos sobre astrofísica de energía alta y para la detección de eventos de energía extrema a través del uso de una serie de instrumentos instalados en la capa de hielo. Su ubicación geofísicamente estable y el funcionamiento de la estación durante todo el año permiten realizar estudios ininterrumpidos de las características físicas de la atmósfera superior que incluyen los procesos solares, los efectos de fenómenos geomagnéticos de corta duración (auroras, corrientes eléctricas inducidas e interferencia de las ondas radioeléctricas en las comunicaciones) y eventos de larga duración (relacionados con la capa de ozono, la radiación ultravioleta, la composición de la atmósfera, los vientos estratosféricos, las condiciones meteorológicas y el clima). Por su lejanía con respecto a fuentes de contaminación e influencia humana, se considera que el aire del Polo Sur es el más puro de la Tierra. Por lo mismo, la Zona es un lugar importante para las observaciones y la investigación de la concentración de fondo a nivel mundial de constituyentes naturales y antropogénicos de la atmósfera y además para la investigación sobre el cambio climático.

- Glaciología: en la gruesa capa de hielo, que acumula un registro natural sobre los constituyentes atmosféricos, se investiga para comprender los pasados cambios en la atmósfera y el clima de la Tierra.

- Sismología: debido a su aislamiento respecto al ruido y las vibraciones, en la Zona se encuentra una de las estaciones sísmicas más importantes del planeta.

- Investigación médica: la singular comunidad de personas que viven en la Estación del Polo Sur permite la realización de investigación médica especializada de grupos pequeños y aislados.

*Valores históricos*

La zona reviste un importante valor histórico y cuenta con dos de los Sitios y Monumentos Históricos (SMH) que han sido designado en el Polo Sur:

- El SMH n.° 1, a 90°S, se designó en 1972 en reconocimiento de un mástil de bandera erigido en el Polo Sur por la Primera Expedición Terrestre Argentina, realizada en diciembre de 1965. Se piensa que dicho mástil quedó sepultado sin posibilidad de recuperación bajo el hielo profundo dentro de un radio de 500 m respecto al Polo Sur geográfico, aunque se desconoce su ubicación exacta.

- EL SMH n.° 80, cerca de los 90°S, se designó en 2005 en conmemoración de la Tienda de Campaña de Amundsen, instalada por la expedición noruega liderada por Roald Amundsen a su llegada al Polo Sur el 14 de diciembre de 1911. La expedición noruega fue la primera en llegar al Polo Sur. Se cree que la tienda quedó sepultada de manera irrecuperable bajo el hielo profundo en un radio de varios km del Polo Sur geográfico, y también se desconoce su ubicación exacta.

Los Estados Unidos establecieron un "Polo Sur Ceremonial" cerca de la Estación del Polo Sur con objeto de conmemorar el Año Geofísico Internacional (AGI) de 1957- 1958, y todas las expediciones que han llegado al Polo Sur.

*Valores estéticos y de vida silvestre*

Por ser los únicos puntos del eje de rotación de la Tierra, los polos han capturado desde tiempos antiguos la imaginación de geógrafos, exploradores y del público. Debido a sus singulares y desafiantes cualidades, como su paisaje con predominio de hielo junto a su lejanía, gran altura y frío extremo, el Polo Sur suscita excepcional interés. Se trata de uno de los medioambientes más desafiantes para la supervivencia humana, y hay muchos que siguen en busca de estos desafíos por diversos motivos, ya sea por un deseo de aventuras, emociones o por razones de descubrimiento y logros personales. Para muchas personas que realizan el viaje por tierra o por aire, alcanzar el Polo representa una experiencia extraordinaria e inmensamente enriquecedora.

Por otro lado, en este lugar pueden producirse fenómenos poco habituales tales como el parahelio o falsos soles, los pilares solares y los espejismos que tienen bellos efectos en las nubes o en los cristales de hielo en suspensión que suele haber en esa atmósfera seca y traslúcida. La Aurora Austral puede iluminar el cielo en espectaculares arcos y coloridas ondas de luz en medio de la oscuridad, produciendo espectáculos impresionantes.

Las extremas condiciones ambientales, el inmenso paisaje helado, los extraordinarios y bellísimos fenómenos atmosféricos, el profundo sentido de una historia de tenacidad y perseverancia humanas, junto a las cualidades intangibles de las experiencias y relaciones personales en el Polo Sur, definen a este lugar como uno de excepcional valor estético y de vida silvestre.

## 2.  Finalidades y objetivos

El objetivo del presente Plan de Gestión es conservar y proteger el medioambiente que rodea el Polo Sur a través de la gestión y coordinación de las actividades humanas en la Zona de manera de proteger y mantener sus valores en el largo plazo, en especial sus valores científicos únicos y sobresalientes.

Los objetivos de gestión específicos de la Zona son los siguientes:

- facilitar la investigación científica al tiempo que se mantiene la vigilancia del medioambiente;
- promover y ayudar en la planificación y coordinación de las actividades humanas destinadas a gestionar los conflictos reales o posibles entre los distintos valores en el Polo Sur (incluidos aquellos pertenecientes a disciplinas científicas diferentes) y entre las actividades y operadores;
- garantizar la protección a largo plazo de los valores científicos, históricos, estéticos, y de vida silvestre, además de otros valores de la Zona, reduciendo al mínimo su alteración o degradación, incluyendo la alteración de sus rasgos naturales, y reduciendo al mínimo los impactos ambientales acumulativos ocasionados por las actividades humanas;
- reducir al mínimo la huella dejada por las instalaciones y los experimentos científicos establecidos en la Zona al tiempo que se permiten las modificaciones y mejoras necesarias en concordancia con los demás objetivos del Plan de Gestión;
- reducir al mínimo la alteración física y la liberación de contaminantes y residuos producidos dentro de la Zona, y tomar todas las medidas prácticas para contener, tratar, retirar o reparar el daño, ya sea producido en el curso de actividades normales o por accidente;
- fomentar el uso de sistemas de energía y medios de transporte que produzcan el menor impacto ambiental dentro de la Zona, y reducir, en la medida de lo posible, el uso de combustibles de origen fósil para llevar a cabo las actividades en su interior;
- mejorar la comprensión de los procesos naturales y del impacto producido por el ser humano tanto dentro de la Zona como en el mundo entero, incluso mediante la realización de programas de seguimiento; y
- alentar la comunicación y la cooperación entre los usuarios de la Zona, en particular mediante la difusión de información sobre esta y sobre las disposiciones que sean pertinentes;

- Evitar la introducción accidental de especies no autóctonas en la Zona, y reducir al mínimo, en la medida de lo posible, el transporte de especies autóctonas dentro de la Zona.

## 3.    Actividades de gestión

Con el propósito de alcanzar las finalidades y los objetivos del presente Plan de Gestión, se llevarán a cabo las siguientes actividades de gestión:

- Las partes que tengan intereses activos en la Zona deberán coordinar, según corresponda, y de preferencia en forma anual, un Grupo de Gestión del Polo Sur (en adelante, el "Grupo de Gestión") para supervisar la coordinación de actividades dentro de la Zona, incluyendo:
    - facilitar y garantizar la comunicación efectiva entre quienes trabajan en la Zona o la visiten;
    - proporcionar un espacio para anticiparse a, identificar y resolver cualquier conflicto real o posible sobre su uso;
    - ayudar a reducir al mínimo la repetición de las actividades;
    - mantener un registro de las actividades, y, si resultase factible, de los impactos producidos en la Zona;
    - formular estrategias para detectar y tratar los impactos acumulativos;
    - difundir información sobre la Zona, en particular sobre las actividades en curso y las medidas de gestión que apliquen en su interior, incluso mediante la mantención electrónica de esta información en http://www.southpole.aq/;
    - revisar las actividades pasadas, en curso y previstas y evaluar la efectividad de las medidas de gestión; y
    - formular recomendaciones sobre la implementación del presente Plan de Gestión.
- Los programas nacionales que operen en la Zona deberán mantener copias de la versión actualizada del presente Plan de Gestión y de la documentación de apoyo en la estación e instalaciones de investigación correspondientes, y ponerlas a disposición de todas las personas que haya en la Zona, así como también a través de medios electrónicos en http://www.southpole.aq/;
- los programas nacionales que operan en la Zona, así como los operadores turísticos que la visitan, deben garantizar que su personal (incluido el cuerpo administrativo, la tripulación, pasajeros, científicos y cualquier otro visitante) haya sido informado y esté consciente de los requisitos del presente Plan de Gestión y en particular sobre las Directrices Medioambientales Generales (Apéndice A), Directrices para las Zonas Científicas (Apéndice B) y las Zonas restringidas (Apéndice C), y las Directrices para visitantes de organizaciones no gubernamentales (Apéndices D y E) vigentes en la Zona;
- los programas nacionales que operen en la Zona, así como los operadores turísticos que la visiten, deben garantizar que su personal esté informado y consciente de los riesgos y requisitos relativos a seguridad en un medioambiente extremo como el del Polo Sur, incluidas operaciones aéreas y las emergencia médicas;
- los operadores turísticos y cualquier otro grupo o persona responsable de planificar y/o realizar actividades no gubernamentales dentro de la Zona deben coordinar por adelantado dichas actividades con los programas nacionales que operan en la Zona a fin de garantizar que dichas actividades no representan riesgos para sus valores y que cumplen con los requisitos del Plan de Gestión. En especial, debe coordinarse por adelantado con el Programa Antártico de Estados Unidos, en su calidad de operador de la Estación Amundsen-Scott del Polo Sur;
- los programas nacionales que operan dentro de la Zona deben aspirar a desarrollar prácticas recomendables con el propósito de lograr los objetivos del Plan de Gestión, e intercambiar sin restricciones dichos conocimientos e información;
- los carteles señalizadores y/o los marcadores deben erigirse donde sea necesario y adecuado para mostrar la ubicación o los límites de las zonas, lugares de investigación, sitios de aterrizaje o desembarco o de campamento al interior de la Zona. Los marcadores, letreros y señalizadores deben estar firmemente sujetos y mantenidos en buenas condiciones, y deben ser desmantelados cuando ya no sean necesarios;

- se efectuarán las visitas que sean necesarias (no menos de una vez cada cinco años) para evaluar la eficacia del Plan de Gestión y para garantizar que las medidas administrativas son las adecuadas. El Plan de Gestión, el Código de Conducta y las Directrices deben revisarse y actualizarse según sea necesario; y

- los programas nacionales que operan en la Zona deben tomar las medidas que sean necesarias y factibles para garantizar el cumplimiento de los requisitos del Plan de Gestión.

## 4. Período de designación

Designación con período de vigencia indefinida.

## 5. Mapas y fotografías

Mapa 1: ZAEA n.° 5, Polo Sur: Ubicación, topografía, límites de la ZAEA, Zona científica y Sector de Aire Puro.

Mapa 2: ZAEA n.° 5, Polo Sur: Las zonas de gestión y los sectores.

Mapa 3: ZAEA n.° 5, Estación Amundsen-Scott del Polo Sur: Zona de operaciones.

Mapa 4: ZAEA n.° 5, Estación Amundsen-Scott del Polo Sur.

Mapa 5: Descripción general de las Directrices sobre aproximación de visitantes no gubernamentales al Polo Sur.

Mapa 6: Detalle de las Directrices sobre aproximación de visitantes no gubernamentales al Polo Sur.

*Observaciones importantes sobre los mapas del Polo Sur*

En el Polo Sur, la capa de hielo y las instalaciones se desplazan a una velocidad anual en torno a los 10 m. Por lo mismo, su posición real mostrada en los mapas y en sus coordenadas de GPS cambia con el tiempo. Es por eso que se utiliza una cuadrícula local para definir todos los límites de la ZAEA, las zonas y los sectores, los cuales se desplazan junto con la cuadrícula local. Con esta cuadrícula local se mantiene la coherencia de las orientaciones en relación con las instalaciones permanentes que se desplazan junto con el hielo. Las posiciones de las instalaciones mantienen su coherencia entre ellas y con respecto a los límites de la ZAEA, y se mantienen invariables aunque su posición real cambia en relación con el Polo Sur geográfico. El norte local de cuadrícula está alineado con el meridiano de Greenwich (longitud de 0 grados). Los mapas de la ZAEA se actualizan con regularidad y la mayoría de los mapas actualizados está disponible en http://www.southpole.aq/.

## 6. Descripción de la Zona

*6(i) Coordenadas geográficas, indicadores de límites y rasgos naturales*

*Descripción general*

El paisaje del Polo Sur comprende una gran capa de hielo sin rasgos distintivos y de pendiente suave que se eleva a 2835 m. El lecho rocoso de la masa continental subyacente tiene una elevación de unos 135 m sobre el nivel del mar que hace que en esta ubicación la capa de hielo tenga unos 2700 m de espesor. La capa de hielo sobre el Polo se extiende en pendientes a 89° S en dirección NO de cuadrícula hacia el Mar de Weddell, y abarca desde unos 3000 m a 2650 m. La superficie cerca del Polo comprende por lo general nieve arrastrada por el viento, o sastrugis, o carece de rasgos distintivos y grietas.

*Límites y coordenadas*

Los límites de la Zona se definen como dos semicírculos que se extienden sobre un radio de 20 y 150 km respectivamente en torno a la Estación del Polo Sur (mapa 1). El mayor de ellos se extiende 150 km desde un punto de origen definido como la esquina del edificio 150 km al SO de cuadrícula desde el edificio del Observatorio de Investigaciones Atmosféricas (ARO) (a unos 365 m del Polo Sur geográfico [2017]), y está delimitado por las líneas de 110° y 340° de cuadrícula que parten desde el edificio del ARO. Este gran semicírculo comprende el Sector de Aire Puro (SAP) de la Zona científica, que comparte el límite exterior de la ZAEA.

El más pequeño se extiende 20 km desde un punto de origen definido como el centro de la torre de la escalera circular de aluminio del edificio principal elevado de la Estación del Polo Sur (en adelante, estación elevada). El centro de esta escalera es el origen común de los otros tres sectores de gestión (Silencioso, Sotavento y Oscuro) los que junto con el SAP comprenden la Zona científica de la ZAEA. La torre de la escalera circular de aluminio es una característica fácil de reconocer en los mapas y en el terreno, y se prevé que esta estación elevada permanecerá en la Zona más tiempo que cualquier otra estructura o punto de referencia terrestre.

Los límites de la Zona comprenden todas las estructuras y zonas destinadas a la investigación en curso y previstas en la Estación del Polo Sur, y constituyen una zona de tamaño suficiente para cumplir con los objetivos de la Zona científica. Con el desplazamiento de la capa de hielo, la ubicación geográfica de la Zona se desplaza también unos 10 m al año junto con todas las instalaciones.

## Clima

El clima en la Estación del Polo Sur es extremadamente frío, ventoso, y árido. La temperatura media anual en el Polo Sur es de -49,3°C (-56°F). La temperatura más alta registrada en la Estación del Polo Sur fue de -12,3°C (9,9°F) en 25 diciembre de 2011, y la más baja correspondió a −82,8°C (−117,0°F) en junio de 1982.

El sol alcanza su cenit de 23,5° sobre el horizonte a mediados del verano. La nieve refleja gran parte de la luz solar que alcanza la superficie de la meseta polar.

La humedad del aire en el Polo Sur es cercana a cero, lo que hace de este un medioambiente de desierto polar extremo. Las nevadas en el Polo Sur son mínimas, y el promedio anual de precipitaciones alcanza apenas los 86 mm de su equivalente pluvial. Los vientos son persistentes, con una media de entre 5 y 15 nudos, y provienen principalmente en dirección noreste - este de cuadrícula. La nieve arrastrada por el viento tiende a acumularse en torno a las estructuras dando origen a profundas variaciones y sepultando a las estructuras aun cuando las nevadas sean escasas.

Un análisis climatológico de la superficie realizado por Lazzara *et al*. (2012) reveló que durante el periodo comprendido entre 1957 y 2010 no se produjo un cambio con importancia estadística ni en la temperatura ni en la presión en el Polo Sur, si bien se observó una significativa tendencia descendente en las velocidades del viento, y lo mismo ocurrió con la acumulación promedio de nieve (1983-2010), que disminuyó en -2,9 mm al año.

## Ciencia atmosféricas

Los contaminantes emitidos por aeronaves y otras fuentes en las regiones polares pueden viajar cientos de kilómetros, afectando las mediciones de aire de la capa límite, las mediciones de gases y aerosoles en la columna de aire, y las mediciones de contaminantes en la nieve, lo que requiere que una gran franja de terreno se mantenga libre a fin de mantener un sitio apto para la investigación del aire puro. El Observatorio de Investigaciones Atmosféricas (ARO) está unos 450 m viento arriba de la estación elevada al NE de cuadrícula, y en la esquina del Sector de Aire Puro (SAP) al SO de cuadrícula. El SAP se extiende en forma de semicírculo desde el ARO 150 km hacia el límite exterior de la Zona científica y de la ZAEA, lo que ofrece la zona de amortiguación necesaria para garantizar la exactitud de las mediciones. La mayor parte de la investigación atmosférica se realiza al interior del SAP, que está situado viento arriba de la estación con el fin de garantizar que el aire se mantenga tan prístino como sea posible. La División de Observación Mundial de la Administración Nacional de Asuntos Oceanográficos y Atmosféricos (NOAA/ESRL, por sus siglas en inglés) de los Estados Unidos llevan a cabo la investigación en el ARO. Las mediciones se realizan para determinar las tendencias de largo plazo de importantes gases traza, aerosoles, y radiación solar, y para investigar la influencia de dichos gases y aerosoles sobre el clima de la Tierra (Sheridan *et al*. 2016). Allí se investiga también el agotamiento del ozono estratosférico mediante el uso de instrumentos aeroportados en globos, y los lanzamientos tanto de globos científicos como de globos destinados a operaciones se realizan desde la instalación destinada para ese propósito en la Zona de operaciones.

## Ciencias astrofísicas y geoespaciales

La mayor parte de la investigación sobre ciencias astrofísicas y geoespaciales se lleva a cabo en el Sector Oscuro, una zona que se reservó con el propósito de reducir la luz y las EMI tanto como sea posible dentro de esta zona.

En el laboratorio del Sector Oscuro se encuentra el Telescopio del Polo Sur (SPT, por sus siglas en inglés). El SPT puede detectar la radiación cósmica de fondo de microondas (radiación CMB), y uno de sus principales objetivos es profundizar la comprensión de la expansión del universo a partir del Big Bang mediante la identificación de cúmulos de galaxias donde la radiación CMB ha resultado alterada como producto de concentraciones de materia oscura (Carlstrom *et al.* 2011; Reichardt, de Haan y Bleem 2016). El SPT formará parte del proyecto Event Horizon Telescope, una serie de telescopios distribuidos en todo el mundo que sintetizarán en conjunto un telescopio del tamaño del planeta. El laboratorio del Sector Oscuro alberga además los detectores BICEP, en funcionamiento desde 2006. Estos experimentos aspiran a detectar la polarización de modo B, y cada generación de BICEP contribuye a la cantidad de detectores, con lo que aumenta también la sensibilidad a la polarización de modo B (Ade *et al.* 2015).

También en el Sector Oscuro se encuentra el observatorio Martin A. Pomerantz (MAPO). En este observatorio se conserva equipo para diversos proyectos de investigación, entre los que se cuenta una renovación menor de los polarímetros para DASI (SPUD), también diseñado para medir la polarización de modo B.

Otro laboratorio que se encuentra en el Sector Oscuro es IceCube, un detector de neutrinos. IceCube es una suerte de telescopio que consiste en más de 5100 sensores esféricos enterrados en un kilómetro cuadrado de hielo. El experimento se concibió para investigar las propiedades del neutrino y la naturaleza de la materia oscura. Desde que comenzó sus operaciones en 2010, IceCube ha observado por primera vez el flujo de neutrinos de alta energía de origen astrofísico, realizó las primeras mediciones de anisotropía de radiación cósmica en el Hemisferio Sur, ha producido los mejores límites mundiales para la sección eficaz dependiente del spin en partículas de materia oscura de interacción débil, y ha realizado las mediciones más detalladas de las propiedades de la propagación de la luz en el hielo antártico (Aartsen *et al.* 2016 y 2017).

Askaryan Radio Array (ARA) es un nuevo detector que está en construcción en el Sector Oscuro, y apunta a descubrir eventos de energía extrema mediante el uso de una serie de antenas de radio bajo la superficie (Allison *et al.* 2015 y 2016).

El Polo Sur es parte de la Red de imágenes de ondas gravitacionales en la Antártida (ANGWIN). El propósito de ANGWIN es recolectar datos de mediciones de ondas de gravedad en todo el continente. En el Polo Sur, las mediciones se centran en la cuantificación de las signaturas de temperatura en las ondas gravitacionales profundas en el vórtice polar (Mehta *et al.* 2017).

En 2013, en la Zona de operaciones se estableció una serie SuperDARN (Red de radares súper dual auroral) en el Polo Sur, la que ayuda a llenar una laguna en los estudios sobre la física auroral en la Antártida (Makarevich, Forsythe & Kellerman 2015).

*Glaciología*

La acumulación de nieve en el Polo Sur ha sido objeto de un seguimiento intermitente desde el Año Geofísico Internacional (AGI), en la temporada 1957 - 1958. En 1992 se estableció una extensa red de instalaciones de medición para el seguimiento de la acumulación de nieve a largo plazo alrededor del Polo Sur (Mosley-Thompson *et al.* 1999). La red de estacas de medición se extiende 20 km desde el Polo en todas las direcciones, y es indispensable que no se perturben estas estacas ni la zona que las rodea a fin de no interferir en las investigaciones sobre la acumulación de nieve en curso. Los datos recopilados entre 1958 y 1997 demostraron un aumento en las tasas de acumulación anual neta para el periodo (Mosley-Thompson *et al*, 1999), lo que contrasta con los resultados más recientes informados por Lazzara *et al.* (2012) para el periodo 1982 - 2010, que muestran una disminución.

En el Polo Sur también se realizan tareas de perforación del núcleo de hielo. SPICECORE, que ha realizado perforaciones durante las temporadas 2014 - 2015 y 2015 - 2016, proporcionará registros de isótopos estables, aerosoles y gases atmosféricos con una data de aproximadamente 40 000 años.

*Sismología*

En el Polo Sur se han recopilado datos sismológicos desde el AGI de 1957 - 1958. Aquí, las condiciones son ideales para la investigación de los sismos y la estructura terrestre. Los niveles de energía de las vibraciones producidas por eventos sísmicos que viajan por el planeta y por la capa de hielo polar son registrados por los sismómetros emplazados en el Polo Sur. Debido a la ubicación en el eje de rotación de la Tierra, las mediciones de energía generada por los eventos sismológicos importantes no se ven afectadas por las fuerzas de rotación que sí influyen en los registros realizados en otros lugares del planeta. El Observatorio Remoto de las Ciencias de la Tierra y de Sismología en el Polo Sur (SPRESSO) se ubica a unos 7,5 km de la Estación del Polo Sur, al interior del Sector Silencioso. Los instrumentos se encuentran a unos 300 m de profundidad bajo el hielo con objeto de registrar las vibraciones de la Tierra. Debido a la ausencia de otras vibraciones que puedan generar "ruido" sísmico en la zona, estos instrumentos pueden detectar vibraciones hasta cuatro veces más silenciosas que otros observatorios terrestres.

*Investigación médica*

Por su aislado entorno, la Estación del Polo Sur es ideal para la realización de investigaciones médicas centradas en el comportamiento social y la fisiología del ser humano. La investigación que se ha llevado a cabo en el Polo Sur sobre hábitos de sueño ha analizado la función que tiene la oscuridad total en la calidad del sueño y en el ánimo. También en el Polo Sur se han realizado estudios sobre los efectos que tienen el aislamiento y el confinamiento sobre la depresión, la fatiga, la energía y la ansiedad. Esta investigación ha sido importante para determinar la capacidad de desempeño de las personas que trabajan en ambientes aislados. Además, se ha llevado a cabo investigación sobre el mal de altura (Anderson *et al.* 2011).

*Rasgos históricos*

Dentro de la Zona se han designado formalmente dos Sitios y Monumentos Históricos (SMH) (los SMH n.°1 y n.°80), los que se describen en la Sección 6(iv).

Unos 150 m al norte de cuadrícula de la Estación del Polo Sur y a unos 200 m del Polo Sur geográfico se encuentra el Polo Sur Ceremonial, un marcador rodeado de las banderas de los doce países signatarios originales del Tratado Antártico, erigido por los Estados Unidos. El Polo Sur Ceremonial conmemora el Año Geofísico Internacional, AGI, de 1957 - 1958, y simboliza todas las expediciones que han llegado al Polo Sur.

*Actividades e impacto de los seres humanos*

Luego de la llegada en 1911 - 1912 de las expediciones de Amundsen y Scott, el Polo Sur no volvió a recibir visitas hasta el AGI 1957 - 1958, cuando los Estados Unidos establecieron una estación permanente en el lugar. La Estación Amundsen-Scott del Polo Sur ha sido objeto de varias renovaciones, y la más reciente, en la estación elevada, se inauguró 2008. La principal actividad en el Polo Sur es la actividad científica. La lejanía, magnitud y tipos de ciencias que se realizan en el lugar imponen un importante apoyo logístico que incluye una gran pista aérea destinada a aeronaves de transporte de gran envergadura, un importante almacenamiento de combustibles e instalaciones de generación de energía, además de alojamiento y laboratorios científicos. En la Sección 6(iii) se ofrece más información acerca de las estructuras que hay en el Polo Sur.

Los visitantes no pertenecientes a organizaciones gubernamentales (VNG) que llegan junto a expediciones o como turistas constituyen la otra actividad principal que se lleva a cabo en el Polo Sur. Durante el periodo quinquenal que va desde 2006 a 2011, visitó el Polo Sur en la forma de expediciones privadas un promedio aproximado de 190 personas por temporada. La cantidad más alta registrada hasta la fecha se observó en la temporada 2011 -2012, cuando el lugar recibió a 495 visitantes, duplicando casi la anterior temporada más alta registrada de 266 visitantes durante la temporada 2010 - 2011. Este auge fue motivado por el aumento del interés en el Polo Sur que suscitó el centenario de las expediciones de Amundsen y Scott. En la temporada 2015 - 2016 se registró la visita de 230 VNG, un nivel bastante cercano a los registrados en el periodo inmediatamente anterior al Centenario.

En los depósitos se almacenan cerca de 750 000 litros (198 000 galones) de combustible diésel, un volumen necesario para mantener seguras las operaciones que se realizan en la Estación del Polo Sur, y que se utiliza para la generación de energía, carga de aeronaves y vehículos y para maquinaria pesada. En el verano de 1989 se produjo una filtración de 150 000 litros (40 000 galones) de este combustible hacia la nieve del Polo Sur. La filtración no logró recuperarse (Wilkniss 1990), y representó el más masivo de los eventos de contaminación que se han producido hasta la fecha en el Polo Sur. Es probable que las emisiones de los generadores y motores diésel sean las responsables de la mayor parte de los contaminantes constantes, si bien son dispersados y diluidos por el persistente viento, por lo general hacia el área al SO de cuadrícula desde la estación.

*6(ii) Áreas restringidas y áreas administradas en la Zona*

El presente Plan de Gestión establece dentro de la Zona tres tipos de zonas: la de operaciones, la científica y la restringida. Los objetivos de gestión de esta zonificación se presentan en el Cuadro 1. En los mapas 1 y 2 se muestra la extensión de la Zona científica, y en el mapa 3 se muestra la extensión de la Zona de operaciones y la Zona restringida.

El Grupo de Gestión puede considerar un nuevo tipo de zonas en caso necesario, y aquellas que ya no se necesitan pueden eliminarse de la lista. Se deben considerar especialmente las actualizaciones de la zonificación al momento de revisar los Planes de Gestión.

**Cuadro 1**: Zonas de gestión definidas dentro de la Zona y sus objetivos específicos.

| Zonas de gestión | Objetivos Específicos de la Zona | Plan Apéndice |
|---|---|---|
| Zona de operaciones | Asegurar que las instalaciones de apoyo científico dentro de la Zona, y las actividades humanas asociadas a estas, estén contenidas y sean administradas al interior la zona designada. | - |
| Zona científica | Garantizar que los responsables de la planificación de asuntos científicos o logísticos dentro de la Zona estén debidamente informados de la investigación científica en curso o de largo plazo que puedan ser vulnerables a las alteraciones o tener instalados equipos científicos sensibles, de modo que puedan tenerse en cuenta durante la planificación y realización de actividades al interior de la Zona. Un objetivo particular de la Zona científica es reducir a un mínimo los conflictos entre los diferentes tipos de uso. | B |
| Zona restringida | Restringir el acceso hacia un sector en particular de la Zona y/o a las actividades que se realicen en su interior a causa de una variedad de motivos, por ejemplo, debido a valores científicos especiales, a causa de la vulnerabilidad, de la presencia de riesgos, o para limitar las emisiones o construcciones en un sitio en particular. El acceso a las Zonas restringidas debiera ser normalmente por razones indispensables que no pueden llevarse a cabo en otros lugares dentro de la Zona | C |

Las políticas generales que rigen al interior de las zonas se presentan en las secciones a continuación, en tanto que las directrices para la realización de actividades específicas al interior de la Zona científica se encuentran en el Apéndice B y al interior de la Zona restringida, en el Apéndice C.

*La Zona de operaciones*

Se estableció la Zona de operaciones (mapas 3 y 4) para que se realice en ella la principal actividad humana dentro de la Zona, lo que incluye las actividades de apoyo a la ciencia, servicios para la estación principal (por ejemplo, instalaciones de habitación), operación de la pista aérea, e instalaciones de apoyo en terreno para los visitantes no pertenecientes a organizaciones gubernamentales (VNG).

Los límites de la Zona de operaciones (mapa 3), que se describen en sentido de las agujas del reloj desde el ARO, se extienden a 110° desde el ARO unos 1,85 km al SE de cuadrícula, siguiendo el límite sur del Sector de Aire Puro. Desde ahí, el límite dc la Zona de operaciones se extiende a 243° unos 3,75 km al SO de cuadrícula, y comparte sus límites con el Sector Silencioso y el Sector de Sotavento. El límite de la Zona de operaciones se extiende desde ahí unos 1,3 km al SSO de cuadrícula a 202°, siguiendo el límite de la Zona restringida para operaciones aéreas en torno al extremo sur de la pista aérea al sur de cuadrícula. Desde ahí, el límite se extiende unos 3,6 km a 158° al NNE de cuadrícula junto al oeste de cuadrícula de la Zona restringida para operaciones aéreas, en forma paralela a la pista aérea y hacia el extremo al norte de cuadrícula. El límite de la Zona de operaciones sigue en la misma dirección unos 1,3 km más, pasando el extremo norte de cuadrícula de la pista aérea hacia el límite del Sector de Aire Puro. Desde ahí, el límite de la Zona de operaciones sigue el límite del Sector de Aire Puro de vuelta hacia el ARO unos 1,15 km del SE de cuadrícula (a lo largo de la línea de 340° de cuadrícula desde el ARO). La Zona de operaciones abarca una superficie de unas 430 ha.

Las siguientes disposiciones deben tenerse en cuenta en la Zona de operaciones:

- en la planificación, mantenimiento y desmantelamiento se debe contemplar la reducción al mínimo de los residuos y su gestión dentro de la Zona de operaciones;

- en la planificación y mantenimiento de las instalaciones al interior de la Zona de operaciones deberá contemplarse el uso de fuentes alternativas de energía y el uso de energía eficiente;

- los programas antárticos nacionales que operan en la zona deben desarrollar planes de contingencia para emergencias en la Zona de operaciones, según corresponda;

- de vez en cuando puede ser necesaria la instalación de nuevas estructuras o la renovación de las estructuras ya existentes en la Zona de operaciones. Los programas nacionales que operan en la zona deben examinar y coordinar todos los planes relativos a construcciones o instalaciones para garantizar que se reduzcan a un mínimo los impactos sobre las actividades científicas y sobre los valores. Todo cambio debe someterse a una Evaluación de Impacto Ambiental según lo exige el Artículo 8 del Protocolo.

- las directrices específicas relativas a visitantes no pertenecientes a organizaciones gubernamentales (VNG) dentro de la Zona de operaciones se describen en el Apéndice D del presente Plan de Gestión.

*La Zona científica*

Se definió una Zona científica para evitar la interferencia mutua o los conflictos entre las diversas actividades, y en particular para proteger la investigación científica ante perturbaciones que podrían afectar los resultados. La Zona científica abarca la mayor parte de la ZAEA, y su límite exterior está definido por el límite de la ZAEA y coincide con este (mapa 1). El límite interior de la Zona científica está definido por el límite con la Zona de operaciones (mapas 2 y 3) y coincide con este.

Con el propósito de garantizar que las actividades científicas con particular sensibilidad se lleven a cabo en un lugar estratégico a fin de reducir a un mínimo las posibles interferencias, la Zona científica se dividió en cuatro sectores: Aire Puro, Silencioso, Sotavento y Oscuro. Son particularmente preocupantes las interferencias sonoras, lumínicas, vibratorias y la contaminación proveniente de fuentes locales de contaminantes, además de la obstrucción del espacio visual. El ingreso a los sectores, y las actividades al interior de estos no debe interferir en la investigación científica.

Los límites de los sectores y las directrices y políticas de operación específicas que rigen en su interior se definen en el Apéndice B.

*Zonas restringidas*

Se definieron zonas restringidas en aquellos sitios donde el acceso o las actividades deben limitarse a fin de garantizar el buen estado de los valores científicos, o bien por razones de seguridad. El acceso a las zonas restringidas está prohibido con excepción del personal autorizado que deba ingresar con fines indispensables científicos, operacionales o de gestión. En la ZAEA hay seis zonas restringidas, y todas están ubicadas al interior o en las cercanías de la Zona de operaciones (mapas 3 y 4): la información acerca de los límites y restricciones que aplican se proporcionan en el Apéndice C.

El Programa o programas nacionales que operan en la Zona, o los jefes de expedición de los grupos que visiten la Zona, deberán cerciorarse de que se informe a todos los visitantes sobre los límites y el propósito de la Zona restringida y sobre las restricciones que aplican al ingreso.

### 6(iii) Estructuras situadas dentro de la Zona y en sus proximidades

La primera estación en el Polo Sur fue establecida por los Estados Unidos con el propósito del celebrar Año Geofísico Internacional (AGI) en 1957 - 1958 durante la temporada estival austral de 1956 - 1957. Desde entonces ha funcionado en forma constante una estación de investigación permanente, la Estación Amundsen-Scott del Polo Sur bajo la dirección de los Estados Unidos, aunque con diversos reemplazos importantes y adiciones a sus instalaciones. La acumulación de nieve arrastrada por el viento es un problema perpetuo, y si no se despeja, las estructuras pueden quedar sepultadas. La primera estación, a la que se conoce como "Polo Antiguo", colapsó bajo el peso de la nieve y el hielo, y debió ser abandonada muy profundamente bajo la superficie. Más recientemente, el domo geodésico que reemplazó al "Polo antiguo" fue retirado antes de quedar sumergido en el hielo.

El reemplazo del edificio principal (mapa 4), que se inauguró en 2008, se eleva por sobre el nivel del terreno con el fin de disminuir la acumulación de nieve, y se lo llama "estación elevada". Además de las instalaciones de comedor y dormitorio con capacidad para unas 150 personas, las instalaciones cuentan con un laboratorio informático, salas de reuniones, estancias, un gimnasio, pabellón quirúrgico, planta de generación eléctrica, y un invernadero hidropónico. La planta de la estación elevada tiene una superficie de 6000 m² (65 000 pies²) aproximadamente. Los depósitos de combustible y los generadores que alimentan a la estación se encuentran en bóvedas de combustibles bajo la superficie.

Durante el verano, la Estación del Polo Sur tiene capacidad para hasta 150 científicos y personal de apoyo, y durante el invierno la cantidad de ocupantes se reduce a unas 45 personas con objeto de mantener la estación y llevar a cabo los experimentos. En caso necesario, hay un módulo "hypertats" con capacidad para albergar a unas 18 personas más en las cercanías (mapa 4). La estación está en completo aislamiento entre mediados de febrero y fines de octubre, cuando el apoyo aéreo y terrestre para el Polo suele suspenderse debido a lo extremo de las condiciones.

Otras estructuras en el Polo Sur incluyen el Observatorio de Investigaciones Atmosféricas (ARO), ubicado unos 450 m al NE de cuadrícula de la estación elevada, instalaciones destinadas a las operaciones aéreas y una terminal de pasajeros, depósitos de combustible, antenas, edificios para los "campamentos de verano", y oficinas de mantenimiento. En el Sector Oscuro hay tres edificios destinados a la ciencia, que incluyen al Observatorio de neutrinos IceCube, el laboratorio del Sector Oscuro donde está el telescopio del Polo Sur (SPT), y el observatorio Martin A. Pomerantz (MAPO) en el que se realiza un amplio abanico de proyectos científicos astrofísicos y geoespaciales.

En el Sector de Aire Puro hay dos estaciones meteorológicas automáticas (AWS, por sus siglas en inglés) a unos 110 km del ARO. La AWS "Henry" se ubica al norte de cuadrícula (-89 001° S, -0,391° O) y la AWS "Nico" se ubica al este de cuadrícula (-89,0° S, 90 024° E). Las AWS se instalaron en 1993, y el acceso para su mantenimiento se realiza en aeronaves pequeñas. El último se realizó en enero de 2015 cuando se aumentó la altura de la torre con el fin de afrontar el problema de acumulación de nieve.

Todas las instalaciones permanentes en el Polo Sur han sido construidas por el Programa Antártico de los Estados Unidos. Durante el verano, los visitantes no pertenecientes a organizaciones gubernamentales levantan las instalaciones destinadas a campamento temporal. Estos se instalan a aproximadamente 1 km del norte de cuadrícula de la estación elevada, en una zona que no entra en conflicto con las operaciones científicas o de apoyo. Un segundo campamento destinado a los VNG, que suelen utilizar las expediciones que se realizan en vehículo, se ubica fuera de la zona, a poco más de 20 km del NO de cuadrícula del Polo Sur. Cada verano el USAP suele utilizar un pequeño edificio temporal cerca del área de estacionamiento de aeronaves cercana al Polo Sur Ceremonial, el que es utilizado por los VNG como refugio y para interpretar los datos científicos.

### 6(iv) Ubicación de las zonas protegidas dentro de la Zona

No hay Zonas Antárticas Especialmente Protegidas cerca de la ZAEA ni en su interior.

Dentro de la Zona se designaron dos Sitios y Monumentos Históricos:

El **Sitio y Monumento Histórico n.° 1 (SMH n.° 1)**, ubicado a 90°S: El mástil fue erigido en diciembre de 1965 en el Polo Sur geográfico por la primera expedición terrestre argentina al Polo Sur. Se desconoce la ubicación exacta del mástil, y tampoco está claro si sigue existiendo.

El **Sitio y Monumento Histórico n.° 80 (SMH n.° 80)**, ubicado en la cercanía del Polo Sur a 90°S: Tienda de campaña de Amundsen. La tienda de campaña fue instalada a 90°S por el grupo noruego de exploradores liderado por Roald Amundsen a su llegada al Polo Sur el 14 de diciembre de 1911. Se supone que la tienda de campaña quedó sepultada bajo el hielo profundo en las cercanías del Polo Sur, aunque su ubicación exacta se desconoce.

## 7. Código de Conducta general

*7(i) Acceso a la Zona y circulación dentro de la misma*

Por lo general se llega a la Zona en avión de ala fija dotado de esquíes, y no son habituales las visitas que llegan en helicóptero. El acceso por tierra se hace en vehículo, esquíes o a pie. Por razones de seguridad, los visitantes a la Zona deben avisar al Programa o programas nacionales que operan en la Zona antes de su llegada. En particular, se exige un permiso previo del Programa Antártico de los Estados Unidos para el uso de la pista aérea. Los requisitos adicionales para el acceso a la Zona en aeronave se detallan a continuación. La coordinación con el Programa o programas nacionales que operan en la Zona no impone sobre estos ninguna responsabilidad por los accidentes o lesiones que se produzcan en cualquier momento de la expedición.

El acceso a la Zona tanto por tierra como por aire debe evitar el Sector de Aire Puro de la Zona científica (mapa 1). Por lo general se prohíbe el acceso a las zonas restringidas dentro de la Zona, con excepción del personal autorizado tal como se describe a continuación y en el Apéndice C.

*Acceso y sobrevuelo de aeronaves*

Se estableció una pista aérea y su infraestructura asociada, las que son mantenidas por el Programa o programas nacionales que operan en la Zona, y son esenciales para las operaciones y para la seguridad del personal que trabaja en la Zona. Por lo mismo, el uso de la pista aérea y su infraestructura asociada se reserva solo para el Programa o programas nacionales que operan en la Zona a menos que los mismos hayan otorgado un permiso previo para el acceso en aeronave de otros visitantes. La integridad de la pista aérea y la calle de rodaje, así como la zona de carga de combustible y de estacionamiento asociadas, se encuentran dentro de la Zona restringida para operaciones de aeronaves (Apéndice C), donde se limita el acceso conforme a las disposiciones que se establecen a continuación.

**Se prohíbe el uso de aeronaves con ruedas en la pista aérea.**

Los pilotos que visitan la Zona deben consultar el Manual de información sobre vuelos antárticos (AFIM) en lo que concierne a los detalles del acceso a la Zona en aeronave y los requisitos para la autorización previa del uso de la aérea.

Las restricciones específicas que rigen para el acceso y el sobrevuelo en aeronave al interior del Sector de Aire Puro se describen en forma pormenorizada en las Directrices para Zonas Científicas (Apéndice B).

*Acceso en aeronave y sobrevuelos realizados por los Programas Nacionales*

- El Programa o programas nacionales que se proponen ingresar a la Zona en aeronave, incluidos los sobrevuelos, deben coordinar con el Programa o programas nacionales que operan en la Zona a fin de garantizar que no se produzcan conflictos que afecten a las actividades en curso.

- Para evitar estos conflictos es necesario planificar y comunicarse por anticipado, de conformidad con los Requisitos del Tratado Antártico en materia de intercambio de información, confirmando por lo menos 24 horas antes de la llegada.

- Los pilotos que se aproximen a la pista aérea deberán avisar al Servicio de comunicaciones de la Estación Amundsen - Scott del Polo Sur (COMM) al menos 30 minutos antes de su aterrizaje en el Polo Sur a fin de que haya tiempo para despejar la pista, y deben confirmar nuevamente su aproximación 10 minutos antes de aterrizar.

*Acceso en aeronave y sobrevuelos realizados por otras expediciones*

- La aprobación del uso de la pista aérea para una actividad que no esté conectada con un Programa Nacional no necesita incluir un examen completo de la seguridad de la expedición ni su plan de vuelo, ni implica la responsabilidad del Programa o programas nacionales responsable de la operación de la pista aérea por ningún accidente o lesión que se produzca en el transcurso de la expedición.
- Los visitantes no pertenecientes a organizaciones gubernamentales (VNG) que soliciten aprobación previa para ingresar en aeronave a la Zona o para usar la pista aérea deben consultar y regirse por los requisitos y procedimientos establecidos en el Manual de información sobre vuelos antárticos (AFIM) y ponerse en contacto con las autoridades nacionales correspondientes.

*Acceso y cruce de la pista aérea*

- La pista aérea y la calle de rodaje, así como la zona de carga de combustible y de estacionamiento asociadas, se encuentran en su totalidad dentro de la Zona restringida para operaciones de aeronaves (Apéndice C y Mapa 3), donde se prohíbe el acceso excepto para el personal autorizado;
- Se autoriza el desplazamiento de los pilotos, personal a cargo de la logística, y pasajeros hacia y desde la aeronave según sea necesario de conformidad con los procedimientos operacionales que rijan dentro de la Zona restringida;
- Se autoriza el cruce de la calle de rodaje al personal de la estación y los visitantes no pertenecientes a organizaciones gubernamentales en el extremo al norte de cuadrícula de la pista aérea en el punto de cruce designado ubicado en el sector donde están instaladas las balizas en el camino entre la estación elevada y los edificios científicos del Sector Oscuro (mapa 4);
- Se prohíbe el cruce de la calle de rodaje cuando está encendida la luz roja de la baliza rotatoria que anuncia el aterrizaje o despegue inminente de una aeronave;
- Solo si es absolutamente indispensable, si se cuenta con autorización, o por razones de emergencia, es posible cruzar la pista aérea en otros sectores.

*Acceso y utilización de vehículos*

- Dentro de lo posible, los vehículos deben transitar por los senderos demarcados y regirse por los requisitos para las zonas restringidas del ARO, ("No deben ingresar vehículos" y "Torre meteorológica") también de ARO (Apéndice C);
- No deben conducirse vehículos sobre un radio menor a 50 m del Polo Sur geográfico;
- Los vehículos deben evitar los sectores de Aire Puro y Silencioso, salvo que esto sea indispensable para fines científicos, operacionales y de gestión, y deben regirse por las Directrices para Zonas Científicas (Apéndice B).

*Acceso a pie y circulación en la Zona*

- Al nivel máximo practicable, lo peatones deben permanecer en los senderos demarcados;
- Los peatones deben evitar los sectores de Aire Puro y Silencioso, salvo que esto sea indispensable para fines científicos, operacionales y de gestión, y deben regirse por las Directrices para Zonas Científicas (Apéndice B).

*Acceso a edificios e instalaciones*

Se permite el acceso a los edificios e instalaciones operados por el Programa o programas nacionales dentro de la Zona solo con un permiso expedido por el programa responsable. Para obtener más información sobre el acceso a estructuras específicas y sus áreas circundantes, véanse las Directrices para Zonas Científicas (Apéndice B) y las Directrices para Zonas Restringidas (Apéndice C).

*7 (ii) Actividades que pueden llevarse a cabo dentro de la Zona*

Todas las actividades en la Zona deberán realizarse, en la medida de lo posible, de conformidad con los requisitos del presente Plan de Gestión y en armonía con la preservación de los valores de la Zona.

No deben realizarse saltos en paracaídas desde aeronaves que sobrevuelen la pista aérea o cerca de otras infraestructuras al interior de la Zona a menos que el Programa Antártico de los Estados Unidos, que opera la Estación del Polo Sur y la pista aérea, haya expedido una autorización por escrito específica para hacerlo.

### 7(iii) Instalación, modificación o desmantelamiento de estructuras

Debe decidirse con cuidado el emplazamiento o establecimiento de las instalaciones para reducir a un mínimo el riesgo de interferencia mutua entre las diferentes actividades científicas o entre estas y las actividades operacionales, y se debe considerar su impacto sobre el medioambiente. En particular, la instalación, modificación o desmantelamiento de estructuras dentro de la Zona deben planificarse teniendo en mente los diferentes objetivos de los sectores de la Zona científica con objeto de garantizar que se reduzcan a un mínimo los posibles conflictos.

Antes de emplazar nuevas instalaciones, se debe considerar el máximo aprovechamiento de las instalaciones ya existentes, y debe mantenerse en el mínimo posible la huella de todas las instalaciones. En general, las estructuras permanentes o semipermanentes destinadas principalmente a la logística y operaciones deben instalarse en la Zona de operaciones, salvo que sean de tamaño reducido y no representen una amenaza importante para los valores de la Zona (por ejemplo, una estación meteorológica automática (AWS) o un pequeño repetidor de radio con mínima infraestructura asociada).

Todas las instalaciones deberán recibir mantenimiento mientras estén en uso y desmantelarse cuando ya no sean necesarias. Los Programas nacionales responsables de las instalaciones deben identificarlas, con indicación del nombre del principal investigador y su año de instalación. El Programa Nacional debe registrar en una base de datos de instalaciones los tipos de instalaciones y sus coordenadas, y esta información debe ser puesta a disposición cada vez que se requiera.

Antes de la construcción de nuevas instalaciones los Programas Nacionales deben poner a disposición la información sobre las propuestas para dichas construcciones a través del Grupo de Gestión con objeto de coordinar las actividades y reducir al mínimo la necesidad de instalaciones nuevas, repetidas, o con potencial destructivo.

### 7(iv) Campamentos

Los visitantes no pertenecientes a organizaciones gubernamentales (VNG) al Polo Sur deberán acampar en el lugar designado al interior de la Zona de operaciones, a aproximadamente 1 km del norte de cuadrícula desde la estación elevada (mapas 3 y 4).

En ocasiones se instala un pequeño campamento para apoyar a los VNG que viajan por tierra al Polo Sur. Este se encuentra a unos 300 a 400 m del límite de la ZAEA, a poco más de 20 km al NO de cuadrícula del Polo Sur.

Los campamentos deberán recibir mantenimiento mientras se mantengan en uso, y deberán desmantelarse cuando ya no sean necesarios.

### 7(v) Recolección o alteración perjudicial de la flora y fauna autóctonas

No corresponde

### 7(vi) Restricciones relativas a los materiales y organismos que puedan introducirse en la Zona

Se está llevando a cabo investigación de largo plazo para establecer una base general global y las tendencias sobre gases traza y contaminantes atmosféricos mediante los instrumentos altamente sensibles del ARO. Es importante que el aire de las muestras se mantenga tan prístino como sea posible. Por este motivo, se prohíbe el uso de los productos químicos que se enumeran en el Cuadro B.1 de las directrices para el Sector de Aire Puro (Apéndice B), o los productos y equipos que los contienen o emiten al interior del SAP y del ARO. En la mayor medida posible, todos los visitantes al Polo Sur deben evitar la introducción en la Zona de los productos enumerados en el Cuadro B.1.

### 7(vii) Recolección o retiro de material encontrado en la Zona

Se permite la recolección y uso de nieve y hielo para el suministro de agua que es esencial para apoyar las actividades de los Programas Nacionales o las expediciones de visitantes no pertenecientes a organizaciones gubernamentales (VNG). Está prohibido ocasionar daños, retirar o destruir cualquier artefacto histórico enumerado en la lista de Sitios y Monumentos Históricos en virtud del Artículo 8.4 del Anexo V al Protocolo (véase en la Sección 6(iv) una lista de los sitios designados dentro de la Zona). Todo material que se encuentre en la Zona puede recolectarse o eliminarse únicamente con fines científicos, educacionales o de gestión indispensables, y la cantidad de su recolección debe limitarse al mínimo necesario para satisfacer dichas necesidades. Todo meteorito que se retire deberá recolectarse y curarse de conformidad con las normas científicas aceptadas y se deberá poner a disposición de fines científicos. Todo material de origen humano que probablemente comprometa los valores de la Zona deberá ser retirado, salvo que el impacto de dicho retiro sea probablemente mayor que el de dejar dicho material en el lugar. En tal caso, se deberá informar a las autoridades nacionales pertinentes.

### 7(viii) Gestión de residuos

- Para el Programa o programas nacionales que operan en la Zona:
    - Todos los residuos deben retirarse de la Zona con excepción de los de origen humano y domésticos, los que pueden depositarse en cámaras de alcantarillado enterradas a gran profundidad bajo el la superficie de hielo, o eliminarse por medio de otros métodos concordantes con el Anexo III del Protocolo;

- Para las demás expediciones que visitan la Zona:
    - Deben retirar de la Zona todos los residuos, incluidos los de origen humano y los residuos líquidos domésticos.

### 7(ix) Requisitos relativos a los informes

En la medida de lo posible, el Grupo de Gestión deberá mantener informes sobre las actividades que se realizan en la Zona y ponerlos a disposición de todas las Partes.

De conformidad con el Artículo 10 del Anexo V al Protocolo, se tomarán las medidas necesarias para la recolección y el intercambio de informes de visitas de inspección y de todo cambio o daño significativo observado dentro de la Zona.

Los operadores turísticos deberán llevar un registro de sus visitas a la Zona, incluido el número de visitantes, fechas e incidentes observados en la Zona, y entregar dichas información de conformidad con los procedimientos para la presentación de informes sobre expediciones aprobado por las Partes del Tratado Antártico y la Asociación Internacional de Operadores Turísticos en la Antártida (IAATO).

### 8. Disposiciones relativas al intercambio de información previo a las actividades propuestas

Además del intercambio normal de información por medio de los informes anuales nacionales presentados a las Partes al Tratado Antártico, al Comité científico de Investigación Antártica (SCAR) y al Consejo de Administradores de Programas Antárticos (COMNAP), las Partes que operan en la Zona deberán intercambiar información por medio del Grupo de Gestión. Todos los programas nacionales que tengan la intención de visitar la ZAEA o de realizar investigaciones en su interior deben ponerse en contacto con el Programa o programas nacionales que operan en la Zona con suficiente antelación a fin de permitir la coordinación de las actividades previstas con las actividades que se llevan a cabo dentro de la Zona.

Se exige que todos los visitantes que tengan la intención de utilizar la pista aérea avisen con la debida antelación al Programa Antártico de los Estados Unidos, conforme a lo que se establece en la Sección 7(i) del presente Plan de Gestión.

Los operadores turísticos y otros visitantes no pertenecientes a organizaciones gubernamentales que lleguen a la Zona deben avisar al Programa o programas nacionales que operan en la Zona sobre sus programas de visita con antelación.

## 9.    Documentación de apoyo

*Información electrónica*

El Grupo de Gestión estableció un sitio web (http://www.southpole.aq) con el fin de ofrecer más información y documentación de apoyo sobre el medioambiente y las actividades científicas y otras actividades en el Polo Sur que incluye los documentos de gestión actualizados, mapas, descripciones del lugar y las políticas que lo rigen.

Debido a la índole dinámica de la capa de hielo en el Polo Sur, es necesario actualizar los mapas de manera regular, y sus versiones más recientes están disponibles en www.southpole.aq/maps.

*Referencias*

Aartsen, M.G. *et al.* 2016. Search for annihilating dark matter in the Sun with 3 years of IceCube data. *arXiv*: 1612.05949 [astro-ph.HE].

Aartsen, M.G. *et al.* 2017. Neutrinos and Cosmic Rays Observed by IceCube. *arXiv*: 1701.03731 [astro-ph.HE].

Ade, P.A.R. *et al.*2015.BICEP2 / Keck Array V: Measurements of B-mode polarization at degree angular scales and 150GHZ by the Keck Array. *arXiv:*1502.00643v2 [astro-ph.HE].

Allison, P. *et al.* 2015. First Constraints on the Ultra-High Energy Neutrino Flux from a Prototype Station of the Askaryan Radio Array. *arXiv*: 1404.5285v3 [astro-ph.HE].

Allison, P. *et al.* 2016. Performance of two Askaryan Radio Array stations and first results in the search for ultra-high energy neutrinos. *arXiv*: 1507.08991v3 [astro-ph.HE].

Anderson, P.J., Miller, A.D., O'Malley, K.A., Ceridon, M.L., Beck, K.C., Wood, C.M., Wiste, H.J., Mueller, J.J., Johnson, J.B., & Johnson, B.D. 2011. Incidence and Symptoms of High Altitude Illness in South Pole Workers: Antarctic Study of Altitude Physiology (ASAP). *Clinical Medicine Insights: Circulatory, Respiratory and Pulmonary Medicine* **5**: 27-35.

Carlstrom, J.E. *et al.* 2011. The 10 Meter South Pole Telescope. *Publications of the Astronomical Society of the Pacific* **123**: 568-81.

Lazzara, M.A., Keller, L.M., Markle, T. & Gallagher, J. 2012. Fifty-year Amundsen-Scott South Pole station surface climatology. *Atmospheric Research* **118**: 240-59.

Makarevich, R.A., Forsythe, V.V. & Kellerman, A.C. 2015. Electric field control of E region coherent echoes: Evidence from radar observations at the South Pole. *Journal of Geophysical Research: Space Physics* **120**: 2148-65.

Mehta, D., Gerrard, A.J., Ebihara, Y., Weatherwax, A.T. & Lanzerotti, L.J. 2017. Short-period mesospheric gravity waves and their sources at the South Pole. *Atmospheric Chemistry and Physics* **17**: 9141-19.

Mosley-Thompson, E., Paskievitch, J.F., Gow, A.J. & L.G. Thompson. 1990. Late 20th century increase in South Pole snow accumulation. *Journal of Geophysical Research* **104**(D4):3877-86.

Reichardt, C.L., de Haan, T. & Bleem, L.E. 2016. The South Pole Telescope: Unravelling the Mystery of Dark Energy. *International Journal of Modern Physics: Conference Series* **43**: 1-9.

Sheridan, P., Andrews, E., Schmeisser, L., Vasel, B. & Ogren, J. 2016. Aerosol Measurements at South Pole: Climatology and Impact of Local Contamination. *Aerosol and Air Quality Research* **16**: 855-72.

Standing Committee on Antarctic Logistics and Operations (SCALOP) and the Council of Managers of National Antarctic Programs (COMNAP). *Manual de información sobre vuelos antárticos (AFIM) A Handbook of Antarctic Aeronautical Information.* (consultar opción más reciente).

Convey, P. 1990. Fuel spill cleanup in the Antarctic. Antarctic Journal of the United States 25: 2164. 3-10.

## APÉNDICE A:

### Código de Conducta Ambiental para el Polo Sur

*El Polo Sur tiene propiedades singulares que lo convierten en un lugar ideal para la realización de ciertos tipos de investigación científica. Por ejemplo, su posición alejada de influencias antropogénicas es óptima para el seguimiento de la concentración de fondo a nivel mundial de constituyentes atmosféricos. Su aislamiento respecto a la contaminación lumínica, la interferencia electromagnética (EMI), el ruido y las vibraciones es importante para la investigación astrofísica, y las dos últimas son particularmente valiosas para las observaciones sismológicas. La gruesa capa de hielo contiene un registro natural de los constituyentes de la atmósfera que puede analizarse para interpretar el clima del pasado, y es también un medio ideal para la instalación de instrumentos sensibles para la detección de partículas subatómicas. Su posición en el eje de rotación de la Tierra es una ventaja para muchos estudios sobre la atmósfera y el espacio. Es importante regirse por las directrices a fin de que estas cualidades puedan protegerse en la mayor medida posible a fin de que puedan aprovecharse al máximo los resultados de las investigaciones.*

**Antes de que viajar a la Zona:**

- Es necesario cerciorarse de que las actividades previstas sean concordantes con los requisitos de Código de Conducta del Plan de Gestión, las Directrices medioambientales generales que figuran en el Apéndice A, las Directrices específicas que aplican a la Zona científica (Apéndice B), las Directrices sobre Zonas restringidas (Apéndice C), y las Directrices para visitantes no pertenecientes a organizaciones gubernamentales contenidas en los Apéndices D y E.

- Se deben planificar todas las actividades tales como experimentos científicos, instalación de equipos, viajes, campamentos, manipulación de combustibles, y gestión de residuos, procurando reducir a un mínimo los impactos sobre el medioambiente.

- Se debe garantizar que todos los equipos, suministros y embalajes se planifiquen de manera tal que se eviten en el mayor grado que sea posible los componentes enumerados en el Cuadro B.1 del Apéndice B, y cuyo ingreso en el Sector de Aire Puro (SAP) y en el Observatorio de Investigaciones Atmosféricas (ARO) se prohíbe.

- Se debe garantizar que todos los equipos, suministros y embalajes se planifiquen de manera tal que se reduzca a un mínimo la cantidad de residuos que generen en el Polo Sur.

**Viajes y actividades dentro de la Zona:**

- En la medida de lo posible se debe permanecer en los senderos establecidos, e informarse sobre las directrices específicas para los sitios que figuran en los Apéndices B y C, y en particular se debe evitar el Sector de Aire Puro y el Sector Silencioso así como las Zonas restringidas, cuyo acceso requiere de una autorización previa.

- Los vehículos deben evitar las zonas restringidas indicadas como "Zona sin vehículos" y "Zona Restringida de la Torre Meteorológica" del Observatorio de Investigaciones Atmosféricas (ARO) (Apéndice C).

- Se debe respetar el punto de cruce designado y las balizas de advertencia que están en el camino entre los edificios para uso científico de la estación elevada y el Sector Oscuro.

- Siempre que sea posible, los vehículos deben estacionarse sobre una unidad de contención secundaria o sobre una bandeja de goteo.

- La pista aérea designada debe estar demarcada a fin de ser claramente visible desde el aire, y los señalizadores que se utilicen deben estar bien asegurados y ser durables.

**Campamentos: ubicación e instalación**

- Al acampar dentro de la Zona, los visitantes no pertenecientes a organizaciones gubernamentales deben usar el lugar designado para acampar al interior de la Zona de operaciones.
- Debe reducirse al mínimo practicable la huella en el lugar designado para acampar.
- Se debe comprobar que el equipo y los suministros estén correctamente sujetos en todo momento, a fin de evitar su dispersión por el viento.

**Uso de materiales y energía:**

- En general, todo lo que se ingrese a la Zona debe ser retirado de esta en el máximo grado que sea practicable.
- Deben evitarse las actividades que podrían producir una dispersión de materiales exógenos (por ejemplo, el uso antorchas) o realizarse dentro de un edificio o tienda (por ejemplo, todas las actividades de corte, aserrado y desempaque).
- No deben usarse explosivos dentro de la Zona, a menos que un programa nacional apruebe su uso en apoyo de propósitos científicos o administrativos esenciales.
- De ser posible, se debe comprobar que no se haya dejado nada congelado que pueda fundirse o evaporarse causando una posterior contaminación de la nieve o el hielo.
- Hasta donde sea posible, se usarán dentro de la Zona los sistemas de energía y los modos de desplazamiento que tengan menor impacto sobre el medioambiente, y se reducirá a un mínimo el uso de combustibles fósiles.

**Combustible y productos químicos:**

- Se deben tomar medidas para evitar los derrames accidentales de combustibles o productos químicos. Por ejemplo, deben realizarse periódicamente inspecciones para garantizar que las posiciones de todas las válvulas estén correctamente ajustadas, y que las conexiones de las tuberías de combustibles estén selladas y sean seguras.
- Al usar productos químicos o combustibles, debe comprobarse que se dispone del equipo antiderrame y las unidades de contención secundaria apropiadas al volumen de la sustancia. Quienes trabajen con productos químicos y combustibles deben estar familiarizados con su uso y con los correspondientes procedimientos de respuesta ante derrames.
- Los recipientes de productos químicos y combustible deben ubicarse y sellarse de manera segura, particularmente cuando se almacenen en el exterior.
- Todos los tambores de combustible deben almacenarse con contención secundaria.
- Al reabastecer los generadores o los vehículos se deben usar bidones para combustible con espita.
- Los cambios de aceite de los vehículos deben llevarse a cabo con los elementos de contención adecuados y preferiblemente en un lugar cerrado.
- Los generadores y vehículos se deben reabastecer sobre bandejas de goteo, usando paños absorbentes para derrames cuando esta tarea se realice al aire libre.

**Residuos y derrames:**

- En la máxima medida posible se debe limpiar todo derrame y/o escape, e informar al Programa Nacional correspondiente sobre su ubicación, incluyendo las coordenadas.

## APÉNDICE B

### Directrices para la Zona científica

*La Zona científica abarca la mayor parte de la ZAEA y está dividida en cuatro sectores: Aire Puro, Silencioso, Sotavento y Oscuro (mapas 1 a 4). El Sector de Aire Puro (SAP) ofrece un medio prístino para el muestreo del aire y la nieve para investigaciones sobre la atmósfera y los sistemas climáticos. El Sector Silencioso es una zona donde el ruido y las actividades asociadas a equipos se limitan al mínimo con el fin de evitar los efectos sobre la investigación sismológica y otra investigación sensible a las vibraciones. El Sector de Sotavento es un lugar sin obstrucciones que se usa para el lanzamiento de globos, operaciones de aeronaves y otras actividades que deben realizarse con el viento a favor. El Sector Oscuro es un lugar con muy baja contaminación lumínica y ruido electromagnético que se presta para la investigación sobre astronomía y astrofísica. Las siguientes son las descripciones de los objetivos y las directrices especiales que rigen las actividades en cada sector de la Zona científica.*

## SECTOR DE AIRE PURO

El Sector de Aire Puro (SAP) fue establecido con la finalidad de preservar las condiciones singulares que se necesitan para las investigaciones atmosféricas en la Estación del Polo Sur. La atmósfera de la Tierra cerca del Polo Sur está lejos de la influencia humana mundial. Como predomina el viento del norte (cuadrícula), el Observatorio de Investigaciones Atmosféricas (ARO) está viento arriba de las demás instalaciones más del 90 % del tiempo. Estas condiciones naturales permiten realizar mediciones casi ininterrumpidas de importantes gases traza de la atmósfera en un lugar alejado de influencias antropogénicas. El aire muestreado en el Polo Sur es representativo de la atmósfera de fondo del planeta y puede considerarse el aire más puro de la Tierra.

*Límites geográficos del Sector de Aire Puro*

El Sector de Aire Puro abarca una superficie con forma de cuña que se extiende 150 km viento arriba (nordeste de cuadrícula) del Observatorio de Investigaciones Atmosféricas (ARO) en la Estación del Polo Sur y la pista aérea (mapas 1 a 4). Se han establecido áreas restringidas para el acceso por tierra y aire al SAP a fin de mantener el valor científico del sector. El Sector de Aire Puro está definido por los siguientes límites:

- una línea que se extiende 150 km (81 millas náuticas) a lo largo de la línea a 340° desde la esquina SO de cuadrícula del edificio del ARO.

- una línea que se extiende 150 km (81 millas náuticas) a lo largo de la línea 110° desde la esquina SO de cuadrícula del edificio del ARO.

- Un arco en forma de semicírculo conecta ambas líneas, y se extiende unos 340 km manteniendo una distancia constante de 150 km (81 millas náuticas) desde la esquina SO del edificio del ARO.

La Administración Nacional de Asuntos Oceanográficos y Atmosféricos (NOAA) de los Estados Unidos ha realizado muchas horas de mediciones de contaminantes atmosféricos emitidos por aeronaves y los datos muestran que los penachos se ven por cientos de millas en aire estable. A fin de proteger las mediciones en el ARO y en la nieve al interior del Sector de Aire Puro se recomendó que las aeronaves vuelen a una altura por encima de los 2 km (6000 pies) a fin de permanecer fuera del aire de la capa límite y reducir la deposición de partículas y gas en la superficie de la nieve. Se seleccionó el radio de 150 km como distancia amortiguadora razonable, si bien los estudios realizados en el Ártico parecen indicar que se justifica el doble de esa distancia.

*Restricciones para el sobrevuelo y los aterrizajes en el Sector de Aire Puro*

- Las operaciones de aeronaves a menos de 2000 de la superficie de la nieve (6000 pies) y los aterrizajes dentro del Sector de Aire Puro están prohibidos con excepción de los que sean indispensables para fines operacionales o de gestión (por ejemplo, inspecciones de las autoridades de aviación [por ejemplo, la Autoridad Federal de Aviación de los Estados Unidos], misiones científicas, fotografía aérea, rutas de vuelo de emergencia, entre otros), los cuales deben contar con la aprobación previa en consulta con el Programa o programas nacionales que operan en la Zona.

- En todos los casos, se solicita a los pilotos que ingresen al Sector de Aire Puro que vuelen de manera tal de reducir al mínimo la posible contaminación (por ejemplo, evitar los ascensos empinados y dar vueltas en forma repetida, tomar la ruta más directa que sea posible, entre otros).

*Restricciones al acceso terrestre hacia y desde el Sector de Aire Puro*

- Las actividades, las estructuras y los instrumentos situados en el Sector de Aire Puro no deben interferir en los proyectos ya establecidos, salvo que esto se autorice específicamente por una Autoridad Nacional pertinente.

- El personal que ingrese al ARO debe desplazarse por el sendero demarcado desde la Estación del Polo Sur y respetar los requisitos de "Zona sin vehículos" y Zona Restringida de la "Torre Meteorológica" del ARO (véase el Apéndice C).

- Se permite el acceso al SAP con fines científicos tales como el muestreo del aire y la nieve. Puede permitirse el acceso para realizar mediciones ocasionales o periódicas de propiedades tales como la profundidad y acumulación de nieve siempre y cuando esta actividad se coordine por adelantado a fin de evitar los posibles conflictos y siempre y cuando no comprometa la investigación en curso al interior de un sector que requiere de condiciones de pureza.

- Se permite el acceso al SAP para realizar actividades de mantenimiento relativas a la nieve y a los senderos, tales como ocasionales excavaciones de la torre meteorológica y el ARO.

- Se permite el acceso al SAP para realizar actividades de limpieza y mantenimiento de los marcadores de visibilidad de la pista aérea ubicados a lo largo de 353° del norte de cuadrícula (Cuadro D.1).

- Todo el acceso por tierra hacia el interior del SAP debe contemplar un viaje y desarrollarse de manera tal que se reduzca a un mínimo la posible contaminación (por ejemplo, se debe evitar dejar en funcionamiento los vehículos y maquinarias cuando no están en uso, se debe tomar la ruta más directa que sea posible, la recarga de combustible se realiza fuera del SAP, etc.).

- El Programa o los programas nacionales que operan en la Zona deben documentar todas las incursiones de peatones y vehículos de superficie en el Sector de Aire Puro.

*Directrices adicionales para el Sector de Aire Puro y al interior del ARO*

- El acceso al techo del edificio del ARO está restringido. Comuníquese con el Programa Antártico de Estados Unidos (USAP) si necesita usar el techo para algún proyecto. Los usuarios del techo deberán dejar constancia de todas las incursiones al techo en el registro del Sector de Aire Puro. No se permite la instalación de estructuras u objetos en el techo del ARO en un lugar que pueda interferir en la toma de muestras de aire o a una altura superior a 1,3 m (4 pies) sobre su superficie debido a la interferencia en los instrumentos de medición de las radiaciones solares y terrestres. No deben obstruirse con equipos o materiales las escotillas del techo.

- El acceso a la torre meteorológica de color anaranjado y blanco y a la superficie de nieve cerca de la torre es restringido. Los objetos y las actividades en la torre y en la superficie de nieve en sus proximidades (especialmente a una distancia menor al triple de la altura de la torre) puede interferir en las mediciones que se efectúan desde la torre. Comuníquese con el Programa Antártico de Estados Unidos si necesita ingresar al lugar.

- No se deberán colocar estructuras de forma tal que puedan ocasionar deriva viento arriba del ARO, debajo del mismo o en sus proximidades.

- Todos los instrumentos que se usen en el Observatorio y en el Sector de Aire Puro deberán ceñirse a los actuales criterios sobre instrumentos establecidos que determine la autoridad nacional pertinente.

- Debido a la sensibilidad electromagnética (EM) de las mediciones de radiaciones solares y térmicas de la atmósfera que se realizan en el Observatorio y en sus alrededores, se prohíbe el uso de transmisores electromagnéticos cerca del Observatorio excepto por el uso poco frecuente pero necesario de radios portátiles.

- Toda persona u organización que desee realizar un experimento en el Observatorio o en el Sector de Aire Puro, o en ambos, deberá coordinar con el Programa o programas nacionales que operan en la Zona.

## *Uso restringido de productos químicos*

Se prohíbe usar las sustancias químicas que se indican en el Cuadro B.1, o los productos y equipos que las contengan o emitan en el Observatorio y en el Sector de Aire Puro (que incluye el área bajo el edificio, el techo del edificio y las proximidades de la torre meteorológica de color anaranjado y blanco del NOAA, más allá de la Zona Restringida). Comuníquese con el Programa o programas nacionales que operen en la Zona para averiguar qué se puede usar en lugar de estas sustancias.

El Cuadro B.1 es una lista parcial de sustancias químicas específicas a las que se realiza seguimiento en las instalaciones del ARO en el Sector de Aire Puro, y es posible que varíen en el tiempo. La concentración en la atmósfera de la mayor parte de estas sustancias se mide a una precisión de partes por billón, y las mediciones son especialmente susceptibles a la contaminación de fuentes locales.

**Cuadro B.1**: Productos químicos prohibidos en el Observatorio y en el SAP.

| Clase | Fórmula | Descripción | Nombre | Uso |
|---|---|---|---|---|
| Clorofluorocarburos (CFC) | $CCl_3F$ | triclorofluorometano | SMH n.° 11 | Refrigerantes, solventes, agentes espumantes, propelentes de aerosol y medio de intercambio térmico (ya no se producen en los Estados Unidos) |
| | $CCl_2F_2$ | diclorodifluorometano | SMH n.° 12 | |
| | $CHClF_2$ | triclorotrifluorometano | SMH n.° 113 | |
| Hidroclorofluorocarburos (HCFC) | $CHCl_2F$ | diclorofluorometano | SMH n.° 21 | Refrigerantes, solventes, agentes espumantes, propelentes de aerosol y medio de intercambio térmico (Los HCFC se encuentran en la "mampostería" en el Polo Sur) |
| | $CHClF_2$ | clorodifluorometano | SMH n.°22 | |
| | $CF_3CHClF$ | clorotetrafluoroetano | SMH n.°124 | |
| | $CCl_2FCH_3$ | diclorofluoroetano | HCFC-141b | |
| | $CClF_2CH_3$ | clorodifluoroetano | HCFC-142b | |
| Hidrofluorocarburos (HFC) | $CF_3CH_2F$ | tetrafluoroetano | HFC-134a | Refrigerantes, agentes espumantes y propelentes de aerosol |
| | $CH_3CHF_2$ | difluoroetano | HFC-152a | |
| Halones | $CBrClF_2$ | bromoclorodifluorometano | halon-1211 | Sistemas extintores e ignífugos (ya no se producen en los Estados Unidos) |
| | $CBrF_3$ | bromotrifluorometano | halon-1301 | |
| Clorocarbonos | $CH_3Cl$ | clorometano | cloruro de metilo | Solventes, limpiadores, desengrasantes y para otros fines menos comunes |
| | $CH_2Cl_2$ | diclorometano | cloruro de metileno | |
| | $CHCl_3$ | triclorometano | cloroformo | |
| | $CCl_4$ | tetraclorometano | tetracloruro de carbono | |
| | $CH_3CCl_3$ | tricloroetano | metilcloroformo | |
| | $C_2Cl_4$ | tetracloroetano | percloroetano | |
| Bromocarbonos | $CH_3Br$ | bromometano | bromuro de metilo | |
| | $CH_2Br_2$ | dibromometano | bromuro de metileno | |
| | $CHBr_3$ | tribromometano | bromoformo | |
| Yodocarbonos | $CH_3I$ | yodometano | yoduro de metilo | |
| Otros | $N_2O$ | óxido nitroso | | Oxidante |
| | $SF_6$ | hexafluoruro de azufre | | Transformadores eléctricos |

## *SECTOR SILENCIOSO*

Las actividades mecánicas y que generan ruido son limitadas en el Sector Silencioso a fin de reducir a un mínimo los efectos de la vibración sobre la investigación sismológica y otras tareas sensibles a las vibraciones. El Observatorio Remoto de las Ciencias de la Tierra y de Sismología en el Polo (SPRESSO) fue establecido por el USAP a unos 7,5 km al SE de cuadrícula de la Estación del Polo Sur, un lugar que ofrecía un laboratorio alejado para realizar experimentos que requieren un entorno silencioso. Las instalaciones sismográficas han estado funcionando continuamente en el Polo Sur desde el Año Geofísico Internacional (AGI), en la temporada 1957 - 1958.

*Límites geográficos del sector silencioso*

El límite exterior del Sector Silencioso queda definido y coincide con los límites de la Zona científica y la ZAEA, a 20 km de la estación elevada (mapa 2). Los límites internos del Sector Silencioso están definidos por la línea a 110° de cuadrícula del ARO (en común con el Sector de Aire Puro) y por la línea a 185° de cuadrícula del origen del Sector Silencioso (en común con el Sector de Sotavento), y por el límite de la Zona de operaciones.

*Directrices adicionales para el Sector Silencioso*

- El Sector Silencioso se reserva para experimentos científicos que requieren silencio o pueden operar en estrictas condiciones de silencio. El Sector Silencioso presenta los valores de ruido sísmico más bajos de la Tierra a períodos de menos de 1 segundo. Las directrices relativas a instalaciones y operaciones al interior del Sector Silencioso son las siguientes: las actividades, las estructuras y los instrumentos situados en el Sector Silencioso no deberán producir vibraciones sísmicas superiores a las del modelo de bajo ruido del Servicio Geológico de Estados Unidos (USGS) a períodos de más de 1 segundo. A períodos de menos de 1 segundo, el nivel no debe ser superior a 12 dB por debajo del modelo de bajo

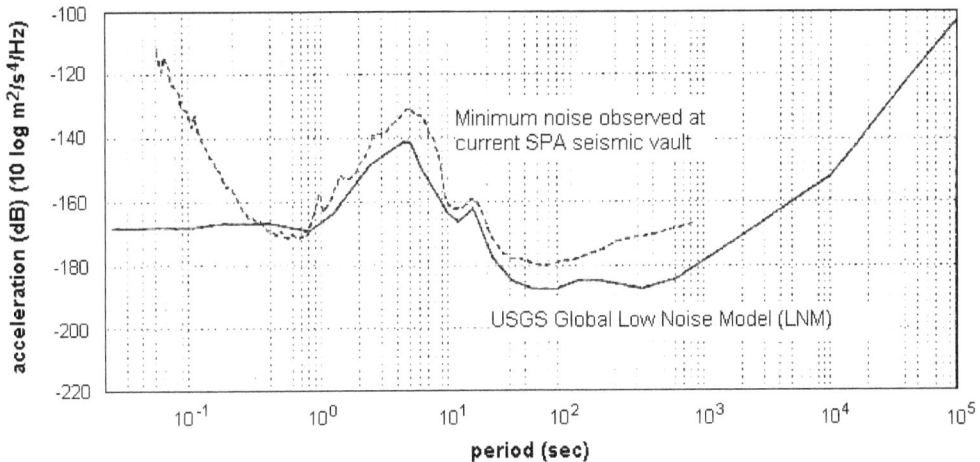

ruido (figura B.1);

**Figura B.1**. Umbrales de ruido para el Sector Silencioso. Los niveles más bajos de ruido que podían obtenerse en la bóveda sísmica de la ZEP (en el año 2000) y el modelo de bajo ruido de la Guardia Costera de Estados Unidos en las condiciones más silenciosas del mundo. La banda sísmica de interés se sitúa entre 80 Hz y las frecuencias de marea (<0,001 MHz).

- Las estructuras que puedan ser sacudidas por el viento, produciendo vibraciones parásitas detectables, deberán colocarse bajo la nieve;
- Todos los instrumentos emplazados en el SPRESSO deberán ceñirse a los criterios de silencio establecidos por el Programa o los programas nacionales que operan en la Zona en lo que respecta a instrumentos sísmicos;

- Todos los instrumentos emplazados en el SPRESSO deberán admitir la operación remota desde el Polo Sur, especialmente durante el invierno austral;

- Toda persona u organización que desee realizar un experimento en el Sector Silencioso deberá coordinar con el Programa o programas nacionales que operan en la Zona;

- Se prohíbe el tránsito o el cruce de vehículos motorizados en el Sector Silencioso con fines que no sean el apoyo logístico al SPRESSO, o en caso de emergencia, con las pocas excepciones que se señalan a continuación:

  - Se permite el acceso al Sector Silencioso para realizar actividades de mantenimiento del sendero, por ejemplo, si se necesita una ruta compactada hasta el SPRESSO, que suele requerir varias pasadas de equipo pesado para derribar la nieve acumulada por los vendavales;

  - Puede permitirse el acceso al Sector Silencioso para realizar mediciones ocasionales o periódicas de propiedades tales como la profundidad y acumulación de nieve siempre y cuando esta actividad se coordine por adelantado a fin de evitar los posibles conflictos y no comprometa la investigación sismológica y otros tipos de investigación sensible a las vibraciones que se realizan en el sector.

  - Se permite el acceso al Sector Silencioso para realizar actividades ocasionales de limpieza y mantenimiento de los marcadores de visibilidad de la pista aérea ubicados a lo largo de 113°E del norte de cuadrícula (Cuadro D.1).

  - Todo el acceso por tierra hacia el interior del Sector Silencioso debe contemplar un viaje y desarrollarse de manera tal que se reduzca a un mínimo la posible contaminación sonora y las vibraciones (por ejemplo, se debe evitar dejar en funcionamiento los vehículos y maquinarias cuando no están en uso, se debe tomar la ruta más directa que sea posible, utilizar los vehículos más ligeros que sea posible para cumplir los objetivos, etc.), y en la medida de lo posible los vehículos deben evitar operar en un radio menor a los 100 m de las instalaciones del SPRESSO.

  - El Programa o programas nacionales que operan en la Zona pueden ingresar al Sector Silencioso para retirar los equipos científicos que ya no se estén utilizando siempre y cuando hacerlo no interfiera con otras investigaciones científicas.

- El Programa o programas nacionales que operan en la Zona deben documentar todos los viajes que se realicen hacia el Sector Silencioso.

## SECTOR DE SOTAVENTO

El sector de sotavento fue creado con la finalidad de ofrecer un sitio sin obstrucciones para el lanzamiento de globos, operaciones de aeronaves y otras actividades. En el sector de sotavento se pueden realizar tanto actividades científicas como operaciones.

*Límites geográficos del sector de sotavento*

El límite exterior del Sector de Sotavento está definido por los límites de la Zona científica y la ZAEA y coincide con estos, a 20 km de la estación elevada (mapa 2). Los límites internos del Sector de Sotavento están definidos en las líneas a 185° de cuadrícula (en común con el Sector Silencioso) y a 230° de cuadrícula (en común con el Sector Oscuro) desde el origen del Sector de Sotavento, y por los límites de la Zona de operaciones y la Zona restringida para operaciones aéreas asociada a la pista aérea.

*Directrices para el Sector de Sotavento*

- Las actividades que se realicen en el Sector de Sotavento no deben requerir servicios de mantenimiento (por ejemplo, quitar la nieve) y no deberán obstaculizar el lanzamiento de globos científicos ni las operaciones de aeronaves.

## SECTOR OSCURO

El Sector Oscuro fue establecido para preservar las condiciones de poca contaminación lumínica y baja interferencia electromagnética (EMI) en la Estación del Polo Sur, que permiten la realización de importantes investigaciones astrofísicas, astronómicas y aeronómicas.

*Límites geográficos del Sector Oscuro*

El límite exterior del Sector Oscuro está definido por los límites de la Zona científica y la ZAEA y coincide con estos, a 20 km de la estación elevada (mapa 2). Los límites internos del Sector Oscuro están definidos en las líneas a 230° de cuadrícula (en común con el Sector de Sotavento) y a 340° de cuadrícula (en común con el Sector de Aire Puro) desde el ARO, y por los límites de la Zona de operaciones y la Zona restringida para operaciones aéreas asociada a la pista aérea.

*Directrices para el Sector Oscuro*

- Las actividades científicas en el Sector Oscuro están restringidas a experimentos que no emitan luz ni interferencia electromagnética superiores a los niveles aprobados por el Programa o programas nacionales que operan en la Zona.

- Los telescopios y otros instrumentos científicos sensibles a la luz y a la interferencia electromagnética deberán mantenerse en el Sector Oscuro.

- Las actividades que se realizan ya sea dentro o fuera del Sector Oscuro que emitan EMI o que tengan posibilidades de obstruir el horizonte de visión deben tener en cuenta su potencial de afectar los valores científicos del Sector Oscuro. En particular, antes de la actividad deberán realizarse las Evaluaciones de Compatibilidad Electromagnética (EMC) necesarias a fin de reducir a un mínimo los conflictos entre los distintos usos, incluido entre fuentes activas de EMI e instrumentos científicos, y para reducir a un mínimo los impactos sobre los resultados científicos al interior del Sector Oscuro mientras se cumplen las necesidades de operación. Esto tiene aplicación para los proyectos científicos u operacionales que funcionan desde aeronaves o plataformas satelitales que requieren de emisiones activas de radiofrecuencia (RF) (por ejemplo, radares de imágenes tales como el Radar de Apertura Sintética, entre otros) o instrumentos de emisión de luz (por ejemplo, LiDAR).

- Para proteger las observaciones científicas sensibles de EMI innecesarias al interior del Sector Oscuro, se solicita que los pilotos de aeronaves que ingresen al Sector Oscuro disminuyan al mínimo, y en la medida en que sea seguro y factible, sus emisiones de radiofrecuencia operativas (por ejemplo, radares de navegación y otras ayudas a la navegación que estén activas, altímetros, sondas de radar, radares de hielo, radiocomunicaciones, etc.) mientras sobrevuelen el Sector.

## *APÉNDICE C*

### *Directrices para las Zonas restringidas*

Se designaron como Zona restringida seis sitios de la Zona (mapas 3 y 4), que están definidas de la siguiente manera según sus límites y políticas sobre acceso:

### 1. Zona restringida para operaciones de aeronaves:

Descripción:

Una superficie de alrededor de 60 ha dentro de la Zona de operaciones que incluye la pista aérea, la calle de rodaje, y los sitios de reabastecimiento y estacionamiento de las aeronaves (mapas 3 y 4).

*Límite*:

El límite se define en el perímetro de las áreas de operación de aeronaves, tal como se señala en el Mapa 4.

*Requisitos para el acceso*: Se prohíbe el acceso a esta zona con excepción del personal autorizado, y sus políticas de acceso rigen en específico para pilotos, personal de logística y pasajeros de aeronaves y en términos más generales para todo el resto del personal que se desempeña en el Polo Sur, y que se detalla en la Sección 7(i) del presente Plan de Gestión.

### 2. Zona restringida del Polo Antiguo:

Descripción:

Una superficie de unas 70 ha al interior el Sector Oscuro de la Zona científica que incluye el anterior sitio de la Estación del Polo Sur de 1957 y el área inmediatamente circundante hasta unos 300 a 500 m (mapas 3 y 4).

*Límite*:

En el sentido de las agujas del reloj, desde la esquina al SE de cuadrícula de la zona, el límite se extiende al NO de cuadrícula 1,2 km hacia Sector Oscuro desde la Zona de operaciones, y sigue más allá e inmediatamente al NE de cuadrícula del Laboratorio del Sector Oscuro. A partir de ahí, el límite sigue 1 m al NE de cuadrícula hasta un punto a 200 m del Sector de Aire Puro, desde donde se extiende 750 m en paralelo y 200 m desde el Sector de Aire Puro hacia la Zona de operaciones. Desde ese lugar el límite es compartido con el límite de la Zona de operaciones a lo largo de unos 440 m al SO de cuadrícula hacia la esquina SE de la zona.

*Requisitos para el acceso*: Se prohíbe el acceso a la Zona restringida de la Estación del Polo Antiguo con excepción del personal autorizado que deba ingresar con fines científicos, operacionales o de gestión indispensables. Si bien en el lugar se han realizado trabajos de remediación, es posible que aún haya riesgos bajo la superficie, tales como agujeros o estructuras que deben evitarse.

### 3. Zona restringida "Sin vehículos" del ARO

Descripción:

Se trata de una superficie de 0,5 ha con forma de semicírculo al interior de la Zona de operaciones, la que se extiende a 50 m (150 pies) en la dirección de sotavento (SO de cuadrícula) de la esquina SO del edificio del ARO (mapa 4).

*Límite*:

Se define como el perímetro del semicírculo ya descrito. Parte del límite sudeste es común con el de la Zona restringida del campo de antenas.

*Requisitos para el acceso*: Se prohíbe el acceso de vehículos sin autorización previa del NOAA y del Programa Antártico de los Estados Unidos. Todos los vehículos que se aproximan al ARO deben utilizar el sendero demarcado y estacionar en la zona de viraje en el borde de la Zona restringida, donde hay un letrero que indica "Ningún vehículo debe traspasar este punto". El propósito de la Zona restringida es evitar las emisiones provenientes de los vehículos en las cercanías de las instalaciones del ARO en donde están instalados instrumentos de observación de la atmósfera de gran sensibilidad.

## 4. Zona restringida de la "Torre meteorológica"

Descripción:  Una zona de forma circular de 0,13 ha dentro de la Zona de operaciones que rodea a la torre meteorológica del ARO y se extiende 20 m (unos 66 pies) desde el centro de la instalación (mapa 4).

*Límite*:  Se define como el perímetro de un círculo de 20 m que rodea a la torre meteorológica del ARO.

*Requisitos para el acceso*: Se prohíbe el acceso de vehículos y peatones sin autorización previa del NOAA y del Programa Antártico de los Estados Unidos. Los vehículos y peatones deben evitar la mitad del NO de cuadrícula de la Zona restringida para no alterar la superficie de nieve de esta zona en la que se realiza el seguimiento del albedo.

## 5. Zona restringida del campo de antenas:

Descripción:  Una superficie al interior de la Zona de operaciones de unas 25 ha ubicada al SE de cuadrícula del camino que conduce hacia el ARO (mapa 4).

*Límite*:  En el sentido de las agujas del reloj desde el ARO, el límite noreste comparte el límite a 110° de cuadrícula del SAP por unos 550 m a partir del ARO, desde ahí se extiende 300 m rumbo al sur de cuadrícula, y desde ahí 550 m en dirección oeste de cuadrícula. Luego 440 m al NO de cuadrícula pero 20 m antes del camino que conduce hacia el ARO, y desde ahí 200 m en dirección este hacia la Zona Sin vehículos del ARO, y comparte el límite unos 50 m más hacia el SAP.

*Requisitos para el acceso*: Se prohíbe el acceso a esta zona con excepción del personal autorizado por el Programa o programas nacionales que operan en la Zona. El personal que opera en la zona debe evitar la perturbación de los lugares donde hay instaladas estacas para mediciones de la acumulación de nieve (mapa 4), y debe tener cuidado con el resto de a infraestructura científica o las antenas.

## 6. Zona restringida de comunicaciones:

Descripción:  Una superficie al interior de la Zona de operaciones que abarca unas 9,5 ha y cuyo centro se ubica a aproximadamente 1 km del SO de cuadrícula de la estación elevada (mapa 4).

*Límite*:  Se define como un rectángulo de un ancho aproximado de 185 m y una longitud de 510 m.

*Requisitos para el acceso*: Se prohíbe el acceso a esta zona con excepción del personal autorizado por el Programa o programas nacionales que operan en la Zona.

# APÉNDICE D

## Directrices generales para visitantes al Polo Sur no pertenecientes a organizaciones gubernamentales

Durante cada verano austral, el Polo Sur acoge a una cantidad de visitantes asociados a expediciones no gubernamentales, la mayoría de los cuales viajan con apoyo de empresas privadas que les proporcionan transporte, orientación y demás logística. Se han establecido directrices para mejorar la coordinación entre el Programa o programas nacionales que operan en la Zona y los visitantes no pertenecientes a organizaciones gubernamentales (VNG) al Polo Sur. El propósito de este Apéndice es informar a los VNG acerca de los recursos presentes en el lugar y las expectativas y riesgos que pueden encontrar en el Polo Sur, mientras el Apéndice E ofrece orientación específica sobre las rutas de aproximación terrestre.

Todos los visitantes al Polo Sur deben cumplir con el Protocolo del Tratado Antártico sobre Protección del Medio Ambiente y con sus respectivas políticas nacionales que rigen las actividades en la Antártida.

- A los fines del presente Plan de Gestión, los "visitantes no pertenecientes a organizaciones gubernamentales" incluyen a todas las personas u organizaciones que no viajan a la zona al alero de un Programa Antártico Nacional.

- La Estación Amundsen-Scott del Polo Sur es manejada por el Programa Antártico de los Estados Unidos (USAP), y no está autorizada para proporcionar su apoyo a los VNG salvo en casos de emergencia.

- Los VNG que lleguen por tierra deben estar informados de los marcadores de visibilidad que están emplazados a diversas distancias del Polo Sur geográfico en las cuatro direcciones en torno a la estación (Cuadro D.1). Estos marcadores tienen una altura de 1,2 m (4 pies) por 2, 4 (8 pies) de ancho, con excepción de los marcadores de 1 milla, que tienen 2,4 x 2,4 m (8 x 8 pies), y están montados a una distancia de 1,2 metros (4 pies) de altura de la superficie de nieve.

*Tabla D.1, Marcadores de visibilidad emplazados en torno al Polo Sur*

| Dirección | Marcador 1 | | Marcador 2 | | Marcador 3 | | Marcador 4 | | Marcador 5 | | Marcador 6 | |
|---|---|---|---|---|---|---|---|---|---|---|---|---|
| (°E del N de cuadrícula) | millas | km | millas | km | millas | km | millas | km | millas | km | millas | km |
| 113 | 0,5 | 0,8 | 1 | 1,6 | 1,5 | 2,6 | 2 | 3,2 | - | | - | |
| 204 | 0,5 | 0,8 | 1 | 1,6 | 1,5 | 2,6 | 2 | 3,2 | 3 | 4,8 | 4 | 6,4 |
| 270 | 0,75 | 1,2 | 1 | 1,6 | 2 | 3,2 | 3 | 4,8 | - | | - | |
| 353 | 0,5 | 0,8 | 1 | 1,6 | 1,5 | 2,6 | 2 | 3,2 | - | | - | |

- Los VNG que se propongan llegar en aeronave a la Zona o aterrizar en la pista aérea deben obtener la aprobación previa del Programa o programas nacionales que operan la pista aérea y de los controles de tráfico aéreo asociados antes de hacerlo. Si se otorga dicha aprobación previa, los pilotos de las NVG deberán consultar el Manual de información sobre vuelos antárticos (AFIM) y seguir las orientaciones proporcionadas por el Programa o programas nacionales que operan en la Zona.

- Los VNG no podrán realizar saltos en paracaídas desde una aeronave y ningún piloto que esté al mando de una aeronave de VNG podrá permitir que se realicen saltos en paracaídas desde una aeronave sobre la pista aérea, en sus proximidades o sobre cualquier otra infraestructura de la Zona, a menos que cuente con la aprobación previa del Programa o programas nacionales a cargo del manejo de la pista aérea y de los controles de tráfico aéreo asociados.

- No se proporcionará acceso a correo electrónico, teléfonos o radios excepto en los casos en que el Programa Nacional pertinente lo autorice.

- El horario ideal para visitar la Estación del Polo Sur es los domingos de 13:00 a 17:00, hora de la Estación del Polo Sur (0:00 a 4:00, hora de Greenwich/Tiempo Universal Coordinado). Se recomienda este horario a fin de ocasionar la menor perturbación de las actividades científicas y las operaciones de la estación. Es sumamente improbable que se brinden servicios y acceso a la estación en cualquier otro momento.

- Los VNG deben ser autosuficientes con respecto a sus necesidades de transporte, campamento, alimentación, comunicaciones y demás apoyo necesario para sus expediciones.

- Dentro de la Zona de operaciones, los VNG deberán permanecer en el lugar designado como campamento y estacionamiento para VNG o en las inmediaciones de los marcadores del Polo Sur Ceremonial y el Polo Sur geográfico, y deben transitar entre ambos sitios siguiendo una línea recta o la ruta designada para vehículos, a menos que el Programa o programas nacionales que operan en la Zona autoricen otra cosa. El motivo de esta disposición es garantizar que se eviten los sitios peligrosos tales como la Estación del Polo Antiguo, la Zona restringida para operaciones de aeronaves y las zonas donde se realiza investigación científica con instrumentos altamente sensibles, y además para garantizar la seguridad en otras zonas en donde puedan operar vehículos o maquinaria pesada, con frecuencia en malas condiciones de visibilidad.

- La zona destinada a campamentos al interior de la Zona de operaciones se seleccionó por los siguientes motivos: su ubicación cercana a la zona de estacionamiento de aeronaves de los VNG, su cercanía a las instalaciones médicas y otros servicios de emergencia (en caso necesario), por lo general no interfiere con el tráfico vehicular ni con las operaciones aéreas del USAP, y se encuentra apartada de las zonas más peligrosas, de las instalaciones destinadas a comunicaciones y de los instrumentos científicos sensibles.

- Para evitar la perturbación de las actividades oficiales del USAP, todos los edificios de la Estación del Polo Sur, así como las zonas científicas y de operaciones se encuentran fuera de los límites para el personal de los VNG salvo cuando estos son conducidos por una persona designada por el USAP o cuando se encuentren al interior de las zonas mencionadas.

- En caso de que se produzca una emergencia aérea o de salud en la Zona, los VNG deberán dar aviso inmediato de la situación al Centro de Comunicaciones de la Estación Amundsen-Scott del Polo Sur (COMMS, por sus siglas en inglés). Si fuese necesario, el personal de la estación debe dar aviso al representante de la Fundación nacional de ciencias de EE. UU. en el lugar, o a otros funcionarios.

- El personal de la Estación Amundsen-Scott del Polo Sur debe registrar la llegada y salida de los VNG, y poner dicha información a disposición de los miembros de las Partes del Tratado Antártico si estas lo solicitasen.

## APÉNDICE E

### Directrices sobre aproximación por tierra para visitantes al Polo Sur no pertenecientes a organizaciones gubernamentales

#### No es posible aproximarse al Polo Sur a través del Sector de Aire Puro

- El Sector de Aire Puro se extiende 150 km al NE de cuadrícula del Polo Sur, y su punto de origen es la esquina al SO de cuadrícula del edificio del Observatorio de Investigaciones Atmosféricas (ARO) en la Estación Amundsen-Scott del Polo Sur. El Sector se encuentra entre una línea que se extiende a 340° de cuadrícula y otra que se extiende a 110° de cuadrícula partiendo desde el ARO, lo que equivale aproximadamente al área entre 020° O y 110° E (en el sentido del reloj).

- No es posible aproximarse al Polo Sur a través del Sector de Aire Puro (véanse los mapas)

#### Aproximación desde el noroeste-este de cuadrícula (plataforma de hielo flotante Ronne / ensenada Hércules, etc.)

- La aproximación desde el noroeste y este de cuadrícula hacia el Polo Sur se encuentra entre 020° O y 110° O.

- Al aproximarse desde esta región, al llegar al límite de la ZAEA, a 20 km del Polo Sur, se debe seguir directamente al "West Waypoint" (Punto de paso occidental) que está a 89° 59,0' S 016° 00,0' O, en un punto donde está emplazado un letrero. No se debe ingresar al Sector de Aire Puro (véanse los mapas).

- Llame a la Estación Amundsen-Scott del Polo Sur al menos 24 horas antes de su hora de llegada prevista al Polo Sur para dar aviso sobre su posición y planes. Debe prepararse para una espera, y acampar si es necesario hasta recibir el aviso de que es seguro proseguir.

- Al llegar al "West Waypoint", siga 0,88 km por el camino demarcado con cañas de bambú y banderas hacia el lugar de campamentos para visitantes de la estación elevada y desde ahí, 1 km hacia el Polo Sur (2016), cuidando de no pasar hacia el Sector de Aire Puro, cuyo límite está señalado por banderas.

#### Aproximación desde el sur sureste de cuadrícula (McMurdo / plataforma de hielo flotante Ross)

- La aproximación desde el sur y suroeste de cuadrícula hacia el Polo Sur se encuentra entre 110° E y 110° O.

- Al acercarse desde esta región, al llegar al límite de la ZAEA, a 20 km del Polo Sur, siga en línea recta hasta el "Pole Turn 1 Waypoint" (Punto de paso del punto de giro polar 1) a 89° S 55,29' O 132° 00,0' donde está emplazado un letrero, siguiendo, dentro de lo posible, la ruta transversal en el meridiano a 132° O. No se debe ingresar al Sector silencioso (véanse los mapas).

- Llame a la Estación Amundsen-Scott del Polo Sur al menos 24 horas antes de su hora de llegada prevista al Polo Sur para dar aviso sobre su posición y planes.

- Al llegar al "Pole Turn 1 Waypoint", a 8,8 km del Polo Sur (2016), deténgase nuevamente y llame a la Estación Amundsen-Scott del Polo Sur antes de proseguir. Debe prepararse para una espera, y acampe en este punto si es necesario hasta recibir el aviso de que es seguro seguir. Esto tiene el propósito de garantizar la seguridad, ya que la ruta de aproximación está muy cercana a la pista aérea.

- Desde el "Pole Turn 1 Waypoint" siga unos 5,2 km por la ruta transversal del Polo Sur hasta la entrada de la pista aérea donde hay un letrero en el extremo sur de cuadrícula de la pista aérea.

- Desde la entrada a la pista aérea, siga en paralelo y a lo largo del lado **oeste de cuadrícula** de la pista aérea (el lado izquierdo en dirección al Polo) durante 4 km, manteniendo una distancia de al menos 30 m de la línea de banderas que demarcan el borde de la pista aérea. Siga por el camino entre estación elevada y los edificios científicos del Sector Oscuro, donde hay una baliza de luz roja en el punto de cruce designado de la calle de rodaje de aeronaves en el extremo al norte de cuadrícula de la pista aérea (véase el mapa 6).

- No ingrese a la pista aérea en ningún otro lugar que no sea el punto de cruce designado, a menos que se trate de una emergencia.

- No cruce la zona de la calle de rodaje de aeronaves en el extremo de la pista aérea si la luz roja de la baliza está encendida.

- Cuando sea seguro, cruce la calle de rodaje de aeronaves en el punto de cruce designado y avance hacia los marcadores del Polo Sur y hacia delante hacia el sitio de campamento para visitantes no pertenecientes a organizaciones gubernamentales.

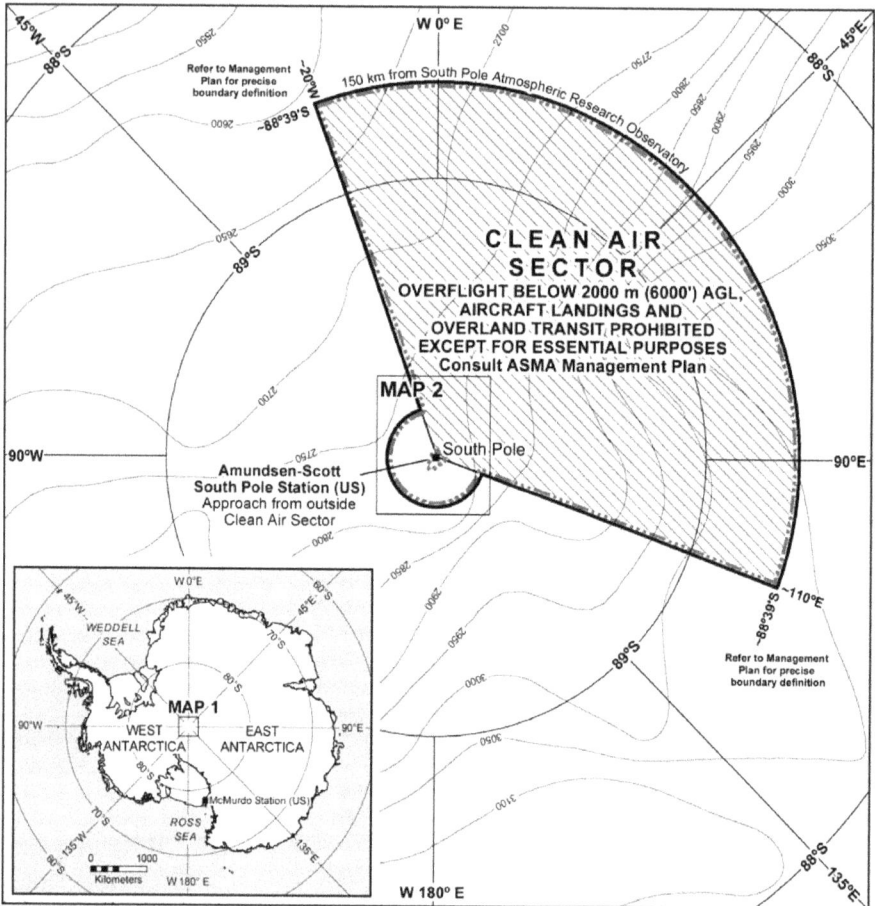

**Map 1: ASMA No. 5 - South Pole - Location and topography**

23 Mar 2017 (Map ID: 10069.010.07)
United States Antarctic Program
Environmental Research & Assessment

| | | |
|---|---|---|
| Contour (50 m) | ASMA Boundary | Clean Air Sector |
| Permanent ice | Scientific Zone | Station building |

Projection: Polar Stereographic
Spheroid and horizontal datum: WGS84.
Data source: Coast & topography: SCAR ADD (v.6 - 2012).
ASMA boundary, Zones & Sectors: ERA (Feb 2017)

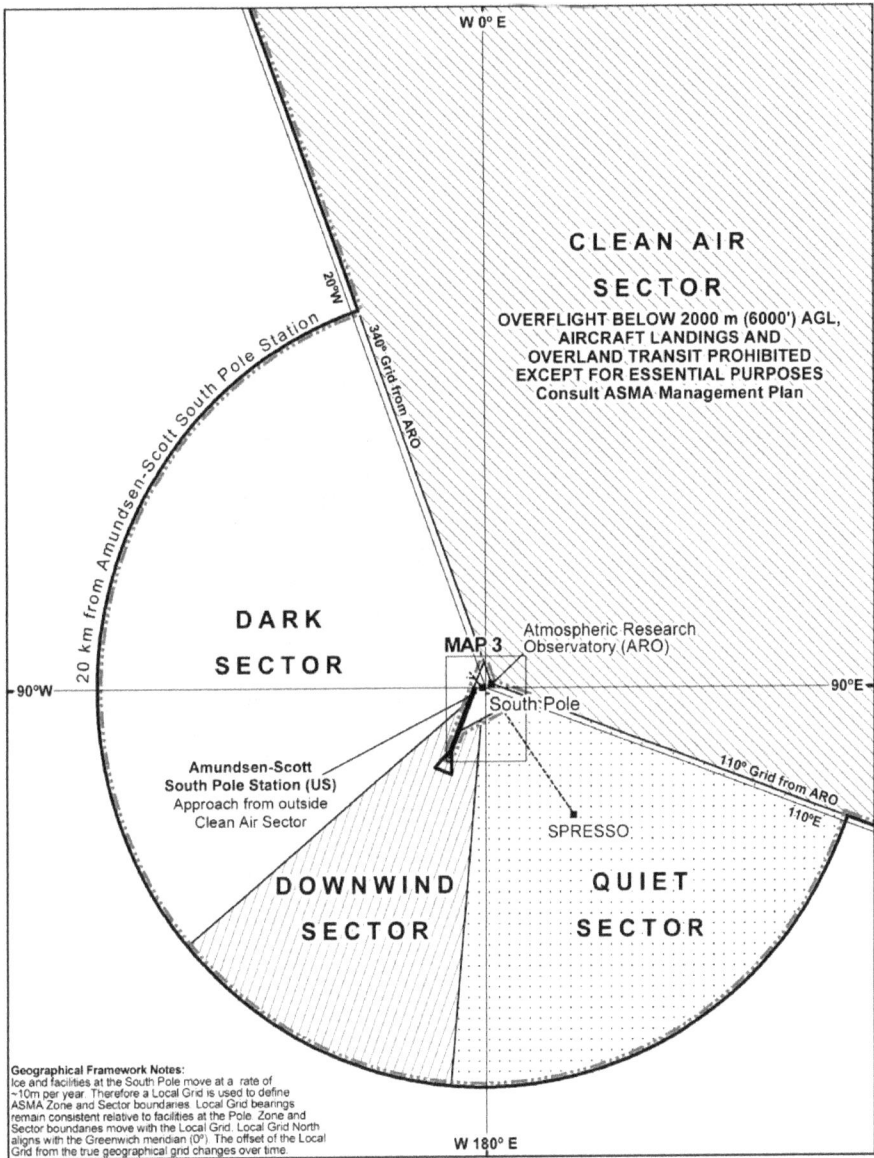

**Map 2: ASMA No. 5 - South Pole - Management Zones and Sectors**

**Geographical Framework Notes:**
Ice and facilities at the South Pole move at a rate of ~10m per year. Therefore a Local Grid is used to define ASMA Zone and Sector boundaries. Local Grid bearings remain consistent relative to facilities at the Pole. Zone and Sector boundaries move with the Local Grid. Local Grid North aligns with the Greenwich meridian (0°). The offset of the Local Grid from the true geographical grid changes over time.

23 Mar 2017 (Map ID: 10069 011.10)
United States Antarctic Program
Environmental Research & Assessment

| | |
|---|---|
| ASMA Boundary | Downwind Sector | Station building |
| Operations Zone | Dark Sector | Ski-way |
| Scientific Zone | Clean Air Sector | Skiway threshold |
| | Quiet Sector | Vehicle trail |

GRID

0   5   10
Kilometers

Projection: Polar Stereographic.
Spheroid and horizontal datum: WGS84.
Data source: Infrastructure: ASC CAD Survey (2016/17);
ASMA boundary, Zones & Sectors: ERA (Feb 2017).

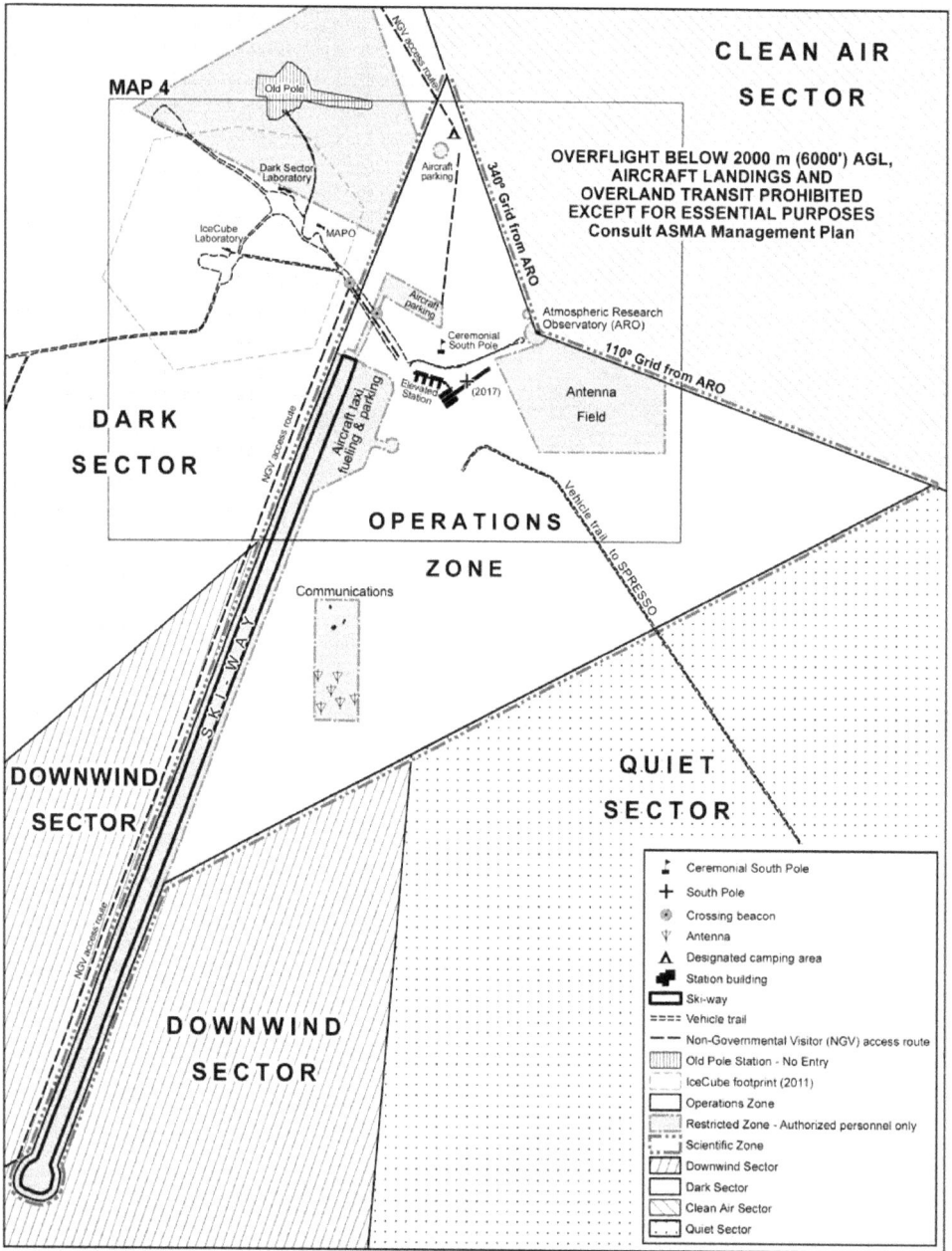

**CLEAN AIR SECTOR**

**OVERFLIGHT BELOW 2000 m (6000') AGL, AIRCRAFT LANDINGS AND OVERLAND TRANSIT PROHIBITED EXCEPT FOR ESSENTIAL PURPOSES**
Consult ASMA Management Plan

MAP 4

Old Pole

Dark Sector Laboratory

IceCube Laboratory

MAPO

Aircraft parking

340° Grid from ARO

Aircraft parking

Atmospheric Research Observatory (ARO)

Ceremonial South Pole

110° Grid from ARO

**DARK SECTOR**

Elevated Station

(2017)

Antenna Field

Aircraft taxi fueling & parking

NGV access route

**OPERATIONS ZONE**

Communications

Vehicle trail to SPRESSO

NGV access route

S K I - W A Y

**DOWNWIND SECTOR**

**QUIET SECTOR**

NGV access route

**DOWNWIND SECTOR**

| Symbol | Description |
|---|---|
| ⠂ | Ceremonial South Pole |
| + | South Pole |
| ⊙ | Crossing beacon |
| Ψ | Antenna |
| ⋀ | Designated camping area |
| 🏢 | Station building |
| ▭ | Ski-way |
| ==== | Vehicle trail |
| — — | Non-Governmental Visitor (NGV) access route |
| ▨ | Old Pole Station - No Entry |
| ▦ | IceCube footprint (2011) |
| ▢ | Operations Zone |
| ▥ | Restricted Zone - Authorized personnel only |
| ▨ | Scientific Zone |
| ▨ | Downwind Sector |
| ▨ | Dark Sector |
| ▨ | Clean Air Sector |
| ⣿ | Quiet Sector |

**Map 3: ASMA No. 5 - Amundsen-Scott South Pole Station - Operations Zone**

03 Apr 2017 (Map ID. 10069.013 12)
United States Antarctic Program
Environmental Research & Assessment

0    500    1000
Meters

GRID

Projection: Polar Stereographic.
Spheroid and horizontal datum: WGS84.
Data source: Infrastructure: ASC CAD Survey (2016/17).
Zones & Sectors: ERA (Feb 2017).

178

**CLEAN AIR SECTOR**

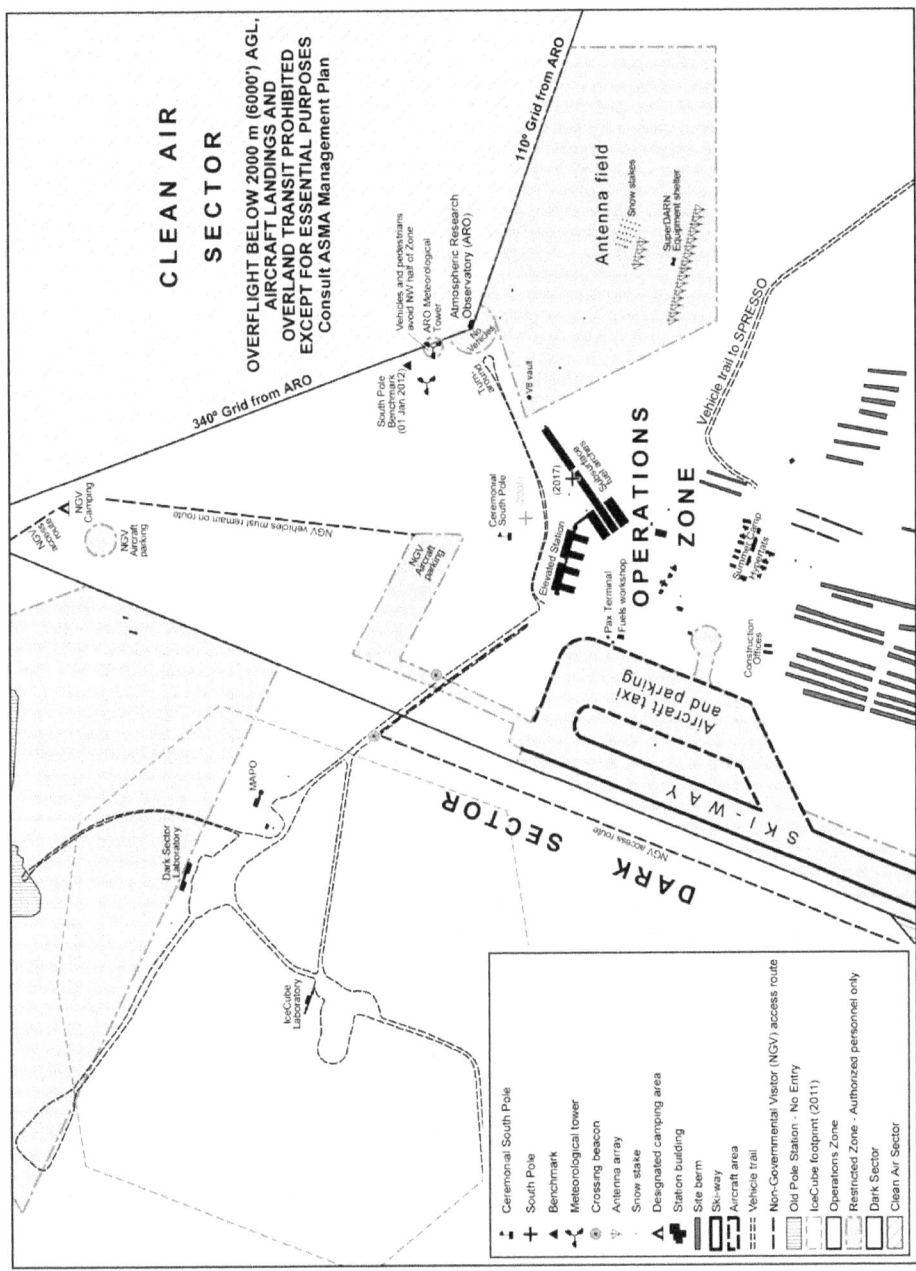

OVERFLIGHT BELOW 2000 m (6000') AGL,
AIRCRAFT LANDINGS AND
OVERLAND TRANSIT PROHIBITED
EXCEPT FOR ESSENTIAL PURPOSES
Consult ASMA Management Plan

**Map 4: ASMA No. 5 - Amundsen-Scott South Pole Station**

03 Apr 2017 (Map ID: 10069 014 15)
United States Antarctic Program
Environmental Research & Assessment

Projection: Polar Stereographic
Spheroid and horizontal datum: WGS84
Data source: Infrastructure ASC CAD Survey (2016/17);
Zones & Sectors ERA (Feb 2017)

GRID

Legend:
- Ceremonial South Pole
- South Pole
- Benchmark
- Meteorological tower
- Crossing beacon
- Antenna array
- Snow stake
- Designated camping area
- Station building
- Site berm
- Ski-way
- Aircraft area
- Vehicle trail
- Non-Governmental Visitor (NGV) access route
- Old Pole Station - No Entry
- IceCube footprint (2011)
- Operations Zone
- Restricted Zone - Authorized personnel only
- Dark Sector
- Clean Air Sector

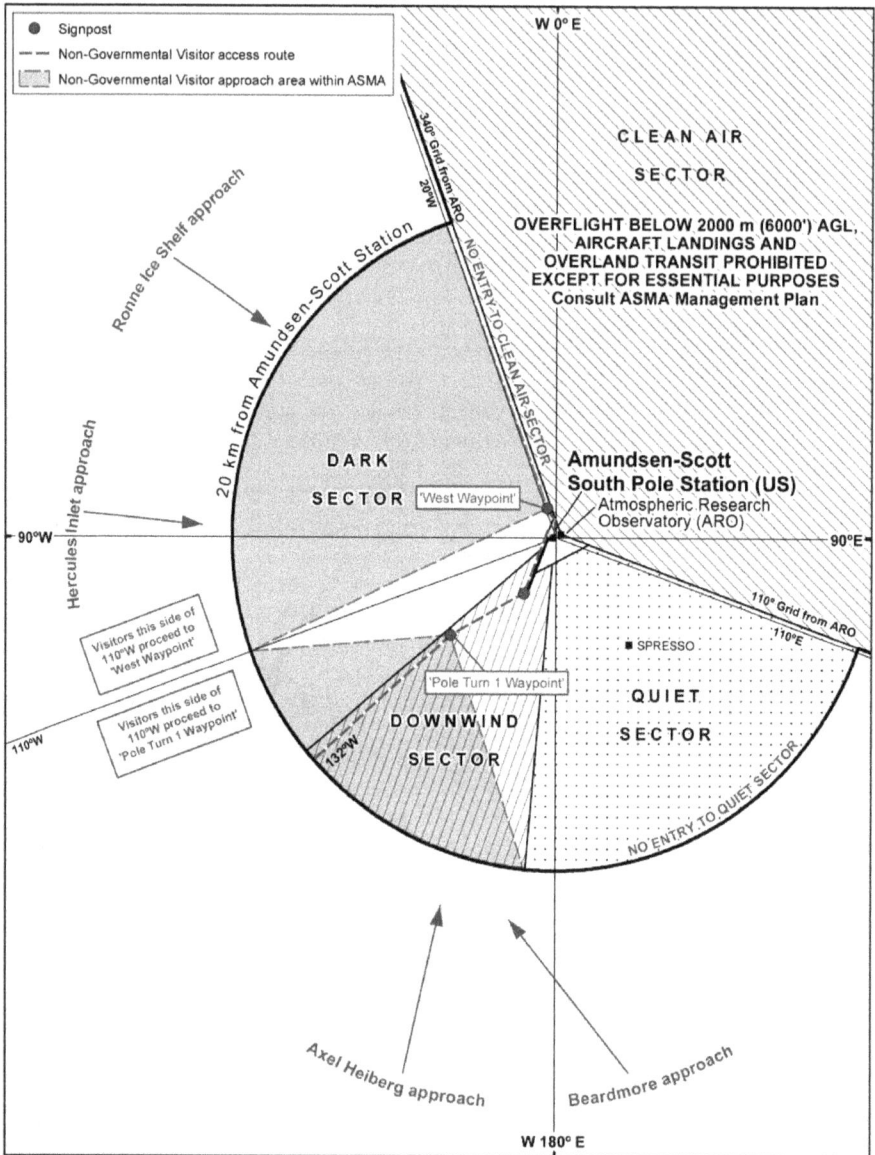

**Map 5: South Pole Non-Governmental Visitor approach routes & guidelines overview**

*23 May 2017 (Map ID: 10069.008.10)*
*United States Antarctic Program*
*Environmental Research & Assessment*

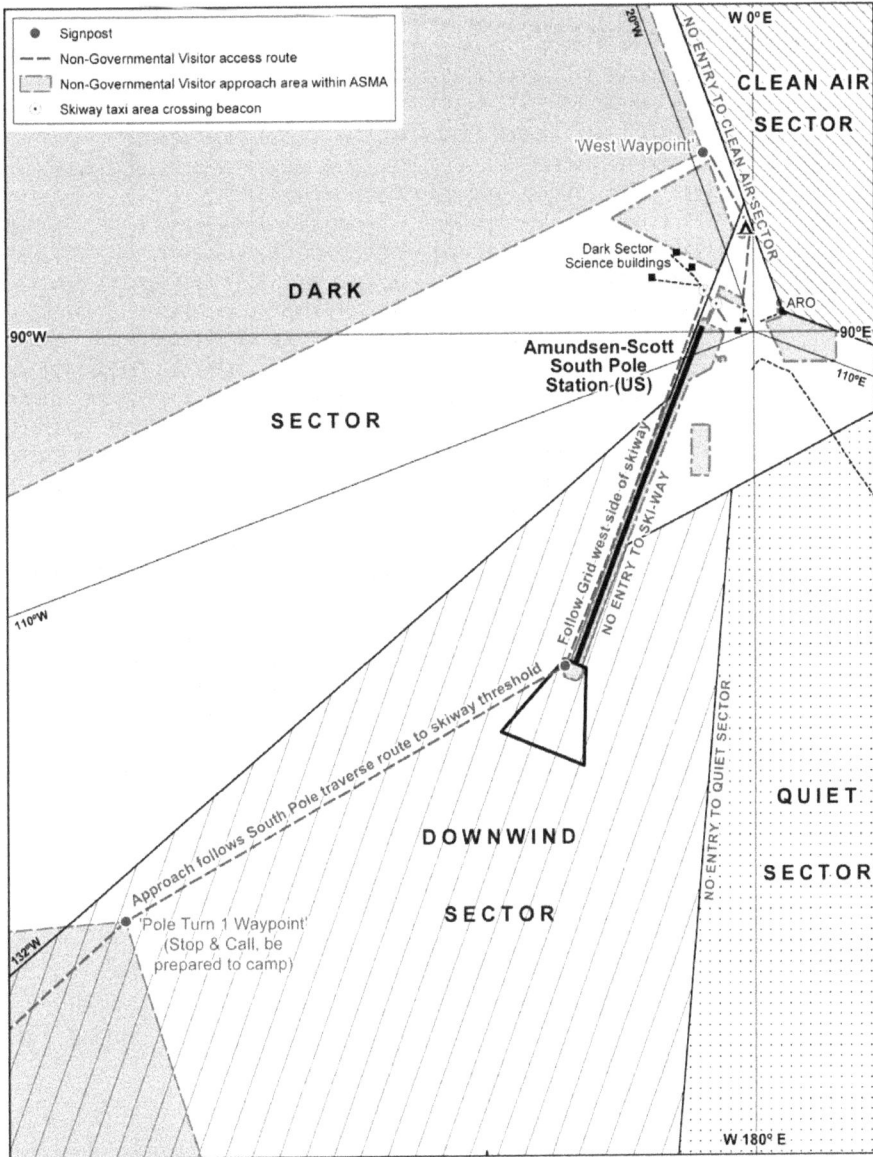

**Map 6: ASMA No. 5 - South Pole Non-Governmental Visitor approach guidelines**

03 Apr 2017 (Map ID: 10069-007-11)
United States Antarctic Program
Environmental Research & Assessment

Operations Zone
Restricted Zone
Downwind Sector
Dark Sector

Clean Air Sector
Quiet Sector
Hazardous Zone

Ski-way
Skiway threshold
Vehicle trail

Station building
Designated camping area
Ceremonial South Pole

GRID

0     1     2
Kilometers

Projection: Polar Stereographic;
Spheroid and horizontal datum: WGS84
Data source: ASMA boundary, Zones & Sectors
NGV access guidance: ERA (Feb 2017);
Infrastructure: ASC CAD Survey (2016/17)

# PARTE III

# Informes y discursos de apertura y cierre

# 1. Discursos de apertura y cierre

# Palabras pronunciadas por S.E. Zhang Gaoli
## Vice Primer Ministro del Consejo de Estado de la República Popular de China durante la sesión inaugural de la Cuadragésima Reunión Consultiva del Tratado Antártico

Beijing, 23 de mayo de 2017

## Defensa de los principios del Tratado Antártico y búsqueda de un desarrollo sostenible para la humanidad

Señor Presidente,

señores Delegados,

damas y caballeros,

amigos:

Les deseo un buen día. Mayo es una época de fortaleza y vitalidad en Beijing. Hace algunos días llevamos a cabo con éxito el Foro de la Franja y la Ruta para la Cooperación Internacional. Ahora nos encontramos presentes en la Cuadragésima Reunión Consultiva del Tratado Antártico y la Vigésima Reunión del Comité para la Protección del Medio Ambiente de la Antártida. China otorga muchísima importancia a la gobernanza y al desarrollo de la Antártida. El Presidente Xi Jinping hizo notar la enorme importancia de las expediciones científicas a la Antártida, una noble causa al servicio del progreso del bienestar humano. China está dispuesta a trabajar junto a la comunidad internacional en pos de mayores conocimientos, protección y un mejor uso de la Antártida. El Primer Ministro Li Keqiang recalcó que deberían profundizarse y ampliarse las expediciones a las zonas polares, y pasar también a niveles más elevados. Esta fue la primera ocasión en que China estuvo a cargo de organizar la Reunión Consultiva desde su adhesión al Tratado Antártico en 1983 y su paso al estado de Parte Consultiva en 1985. En representación del gobierno de China, desearía extender mis afectuosas felicitaciones por la apertura de la Reunión y una sincera bienvenida a todos los distinguidos invitados presentes.

Dada su singular ubicación geográfica y entorno medioambiental, la Antártida tiene una gran importancia en el cambio climático mundial, así como en la supervivencia y evolución del ser humano. El Tratado Antártico, suscrito en 1959, estableció el marco jurídico para la gobernanza de la Antártida y abrió un nuevo capítulo en la cooperación en la zona. Las Reuniones Consultivas del Tratado Antártico formularon luego el Protocolo al Tratado Antártico sobre Protección del Medio Ambiente y otros acuerdos y protocolos, y aprobaron las decisiones y medidas pertinentes. Durante los últimos 58 años, el sistema jurídico vinculado a la gobernanza antártica ha ido perfeccionándose en forma constante. Un mejor mecanismo de gobernanza ha ofrecido una robusta base jurídica para los conocimientos sobre la Antártida, así como para su protección y utilización. Bajo las normativas y orientaciones del Sistema del Tratado Antártico, y siguiendo sus principios básicos, en concreto, usar la Antártida exclusivamente para fines pacíficos, libertad para la investigación científica y la cooperación internacional, los países han trabajado en conjunto y han generado provechosos resultados en la investigación científica, la protección del medioambiente, el apoyo logístico y las inspecciones que se llevan a cabo en la Antártida.

La Reunión Consultiva del Tratado Antártico es una importante plataforma para el debate y la toma de decisiones en relación con los asuntos antárticos, y es el mecanismo multilateral más importante para la gobernanza antártica. Deberíamos continuar haciendo un buen uso de ella, impulsar el espíritu del Tratado Antártico y realizar infatigables esfuerzos por crear un mejor futuro para el desarrollo de la Antártida y del mundo entero.

Damas y caballeros,

amigos:

Como Parte Consultiva del Tratado Antártico, China se ha mantenido comprometida con los propósitos y principios del Tratado y con el conjunto de los intereses de la comunidad internacional, cumpliendo en forma activa sus derechos y obligaciones en virtud del Tratado, promoviendo constantemente la causa de la Antártida y aportando su sabiduría y fortaleza a la comprensión, protección y uso de la Antártida por la humanidad.

**China es un participante importante en la gobernanza de la Antártida.** Luego de su adhesión al Tratado en 1983, China ha participado de manera activa en los asuntos antárticos y ha contribuido a la creación de un orden pacífico, estable y ecológico en el continente. China ha suscrito casi todos los acuerdos e instrumentos internacionales de importancia en esta zona. Tras unirse a los principales mecanismos internacionales relativos a la Antártida, que incluyen la Reunión Consultiva del Tratado Antártico y su Comité para la Protección del Medio Ambiente y la Comisión para la Conservación de los Recursos Vivos Marinos Antárticos, China ha participado y cooperado en proyectos en los marcos relevantes. China es partidaria de las consultas realizadas en un plano de igualdad y de la toma conjunta de decisiones sobre la base del Sistema del Tratado Antártico, y solicita un sistema de gobernanza de la Antártida más inclusivo, racional y cooperativo. China otorga una gran importancia a las inspecciones realizadas en la Antártida. Hemos llevado a cabo inspecciones por cuenta propia y ofrecido apoyo a las inspecciones realizadas por otros países en un esfuerzo por garantizar la implementación eficaz de los propósitos y objetivos del Tratado Antártico.

**China es un firme contribuyente a la exploración de la Antártida.** Con el fin de explorar lo desconocido, adquirir conocimientos y promover el uso pacífico de la Antártida, China se ha dedicado a la investigación de cuestiones fronterizas relativas a la ciencia y el medioambiente de la Antártida para su protección y uso. Desde 1984, China ha realizado con éxito 33 expediciones científicas, con más de 5000 ingresos a la región antártica, ampliando aún más sus actividades de exploración. Los científicos chinos han llevado a cabo estudios sistemáticos de la geografía, climáticos, glaciológicos, geológicos, ecológicos y oceanográficos, y ha llegado a importantes conclusiones. China ha logrado también importantes avances en las expediciones científicas, en el desarrollo de capacidades y en la investigación y la aplicación científica, ha llevado a cabo cooperación en investigación bilateral y multilateral y ha contribuido debidamente a la exploración de la Antártida y al progreso de la ciencia antártica.

**China es una fuerza activa para la protección del medioambiente antártico.** La protección de la Antártida es uno de los principios que defiende el gobierno chino. Desde 1997, conforme a lo requerido por el Protocolo al Tratado Antártico sobre Protección del Medio Ambiente, China ha presentado 69 informes de evaluación sobre el efecto medioambiental de las actividades que se realizan en la Antártida, lo que cubre una variedad de ámbitos tales como las actividades de campo, la construcción de instalaciones y estudios científicos realizados en el lugar. China confiere una gran importancia a la protección y gestión de la Antártida, y ha propuesto, ya sea por cuenta propia o en colaboración con otros países, tres zonas especialmente protegidas, una zona especialmente administrada y dos sitios históricos, y ha formado constructivamente parte de los debates sobre áreas marinas protegidas en la Antártida. Para seguir promoviendo la protección del medioambiente de la Antártida, China, los Estados Unidos y Australia, entre otros, presentaron conjuntamente la iniciativa de una "expedición ecológica" ante el Comité para la Protección del Medio Ambiente para la promoción de expediciones más limpias y ecológicas en el futuro.

Damas y caballeros,

amigos:

"Todos los buenos principios deberían adecuarse a los tiempos cambiantes". El futuro de la Antártida incide en la supervivencia y el desarrollo de la humanidad. Un futuro pacífico, estable, ecológico y sustentable en la Antártida será en beneficio de cada habitante de nuestro planeta. Y es nuestra promesa para nuestros hijos y nietos. En el espíritu de paz, cooperación y estado de derecho que se consagra en el Tratado Antártico, deberíamos realizar esfuerzos concertados para crear un futuro brillante para el desarrollo de la Antártida y para promover la paz y la prosperidad en el mundo. Con ese fin, desearía formular una propuesta que consta de cinco puntos.

**En primer lugar, deberíamos insistir en el uso de la Antártida con fines pacíficos y trabajar para construir en la región una comunidad de futuro compartido para la humanidad. La paz y la estabilidad en la Antártida son requisitos previos fundamentales para todas las actividades que el ser humano lleva a cabo en la región.** Debemos tener presente y acatar en todo momento el principio estipulado en el Tratado Antártico de que "la Antártida continúe utilizándose siempre exclusivamente para fines pacíficos", y mantener y promover una paz, seguridad y estabilidad duraderas en la región, lo que redundará en beneficios para todos los países y para la comunidad internacional. Es necesario que sigamos aumentando la confianza política mutua y un sentido más firme de responsabilidad compartida. En el espíritu de inclusividad y aprendizaje recíproco, deberíamos redoblar nuestro diálogo y nuestras consultas, y elaborar planes y soluciones en conjunto a fin de abordar los problemas y desafíos que enfrenta la región, y garantizar el desarrollo racional e inclusivo de la Antártida.

**En segundo lugar, deberíamos salvaguardar el Sistema del Tratado Antártico y perfeccionar el sistema de gobernanza basado en normas de la Antártida.** Puesto que el actual mecanismo de gobernanza basado en el Sistema del Tratado Antártico funciona bien, nosotros, en calidad de Partes, deberíamos seguir desarrollando la gobernanza de la Antártida dentro de ese marco. Debería mantenerse el principio de consenso y la Reunión Consultiva del Tratado Antártico debería desempeñar a cabalidad su función en la toma de decisiones y en la coordinación. En vista de las cambiantes circunstancias en la Antártida, se necesita perfeccionar la formulación de normas internacionales en todos los ámbitos relacionados con la región. También debe prestarse atención a la formulación de dichas normas más allá del Sistema del Tratado Antártico con el fin de mejorar la coordinación y la interacción entre las instituciones de gobernanza de la Antártida y los demás mecanismos internacionales pertinentes.

**En tercer lugar, deberíamos poner el acento en las consultas realizadas en un plano de igualdad y en mutuo beneficio, y hacer de la Antártida un nuevo escenario para la cooperación internacional.** El Tratado Antártico se fundó basado en la cooperación, y evolucionó por medio de esta. En la futura gobernanza de la Antártida, deberíamos seguir trabajando en pos de consultas realizadas en un plano de igualdad y de una gobernanza cooperativa, hacer uso de las actuales instituciones y plataformas bilaterales y multilaterales, y seguir ampliando el ámbito y alcance de la cooperación antártica. Es necesario promover la cooperación internacional a largo plazo, constante e institucionalizada a través de proyectos de cooperación específicos. Debería aumentarse el nivel de cooperación, y los resultados de esta deberían aplicarse en forma correcta a fin de producir los servicios y apoyo necesarios. Esto tiene como propósito garantizar la eficaz gobernanza de la Antártida y aportar los beneficios de la protección y uso de la Antártida para toda la humanidad.

**En cuarto lugar, deberíamos mantener la libertad de la investigación científica en la Antártida y seguir consolidando las bases científicas para su protección y uso.** Los conocimientos del ser humano con respecto a la Antártida siguen siendo muy limitados. La investigación científica de la Antártida es un importante terreno en el que podemos develar los secretos de la naturaleza y encontrar nuevos espacios de desarrollo. Los actuales esfuerzos en este campo tendrán un impacto de gran alcance en el futuro. Deberíamos mantener nuestra adhesión al principio de libertad de investigación científica que consagra el Tratado Antártico. Necesitamos centrar nuestros esfuerzos en el perfeccionamiento de los planes de investigación científica y en fortalecer nuestras capacidades de investigación y aprendizaje. Nuestra prioridad debería ser la investigación del impacto del cambio climático y medioambiental mundial, y en los ámbitos emergentes y fronterizos. Es necesario que aprendamos más acerca de las leyes que rigen el cambio y la evolución en la Antártida, basar nuestra toma de decisiones en fundamentos científicos mientras tomamos las decisiones correctas para promover el progreso científico, con lo que se afianzarán los cimientos científicos de la protección y el uso de la Antártida.

**En quinto lugar, deberíamos proteger el entorno natural de la Antártida y garantizar el equilibrio ecológico y el desarrollo sostenible de la región.** Con su singular clima y geografía, la Antártida tiene un delicado entorno natural y un sistema ecológico vulnerable a los efectos generados desde el exterior. Mientras exploramos y utilizamos a la Antártida, deberíamos buscar métodos apropiados y coordinados para abordar los problemas en todas las zonas de la Antártida y prestar mucha atención a la protección de su sistema ecológico. Es necesario lograr un equilibrio adecuado entre la protección y la utilización de la Antártida a fin de lograr el desarrollo ecológico y sostenible del continente y liberar su potencial y valor para la promoción del progreso científico, el crecimiento económico y la sostenibilidad cultural para la humanidad.

Para concluir, es mi deseo que la Cuadragésima Reunión Consultiva del Tratado Antártico y la Vigésima Reunión del Comité para la Protección del Medio Ambiente tengan un éxito rotundo. Espero que todos los invitados tengan una placentera estadía en Beijing.

Gracias.

# 2. Informes de Depositarios y Observadores

# Informe del Gobierno Depositario del Tratado Antártico y su Protocolo de conformidad con la Recomendación XIII-2

*Documento de Información presentado por Estados Unidos*

Este informe abarca los acontecimientos relativos al Tratado Antártico y su Protocolo al Tratado Antártico sobre Protección del Medio Ambiente.

El año pasado, no se registraron nuevas adhesiones al Tratado. Hubo una adhesión al Protocolo durante el último año: Malasia depositó su instrumento de adhesión al Protocolo el 15 de agosto de 2016. Además, Suiza depositó su instrumento de ratificación del Protocolo, que incluye el Anexo V, el 2 de mayo de 2017. Tanto el Protocolo como el Anexo V entran en vigor para Suiza el 1 de junio de 2017. En total, hay cincuenta y tres (53) Partes al Tratado Antártico y treinta y nueve (39) Partes al Protocolo.

Los siguientes países notificaron haber designado personas declaradas como árbitros de conformidad con el Artículo 2 (1) del programa del Protocolo:

| | | |
|---|---|---|
| Bulgaria | Guenka Beleva | 30 de julio de 2004 |
| Chile | Emb. María Teresa Infante | junio 2005 |
| | Emb. Jorge Berguño | junio 2005 |
| | Francisco Orrego | junio 2005 |
| Finlandia | Emb. Holger Bertil Rotkirch | 14 de junio de 2006 |
| India | Prof. Upendra Baxi | 6 de octubre de 2004 |
| | Ajai Saxena | 6 de octubre de 2004 |
| | Dr. N. Khare | 6 de octubre de 2004 |
| Japón | Juez Shunji Yanai | 18 de julio de 2008 |
| Rep. de Corea | Prof. Park Ki Gab | 21 de octubre de 2008 |
| Estados Unidos | Prof. Daniel Bodansky | 1 de mayo de 2008 |
| | David Colson | 1 de mayo de 2008 |

Se adjuntan los listados de las partes al Tratado, al Protocolo y de las Recomendaciones/Medidas y sus aprobaciones.

**Fecha de la medida más reciente: 13 de octubre, 2015**

**El Tratado Antártico**

Realizado:       Washington, 1 de diciembre de 1959

Entrada en vigor:  23 de junio, 1961
En conformidad con el Artículo XIII, el Tratado estaba sujeto a la ratificación de los Estados signatarios y abierto a la adhesión de cualquier Estado que sea Miembro de las Naciones Unidas, o de cualquier otro Estado que pueda ser invitado a adherirse al Tratado con el consentimiento de todas las Partes Contratantes cuyos representantes estén facultados a participar en las reuniones previstas en el Artículo IX del Tratado; los instrumentos de ratificación y los de adhesión serán depositados ante el Gobierno de los Estados Unidos de América. Cuando todos los Estados signatarios depositen los instrumentos de ratificación, el presente Tratado entrará en vigor para dichos Estados y para los Estados que hayan depositado sus instrumentos de adhesión. En lo sucesivo, el Tratado entra en vigor para cualquier Estado adherente una vez que haya depositado su instrumento de adhesión.

*Leyenda:* (sin marcas) = ratificación; a = adhesión; d = sucesión; w = renuncia o acción equivalente

| Participante | Firma | Consentimiento vinculante | | Otra acción | Notas |
|---|---|---|---|---|---|
| Argentina | 1 de diciembre, 1959 | 23 de junio, 1961 | | | |
| Australia | 1 de diciembre, 1959 | 23 de junio, 1961 | | | |
| Austria | | 25 de agosto, 1987 | a | | |
| Belarús | | 27 de diciembre, 2006 | a | | |
| Bélgica | 1 de diciembre, 1959 | 26 de julio, 1960 | | | |
| Brasil | | 16 de mayo, 1975 | a | | |
| Bulgaria | | 11 de septiembre, 1978 | a | | |
| Canadá | | 4 de mayo, 1988 | a | | |
| Chile | 1 de diciembre, 1959 | 23 de junio, 1961 | | | |
| China | | 8 de junio, 1983 | a | | |
| Colombia | | 31 de enero, 1989 | a | | |
| Cuba | | 16 de agosto, 1984 | a | | |
| República Checa | | 1 de enero, 1993 | d | | 1 |
| Dinamarca | | 20 de mayo, 1965 | a | | |
| Ecuador | | 15 de septiembre, 1987 | a | | |
| Estonia | | 17 de mayo, 2001 | a | | |
| Finlandia | | 15 de mayo, 1984 | a | | |
| Francia | 1 de diciembre, 1959 | 16 de septiembre, 1960 | | | |
| Alemania | | 5 de febrero, 1979 | a | | 2 |

| | | | | | |
|---|---|---|---|---|---|
| Grecia | | 8 de enero, 1987 | a | | |
| Guatemala | | 31 de julio, 1991 | a | | |
| Hungría | | 27 de enero, 1984 | a | | |
| Islandia | | 13 de octubre, 2015 | a | | |
| India | | 19 de agosto, 1983 | a | | |
| Italia | | 18 de marzo, 1981 | a | | |
| Japón | 1 de diciembre, 1959 | 4 de agosto, 1960 | | | |
| Kazajstán | | 27 de enero, 2015 | a | | |
| Corea (RDPC) | | 21 de enero, 1987 | a | | |
| Corea (RdC) | | 28 de noviembre, 1986 | a | | |
| Malasia | | 31 de octubre, 2011 | a | | |
| Mónaco | | 31 de mayo, 2008 | a | | |
| Mongolia | | 23 de marzo, 2015 | a | | |
| Países Bajos | | 30 de marzo, 1967 | a | | 3 |
| Nueva Zelandia | 1 de diciembre, 1959 | 1 de noviembre, 1960 | | | |
| Noruega | 1 de diciembre, 1959 | 24 de agosto, 1960 | | | |
| Pakistán | | 1 de marzo, 2012 | a | | |
| Papúa Nueva Guinea | | 16 de marzo, 1981 | d | | 4 |
| Perú | | 10 de abril, 1981 | a | | |
| Polonia | | 8 de junio, 1961 | a | | |
| Portugal | | 29 de enero, 2010 | a | | |
| Rumania | | 15 de septiembre, 1971 | a | | 5 |
| Federación de Rusia | 1 de diciembre, 1959 | 2 de noviembre, 1960 | | | 6 |
| República de Eslovaquia | | 1 de enero, 1993 | d | | 7 |
| Sudáfrica | 1 de diciembre, 1959 | 21 de junio, 1960 | | | |
| España | | 31 de marzo, 1982 | a | | |
| Suecia | | 24 de abril, 1984 | a | | |
| Suiza | | 15 de noviembre, 1990 | a | | |
| Turquía | | 24 de enero, 1996 | a | | |
| Ucrania | | 28 de octubre, 1992 | a | | |
| Reino Unido | 1 de diciembre, 1959 | 31 de mayo, 1960 | | | |
| Estados Unidos | 1 de diciembre, 1959 | 18 de agosto, 1960 | | | |
| Uruguay | | 11 de enero, 1980 | a | | 8 |
| Venezuela | | 24 de marzo, 1999 | a | | |

---

[1] Fecha efectiva de sucesión de la República Checa. Checoslovaquia depositó un instrumento de adhesión al Tratado el 14 de junio de 1962. El 31 de diciembre de 1992, a la medianoche, Checoslovaquia dejó de existir y fue sucedida por dos Estados separados e independientes, la República Checa y la República de Eslovaquia.

[2] La Embajada de la República Federal de Alemania en Washington hizo llegar al Departamento de Estado

norteamericano una nota diplomática, fechada el 2 de octubre de 1990, que reza lo siguiente:

"La Embajada de la República Federal de Alemania saluda al Ministerio de Relaciones Exteriores y tiene el honor de informar al Gobierno de Estados Unidos de Norteamérica, en su calidad de Gobierno depositario del Tratado Antártico, que, a través de la adhesión de la República Democrática Alemana a la República Federal Alemana que entrará en vigor el 3 de octubre de 1990, ambos Estados alemanes habrán de unirse para formar un solo Estado soberano que, en su calidad de Parte Contratante del Tratado Antártico, seguirá vinculado por las cláusulas del Tratado y sujeto a aquellas recomendaciones ratificadas en las quince reuniones consultivas aprobadas por la República Federal de Alemania. A partir de la fecha de la unidad Alemana, la República Federal de Alemania fungirá bajo la denominación "Alemania" en el marco del Sistema Antártico.

"La Embajada agradecerá al Gobierno de los Estados Unidos de Norteamérica de tener a bien informar a todas las Partes Contratantes del Tratado Antártico del contenido de la presente nota.
"La Embajada de la República Federal de Alemania aprovecha esta oportunidad para renovar al Ministerio de Relaciones Exteriores de los Estados Unidos de Norteamérica su más alta consideración."

Antes de la unificación, el 19 de noviembre de 1974, la República Democrática Alemana depositó un instrumento de adhesión al Tratado, acompañado por una declaración y su traducción al inglés del Ministerio de Relaciones Exteriores norteamericano que reza lo siguiente:

"La República Democrática Alemana considera que el Artículo XIII, párrafo 1, del Tratado no es congruente con el principio de que todos los Estados que se orientan en sus políticas por los propósitos y principios de la Carta de las Naciones Unidas tienen el derecho de ser Parte a los tratados que afectan los intereses de todos los Estados".

Por consiguiente, el 5 de febrero de 1979, la República Federal de Alemania depositó un instrumento de adhesión acompañado de una declaración y su traducción al inglés proporcionada por la Embajada de la República Federal de Alemania, que dice lo siguiente:

"Estimado Sr. Secretario:
"En conexión con el depósito con fecha de hoy, del instrumento de adhesión al Tratado Antártico suscrito en Washington el 1 de diciembre de 1959, tengo el honor de declarar en representación de la República Federal de Alemania que, con efecto a partir del día en que el Tratado entre en vigor para la República Federal de Alemania, aplicará también para Berlín (Occidental) sujeto a los derechos y responsabilidades de la Republica de Francia, el Reino Unido de Gran Bretaña e Irlanda del Norte y los Estados Unidos de Norteamérica, incluidos aquellos relacionados con el desarme y desmilitarización.
"Acepte, Excelencia, la expresión de mi más alta consideración".

[3]El instrumento de adhesión al Tratado de los Países Bajos establece que el acceso es para el Reino en Europa, Suriname y las Antillas Neerlandesas.

Suriname se convirtió en un Estado independiente el 25 de noviembre de 1975.

La Real Embajada de los Países Bajos en Washington transmitió al Departamento de Estado una nota diplomática, con fecha del 9 de enero de 1986, que reza lo siguiente:

"La Embajada del Reino de los Países Bajos saluda al Departamento de Estado y tiene el honor de solicitar la atención del Departamento sobre lo siguiente, en relación con la capacidad del Departamento como depositario [del Tratado Antártico].
"Efectivo el 1 de enero de 1986, la isla de Aruba —anteriormente parte de las Antillas Neerlandesas— obtuvo autonomía interna como país dentro del Reino de los Países Bajos. Por consiguiente, el Reino de los Países Bajos, a partir del 1 de enero de 1986, consiste en tres países, a saber: los Países Bajos propiamente dichos, las Antillas Neerlandesas y Aruba.
"Puesto que el evento mencionado anteriormente afecta solo a un cambio en las relaciones constitucionales al interior del Reino de los Países Bajos, y que el Reino como tal, de acuerdo con la legislación internacional, seguirá siendo el sujeto con el que se pacten los tratados, el cambio anterior mencionado no tendrá consecuencias en la legislación internacional relativa a tratados pactados por el Reino, cuya aplicación se extienda a las Antillas Neerlandesas, incluida Aruba.
"Estos tratados, por lo tanto, seguirán siendo aplicables para Aruba en su nuevo Estado como país autónomo dentro del Reino de los Países Bajos, efectivo el 1 de enero de 1986".
"Consecuentemente el [Tratado Antártico] del que forma parte el Reino de los Países Bajos, y que [ha] sido ampliado a las Antillas Neerlandesas, se aplicará a partir del 1 de enero de 1986 a los tres países del Reino de los Países Bajos.
"La Embajada apreciaría que las otras partes interesadas fueran notificadas de lo anterior.

"La Embajada del Reino de los Países Bajos aprovecha esta oportunidad para renovar al Departamento de Estado las garantías de su mayor consideración".

La Embajada del Reino de los Países Bajos en Washington transmitió al Departamento de Estado una nota diplomática, con fecha del 6 de octubre de 2010, que, en la parte correspondiente, dice lo siguiente:

"El Reino de los Países Bajos consiste actualmente de tres partes: los Países Bajos, las Antillas Neerlandesas y Aruba. Las Antillas Neerlandesas son las islas de Curazao, San Martín, Bonaire, San Eustaquio y Saba.

"Con efecto a partir del 10 de octubre de 2010, las Antillas Neerlandesas dejarán de existir como parte del Reino de los Países Bajos. Desde esa fecha en adelante, el Reino consistirá en cuatro partes: los Países Bajos, Aruba, Curazao y San Martín. Curazao y San Martín disfrutarán de un gobierno interno autónomo dentro del Reino, al igual que Aruba y, hasta el 10 de octubre de 2010, las Antillas Neerlandesas.

"Estos cambios son una modificación de las relaciones constitucionales internas en el Reino de los Países Bajos. El Reino de los Países Bajos permanecerá, en consecuencia, como sujeto de legislación internacional con el que se concluirán los acuerdos. Por lo tanto, la modificación de la estructura del Reino no afectará la validez de los acuerdos internacionales ratificados por el Reino para las Antillas Neerlandesas; y estos acuerdos seguirán aplicándose a Curazao y San Martín.

"Las otras islas que hasta ahora han formado parte de las Antillas Neerlandesas —Bonaire, San Eustaquio y Saba— serán parte de los Países Bajos, constituyendo así 'la parte caribeña de los Países Bajos'. Los acuerdos que se aplican actualmente a las Antillas Neerlandesas seguirán aplicándose a estas islas; no obstante, el gobierno de los Países Bajos será entonces responsable de implementar estos acuerdos".

[4] Fecha de depósito de notificación de sucesión por Papúa Nueva Guinea; vigente a partir de 16 de septiembre de 1975, fecha de su independencia.

[5] El instrumento de adhesión de Rumania al Tratado fue acompañado por una nota del Embajador de la República Socialista de Rumania ante los Estados Unidos de América, fechada el 15 de septiembre de 1971, que reza lo siguiente:

"Estimado Sr. Secretario:

"Al presentarle el instrumento de adhesión de la República Socialista de Rumania al Tratado Antártico, firmado en Washington el 1 de diciembre de 1959, tengo el honor de informar a usted lo siguiente:

'El Consejo de Estado de la República Socialista de Rumania señala que las cláusulas contenidas en el primer párrafo del Artículo XIII del Tratado Antártico no están en consonancia con el principio según el cual los tratados multilaterales cuyos objetivos y metas atañen a la comunidad internacional en su conjunto deberían quedar abiertos a la participación universal'.

"Solicito a usted tenga la gentileza, señor Ministro, de trasmitir a las partes concernidas el texto del instrumento de adhesión rumano al Tratado Antártico así como el texto de la presente carta que contiene la declaración del Gobierno rumano mencionada anteriormente.

"Aprovecho esta oportunidad para renovar a usted, señor Ministro, mi más alta consideración".

El Secretario de Estado de Estados Unidos hizo circular copias de la carta del Embajador y del instrumento de adhesión al Tratado de Rumania a las partes al Tratado Antártico con una nota circular fechada el 1 de octubre de 1971.

[6] El tratado fue suscrito y ratificado por la ex Unión de Repúblicas Socialistas Soviéticas. Mediante una nota fechada el 13 de enero de 1992, la Federación de Rusia informó al Gobierno de los Estados Unidos que "sigue gozando de los derechos y cumpliendo con las obligaciones derivados de los acuerdos internacionales firmados por la Unión de Repúblicas Socialistas Soviéticas".

[7] Fecha efectiva de sucesión de la República de Eslovaquia. Checoslovaquia depositó un instrumento de adhesión al Tratado el 14 de junio de 1962. El 31 de diciembre de 1992, a la medianoche, Checoslovaquia dejó de existir y fue sucedida por dos Estados separados e independientes, la República Checa y la República de Eslovaquia.

[8] El instrumento de adhesión al Tratado de Uruguay vino acompañado por una declaración y su traducción al inglés del Departamento de Estado norteamericano que dice lo siguiente:

"El Gobierno de la República Oriental del Uruguay considera que, a través de su adhesión al Tratado Antártico firmado en Washington (Estados Unidos de Norteamérica) el 1 de diciembre de 1959, colabora en afirmar los principios por los cuales se usa a la Antártida exclusivamente con fines pacíficos, de prohibir toda explosión nuclear o eliminación de desechos radioactivos en la zona, el respeto por la libertad de la investigación científica en la Antártida al servicio de la humanidad y el principio de la cooperación internacional para lograr estos objetivos, los cuales han quedado fijados en dicho Tratado. "En el contexto de estos principios, Uruguay propone, a través de un procedimiento basado en el principio de igualdad jurídica, el establecimiento de un estatuto general y definitivo sobre la Antártida en el cual, respetando los derechos de los Estados tal como han quedado conformados en derecho internacional, los intereses de todos los Estados participantes y de la comunidad internacional en su conjunto se consideren equitativamente.

"La decisión del Gobierno uruguayo de adherir al Tratado Antártico está basada no solamente en los intereses que — al igual que todos los miembros de la comunidad internacional— tiene Uruguay en la Antártida, sino también en un interés especial directo y sustantivo que surge de su ubicación geográfica, del hecho de que su línea costera atlántica se encuentra frente al continente Antártico, de la influencia resultante en su clima, ecología y biología marina, de los vínculos históricos que se remontan a las primeras expediciones que fueran a explorar ese continente y sus aguas, y de sus obligaciones asumidas de conformidad con el Tratado Interamericano de Asistencia Recíproca, el cual incluye una parte del territorio Antártico en la zona descrita en el Artículo 4, en virtud del cual Uruguay comparte la responsabilidad de defender la región.

"Al comunicar su decisión de adherir al Tratado Antártico, el Gobierno de la República Oriental del Uruguay declara que hace una reserva de sus derechos en la Antártida de conformidad con el derecho internacional".

## PROTOCOLO AL TRATADO ANTÁRTICO SOBRE PROTECCIÓN DEL MEDIOAMBIENTE

Suscrito en Madrid el 4 de octubre de 1991*

| Estado | Fecha de firma | Fecha de depósito de notificación, Aceptación (A) o Aprobación (AA) | Fecha de depósito de adhesión | Fecha de entrada en vigor | Fecha de aceptación del ANEXO V** | Fecha de entrada en vigor del Anexo V |
|---|---|---|---|---|---|---|
| **PARTES CONSULTIVAS** | | | | | | |
| Argentina | oct 4, 1991 | oct 28, 1993 [3] | | ene 14, 1998 | sep 8, 2000 (A) | may 24, 2002 |
| Australia | oct 4, 1991 | abr 6, 1994 | | ene 14, 1998 | ago 4, 1995 (A)<br>abr 6, 1994 (A)<br>jun 7, 1995 (B) | may 24, 2002 |
| Bélgica | oct 4, 1991 | abr 26, 1996 | | ene 14, 1998 | abr 26, 1996 (A)<br>oct 23, 2000 (B) | may 24, 2002 |
| Brasil | oct 4, 1991 | ago 15, 1995 | | ene 14, 1998 | may 20, 1998 (B) | may 24, 20C2 |
| Bulgaria | | | abr 21, 1998 | may 21, 1998 | may 5, 1999 (AB) | may 24, 2002 |
| Chile | oct 4, 1991 | ene 11, 1995 | | ene 14, 1998 | mar 25, 1998 (B) | may 24, 2002 |
| China | oct 4, 1991 | ago 2, 1994 | | ene 14, 1998 | ene 26, 1995 (AB) | may 24, 2002 |
| Rep. Checa[1,2] | ene 1, 1993 | ago 25, 2004 4 | | sep 24, 2004 | abr 23, 2014 (B) | |
| Ecuador | oct 4, 1991 | ene 4, 1993 | | ene 14, 1998 | may 11, 2001 (A)<br>nov 15, 2001 (B) | may 24, 2002 |
| Finlandia | oct 4, 1991 | nov 1, 1996 (A) | | ene 14, 1998 | nov 1, 1996 (A)<br>abr 2, 1997 (B) | may 24, 2002 |
| Francia | oct 4, 1991 | feb 5, 1993 (AA) | | ene 14, 1998 | abr 26, 1995 (B)<br>nov 18, 1998 (A) | may 24, 2002 |
| Alemania | oct 4, 1991 | nov 25, 1994 | | ene 14, 1998 | nov 25, 1994 (A)<br>sep 1, 1998 (B) | may 24, 2002 |
| India | 2 de julio, 1992 | abr 26, 1996 | | ene 14, 1998 | may 24, 2002 (B) | may 24, 20C2 |
| Italia | oct 4, 1991 | mar 31, 1995 | | ene 14, 1998 | may 31, 1995 (A)<br>feb 11, 1998 (B) | may 24, 2002 |
| Japón | sep 29, 1992 | dic 15, 1997 (A) | | ene 14, 1998 | dic 15, 1997 (AB) | may 24, 20C2 |
| Rep. de Corea | 2 de julio, 1992 | ene 2, 1996 | | ene 14, 1998 | jun 5, 1996 (B) | may 24, 2002 |
| Países Bajos | oct 4, 1991 | abr 14, 1994 (A) 6 | | ene 14, 1998 | mar 18, 1998 (B) | may 24, 2002 |
| Nueva Zelandia | oct 4, 1991 | dic 22, 1994 | | ene 14, 1998 | oct 21, 1992 (B) | may 24, 2002 |
| Noruega | oct 4, 1991 | jun 16, 1993 | | ene 14, 1998 | oct 13, 1993 (B) | may 24, 2002 |
| Perú | oct 4, 1991 | mar 8, 1993 | | ene 14, 1998 | mar 8, 1993 (A)<br>mar 17, 1999 (B) | may 24, 2002 |
| Polonia | oct 4, 1991 | nov 1, 1995 | | ene 14, 1998 | sep 20, 1995 (B) | may 24, 2002 |
| Federación de Rusia | oct 4, 1991 | ago 6, 1997 | | ene 14, 1998 | jun 19, 2001 (B) | may 24, 2002 |
| Sudáfrica | oct 4, 1991 | ago 3, 1995 | | ene 14, 1998 | jun 14, 1995 (B) | may 24, 2002 |
| España | oct 4, 1991 | 1 de julio, 1992 | | ene 14, 1998 | dic 8, 1993 (A)<br>feb 18, 2000 (B) | may 24, 2002 |

*Informe Final de la XL RCTA*

| | | | | |
|---|---|---|---|---|
| Suecia | oct 4, 1991 | mar 30, 1994 | ene 14, 1998 | mar 30, 1994 (A)<br>abr 7, 1994 (B) |
| Ucrania | | | | may 25, 2001 |
| Reino Unido | oct 4, 1991 | abr 25, 1995 [5] | jun 24, 2001 | may 25, 2001 (A) |
| Estados Unidos | oct 4, 1991 | abr 17, 1997 | ene 14, 1998 | may 21, 1996 (B)<br>abr 17, 1997 (A) |
| | | | ene 14, 1998 | may 6, 1998 (B) |
| Uruguay | oct 4, 1991 | ene 11, 1995 | ene 14, 1998 | may 15, 1995 (B) |

---

**Lo siguiente denota fechas relacionadas ya sea
con la aceptación del Anexo V o con la aprobación de la Recomendación XVI-10
(A) Aceptación del Anexo V (B) Aprobación de la Recomendación XVI-10

200

| Estado | Fecha de Firma | Ratificación aceptación o aprobación | Fecha del depósito de adhesión | Fecha de entrada en vigor | Fecha aceptación ANEXO V** | Fecha de entrada en vigor del Anexo V |
|---|---|---|---|---|---|---|
| **PARTES NO CONSULTIVAS** | | | | | | |
| Austria | oct 4, 1991 | | 16 de julio, 2008 | ago 15, 2008 | | |
| Belarús | oct 4, 1991 | nov 13, 2003 | | dic 13, 2003 | | |
| Canadá | oct 4, 1991 | | | | | |
| Colombia | | | | | | |
| Cuba | 2 de julio, 1992 | | | | | |
| Dinamarca | | | | | | |
| Estonia | | | | | | |
| Grecia | oct 4, 1991 | may 23, 1995 | | ene 14, 1998 | | |
| Guatemala | | | | | | |
| Hungría | oct 4, 1991 | | | | | |
| Rep. Pop. Dem. de Corea | oct 4, 1991 | | | | | |
| Malasia | | | ago 15, 2016 | sep 14, 2016 | | |
| Mónaco | | | 1 de julio, 2009 | 31 de julio, 2009 | | |
| Pakistán | | | mar 1, 2012 | mar 31, 2012 | | |
| Papúa Nueva Guinea | | | | | | |
| Portugal | oct 4, 1991 | | sep 10, 2014 | oct 10, 2014 | | |
| Rumania Rep. de | oct 4, 1991 | feb 3, 2003 | | mar 5, 2003 | feb 3, 2003 | mar 5, 2003 |
| Eslovaquia[1,2] | ene 1, 1993 | may 2, 2017[7] | | jun 1, 2017 | may 2, 2017 | jun 1, 2017 |
| Suiza | oct 4, 1991 | | | | | |
| Turquía | | | | | | |
| Venezuela | | | ago 1, 2014 | ago 31, 2014 | | |

* Suscrito en Madrid el 4 de octubre de 1991; en lo sucesivo en Washington hasta el 3 de octubre de 1992.
El Protocolo entrará en vigor inicialmente el trigésimo día siguiente a la fecha de depósito de los instrumentos de ratificación, aceptación, aprobación o adhesión de todos los Estados que sean Partes Consultivas del Tratado Antártico en la fecha de aprobación de este Protocolo. (Artículo 23)

**Aprobado en Bonn el 17 de octubre de 1991 en la XVI Reunión Consultiva del Tratado Antártico.

1. Firmado por las Repúblicas Federales Checa y Eslovaca el 2 de octubre de 1992 - Checoslovaquia acepta la jurisdicción de la Corte Internacional de Justicia y el Tribunal de Arbitraje para la resolución de disputas en conformidad con lo establecido en el Artículo 19, párrafo 1. El 31 de diciembre de 1992,

a la medianoche, Checoslovaquia dejó de existir y fue sucedida por dos Estados separados e independientes, la República Checa y la República de Eslovaquia

2. Fecha efectiva de sucesión con respecto a la firma de Checoslovaquia, sujeta a ratificación por parte de las Repúblicas Checa y Eslovaca.

3. Acompañada de una declaración con traducción informal proporcionada por la Embajada de Argentina, que reza así: "La República Argentina declara que dado que el Protocolo al Tratado Antártico sobre Protección del Medio Ambiente es un Acuerdo Complementario del Tratado Antártico, y que su Artículo 4 respeta totalmente lo dispuesto por el Artículo IV, inciso 1, párrafo A) de dicho Tratado, ninguna de sus estipulaciones deberá interpretarse o aplicarse como afectando sus derechos, fundados en títulos jurídicos, actos de posesión, contigüidad y continuidad geológica en la región comprendida al sur del paralelo 60, en la que ha proclamado y mantiene su soberanía".

4. Acompañada de una declaración con traducción informal proporcionada por la Embajada de la República Checa, que reza así: "La República Checa acepta la jurisdicción de la Corte Internacional de Justicia y el Tribunal de Arbitraje para el establecimiento de disputas de acuerdo con el Artículo 19, párrafo 1 del Protocolo al Tratado Antártico sobre Protección del Medio Ambiente, ratificado en Madrid el 4 de octubre de 1991".

5. Ratificación en nombre del Reino Unido de Gran Bretaña e Irlanda del Norte, el Bailiazgo de Jersey, el Bailiazgo de Guernsey, la isla de Man, Anguilla, Bermuda, el Territorio Antártico Británico, las islas Caimán, las islas Malvinas (Falkland Islands), Montserrat Santa Helena y sus dependencias, las islas Georgias y Sandwich del Sur, las islas Turcas y Caicos, y las islas Vírgenes Británicas.

6. La aceptación es para el Reino en Europa. Al momento de la aceptación, el Reino de los Países Bajos declaró que escoge ambos medios para la resolución de las disputas mencionados en el Artículo 19, párrafo 1 del Protocolo, esto es, la Corte Internacional de Justicia y el Tribunal de Arbitraje.

El 27 de octubre de 2004, el Reino de los Países Bajos depositó un instrumento, fechado el 15 de octubre de ese año, en el que declara que el Reino de los Países Bajos acepta el Protocolo para las Antillas Neerlandesas con una declaración que confirma que escoge ambos medios mencionados en el Artículo 19, párrafo 1, del Protocolo para la resolución de disputas.

La Embajada del Reino de los Países Bajos en Washington transmitió al Departamento de Estado una nota diplomática, con fecha del 6 de octubre de 2010, que en la parte correspondiente, dice lo siguiente:

"El Reino de los Países Bajos consiste actualmente de tres partes: Holanda, las Antillas Neerlandesas y Aruba. Las Antillas Neerlandesas son las islas de Curazao, San Martín, Bonaire, San Eustaquio y Saba.

"Con efecto a partir del 10 de octubre de 2010, las Antillas Neerlandesas dejarán de existir como parte del Reino de los Países Bajos. Desde esa fecha en adelante, el Reino consistirá en cuatro partes: Holanda, Aruba, Curazao y San Martín. Curazao y San Martín disfrutarán de un gobierno interno autónomo dentro del Reino, al igual que Aruba y, hasta el 10 de octubre de 2010, las Antillas Neerlandesas.

"Estos cambios son una modificación de las relaciones constitucionales internas en el Reino de los Países Bajos. El Reino de los Países Bajos permanecerá, en consecuencia, como sujeto de legislación internacional con el que se concluirán los acuerdos. Por lo tanto, la modificación de la estructura del Reino no afectará la validez de los acuerdos internacionales ratificados por el Reino para las Antillas Neerlandesas; y estos acuerdos seguirán aplicándose a Curazao y San Martín.

"Las otras islas que hasta ahora han formado parte de las Antillas Neerlandesas —Bonaire, San Eustaquio y Saba— serán parte de los Países Bajos, constituyendo así 'la parte caribeña de los Países Bajos'. Los acuerdos que se aplican actualmente a las Antillas Neerlandesas seguirán aplicándose a estas islas; no obstante, el gobierno de los Países Bajos será entonces responsable de implementar estos acuerdos".

El 16 de octubre de 2014, el Reino de los Países Bajos depositó un instrumento, fechado el 3 de septiembre de 2014, en el que declara que el Reino de los Países Bajos aprueba el Anexo V al Protocolo en lo que se refiere a la parte caribeña de los Países Bajos (las islas Bonaire, San Eustaquio y Saba).

7. En el instrumento de ratificación del Protocolo presentado por Suiza, se incluye una declaración, de conformidad con el Artículo 19, párrafo 1, del Protocolo, de que Suiza elige la Corte Internacional de Justicia para la resolución de disputas.

Departamento de Estado,
    Washington, 2 de mayo de 2017.

Aprobación, notificada al Gobierno de los Estados Unidos de América, de las medidas relativas a la promoción de los principios y objetivos del Tratado Antártico

| | 16 Recomendaciones aprobadas en la Primera Reunión (Canberra, 1961) | 10 Recomendaciones aprobadas en la Segunda Reunión (Buenos Aires, 1962) | 11 Recomendaciones aprobadas en la Tercera Reunión (Bruselas, 1964) | 28 Recomendaciones aprobadas en la Cuarta Reunión (Santiago, 1966) | 9 Recomendaciones aprobadas en la Quinta Reunión (Paris, 1968) | 15 Recomendaciones aprobadas en la Sexta Reunión (Tokio, 1970) |
|---|---|---|---|---|---|---|
| | **Aprobada** | **Aprobada** | **Aprobada** | **Aprobada** | **Aprobada** | **Aprobada** |
| Argentina | TODAS | TODAS | TODAS | TODAS | TODAS | TODAS |
| Australia | TODAS | TODAS | TODAS | TODAS | TODAS | TODAS |
| Bélgica | TODAS | TODAS | TODAS | TODAS | TODAS | TODAS |
| Brasil (1983)+ | TODAS | TODAS | TODAS | TODAS | TODAS | TODAS excepto 10 |
| Bulgaria (1998)+ | | | | | | |
| Chile | TODAS | TODAS | TODAS | TODAS | TODAS | TODAS |
| China (1985)+ | TODAS | TODAS | TODAS | TODAS | TODAS | TODAS excepto 10 |
| Rep. Checa (2014)+ | 1-7, 10 y 12-14 | 1, 4, 6-7 y 9 | 1-2, 7 y 11 | 14-15, 18, 21-24 y 27 | 2-3 y 6-7 | 1, 3, 5-7 y 10-13 |
| Ecuador (1990)+ | | | | | | |
| Finlandia (1989)+ | | | | | | |
| Francia | TODAS | TODAS | TODAS | TODAS | TODAS | TODAS |
| Alemania (1981)+ | TODAS | TODAS | TODAS excepto 8 | TODAS excepto 16-19 | TODAS excepto 6 | TODAS excepto 9 |
| India (1983)+ | TODAS | TODAS | TODAS excepto 8*** | TODAS excepto 18 | TODAS | TODAS excepto 9 y 10 |
| Italia (1987)+ | TODAS | TODAS | TODAS | TODAS | TODAS | TODAS |
| Japón | TODAS | TODAS | TODAS | TODAS | TODAS | TODAS |
| Rep. de Corea (1989)+ | | | | | | |
| Países Bajos (1990)+ | TODAS excepto 11 y 15 | TODAS excepto 3, 5, 8 y 10 | TODAS excepto 3, 4, 6 y 9 | TODAS excepto 20, 25, 26 y 28 | TODAS excepto 1, 8 y 9 | TODAS excepto 15 |
| Nueva Zelandia | TODAS | TODAS | TODAS | TODAS | TODAS | TODAS |
| Noruega | TODAS | TODAS | TODAS | TODAS | TODAS | TODAS |
| Perú (1989)+ | TODAS | TODAS | TODAS | TODAS | TODAS | TODAS |
| Polonia (1977)+ | TODAS | TODAS | TODAS | TODAS | TODAS | TODAS |
| Rusia | TODAS | TODAS | TODAS | TODAS | TODAS | TODAS |
| Sudáfrica | TODAS | TODAS | TODAS | TODAS | TODAS | TODAS |
| España (1988)+ | TODAS | TODAS | TODAS | TODAS | TODAS | TODAS |
| Suecia (1988)+ | | | | | | |
| Reino Unido | TODAS | TODAS | TODAS | TODAS | TODAS | TODAS |
| Uruguay (1985)+ | TODAS | TODAS | TODAS | TODAS | TODAS | TODAS |
| EE. UU. | TODAS | TODAS | TODAS | TODAS | TODAS | TODAS |

* IV-6, IV-10, IV-12 y V-5 rescindidas por VIII-2

*** Aceptada como directriz interina

+ Año en que obtuvo carácter Consultivo. Dicho Estado necesita aceptar las Recomendaciones o Medidas para que entren en vigor a partir de ese año.

Aprobación, notificada al Gobierno de los Estados Unidos de América, de las medidas relativas a la promoción de los principios y objetivos del Tratado Antártico

| | 9 Recomendaciones aprobadas en la Séptima Reunión (Wellington, 1972) Aprobada | 14 Recomendaciones aprobadas en la Octava Reunión (Oslo, 1975) Aprobada | 6 Recomendaciones aprobadas en la Novena Reunión (Londres, 1977) Aprobada | 9 Recomendaciones aprobadas en la Décima Reunión (Washington, 1979) Aprobada | 3 Recomendaciones aprobadas en la Décima Primera Reunión (Buenos Aires, 1981) Aprobada | 8 Recomendaciones aprobadas en la Décima Segunda Reunión (Canberra, 1983) Aprobada |
|---|---|---|---|---|---|---|
| Argentina | TODAS | TODAS | TODAS | TODAS | TODAS | TODAS |
| Australia | TODAS | TODAS | TODAS | TODAS | TODAS | TODAS |
| Bélgica | TODAS | TODAS | TODAS | TODAS | TODAS | TODAS |
| Brasil (1983)+ | TODAS excepto 5 | TODAS | TODAS | TODAS | TODAS | TODAS |
| Bulgaria (1998)+ | | | | | | |
| Chile | TODAS | TODAS | TODAS | TODAS | TODAS | TODAS |
| China (1985)+ | TODAS excepto 5 | TODAS | TODAS | TODAS | TODAS | TODAS |
| Rep. Checa (2014)+ | 4 y 6-8 | 1, 4, 6-10, 12 y 14 | 1 y 2 | 1-3 y 8 | TODAS excepto 2 | TODAS excepto 3-5 |
| Ecuador (1990)+ | | | | | | |
| Finlandia (1989)+ | | | | | | |
| Francia | TODAS | TODAS | TODAS | TODAS | TODAS | TODAS |
| Alemania (1981)+ | TODAS excepto 5 | TODAS excepto 2 y 5 | TODAS | TODAS | TODAS | TODAS |
| India (1983)+ | TODAS | TODAS | TODAS | TODAS excepto 1 y 9 | TODAS | TODAS |
| Italia (1987)+ | TODAS excepto 5 | TODAS | TODAS | TODAS excepto 1 y 9 | TODAS | TODAS |
| Japón | TODAS | TODAS | TODAS | TODAS | TODAS | TODAS |
| Rep. de Corea (1989)+ | TODAS | TODAS | TODAS excepto 3 | TODAS excepto 9 | TODAS excepto 2 | TODAS |
| Países Bajos (1990)+ | TODAS | TODAS | TODAS | TODAS | TODAS | TODAS |
| Nueva Zelandia | TODAS | TODAS | TODAS | TODAS | TODAS | TODAS |
| Noruega | TODAS | TODAS | TODAS | TODAS | TODAS | TODAS |
| Perú (1989)+ | TODAS | TODAS | TODAS | TODAS | TODAS | TODAS |
| Polonia (1977)+ | TODAS | TODAS | TODAS | TODAS | TODAS | TODAS |
| Rusia | TODAS | TODAS | TODAS | TODAS | TODAS | TODAS |
| Sudáfrica | TODAS | TODAS | TODAS | TODAS excepto 1 y 9 | TODAS excepto 1 | TODAS |
| España (1988)+ | TODAS | TODAS | TODAS | TODAS | TODAS | TODAS |
| Suecia (1988)+ | | | | | | |
| Reino Unido | TODAS | TODAS | TODAS | TODAS | TODAS | TODAS |
| Uruguay (1985)+ | TODAS | TODAS | TODAS | TODAS | TODAS | TODAS |
| EE. UU. | TODAS | TODAS | TODAS | TODAS | TODAS | TODAS |

* IV-6, IV-10, IV-12 y V-5 rescindidas por VIII-2

*** Aceptada como directriz interna

+ Año en que obtuvo carácter Consultivo. Dicho Estado necesita aceptar las Recomendaciones o Medidas para que entren en vigor a partir de ese año.

*Informe Final de la XL RCTA*

Aprobación, notificada al Gobierno de los Estados Unidos de América, de las medidas relativas a la promoción de los principios y objetivos del Tratado Antártico

| | 16 Recomendaciones aprobadas en la Décima Tercera Reunión (Bruselas, 1985) Aprobada | 10 Recomendaciones aprobadas en la Décima Cuarta Reunión (Río de Janeiro, 1987) Aprobada | 22 Recomendaciones aprobadas en la Décima Quinta Reunión (París, 1989) Aprobada | 13 Recomendaciones aprobadas en la Décima Sexta Reunión (Bonn, 1991) Aprobada | 4 Recomendaciones aprobadas en la Décima Séptima Reunión (Venecia, 1992) Aprobada | 1 Recomendación aprobada en la Décima Octava Reunión (Kioto, 1994) Aprobada |
|---|---|---|---|---|---|---|
| Argentina | TODAS | TODAS | TODAS | TODAS | TODAS | TODAS |
| Australia | TODAS | TODAS | TODAS | TODAS | TODAS | TODAS |
| Bélgica | TODAS | TODAS | TODAS | TODAS | TODAS | TODAS |
| Brasil (1983)+ | TODAS | TODAS | TODAS | XV-10 | TODAS | TODAS |
| Bulgaria (1998)+ | | | | | | |
| Chile | TODAS | TODAS | TODAS | TODAS | TODAS | TODAS |
| China (1985)+ | TODAS | TODAS | TODAS | TODAS | TODAS | TODAS |
| Rep. Checa (2014)+ | 1-3, 5-6, 8, 11 y 15-16 | 1, 3, 5, 7-8 y 10 | 2, 5, 12-19 y 21 | 1, 2, 5-6 y 10-12 | TODAS excepto 2 | TODAS |
| Ecuador (1990)+ | | | | 1, 2, 5, 6, 10 y 12 | TODAS excepto 2 y 3 | TODAS |
| Finlandia (1989)+ | | | TODAS | TODAS | TODAS | TODAS |
| Francia | TODAS | TODAS | TODAS | TODAS | TODAS | TODAS |
| Alemania (1981)+ | TODAS | TODAS | TODAS excepto 3, 8, 10, 11 y 22 | TODAS | TODAS | TODAS |
| India (1983)+ | TODAS | TODAS | TODAS | TODAS | TODAS | TODAS |
| Italia (1987)+ | | | TODAS | TODAS | TODAS | TODAS |
| Japón | TODAS | TODAS | TODAS | TODAS excepto 1, 3-9, 12 y 13 | TODAS excepto 1, 2 y 4 | TODAS |
| Rep. de Corea (1989)+ | TODAS | TODAS | TODAS excepto 1-11, 16, 18 y 19 | TODAS excepto 12 | TODAS excepto 1 | TODAS |
| Países Bajos (1990)+ | TODAS | TODAS excepto 9 | TODAS excepto 22 | TODAS | TODAS | TODAS |
| Nueva Zelandia | TODAS | TODAS | TODAS | TODAS | TODAS | TODAS |
| Noruega | | TODAS | TODAS | TODAS | TODAS | TODAS |
| Perú (1989)+ | TODAS | | TODAS excepto 22 | TODAS excepto 13 | TODAS | TODAS |
| Polonia (1977)+ | TODAS | TODAS | TODAS | TODAS | TODAS | TODAS |
| Rusia | TODAS | TODAS | TODAS | TODAS | TODAS | TODAS |
| Sudáfrica | TODAS | TODAS | TODAS | TODAS | TODAS | TODAS |
| España (1988)+ | TODAS | TODAS | TODAS | TODAS | TODAS | TODAS |
| Suecia (1988)+ | | | TODAS | TODAS | TODAS | TODAS |
| Reino Unido | TODAS | TODAS excepto 2 | TODAS excepto 3, 4, 8, 10 y 11 | TODAS excepto 4, 6, 8 y 9 | TODAS | TODAS |
| Uruguay (1985)+ | TODAS | TODAS | TODAS | TODAS | TODAS | TODAS |
| EE. UU. | TODAS | TODAS | TODAS excepto 1-4, 10 y 11 | TODAS | TODAS | TODAS |

\* IV-6, IV-10, IV-12 y V-5 rescindidas por VIII-2

\*\*\* Aceptada como directriz interna

+ Año en que obtuvo carácter Consultivo. Dicho Estado necesita aceptar las Recomendaciones o Medidas para que entren en vigor a partir de ese año.

relativas a la promoción de los principios y objetivos del Tratado Antártico

| Estado | 5 Medidas aprobadas en la Décima Novena Reunión (Seúl, 1995) Aprobada | 2 Medidas aprobadas en la Vigésima Reunión (Utrecht, 1996) Aprobada | 5 Medidas aprobadas en la Vigésima Primera Reunión (Christchurch, 1997) Aprobada | 2 Medidas aprobadas en la Vigésima Segunda Reunión (Tromsø, 1998) Aprobada | 1 Medida aprobadas en la Vigésima Tercera Reunión (Lima, 1999) Aprobada |
|---|---|---|---|---|---|
| Argentina | TODAS | TODAS | TODAS | TODAS | TODAS |
| Australia | TODAS | TODAS | TODAS | TODAS | TODAS |
| Bélgica | TODAS | TODAS | TODAS | TODAS | TODAS |
| Brasil (1983)+ | TODAS | TODAS | TODAS | TODAS | TODAS |
| Bulgaria (1998)+ | | | | | |
| Chile | TODAS | TODAS | TODAS | TODAS | TODAS |
| China (1985)+ | TODAS | TODAS | TODAS | TODAS | TODAS |
| Rep. Checa (2014)+ | TODAS excepto 1 y 2 XIX-3 | TODAS excepto 1 | TODAS excepto 1 y 2 XIX-3 | TODAS excepto 1 | |
| Ecuador (1990)+ | TODAS | TODAS | TODAS | TODAS | TODAS |
| Finlandia (1989)+ | TODAS | TODAS | TODAS | TODAS | TODAS |
| Francia | TODAS | TODAS | TODAS | TODAS | TODAS |
| Alemania (1981)+ | TODAS | TODAS | TODAS | TODAS | TODAS |
| India (1983)+ | TODAS | TODAS | TODAS | TODAS | TODAS |
| Italia (1987)+ | TODAS | TODAS | | | |
| Japón | TODAS (excepto 2 y 5) | TODAS (excepto 1) | TODAS (excepto 1, 2 y 5) | TODAS | TODAS |
| Rep. de Corea (1989)+ | TODAS | TODAS | TODAS | TODAS | TODAS |
| Países Bajos (1990)+ | TODAS | TODAS | TODAS | TODAS | TODAS |
| Nueva Zelandia | TODAS | TODAS | TODAS | | TODAS |
| Noruega | TODAS | TODAS | TODAS | TODAS | TODAS |
| Perú (1989)+ | TODAS | TODAS | TODAS | TODAS | TODAS |
| Polonia (1977)+ | TODAS | TODAS | TODAS | TODAS | TODAS |
| Rusia | TODAS | TODAS | TODAS | TODAS | TODAS |
| Sudáfrica | TODAS | TODAS | TODAS | TODAS | TODAS |
| España (1988)+ | TODAS | TODAS | TODAS | TODAS | TODAS |
| Suecia (1988)+ | TODAS | TODAS | TODAS | TODAS | TODAS |
| Reino Unido | TODAS | TODAS | TODAS | TODAS | TODAS |
| Uruguay (1985)+ | TODAS | TODAS | TODAS | TODAS | TODAS |
| EE. UU. | TODAS | TODAS | TODAS | TODAS | TODAS |

"+ Año en que obtuvo carácter Consultivo. Dicho Estado necesita aceptar las Recomendaciones o Medidas para que entren en vigor a partir de ese año"

Aprobación, notificada al Gobierno de los Estados Unidos de América, de las medidas relativas a la promoción de los principios y objetivos del Tratado Antártico

| | 2 Medidas aprobadas en la Duodécima Reunión Especial (La Haya, 2000) Aprobada | 3 Medidas aprobadas en la Vigésima Cuarta Reunión (San Petersburgo, 2001) Aprobada | 1 Medida aprobada en la Vigésima Quinta Reunión (Varsovia, 2002) Aprobada | 3 Medidas aprobadas en la Vigésima Sexta Reunión (Madrid, 2003) Aprobada | 4 Medidas aprobadas en la Vigésima Séptima Reunión (Ciudad de Cabo, 2004) Aprobada |
|---|---|---|---|---|---|
| Argentina | | | * | XXVI-1 *, XXVI-2 *, XXVI-3 ** | XXVII-1 *, XXVII-2 *, XXVII-3 **, XXVII-4 |
| Australia | TODAS | TODAS | TODAS | XXVI-1, XXVI-2 *, XXVI-3 ** | XXVII-1, XXVII-2 *, XXVII-3 **, XXVII-4 |
| Bélgica | TODAS | TODAS | TODAS | TODAS | TODAS |
| Brasil (1983)+ | TODAS | TODAS | TODAS | TODAS | XXVII-1, XXVII-2, XXVII-3 |
| Bulgaria (1998)+ | | | * | XXVI-1, XXVI-2 *, XXVII-3 ** | XXVII-1 *, XXVII-2 *, XXVII-3 ** |
| Chile | TODAS | TODAS | TODAS | TODAS | TODAS |
| China (1985)+ | TODAS | TODAS | TODAS | TODAS | XXVII-1 *, XXVII-2 *, XXVII-3 ** |
| Rep. Checa (2014)+ | TODAS | TODAS | TODAS | TODAS | TODAS |
| Ecuador (1990)+ | RCETA XII-1 | XXV-3 | * | XXVI-1, XXVI-2 *, XXVI-3 ** | XXVII-1 *, XXVII-2 *, XXVII-3 **, XXVII-4 |
| Finlandia (1989)+ | TODAS | TODAS | * | XXVI-1, XXVI-2 *, XXVI-3 ** | XXVII-1 *, XXVII-2 *, XXVII-3 **, XXVII-4 |
| Francia | TODAS (excepto RCETA XII-2) | TODAS | * | XXVI-1, XXVI-2 *, XXVI-3 ** | XXVII-1, XXVII-2 *, XXVII-3 **, XXVII-4 |
| Alemania (1981)+ | TODAS | TODAS | TODAS | TODAS | XXVII-1 *, XXVII-2 *, XXVII-3 ** |
| India (1983)+ | TODAS | TODAS | TODAS | TODAS | XXVII-1 *, XXVII-2 *, XXVII-3 ** |
| Italia (1987)+ | | TODAS | * | XXVI-1, XXVI-2 *, XXVI-3 ** | XXVII-1 *, XXVII-2 *, XXVII-3 ** |
| Japón | | TODAS | * | TODAS | XXVII-1 *, XXVII-2 *, XXVII-3 **, XXVII-4 |
| Rep. de Corea (1989)+ | TODAS | TODAS | TODAS | XXVI-1, XXVI-2 *, XXVI-3 ** | XXVII-1 *, XXVII-2 *, XXVII-3 **, XXVII-4 |
| Países Bajos (1990)+ | TODAS | TODAS | TODAS | TODAS | TODAS |
| Nueva Zelandia | TODAS | TODAS | * | TODAS | XXVII-1 *, XXVII-2 *, XXVII-3 **, XXVII-4 |
| Noruega | | TODAS | * | TODAS | XXVII-1 *, XXVII-2 *, XXVII-3 **, XXVII-4 |
| Perú (1989)+ | TODAS | TODAS | TODAS | XXVI-1, XXVI-2 *, XXVI-3 ** | XXVII-1 *, XXVII-2 *, XXVII-3 ** |
| Polonia (1977)+ | | TODAS | TODAS | XXVI-1, XXVI-2 *, XXVI-3 ** | TODAS |
| Rusia | TODAS | TODAS | TODAS | XXVI-1, XXVI-2, XXVI-3 ** | XXVII-1 *, XXVII-2 *, XXVII-3 **, XXVII-4 |
| Sudáfrica | TODAS | TODAS | TODAS | TODAS | TODAS |
| España (1988)+ | TODAS | | * | XXVI-1, XXVI-2 *, XXVI-3 ** | XXVII-1 *, XXVII-2 *, XXVII-3 ** |
| Suecia (1988)+ | | | * | XXVI-1, XXVI-2 *, XXVI-3 ** | XXVII-1 *, XXVII-2 *, XXVII-3 ** |
| Ucrania (2004)+ | TODAS | TODAS | TODAS | TODAS | TODAS |
| Reino Unido | TODAS (excepto RCETA XII-2) | TODAS (excepto XXIV-3) | TODAS | TODAS | XXVII-1 *, XXVII-2 *, XXVII-3 |
| Uruguay (1985)+ | TODAS | TODAS | * | XXVI-1, XXVI-2 *, XXVI-3 | XXVII-1 *, XXVII-2 *, XXVII-3 **, XXVII-4 |
| EE. UU. | TODAS | TODAS | * | XXVI-1, XXVI-2 *, XXVI-3 ** | XXVII-1 *, XXVII-2 *, XXVII-3 **, XXVII-4 |

+Año en que obtuvo carácter Consultivo. Dicho Estado necesita aceptar las Recomendaciones o Medidas para que entren en vigor a partir de ese año".

* Se consideró que los Planes de Gestión anexos a la presente Medida habían sido aprobados de conformidad con el Artículo 6(1) del Anexo V al Protocolo al Tratado Antártico sobre Protección del Medio Ambiente y que la Medida no especificaba otro método de aprobación.

** El listado revisado y actualizado de los Sitios y Monumentos Históricos anexo a la Medida se consideró aprobado de conformidad con el Artículo 8(2) del Anexo V al Protocolo al Tratado Antártico sobre Protección del Medio Ambiente y se consideró que la Medida no especificaba otro método de aprobación.

Aprobación, notificada al Gobierno de los Estados Unidos de América, de las medidas relativas a la promoción de los principios y objetivos del Tratado Antártico

| | 5 Medidas aprobadas en la Vigésima Octava Reunión (Estocolmo, 2005) Aprobada | 4 Medidas aprobadas en la Vigésima Novena Reunión (Edimburgo, 2006) Aprobada | 3 Medidas aprobadas en la Trigésima Reunión (Nueva Delhi, 2007) Aprobada | 14 Medidas aprobadas en la Trigésima Primera Reunión (Kiev, 2008) Aprobada |
|---|---|---|---|---|
| Argentina | XXVIII-2 *, XXVIII-3 *, XXVIII-4 *, XXVIII-5 ** | XXIX-1 *, XXIX-2 *, XXIX-3 **, XXIX-4 *** | XXX-1 *, XXX-2 *, XXX-3 ** | XXXI-1 - XXXI-14 * |
| Australia | XXVIII-1, XXVIII-2 *, XXVIII-3 *, XXVIII-4 *, XXVIII-5 ** | XXIX-1 *, XXIX-2 *, XXIX-3 **, XXIX-4 *** | XXX-1 *, XXX-2 *, XXX-3 ** | XXXI-1 - XXXI-14 * |
| Bélgica | TODAS excepto la Medida 1 | TODAS | TODAS | XXXI-1 - XXXI-14 * |
| Brasil (1983)+ | TODAS excepto la Medida 1 | XXIX-1 *, XXIX-2 *, XXIX-3 **, XXIX-4 *** | XXX-1 *, XXX-2 *, XXX-3 ** | XXXI-1 - XXXI-14 * |
| Bulgaria (1998)+ | XXVIII-2 *, XXVIII-3 *, XXVIII-4 *, XXVIII-5 ** | XXIX-1 *, XXIX-2 *, XXIX-3 **, XXIX-4 *** | XXX-1 *, XXX-2 *, XXX-3 ** | XXXI-1 - XXXI-14 * |
| Chile (1985)+ | TODAS excepto la Medida 1 | XXIX-1 *, XXIX-2 *, XXIX-3 **, XXIX-4 *** | XXX-1 *, XXX-2 *, XXX-3 ** | XXXI-1 - XXXI-14 * |
| China (1985)+ | XXVIII-2 *, XXVIII-3 *, XXVIII-4 *, XXVIII-5 ** | XXIX-1 *, XXIX-2 *, XXIX-3 **, XXIX-4 *** | XXX-1 *, XXX-2 *, XXX-3 ** | XXXI-1 - XXXI-14 * |
| Rep. Checa (2014)+ | TODAS excepto la Medida 1 | TODAS | TODAS | TODAS excepto la Medida 8 |
| Ecuador (1990)+ | XXVIII-1, XXVIII-2 *, XXVIII-3 *, XXVIII-4 *, XXVIII-5 ** | XXIX-1 *, XXIX-2 *, XXIX-3 **, XXIX-4 *** | XXX-1 *, XXX-2 *, XXX-3 ** | XXXI-1 - XXXI-14 * |
| Finlandia (1989)+ | XXVIII-1, XXVIII-2 *, XXVIII-3 *, XXVIII-4 *, XXVIII-5 ** | XXIX-1 *, XXIX-2 *, XXIX-3 **, XXIX-4 *** | XXX-1 *, XXX-2 *, XXX-3 ** | XXXI-1 - XXXI-14 * |
| Francia | XXVIII-2 *, XXVIII-3 *, XXVIII-4 *, XXVIII-5 ** | XXIX-1 *, XXIX-2 *, XXIX-3 **, XXIX-4 *** | XXX-1 *, XXX-2 *, XXX-3 ** | XXXI-1 - XXXI-14 * |
| Alemania (1981)+ | XXVIII-2 *, XXVIII-3 *, XXVIII-4 *, XXVIII-5 ** | XXIX-1 *, XXIX-2 *, XXIX-3 **, XXIX-4 *** | XXX-1 *, XXX-2 *, XXX-3 ** | XXXI-1 - XXXI-14 * |
| India (1983)+ | XXVIII-2 *, XXVIII-3 *, XXVIII-4 *, XXVIII-5 ** | XXIX-1 *, XXIX-2 *, XXIX-3 **, XXIX-4 *** | XXX-1 *, XXX-2 *, XXX-3 ** | XXXI-1 - XXXI-14 * |
| Italia (1987)+ | XXVIII-1, XXVIII-2 *, XXVIII-3 *, XXVIII-4 *, XXVIII-5 ** | XXIX-1 *, XXIX-2 *, XXIX-3 **, XXIX-4 *** | XXX-1 *, XXX-2 *, XXX-3 ** | XXXI-1 - XXXI-14 * |
| Japón | XXVIII-2 *, XXVIII-3 *, XXVIII-4 *, XXVIII-5 ** | XXIX-1 *, XXIX-2 *, XXIX-3 **, XXIX-4 *** | XXX-1 *, XXX-2 *, XXX-3 ** | XXXI-1 - XXXI-14 * |
| Rep. de Corea (1989)+ | XXVIII-2 *, XXVIII-3 *, XXVIII-4 *, XXVIII-5 ** | XXIX-1 *, XXIX-2 *, XXIX-3 **, XXIX-4 *** | XXX-1 *, XXX-2 *, XXX-3 ** | XXXI-1 - XXXI-14 * |
| Países Bajos (1990)+ | TODAS | TODAS | TODAS | TODAS |
| Nueva Zelandia | XXVIII-1, XXVIII-2 *, XXVIII-3 *, XXVIII-4 *, XXVIII-5 ** | XXIX-1 *, XXIX-2 *, XXIX-3 **, XXIX-4 *** | XXX-1 *, XXX-2 *, XXX-3 ** | XXXI-1 - XXXI-14 * |
| Noruega | XXVIII-1, XXVIII-2 *, XXVIII-3 *, XXVIII-4 *, XXVIII-5 ** | XXIX-1 *, XXIX-2 *, XXIX-3 **, XXIX-4 *** | XXX-1 *, XXX-2 *, XXX-3 ** | XXXI-1 - XXXI-14 * |
| Perú (1989)+ | XXVIII-1, XXVIII-2 *, XXVIII-3 *, XXVIII-4 *, XXVIII-5 ** | XXIX-1 *, XXIX-2 *, XXIX-3 **, XXIX-4 *** | XXX-1 *, XXX-2 *, XXX-3 ** | XXXI-1 - XXXI-14 * |
| Polonia (1977)+ | TODAS | TODAS | TODAS | XXXI-1 - XXXI-14 * |
| Rusia | XXVIII-1, XXVIII-2 *, XXVIII-3 *, XXVIII-4 *, XXVIII-5 ** | XXIX-1 *, XXIX-2 *, XXIX-3 **, XXIX-4 *** | XXX-1 *, XXX-2 *, XXX-3 ** | XXXI-1 - XXXI-14 * |
| Sudáfrica | XXVIII-1, XXVIII-2 *, XXVIII-3 *, XXVIII-4 *, XXVIII-5 ** | TODAS | TODAS | XXXI-1 - XXXI-14 * |
| España (1988)+ | XXVIII-1, XXVIII-2 *, XXVIII-3 *, XXVIII-4 *, XXVIII-5 ** | XXIX-1 *, XXIX-2 *, XXIX-3 **, XXIX-4 *** | XXX-1 *, XXX-2 *, XXX-3 ** | XXXI-1 - XXXI-14 * |
| Suecia (1988)+ | XXVIII-1, XXVIII-2 *, XXVIII-3 *, XXVIII-4 *, XXVIII-5 ** | XXIX-1 *, XXIX-2 *, XXIX-3 **, XXIX-4 *** | XXX-1 *, XXX-2 *, XXX-3 ** | XXXI-1 - XXXI-14 * |
| Ucrania (2004)+ | XXVIII-2 *, XXVIII-3 *, XXVIII-4 *, XXVIII-5 ** | XXIX-1 *, XXIX-2 *, XXIX-3 **, XXIX-4 *** | XXX-1 *, XXX-2 *, XXX-3 ** | XXXI-1 - XXXI-14 * |
| Reino Unido | XXVIII-1, XXVIII-2 *, XXVIII-3 *, XXVIII-4 *, XXVIII-5 ** | XXIX-1 *, XXIX-2 *, XXIX-3 **, XXIX-4 *** | XXX-1 *, XXX-2 *, XXX-3 ** | XXXI-1 - XXXI-14 * |
| Uruguay (1985)+ | XXVIII-2 *, XXVIII-3 *, XXVIII-4 *, XXVIII-5 ** | XXIX-1 *, XXIX-2 *, XXIX-3 **, XXIX-4 *** | XXX-1 *, XXX-2 *, XXX-3 ** | XXXI-1 - XXXI-14 * |
| EE. UU. | XXVIII-2 *, XXVIII-3 *, XXVIII-4 *, XXVIII-5 ** | XXIX-1 *, XXIX-2 *, XXIX-3 **, XXIX-4 *** | XXX-1 *, XXX-2 *, XXX-3 ** | XXXI-1 - XXXI-14 * |

+Año en que obtuvo carácter Consultivo. Dicho Estado necesita aceptar las Recomendaciones o Medidas para que entren en vigor a partir de ese año".

* Se consideró que los Planes de Gestión anexos a la Medida se habían aprobado de conformidad con el Artículo 6(1) del Anexo V al Protocolo al Tratado Antártico sobre Protección del Medio Ambiente y que la Medida no especificaba otro método de aprobación.

** El listado revisado y actualizado de los Sitios y Monumentos Históricos anexo a la Medida se consideró aprobado de conformidad con el Artículo 8(2) del Anexo V al Protocolo al Tratado Antártico sobre Protección del Medio Ambiente y se consideró que la Medida no especificaba otro método de aprobación.

*** La modificación del Apéndice A al Anexo II del Protocolo al Tratado Antártico sobre Protección del Medio Ambiente se consideró aprobada de conformidad con el Artículo 9(1) del Anexo II al Protocolo al Tratado Antártico sobre Protección del Medio Ambiente y la Medida no especificaba otro método de aprobación.

Aprobación, notificada al Gobierno de los Estados Unidos de América, de las medidas relativas a la promoción de los principios y objetivos del Tratado Antártico

| | 16 Medidas aprobadas en la Trigésima Segunda Reunión (Baltimore, 2009) Aprobada | 15 Medidas aprobadas en la Trigésima Tercera Reunión (Punta del Este, 2010) Aprobada | 12 Medidas aprobadas en la Trigésima Cuarta Reunión (Buenos Aires, 2011) Aprobada | 11 Medidas aprobadas en la Trigésima Quinta Reunión (Hobart, 2012) Aprobada | 21 Medidas aprobadas en la Trigésima Sexta Reunión (Bruselas, 2013) Aprobada |
|---|---|---|---|---|---|
| Argentina | XXXII-1 - XXXII-13* y XXXII-14** | XXXIII-1 - XXXIII-14* y XXXIII-15** | XXXIV-1 - XXXIV-10* y XXXIV-11 - XXXIV-12** | XXXV-1 - XXXV-10* y XXXV-11** | XXXVI-1 - XXXVI-17* y XXXVI-18 - XXXVI-21** |
| Australia | XXXII-1 - XXXII-13* y XXXII-14**, XXXII-15 | XXXIII-1 - XXXIII-14* y XXXIII-15** | XXXIV-1 - XXXIV-10* y XXXIV-11 - XXXIV-12** | XXXV-1 - XXXV-10* y XXXV-11** | XXXVI-1 - XXXVI-17* y XXXVI-18 - XXXVI-21** |
| Bélgica | XXXII-1 - XXXII-13* y XXXII-14** | XXXIII-1 - XXXIII-14* y XXXIII-15** | XXXIV-1 - XXXIV-10* y XXXIV-11 - XXXIV-12** | XXXV-1 - XXXV-10* y XXXV-11** | XXXVI-1 - XXXVI-17* y XXXVI-18 - XXXVI-21** |
| Brasil (1983)+ | XXXII-1 - XXXII-13* y XXXII-14** | XXXIII-1 - XXXIII-14* y XXXIII-15** | XXXIV-1 - XXXIV-10* y XXXIV-11 - XXXIV-12** | XXXV-1 - XXXV-10* y XXXV-11** | XXXVI-1 - XXXVI-17* y XXXVI-18 - XXXVI-21** |
| Bulgaria (1998)+ | XXXII-1 - XXXII-13* y XXXII-14** | XXXIII-1 - XXXIII-14* y XXXIII-15** | XXXIV-1 - XXXIV-10* y XXXIV-11 - XXXIV-12** | XXXV-1 - XXXV-10* y XXXV-11** | XXXVI-1 - XXXVI-17* y XXXVI-18 - XXXVI-21** |
| Chile | XXXII-1 - XXXII-13* y XXXII-14** | XXXIII-1 - XXXIII-14* y XXXIII-15** | XXXIV-1 - XXXIV-10* y XXXIV-11 - XXXIV-12** | XXXV-1 - XXXV-10* y XXXV-11** | XXXVI-1 - XXXVI-17* y XXXVI-18 - XXXVI-21** |
| China (1985)+ | XXXII-1 - XXXII-13* y XXXII-14** | XXXIII-1 - XXXIII-14* y XXXIII-15** | XXXIV-1 - XXXIV-10* y XXXIV-11 - XXXIV-12** | XXXV-1 - XXXV-10* y XXXV-11** | XXXVI-1 - XXXVI-17* y XXXVI-18 - XXXVI-21** |
| Rep. Checa (2014)+ | TODAS excepto 2 y 16 | TODAS | TODAS | TODAS | TODAS |
| Ecuador (1990)+ | XXXII-1 - XXXII-13* y XXXII-14**, XXXII-15 | XXXIII-1 - XXXIII-14* y XXXIII-15** | XXXIV-1 - XXXIV-10* y XXXIV-11 - XXXIV-12** | XXXV-1 - XXXV-10* y XXXV-11** | XXXVI-1 - XXXVI-17* y XXXVI-18 - XXXVI-21** |
| Finlandia (1989)+ | XXXII-1 - XXXII-13* y XXXII-14**, XXXII-16 | XXXIII-1 - XXXIII-14* y XXXIII-15** | XXXIV-1 - XXXIV-10* y XXXIV-11 - XXXIV-12** | XXXV-1 - XXXV-10* y XXXV-11** | XXXVI-1 - XXXVI-17* y XXXVI-18 - XXXVI-21** |
| Francia | XXXII-1 - XXXII-13* y XXXII-14**, XXXII-15 | XXXIII-1 - XXXIII-14* y XXXIII-15** | XXXIV-1 - XXXIV-10* y XXXIV-11 - XXXIV-12** | XXXV-1 - XXXV-10* y XXXV-11** | XXXVI-1 - XXXVI-17* y XXXVI-18 - XXXVI-21** |
| Alemania (1981)+ | XXXII-1 - XXXII-13* y XXXII-14** | XXXIII-1 - XXXIII-14* y XXXIII-15** | XXXIV-1 - XXXIV-10* y XXXIV-11 - XXXIV-12** | XXXV-1 - XXXV-10* y XXXV-11** | XXXVI-1 - XXXVI-17* y XXXVI-18 - XXXVI-21** |
| India (1983)+ | XXXII-1 - XXXII-13* y XXXII-14** | XXXIII-1 - XXXIII-14* y XXXIII-15** | XXXIV-1 - XXXIV-10* y XXXIV-11 - XXXIV-12** | XXXV-1 - XXXV-10* y XXXV-11** | XXXVI-1 - XXXVI-17* y XXXVI-18 - XXXVI-21** |
| Italia (1987)+ | XXXII-1 - XXXII-13* y XXXII-14** | XXXIII-1 - XXXIII-14* y XXXIII-15** | XXXIV-1 - XXXIV-10* y XXXIV-11 - XXXIV-12** | XXXV-1 - XXXV-10* y XXXV-11** | XXXVI-1 - XXXVI-17* y XXXVI-18 - XXXVI-21** |
| Japón | XXXII-1 - XXXII-13* y XXXII-14**, XXXII-15 | XXXIII-1 - XXXIII-14* y XXXIII-15** | XXXIV-1 - XXXIV-10* y XXXIV-11 - XXXIV-12** | XXXV-1 - XXXV-10* y XXXV-11** | XXXVI-1 - XXXVI-17* y XXXVI-18 - XXXVI-21** |
| Rep. de Corea (1989)+ | XXXII-1 - XXXII-13* y XXXII-14** | XXXIII-1 - XXXIII-14* y XXXIII-15** | XXXIV-1 - XXXIV-10* y XXXIV-11 - XXXIV-12** | XXXV-1 - XXXV-10* y XXXV-11** | XXXVI-1 - XXXVI-17* y XXXVI-18 - XXXVI-21** |
| Países Bajos (1990)+ | XXXII-1 - XXXII-13 y XXXII-14, XXXII-15 - XXXII-16 | TODAS | TODAS | TODAS | TODAS |
| Nueva Zelanda | XXXII-1 - XXXII-13* y XXXII-14**, XXXII-15 | XXXIII-1 - XXXIII-14* y XXXIII-15** | XXXIV-1 - XXXIV-10* y XXXIV-11 - XXXIV-12** | XXXV-1 - XXXV-10* y XXXV-11** | XXXVI-1 - XXXVI-17* y XXXVI-18 - XXXVI-21** |
| Noruega | XXXII-1 - XXXII-13* y XXXII-14** | XXXIII-1 - XXXIII-14* y XXXIII-15** | XXXIV-1 - XXXIV-10* y XXXIV-11 - XXXIV-12** | XXXV-1 - XXXV-10* y XXXV-11** | XXXVI-1 - XXXVI-17* y XXXVI-18 - XXXVI-21** |
| Perú (1989)+ | XXXII-1 - XXXII-13* y XXXII-14** | XXXIII-1 - XXXIII-14* y XXXIII-15** | XXXIV-1 - XXXIV-10* y XXXIV-11 - XXXIV-12** | XXXV-1 - XXXV-10* y XXXV-11** | XXXVI-1 - XXXVI-17* y XXXVI-18 - XXXVI-21** |
| Polonia (1977)+ | XXXII-1 - XXXII-13* y XXXII-14** | XXXIII-1 - XXXIII-14* y XXXIII-15** | XXXIV-1 - XXXIV-10* y XXXIV-11 - XXXIV-12** | XXXV-1 - XXXV-10* y XXXV-11** | XXXVI-1 - XXXVI-17* y XXXVI-18 - XXXVI-21** |
| Rusia | XXXII-1 - XXXII-13* y XXXII-14**, XXXII-15 | XXXIII-1 - XXXIII-14* y XXXIII-15** | XXXIV-1 - XXXIV-10* y XXXIV-11 - XXXIV-12** | XXXV-1 - XXXV-10* y XXXV-11** | XXXVI-1 - XXXVI-17* y XXXVI-18 - XXXVI-21** |
| Sudáfrica | XXXII-1 - XXXII-13* y XXXII-14** | XXXIII-1 - XXXIII-14* y XXXIII-15** | XXXIV-1 - XXXIV-10* y XXXIV-11 - XXXIV-12** | XXXV-1 - XXXV-10* y XXXV-11** | XXXVI-1 - XXXVI-17* y XXXVI-18 - XXXVI-21** |
| España (1988)+ | XXXII-1 - XXXII-13* y XXXII-14** | XXXIII-1 - XXXIII-14* y XXXIII-15** | XXXIV-1 - XXXIV-10* y XXXIV-11 - XXXIV-12** | XXXV-1 - XXXV-10* y XXXV-11** | XXXVI-1 - XXXVI-17* y XXXVI-18 - XXXVI-21** |
| Suecia (1988)+ | XXXII-1 - XXXII-13* y XXXII-14** | XXXIII-1 - XXXIII-14* y XXXIII-15** | XXXIV-1 - XXXIV-10* y XXXIV-11 - XXXIV-12** | XXXV-1 - XXXV-10* y XXXV-11** | XXXVI-1 - XXXVI-17* y XXXVI-18 - XXXVI-21** |
| Ucrania (2004)+ | XXXII-1 - XXXII-13* y XXXII-14** | XXXIII-1 - XXXIII-14* y XXXIII-15** | XXXIV-1 - XXXIV-10* y XXXIV-11 - XXXIV-12** | XXXV-1 - XXXV-10* y XXXV-11** | XXXVI-1 - XXXVI-17* y XXXVI-18 - XXXVI-21** |
| Reino Unido | XXXII-1 - XXXII-13* y XXXII-14**, XXXII-15 - XXXII-16 | XXXIII-1 - XXXIII-14* y XXXIII-15** | XXXIV-1 - XXXIV-10* y XXXIV-11 - XXXIV-12** | XXXV-1 - XXXV-10* y XXXV-11** | XXXVI-1 - XXXVI-17* y XXXVI-18 - XXXVI-21** |
| Uruguay (1985)+ | XXXII-1 - XXXII-13* y XXXII-14**, XXXII-15 | XXXIII-1 - XXXIII-14* y XXXIII-15** | XXXIV-1 - XXXIV-10* y XXXIV-11 - XXXIV-12** | XXXV-1 - XXXV-10* y XXXV-11** | XXXVI-1 - XXXVI-17* y XXXVI-18 - XXXVI-21** |
| EE. UU. | XXXII-1 - XXXII-13* y XXXII-14**, XXXII-16 | XXXIII-1 - XXXIII-14* y XXXIII-15** | XXXIV-1 - XXXIV-10* y XXXIV-11 - XXXIV-12** | XXXV-1 - XXXV-10* y XXXV-11** | XXXVI-1 - XXXVI-17* y XXXVI-18 - XXXVI-21** |

*+ Año en que obtuvo carácter Consultivo. Dicho Estado necesita aceptar las Recomendaciones o Medidas para que entren en vigor a partir de ese año".

* Se consideró que los Planes de Gestión anexos a la presente Medida habían sido aprobados de conformidad con el Artículo 6(1) del Anexo V al Protocolo al Tratado Antártico sobre Protección del Medio Ambiente y que la Medida no especificaba otro método de aprobación.

** Las modificaciones y/o adiciones a la lista de Sitios y Monumentos Históricos se consideraron aprobadas de conformidad con el Artículo 8(2) del Anexo V al Protocolo al Tratado Antártico sobre Protección del Medio Ambiente y se consideró que la Medida no especificaba otro método de aprobación.

| | 16 Medidas aprobadas en la Trigésima Séptima Reunión (Brasilia, 2014) Aprobada | 19 Medidas aprobadas en la Trigésima Octava Reunión (Sofía, 2015) Aprobada | 9 Medidas aprobadas en la Trigésima Octava Reunión (Santiago, 2016) Aprobada |
|---|---|---|---|
| Argentina | XXXVII-1 - XXXVII-16* | XXXVIII-1 - XXXVIII-18* y XXXVIII-19** | XXXIX-1 - XXXIX-8* y XXXIX-9** |
| Australia | XXXVII-1 - XXXVII-16* | XXXVIII-1 - XXXVIII-18* y XXXVIII-19** | XXXIX-1 - XXXIX-8* y XXXIX-9** |
| Bélgica | XXXVII-1 - XXXVII-16* | XXXVIII-1 - XXXVIII-18* y XXXVIII-19** | XXXIX-1 - XXXIX-8* y XXXIX-9** |
| Brasil (1983)+ | XXXVII-1 - XXXVII-16* | XXXVIII-1 - XXXVIII-18* y XXXVIII-19** | XXXIX-1 - XXXIX-8* y XXXIX-9** |
| Bulgaria (1998)+ | XXXVII-1 - XXXVII-16* | XXXVIII-1 - XXXVIII-18* y XXXVIII-19** | XXXIX-1 - XXXIX-8* y XXXIX-9** |
| Chile | XXXVII-1 - XXXVII-16* | XXXVIII-1 - XXXVIII-18* y XXXVIII-19** | XXXIX-1 - XXXIX-8* y XXXIX-9** |
| China (1985)+ | XXXVII-1 - XXXVII-16* | XXXVIII-1 - XXXVIII-18* y XXXVIII-19** | XXXIX-1 - XXXIX-8* y XXXIX-9** |
| Rep. Checa (2014)+ | XXXVII-1 - XXXVII-16* | XXXVIII-1 - XXXVIII-18* y XXXVIII-19** | XXXIX-1 - XXXIX-8* y XXXIX-9** |
| Ecuador (1990)+ | XXXVII-1 - XXXVII-16* | XXXVIII-1 - XXXVIII-18* y XXXVIII-19** | XXXIX-1 - XXXIX-8* y XXXIX-9** |
| Finlandia (1989)+ | XXXVII-1 - XXXVII-16* | XXXVIII-1 - XXXVIII-18* y XXXVIII-19** | XXXIX-1 - XXXIX-8* y XXXIX-9** |
| Francia | XXXVII-1 - XXXVII-16* | XXXVIII-1 - XXXVIII-18* y XXXVIII-19** | XXXIX-1 - XXXIX-8* y XXXIX-9** |
| Alemania (1981)+ | XXXVII-1 - XXXVII-16* | XXXVIII-1 - XXXVIII-18* y XXXVIII-19** | XXXIX-1 - XXXIX-8* y XXXIX-9** |
| India (1963)+ | XXXVII-1 - XXXVII-16* | XXXVIII-1 - XXXVIII-18* y XXXVIII-19** | XXXIX-1 - XXXIX-8* y XXXIX-9** |
| Italia (1987)+ | XXXVII-1 - XXXVII-16* | XXXVIII-1 - XXXVIII-18* y XXXVIII-19** | XXXIX-1 - XXXIX-8* y XXXIX-9** |
| Japón | XXXVII-1 - XXXVII-16* | XXXVIII-1 - XXXVIII-18* y XXXVIII-19** | XXXIX-1 - XXXIX-8* y XXXIX-9** |
| Rep. de Corea (1989)+ | XXXVII-1 - XXXVII-16* | XXXVIII-1 - XXXVIII-18* y XXXVIII-19** | XXXIX-1 - XXXIX-8* y XXXIX-9** |
| Países Bajos (1990)+ | XXXVII-1 - XXXVII-16* | XXXVIII-1 - XXXVIII-18* y XXXVIII-19** | XXXIX-1 - XXXIX-8* y XXXIX-9** |
| Nueva Zelandia | XXXVII-1 - XXXVII-16* | XXXVIII-1 - XXXVIII-18* y XXXVIII-19** | XXXIX-1 - XXXIX-8* y XXXIX-9** |
| Noruega | XXXVII-1 - XXXVII-16* | XXXVIII-1 - XXXVIII-18* y XXXVIII-19** | XXXIX-1 - XXXIX-8* y XXXIX-9** |
| Perú (1989)+ | XXXVII-1 - XXXVII-16* | XXXVIII-1 - XXXVIII-18* y XXXVIII-19** | XXXIX-1 - XXXIX-8* y XXXIX-9** |
| Polonia (1977)+ | XXXVII-1 - XXXVII-16* | XXXVIII-1 - XXXVIII-18* y XXXVIII-19** | XXXIX-1 - XXXIX-8* y XXXIX-9** |
| Rusia | XXXVII-1 - XXXVII-16* | XXXVIII-1 - XXXVIII-18* y XXXVIII-19** | XXXIX-1 - XXXIX-8* y XXXIX-9** |
| Sudáfrica | XXXVII-1 - XXXVII-16* | XXXVIII-1 - XXXVIII-18* y XXXVIII-19** | XXXIX-1 - XXXIX-8* y XXXIX-9** |
| España (1988)+ | XXXVII-1 - XXXVII-16* | XXXVIII-1 - XXXVIII-18* y XXXVIII-19** | XXXIX-1 - XXXIX-8* y XXXIX-9** |
| Suecia (1988)+ | XXXVII-1 - XXXVII-16* | XXXVIII-1 - XXXVIII-18* y XXXVIII-19** | XXXIX-1 - XXXIX-8* y XXXIX-9** |
| Ucrania (2004)+ | XXXVII-1 - XXXVII-16* | XXXVIII-1 - XXXVIII-18* y XXXVIII-19** | XXXIX-1 - XXXIX-8* y XXXIX-9** |
| Reino Unido | XXXVII-1 - XXXVII-16* | XXXVIII-1 - XXXVIII-18* y XXXVIII-19** | XXXIX-1 - XXXIX-8* y XXXIX-9** |
| Uruguay (1985)+ | XXXVII-1 - XXXVII-16* | XXXVIII-1 - XXXVIII-18* y XXXVIII-19** | XXXIX-1 - XXXIX-8* y XXXIX-9** |
| EE. UU. | XXXVII-1 - XXXVII-16* | XXXVIII-1 - XXXVIII-18* y XXXVIII-19** | XXXIX-1 - XXXIX-8* y XXXIX-9** |

"*+Año en que obtuvo carácter Consultivo. Dicho Estado necesita aceptar las Recomendaciones o Medidas para que entren en vigor a partir de ese año".

* Se consideró que los Planes de Gestión anexos a la presente Medida habían sido aprobados de conformidad con el Artículo 6(1) del Anexo V al Protocolo al Tratado Antártico sobre Protección del Medio Ambiente y que la Medida no especificaba otro método de aprobación.

** Las modificaciones y/o adiciones a la lista de Sitios y Monumentos Históricos se consideraron aprobadas de conformidad con el Artículo 8(2) del Anexo V al Tratado Antártico al Protocolo al Tratado Antártico sobre Protección del Medio Ambiente y se consideró que la Medida no especificaba otro método de aprobación.

Despacho del Asistente del Asesor Jurídico en asuntos relativos a los Tratados
Departamento de Estado
Washington, 25 de abril, 2017.

# Informe del Gobierno Depositario de la Convención sobre la Conservación de los Recursos Vivos Marinos Antárticos (CRVMA)

**Documento de Información presentado por Australia**

## *Resumen*

En su calidad de país Depositario de la *Convención sobre la Conservación de los Recursos Vivos Marinos Antárticos* de 1980, Australia presenta un informe.

## *Antecedentes*

Australia, como país Depositario de la *Convención sobre la Conservación de los Recursos Vivos Marinos Antárticos* de 1980 ("la Convención"), se complace en informar ante la Cuadragésima Reunión Consultiva del Tratado Antártico (XL RCTA) sobre la situación de la Convención.

Australia notifica a las Partes del Tratado Antártico que, desde la Trigésima Novena Reunión Consultiva del Tratado Antártico (XXXIX RCTA), no ha habido actividad del país Depositario.

En la Base de datos de los tratados australianos publicada en Internet, hay disponible una copia de la lista de estados para la Convención, a la que se puede acceder a través de la siguiente dirección:

http://www.austlii.edu.au/au/other/dfat/treaty_list/depository/CCAMLR.html

También es posible acceder a lista de estados solicitándola a la Secretaría de Tratados del Departamento de Asuntos Exteriores y Comercio del Gobierno de Australia. Las solicitudes pueden cursarse a través de misiones diplomáticas de Australia.

# Informe del Gobierno Depositario del Acuerdo sobre la Conservación de Albatros y Petreles (ACAP)

## *Documento de información presentado por Australia*

### Resumen

Australia presenta un informe en su carácter de país Depositario del *Acuerdo sobre la Conservación de Albatros y Petreles* de 2001.

### Antecedentes

Australia, como país Depositario del *Acuerdo sobre la Conservación de Albatros y Petreles* de 2001 ("el Acuerdo"), se complace en informar a la Cuadragésima Reunión Consultiva del Tratado Antártico (XL RCTA) sobre la situación del Acuerdo.

Australia notifica a las Partes del Tratado Antártico que, desde la Trigésima Novena Reunión Consultiva del Tratado Antártico (XXXIX RCTA), no ha habido nuevas adhesiones al Acuerdo.

En la Base de datos de los tratados australianos publicada en Internet, hay disponible una copia de la lista de estados para el Acuerdo, a la que se puede acceder a través de la siguiente dirección:

http://www.austlii.edu.au/au/other/dfat/treaty_list/depository/CCAMLR.html

También es posible acceder a lista de estados solicitándola a la Secretaría de Tratados del Departamento de Asuntos Exteriores y Comercio del Gobierno de Australia. Las solicitudes pueden cursarse a través de misiones diplomáticas de Australia.

## Informe presentado por el Reino Unido en calidad de Gobierno Depositario de la Convención para la Conservación de las Focas Antárticas (CCFA) en virtud de la Recomendación XIII-2, párrafo 2(D)

### Partes de la Convención y nuevas adhesiones

El Reino Unido, en su calidad de Gobierno Depositario de la Convención para la Conservación de las Focas Antárticas (CCFA), no ha recibido solicitudes de adhesión a la Convención, como tampoco ha recibido ningún instrumento de adhesión, desde el informe anterior (XXXIX RCTA, Documento de Información IP 2).

Se adjunta al presente informe la lista completa de los países signatarios originales de la Convención y de aquellos que se adhirieron posteriormente (Anexo A).

### Informe anual de la CCFA 2015/2016

En el Anexo B, se incluye una lista de todas las capturas y matanzas de focas antárticas llevadas a cabo por Partes Contratantes de la CCFA durante el año comprendido por el informe, que va desde el 1 de marzo de 2015 hasta el 29 de febrero de 2016. Todas las capturas informadas se realizaron con fines de investigación científica.

### Próximo informe anual de la CCFA

El Reino Unido desea recordar a las Partes Contratantes de la CCFA que el intercambio de información, al que se hace referencia en el párrafo 6(a) del Anexo de la Convención para el período abarcado por el informe, que va desde el 1 de marzo de 2016 hasta el 28 de febrero de 2017, deberá realizarse, a más tardar, para el **30 de junio de 2017.** Las Partes de la CCFA deberán enviar sus informes —incluso si no hay nada que declarar— tanto al Reino Unido como al SCAR. El Reino Unido también alienta a todas las Partes Contratantes de la CCFA a presentar sus informes puntualmente.

El informe de la CCFA para el período 2016/2017 será entregado a la XLI RCTA una vez transcurrido el plazo establecido para el intercambio de información, en junio de 2017.

## Partes de la Convención para la Conservación de Focas Antárticas (CCFA)

Londres, desde el 1 de junio hasta el 31 de diciembre de 1972; la Convención entró en vigor el 11 de marzo de 1978.

| Estado | Fecha de firma | Fecha de depósito (de la ratificación o aceptación) |
|---|---|---|
| Argentina* | 9 de junio de 1972 | 7 de marzo de 1978 |
| Australia | 5 de octubre de 1972 | 1 de julio de 1987 |
| Bélgica | 9 de junio de 1972 | 9 de febrero de 1978 |
| Chile* | 28 de diciembre de 1972 | 7 de febrero de 1980 |
| Francia** | 19 de diciembre de 1972 | 19 de febrero de 1975 |
| Japón | 28 de diciembre de 1972 | 28 de agosto de 1980 |
| Noruega | 9 de junio de 1972 | 10 de diciembre de 1973 |
| Rusia**** | 9 de junio de 1972 | 8 de febrero de 1978 |
| Sudáfrica | 9 de junio de 1972 | 15 de agosto de 1972 |
| Reino Unido** | 9 de junio de 1972 | 10 de septiembre de 1974*** |
| Estados Unidos | 28 de junio de 1972 | 19 de enero de 1977 |

## Adhesiones

| Estado | Fecha de depósito del instrumento de adhesión |
|---|---|
| Brasil | 11 de febrero de 1991 |
| Canadá | 4 de octubre de 1990 |
| Alemania | 30 de septiembre de 1987 |
| Italia | 2 de abril de 1992 |
| Polonia | 15 de agosto de 1980 |
| Pakistán | 25 de marzo de 2013 |

\*     Declaración o reserva
\*\*    Objeción
\*\*\*  El instrumento de ratificación incluía las islas del Canal de la Mancha y la isla de Man
\*\*\*\* Ex-URSS

**ANEXO B**

# Informe anual de la CCFA 2015/2016

Sinopsis del informe de conformidad con el Artículo 5 y el Anexo de la Convención: Captura y matanza de focas durante el período que va desde el 1 de marzo de 2015 hasta el 29 de febrero de 2016.

| Parte Contratante | Focas antárticas capturadas | Focas antárticas muertas |
|---|---|---|
| Argentina | 151 (a) | 0 |
| Australia | 4 (b) | 0 |
| Bélgica | 0 | 0 |
| Brasil | 0 | 0 |
| Canadá | No se recibió información | No se recibió información |
| Chile | 58 (c) | 0 |
| Francia | 117 (d) | 0 |
| Alemania | 18 (e) | 1 (f) |
| Italia | 0 | 0 |
| Japón | 0 | 0 |
| Noruega | 0 | 0 |
| Pakistán | No se recibió información | No se recibió información |
| Polonia | 0 | 0 |
| Rusia | 0 | 0 |
| Sudáfrica | 0 | 1 (k) |
| Reino Unido | 38 (g) | 2 (h) |
| Estados Unidos | 2716 (i) | 27 (j) |

Todas las capturas informadas se realizaron con fines de investigación científica.

(a) **Focas de Weddell:** 22 adultos (sexo desconocido). **Focas cangrejeras:** 10 adultos (sexo desconocido). **Elefantes marinos del sur:** 4 adultos, 15 crías y 100 cachorros destetados (sexo desconocido).

(b) **Elefantes marinos:** 4 ejemplares (sexo y edad desconocidos).

(c) **Lobos finos antárticos:** 29 hembras adultas, 29 cachorros (sexo desconocido).

(d) **Focas de Weddell:** 4 machos adultos, 75 hembras adultas, 19 cachorros machos, 19 cachorros hembras.

(e) **Focas de Weddell:** 8 machos adultos, 10 hembras adultas.

(f) **Foca de Weddell:** 1 hembra adulta murió como consecuencia de una apnea irreversible después de haberle realizado una intervención farmacológica y mecánica sin éxito.

(g) **Lobos finos antárticos:** 31 machos adultos, 3 hembras adultas, 4 cachorros (sexo desconocido).

(h) **Lobos finos antárticos:** 2 machos adultos murieron después de haber recibido anestesia, a pesar de que se siguieron los procedimientos de administración correctos.

(i) **Lobos finos antárticos:** 46 adultos/crías y 442 cachorros (sexo desconocido). **Focas leopardo:** 11 adultos/crías (sexo desconocido). **Elefantes marinos del sur:** 50 adultos/crías y 63 cachorros (sexo desconocido) y 76 ejemplares (edad y sexo desconocidos). **Focas de Weddell:** 16 adultos/crías y 26 cachorros (sexo desconocido), 246 hembras adultas, 3 ejemplares (edad y sexo desconocidos), 35 cachorros (ambos sexos), 12 adultos (ambos sexos), 309 cachorros machos, 330 cachorros hembras, 97 machos adultos, 1 cría hembra, 2 crías machos y 949 ejemplares solo para observación (edad y sexo desconocidos). **Focas cangrejeras:** 2 solo para observación (edad y sexo desconocidos).

(j) **Lobos finos antárticos:** 2 hembras adultas y 4 cachorros (sexo desconocido) encontrados sin vida en la costa, sin haber sido manipulados. **Focas de Weddell:** 2 muertes no intencionales (edad y sexo desconocidos); 10 adultos y 9 cachorros (sexo desconocido) encontrados sin vida en la costa, sin haber sido manipulados.

(k) Una foca murió accidentalmente debido al estrés causado durante la manipulación científica para obtener muestras para biopsia. Ahora es un espécimen de museo.

# Informe de la Trigésima Quinta Reunión de la Comisión
(Hobart, Australia, 17 al 28 de octubre de 2016)

## Apertura de la reunión

1.      La trigésima quinta reunión anual de la CCRVMA, que se llevó a cabo en Hobart, Australia, del 17 al 28 de octubre de 2016, fue presidida por el Sr. Vasily Titushkin (Federación de Rusia).

2.      Participaron veinticuatro Miembros, dos Estados adherentes, un Estado observador y once Observadores de organizaciones no gubernamentales.

## Organización de la reunión

### Lista de Estados miembros y Estados adherentes de la Convención

3.      Australia, como Depositario, informó que la lista de Estados miembros y Estados adherentes a la Convención no había cambiado durante el último período entre sesiones.

## Ejecución y cumplimiento

4.      La Comisión adoptó el Informe de la CCRVMA sobre el Cumplimiento para 2016, cuarto año de implementación del Procedimiento de evaluación del cumplimiento de la CCRVMA.

5.      Algunos de los temas que consideró el Comité Permanente de Ejecución y Cumplimiento (SCIC) son los siguientes:

-   revisión de notificaciones recibidas para la participación en pesquerías nuevas y exploratorias para la temporada 2016/2017;
-   implementación del sistema de documentación de la captura de la CCRVMA, con especial énfasis en los esfuerzos para fortalecer la participación de Partes no contratantes en el sistema, el análisis de datos globales de comercialización de la austromerluza y el avance hacia la implementación de un nuevo SDC electrónico en internet (SDC-e) a principios de 2017. Se otorgó a Ecuador la condición de PNC que coopera con la CCRVMA mediante el seguimiento de la comercialización de austromerluza a través del acceso limitado al SDC-e;
-   tendencias evidentes en la pesca INDNR y valor de la colaboración con el Proyecto Scale de Interpol.

## Administración y finanzas

6.      La Comisión refrendó el asesoramiento y las recomendaciones del Comité Permanente de Administración y Finanzas (SCAF), que incluyeron el apoyo a nuevos trabajos tendientes a examinar oportunidades que puedan generar ingresos y seguir reduciendo costos con la finalidad de asegurar un financiamiento sostenible.

7.      La Comisión aprobó el presupuesto para 2017 y la proyección de presupuesto para 2018.

# Informe del Comité Científico

*En la XX Reunión del CPA, el Dr. Mark Belchier (Reino Unido), Presidente del Comité Científico de la CCRVMA, presentará un informe más detallado centrado en los cinco temas de interés común para el CPA y el SC-CAMLR, según se identificó durante el Taller conjunto CPA–SC-CAMLR, celebrado en 2009 en Blatimore, Estados Unidos. El CPA también tratará la consideración en curso de los resultados del segundo Taller CPA–SC-CAMLR, organizado en Punta Arenas, Chile, el 19 y el 20 de mayo de 2016. A continuación, se incluyen algunos asuntos sobre los cuales el Comité Científico asesoró a la Comisión durante su última reunión:*

## Recurso kril

8.      En relación con las capturas de la temporada 2015/2016, la Comisión señaló que, hasta el 14 de septiembre de 2016, 11 barcos pescaron en la Subárea 48; la captura total fue de 258 365 toneladas, de las cuales 154 461 se capturaron en la Subárea 48.1; la Subárea 48.1 se cerró el 28 de mayo de 2016.

9.      Seis Miembros presentaron notificaciones relativas a la temporada 2016/2017 para un total de 18 barcos.

10.     La Comisión consideró que, en virtud del marco de evaluación del riesgo, los riesgos de los efectos localizados de la pesca de kril estaban aumentando y que la distribución actual del nivel crítico de captura de kril en el Área 48 descrito en la Medida de Conservación (MC) 51-07 debería mantenerse durante un período mínimo de tres años. La Comisión solicitó que el Comité Científico desarrollara actualizaciones anuales en lo referido al marco de evaluación del riesgo y que, al cabo de tres años, en 2019, presentara una revisión sustancial a fin de informar a la Comisión sobre los avances realizados con vistas a lograr una ordenación interactiva y la asignación de niveles críticos de captura de la MC 51-07.

## Recurso peces

11.     En la temporada 2015/2016, 12 Miembros pescaron austromerluza (austromerluza negra [*Dissostichus eleginoides*] o austromerluza antártica [*D. mawsoni*]). La captura total informada de *Dissostichus* spp. al 16 de septiembre de 2016 fue de 12 211 toneladas. En comparación, la captura total informada de austromerluza durante 2014/2015 fue de 15 891 toneladas. La Comisión refrendó el asesoramiento del Comité Científico con relación a los límites de captura en 2016/2017 para las pesquerías de *D. eleginoides* y *D. mawsoni*.

12.     Dos miembros —el Reino Unido y Australia— pescaron draco rayado (*Champsocephalus gunnari*), y Chile realizó pesca de investigación de *C. gunnari*.

13.     La Comisión refrendó el asesoramiento del Comité Científico con relación a la necesidad de contar con un seguimiento permanente de las pesquerías de la CCRVMA para detectar casos de sobrecapacidad y acordó que, si bien no existían indicios de exceso de capacidad en ese momento, la Secretaría debería continuar con el seguimiento de todos los barcos que notificaban y que posteriormente pescaban en una subárea cada año, a fin de detectar cualquier tendencia creciente.

## Pesca de fondo y ecosistemas marinos vulnerables

14.     La Comisión tomó nota de las deliberaciones del Comité Científico sobre la pesca de fondo y los ecosistemas marinos vulnerables (EMV) y señaló que, durante 2015/2016, hubo una notificación de área de riesgo de EMV en la Subárea 88.1, con lo que el número total de áreas de riesgo de EMV ascendía a 76.

### *Áreas marinas protegidas*

15.    La Comisión destacó la discusión del Comité Científico sobre la planificación de áreas marinas protegidas (AMP) en el Dominio 1, los resultados preliminares de las campañas de investigación en el AMP de las islas Orcadas del Sur y la información más reciente sobre el desarrollo del AMP del mar de Weddell (AMPMW) (Dominios 3 y 4). Además, señaló que el Comité Científico había acordado que la abundante información presentada con respecto al mar de Weddell representaba los mejores conocimientos científicos disponibles y que proporcionaba los fundamentos necesarios para la planificación de AMP en esa región. También, destacó que se requería seguir trabajando para desarrollar esos análisis e identificar cómo se utilizaban en la elaboración de una propuesta de AMPMW y alentó a continuar con esta labor.

16.    La Comisión aprobó una nueva medida de conservación en la que se establecían áreas especiales por tiempo limitado para la investigación científica en áreas marinas recientemente expuestas por el retroceso o el derrumbe de barreras de hielo.

### *Desarrollo de capacidades*

17.        La Comisión felicitó a los candidatos de Argentina y de China seleccionados para recibir una beca científica de la CCRVMA en 2017 y 2018.

### *Prioridades del Comité Científico*

18.    La Comisión examinó los resultados del Simposio del Comité Científico de la CCRVMA, celebrado en la Secretaría de la CCRVMA, en Hobart, Australia, el 13 y el 14 de octubre de 2016 y señaló la discusión de las prioridades del Comité Científico.

## Sistema de Observación Científica Internacional de la CCRVMA

19.    La Comisión aprobó un aumento gradual de la cobertura de observación en las pesquerías de kril, a fin de alcanzar una cobertura de observación del 100 % para la temporada de pesca 2020/2021.

## Efectos del cambio climático

20.    En nombre de las Delegaciones de Australia y Noruega, Australia presentó un informe inicial del Grupo de trabajo por correspondencia del período entre sesiones (ICG) sobre la consideración de enfoques para reforzar el análisis de los efectos del cambio climático en la CCRVMA. El documento resumía la labor inicial del grupo realizada en 2016, que incluía discusiones sobre temas de interés y procedimientos tendientes a mejorar la consideración de los efectos del cambio climático. Esto incluía ideas sobre la evaluación de estados y de tendencias, y destacaba las principales recomendaciones del segundo Taller conjunto CPA–SC-CAMLR sobre Cambio Climático y Seguimiento, que se llevó a cabo en Punta Arenas, Chile, el 19 y el 20 de mayo de 2016. En los debates, se respaldaba la idea de que la labor relativa al cambio climático se incorporara en un marco coherente de prioridades, como lo ejemplificaba el Programa de Trabajo del CPA en Respuesta al Cambio Climático. El trabajo del ICG no se limitaría a cuestiones y prioridades científicas, sino que tomaría en cuenta consideraciones en términos de políticas y de ordenación.

## Medidas de conservación

21.    La consideración de la Comisión en lo referido a medidas de conservación y resoluciones nuevas y revisadas, así como a los temas relacionados, está incluida en la Lista de las Medidas de Conservación Vigentes de 2016/2017, publicada a fines de 2016.

22.    Las Medidas de Conservación adoptadas durante CCAMLR-XXXV incluían una medida que establecía un AMP en la región del mar de Ross. Dicha medida había sido presentada ante la Comisión por Nueva Zelandia y Estados Unidos en 2012 y había sido revisada en años posteriores (2013, 2014 y 2015). El AMP, que entrará en vigor el 1 de diciembre de 2017, trata de conservar los recursos vivos marinos, mantener la estructura y el funcionamiento del ecosistema, proteger procesos ecosistémicos vitales y áreas de importancia ecológica y promover la investigación científica, mediante el establecimiento de zonas de referencia (ver Anexo).

# Implementación de los objetivos de la Convención

### Objetivos de la Convención

23.    Chile informó sobre las conclusiones del segundo Simposio de la CCRVMA, celebrado en Santiago del 5 al 8 de mayo de 2015, y señaló que éstas serían particularmente útiles para la Comisión cuando considerara en detalle las prioridades estratégicas para los próximos 5-10 años. Tras reflexionar acerca de dichas conclusiones y de los resultados del Simposio del Comité Científico de la CCRVMA celebrado con anterioridad a SC-CAMLR-XXXV, la Comisión acordó los términos de referencia y la modalidad de trabajo de un grupo-e de trabajo durante el período entre sesiones sobre consideración de las prioridades estratégicas para la Comisión hasta 2027.

# Evaluación del funcionamiento

24.    La Comisión aceptó los términos de referencia y los procesos para apoyar una segunda evaluación de funcionamiento y presentará su informe en CCAMLR-XXXVI, en octubre. El Presidente del CPA, Ewan McIvor, aceptó la invitación de la Comisión para participar en el Comité de Evaluación.

# Cooperación con el Sistema del Tratado Antártico y organizaciones internacionales

25.    El Secretario Ejecutivo presentó, ante la Comisión, un informe resumido sobre los temas pertinentes surgidos en la trigésima novena Reunión Consultiva del Tratado Antártico (XXXIX RCTA).

26.    Se notificó a la Comisión que en SC-CAMLR-XXXV se había presentado un informe del Observador del SCAR que contenía una actualización de la amplia gama de actividades del SCAR que son importantes en la labor del Comité Científico y de la Comisión, y que ponía de relieve la colaboración efectiva entre el SCAR y la CCRVMA.

27.    Tras señalar que la Comisión entabla acuerdos formales con el Acuerdo sobre la Conservación de Albatros y Petreles (ACAP), la Comisión para la Conservación del Atún Rojo del Sur (CCSBT) y la Comisión de Pesca para el Pacífico Centro-Occidental (WCPFC), la Comisión alentó a la Secretaría a establecer MdE con otras organizaciones regionales pertinentes de ordenación pesquera.

# Próxima reunión

### Elección de funcionarios

28.    La Comisión eligió a Sudáfrica para ocupar la presidencia de la Comisión durante las reuniones de 2017 y 2018.

29.		La Comisión confirmó la recomendación de SCIC de elegir a la Sra. Kim como presidenta de dicho comité.

### Fecha y lugar de la próxima reunión

30.			La trigésima sexta reunión se celebrará en Hobart, Australia, entre el 16 y el 27 de octubre de 2017. La trigésima sexta reunión del Comité Científico se celebrará entre el 16 y el 20 de octubre de 2017.

# Anexo

Área Marina Protegida de la CCRVMA en la región del mar de Ross, incluidos los límites de la Zona de Protección General (Áreas i, ii y iii), Zona de Investigación Especial y Zona de Investigación de Kril (Medida de Conservación 91-05).

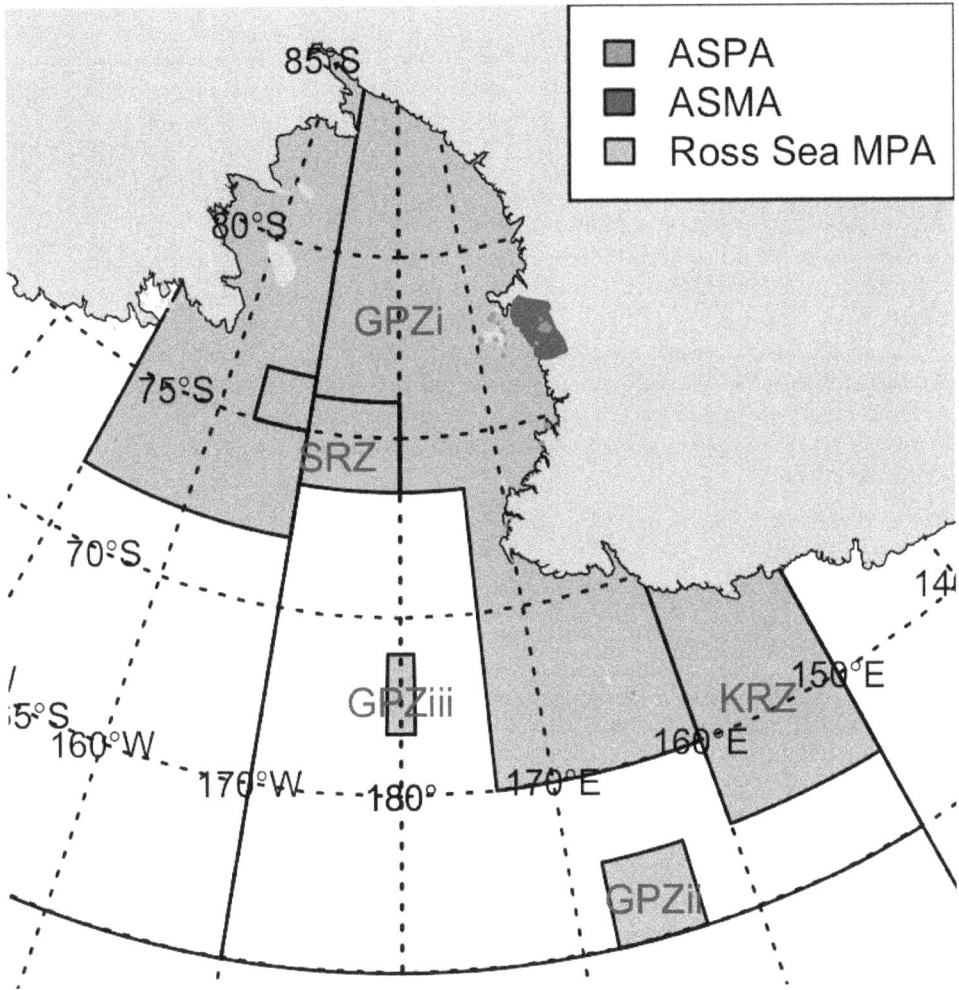

# Informe anual correspondiente al periodo 2016/2017 del Comité Científico de Investigación Antártica para la XL Reunión Consultiva del Tratado Antártico

## *Documento de Información presentado por el SCAR*

## Resumen

En este documento, se presenta el informe anual del Comité Científico de Investigación Antártica (SCAR) para la Reunión Consultiva del Tratado Antártico. Para que el documento resulte más accesible, se presentan las características principales del informe en formato de infografía.

## Antecedentes

La misión del SCAR es favorecer el avance de las investigaciones, incluidas las observaciones realizadas desde la Antártida, así como promover la comprensión, la educación y el conocimiento científicos en lo que respecta a la región antártica. A este fin, el SCAR se encarga de iniciar y coordinar a nivel internacional la investigación de la Antártida y el océano Austral para beneficio de la sociedad global. El SCAR ofrece asesoramiento en información desde un plano científico independiente y objetivo al Sistema del Tratado Antártico y a otros organismos, y se constituye como el principal vehículo de intercambio internacional de información sobre la Antártida dentro de la comunidad científica.

Las descripciones de las actividades y los resultados científicos del SCAR están disponibles en: *http://www.scar.org/*.

El SCAR celebra su sexagésimo aniversario en 2018.

## Últimos acontecimientos

Además de la sinopsis de resultados y actividades claves del SCAR presentados en la Figura 1, los tres grupos científicos, los seis programas de investigación y una variedad de grupos subsidiarios especializados del SCAR llevaron a cabo una amplia gama de actividades que produjeron muchos resultados. Durante esta reunión, se presentará formalmente un conjunto de esos resultados, incluso en la Conferencia del SCAR.

Durante la XXXIV Reunión y la Conferencia Abierta de Ciencias del SCAR, celebradas en Kuala Lumpur, Malasia, los Delegados eligieron un nuevo Comité Ejecutivo, con los siguientes miembros: Prof. Steven L. Chown (presidente); Prof. Dra. Karin Lochte (vicepresidenta), Prof. Terry Wilson (vicepresidenta), Prof. Dr. Azizan bin Abu Samah (vicepresidente), Prof. Jefferson Cardia Simões (vicepresidente), Prof. Jerónimo López-Martínez (último expresidente). La Dra. Jenny Baeseman es la Directora Ejecutiva del SCAR. El Dr. Aleks Terauds es el representante del SCAR para el Comité para la Protección del Medio Ambiente.

## Próximas reuniones (selección)

*XII Simposio de Biología del SCAR.* 10 al 14 de julio de 2017, Bruselas, Bélgica.
http://www.scarbiology2017.org/

**Conferencia del programa de investigación científica de la Dinámica pasada de la capa de hielo antártica (PAIS) 2017.** 10 al 15 de septiembre de 2017, Trieste, Italia. http://pais-conference-2017.inogs.it/

**IX Congreso Latinoamericano de Ciencia Antártica**. 4 al 6 de octubre de 2017, Punta Arenas, Chile. http://www.inach.cl/inach/?p=21366

**XXXV Reunión y Conferencia Abierta de Ciencias del SCAR.** 15 al 27 de junio de 2018, Davos, Suiza. La Conferencia Abierta de Ciencias cubrirá ambos polos y se organizará conjuntamente con el Comité Científico Internacional del Ártico (CCIA). *http://www.polar2018.org/*

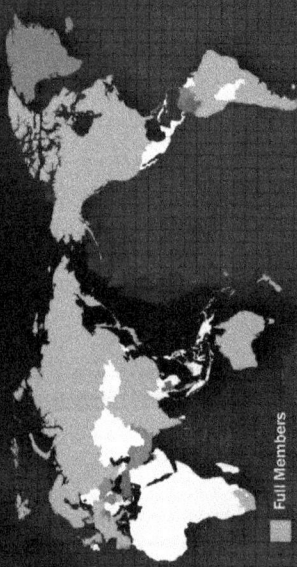

# SCIENTIFIC COMMITTEE ON ANTARCTIC RESEARCH ANNUAL REPORT 2016-2017

## XXXIV SCAR MEETINGS AND OPEN SCIENCE CONFERENCE

Participants: 849
Abstracts: 1030
Parallel sessions: 41
Mini-symposiums: 5

## MEMBERSHIP

Full Members
Associate Members
New Associate Members

## AWARDS

Medal for Excellence in Antarctic Research

Dr. Robert Dunbar, USA

Medal for International Scientific Coordination

Dr. Heinrich Miller, Germany

SCAR President's Medal for Outstanding Achievement

Dr. Francisco Herve, Chile

## A YEAR IN NUMBERS

**4** Early Career Fellowships

**2** Visiting Professor Awards

**110** Women in Antarctic Research Wikipedia Bios

**1** New Partnership with the Asian Forum for Polar Sciences

**1** New Strategic Plan

**3** New Research Groups

Graphic: Warren Clark

**Find us at:** scar.org

# Informe anual de 2016/2017 del Consejo de Administradores de los Programas Antárticos Nacionales (COMNAP)

El COMNAP es la organización encargada de los Programas Antárticos Nacionales que reúne, en particular, a las autoridades nacionales responsables de planificar, dirigir y gestionar el apoyo a las actividades científicas antárticas en nombre de sus respectivos gobiernos.

El COMNAP es una asociación internacional, formada en septiembre de 1988, cuyos Miembros son los 30 Programas Antárticos Nacionales de Alemania, Argentina, Australia, Bélgica, Brasil, Bulgaria, Chile, China, Ecuador, España, Estados Unidos, Federación de Rusia, Finlandia, Francia, India, Italia, Japón, Noruega, Nueva Zelandia, Países Bajos, Perú, Polonia, Reino Unido, República de Belarús, República Checa, República de Corea, Sudáfrica, Suecia, Ucrania y Uruguay. En la actualidad, los Programas Antárticos Nacionales de Canadá (desde agosto de 2016), Portugal (desde agosto de 2015) y Venezuela (desde agosto de 2015) son organizaciones observadoras del COMNAP.

El propósito del COMNAP es elaborar y promover las mejores prácticas en la gestión del apoyo a la investigación científica en la Antártida. Como organización, el COMNAP se encarga de agregar valor a los esfuerzos de los Programas Antárticos Nacionales desempeñándose como un foro para desarrollar prácticas que mejoren la efectividad de las actividades de manera responsable con el medio ambiente, facilitando y promoviendo alianzas internacionales, y brindando oportunidades y sistemas para el intercambio de información.

El COMNAP se esfuerza por aportarle al Sistema del Tratado Antártico tanto el asesoramiento objetivo, práctico, técnico y apolítico como el conocimiento de primera mano de la Antártida que aporta el amplio grupo de expertos de los Programas Antárticos Nacionales. Desde 1988, el COMNAP ha contribuido de manera activa a los debates de la RCTA y el CPA y ha presentado 32 Documentos de Trabajo y 105 Documentos de Información.

El COMNAP sigue teniendo una estrecha relación de trabajo con otras organizaciones antárticas, particularmente con el SCAR. En agosto de 2016, se llevó a cabo una Reunión conjunta del Comité Ejecutivo del SCAR y COMNAP en Kuala Lumpur, Malasia. El COMNAP fue invitado a la Reunión anual de la IAATO en calidad de observador y presentó informes ante la Reunión anual del Foro de Operadores de Investigaciones Árticas (FARO), la 14.ª Conferencia de la Comisión Hidrográfica sobre la Antártida (CHA) y la 17.ª Reunión del Grupo de Trabajo Internacional sobre Cartografía de Hielos (IICWG). Uno de los puntos destacados para el COMNAP en 2016 fue el III Taller sobre Búsqueda y Salvamento (SAR) coordinado en colaboración con la Dirección General del Territorio Marítimo y de Marina Mercante (DIRECTEMAR) de Chile y con el Instituto Antártico Chileno (INACH).

En agosto de 2016, la Reunión General Anual (RGA) del COMNAP se llevó a cabo en Goa, India, y fue organizada por el Centro Nacional de Investigaciones Antárticas y Oceánicas. Se coordinaron sesiones sobre energía y tecnología, navegación y seguridad. El profesor Kazuyuki Shiraishi, del Instituto Nacional de Investigación Polar de Japón continúa en su mandato de tres años como presidente del COMNAP hasta la RGA que se celebrará en 2017 (agosto). Michelle Rogan-Finnemore continúa siendo la Secretaria Ejecutiva. La Universidad de Canterbury, Christchurch, Nueva Zelandia, continúa siendo la sede del COMNAP.

## Puntos destacados y logros del COMNAP en 2016/2017

### III Taller sobre Búsqueda y Salvamento (SAR) _ *coordinado*

El COMNAP coordinó el III Taller sobre SAR el 1 y 2 de junio de 2016 —con la colaboración de DIRECTEMAR y del INACH— en apoyo a las operaciones seguras en la región del Tratado Antártico, y de conformidad con lo acordado por el COMNAP en respuesta a la Resolución 4 de la RCTA (2013), a fin de coordinar talleres periódicamente para debatir sobre las operaciones SAR y las respuestas ante emergencias. Se contó con la participación de los delegados de los Programas Antárticos Nacionales, los Centros de Coordinación de Rescates (RCC), la IAATO, la CCRVMA y del COSPAS-SARSAT, y se llevó a cabo un simulacro de SAR. El informe del taller se presenta como Documento de Información en esta RCTA y estará disponible en https://www.comnap.aq/Publications/Comnap%20Publications/COMNAP_SAR_WorkshopIII_Final_Report_7July2016.pdf.

### Simposio "Desafíos de la invernada" del COMNAP (2016), *- coordinado y actas publicadas*

El COMNAP coordinó su 17.° Simposio (agosto de 2016), y el tema fue "Desafíos de la invernada". Los simposios son foros abiertos donde las personas que participan en la coordinación del apoyo a las investigaciones científicas en la Antártida pueden compartir experiencias, conocimientos e ideas para el beneficio de otros. Muchos Programas Antárticos Nacionales operan en estaciones de invernada que funcionan todo el año, y la información científica recopilada en la Antártida durante el invierno es crucial para aportar datos a los estudios mundiales del Sistema Terrestre. El objetivo del Simposio reconocía que la invernada constituía un desafío y presentaba soluciones operativas, técnicas y en materia de personal para dichos desafíos. Hubo 112 participantes de 30 Programas Antárticos Nacionales, entre otros, que contribuyeron a los debates, realizaron presentaciones o exhibieron carteles. Las Actas del Simposio (publicadas en febrero de 2017) pueden descargarse en el siguiente enlace: https://www.comnap.aq/Publications/Comnap%20Publications/Proceedings%20of%20the%20COMNAP%20Symposium%202016%20Winter-Over%20Challenges.pdf.

### Grupo de Trabajo del COMNAP sobre sistemas aéreos no tripulados (GT-UAS) *- revisión del Manual*

El GT-UAS fue formado como un subgrupo del Grupo de expertos sobre aeronavegación, y su objetivo es "... reducir el riesgo para las personas, la infraestructura y el medioambiente en la zona del Tratado Antártico, así como posibilitar (...) el uso de UAS en el área con fines científicos y otros fines en respaldo de la ciencia". Los participantes son Expertos de catorce Programas de los Miembros del COMNAP. Durante el período entre sesiones, después de la temporada estival antártica de apoyo científico, el GT-UAS revisó el Manual de UAS y realizó un relevamiento informal de los Miembros del COMNAP respecto del uso de UAS en la región del Tratado Antártico (ver el Documento de Información presentado en esta Reunión del CPA y RCTA). Durante el período entre sesiones, la Secretaría del COMNAP mantuvo un contacto estrecho con SCAR-SCATS en lo referido a su labor en materia de UAS y de vida silvestre.

### Catálogo de Estaciones *- está en progreso y se completó su interfaz SIG en línea*

El Catálogo de Estaciones del COMNAP, que comenzó como una colaboración con EU-PolarNet, ofrece información exhaustiva sobre las estaciones de los Programas Antárticos Nacionales que, en el futuro, será útil para promocionar la colaboración, el intercambio de conocimientos científicos y de infraestructuras. La información en el catálogo fue suministrada por los Programas Antárticos Nacionales y será actualizada en la base de datos del COMNAP, que es compatible con los productos y las herramientas del COMNAP (ver información adicional sobre el catálogo y la base de datos en un Documento de Información presentado en esta RCTA). Los datos que no son sensibles están a disposición del público a través de una interfaz SIG en el siguiente enlace: https://www.comnap.aq/Members/SitePages/Home.aspx.

### Beca de investigación antártica del COMNAP *- ronda de presentación de solicitudes abierta*

El COMNAP creó la Beca de investigación antártica en 2011 y, desde entonces, ha otorgado ocho becas, más otras cuatro en conjunto con el SCAR. El objetivo de la beca es asistir a investigadores, técnicos e ingenieros que están comenzando su carrera. La becas de 2016 se otorgaron a Ronja Reese (Instituto Potsdam para la Investigación del Impacto Climático, Alemania) para realizar una investigación sobre "La importancia de los contrafuertes de hielo en la Antártida" en el British Antarctic Survey; a Blanca Figuerola (Universidad de Barcelona, España) para investigar sobre "La vulnerabilidad de las comunidades de briozoos de la Antártida ante el cambio ambiental" en la División Antártica Australiana; y a Christopher Horvat, que recibió una beca conjunta del COMNAP y el SCAR (Universidad de Harvard, EE. UU.) para investigar sobre "El modelado de la distribución de tamaños de témpanos de hielo en la Antártida" (Instituto Nacional de Investigación Acuática y Atmosférica, Nueva Zelandia). Las presentación de solicitudes para las becas de 2017 se centra en una lista de proyectos valiosos para los Programas Antárticos Nacionales, y el período de presentación finaliza el 1 de julio de 2017. El SCAR y el COMNAP además trabajan con la CCRVMA para promover sus becas. Ver https://www.comnap.aq/SitePages/fellowships.aspx.

**Proyecto sobre los desafíos de la hoja de ruta antártica (ARC) del COMNAP -** *completado*

El proyecto ARC del COMNAP, un proyecto de seguimiento de la búsqueda sistemática de los horizontes científicos antárticos del SCAR, exploraba los desafíos relativos a la tecnología, la logística, las operaciones, el financiamiento y la colaboración internacional que es probable que los Programas Antárticos Nacionales tengan que enfrentar durante la realización de actividades científicas a mediano y largo plazo en la Antártida. Para ver los resultados completos del proyecto, consultar el Documento de Información IP051 presentado por el COMNAP en la XXXIX RCTA (2016). El proyecto se completó en 2016; los resultados se publicaron en la *Antarctic Science*, volumen 28, número 6, http://dx.doi.org/10.1017/S0954102016000481.

## Productos y herramientas del COMNAP

### Sitio web sobre Búsqueda y Salvamento (SAR)
www.comnap.aq/membersonly/SitePages/SAR.aspx

Según lo solicitado en la Resolución 4 de la RCTA (2013), el COMNAP creó un sitio web sobre SAR en consulta con los RCC, el cual se actualiza regularmente. Los contactos de SAR también están a disposición del público en el sitio web del COMNAP a partir de los debates que se llevaron a cabo en el III Taller sobre SAR.

### Sistema de notificación de accidentes, incidentes y cuasi accidentes (AINMR)
www.comnap.aq/membersonly/AINMR/SitePages/Home.aspx

El sistema AINMR fue elaborado para contribuir al intercambio de información y está disponible en la sección exclusiva para Miembros del sitio web del COMNAP. El principal objetivo del AINMR consiste en recopilar información sobre hechos que tuvieron o podrían haber tenido consecuencias graves, divulgar lecciones y/o brindar información sobre sucesos nuevos y muy poco frecuentes. En el sitio web, también pueden publicarse y compartirse informes completos sobre accidentes, que podrán ser objeto de debate y revisión.

### Sistema de Información de Posiciones de Buques (SPRS)
www.comnap.aq/sprs/SitePages/Home.aspx

SPRS es un sistema opcional y voluntario para intercambiar información sobre las operaciones de los buques que participan en los Programas Antárticos Nacionales. Su propósito principal es facilitar la colaboración. Además, puede ser una contribución útil para la seguridad, dado que constituye una fuente de información adicional donde se ponen los datos del SPRS a disposición de todos los RCC y complementa a todos los demás de sistemas nacionales e internacionales existentes. Una revisión del SPRS dio lugar a una serie de evaluaciones de un nuevo "Sistema de Rastreo de Recursos (CATS)" del COMNAP para la temporada estival 2016/2017. El sistema CATS incluía movimientos de buques y de algunas aeronaves. En la RGA del COMNAP que se celebrará en 2017, se debatirán los resultados de la evaluación del sistema CATS.

### Manual de información sobre vuelos antárticos (AFIM) AFIM-e

El AFIM es un manual de información aeronáutica publicado por el COMNAP como herramienta para que las operaciones aéreas en la Antártida sean más seguras, de conformidad con la Resolución 1 (2013). El COMNAP dejó de publicar el AFIM en formato de papel; a partir del 1 de octubre de 2016, el AFIM se publica en formato PDF y está disponible para todos los suscriptores a través de un enlace que permite acceder a la su versión más actual (con fecha de actualización).

**Manual para los operadores de telecomunicaciones antárticas (ATOM)**

El ATOM es una versión mejorada del manual de prácticas de telecomunicaciones al que se refiere la Recomendación X-3 de la RCTA, *Mejoramiento de las telecomunicaciones en la Antártida y recolección y distribución de datos meteorológicos antárticos*. Los Miembros del COMNAP y las autoridades del SAR tienen acceso a la versión más actual (febrero de 2017) mediante del sitio web del COMNAP. Se revisará el formato del ATOM para que esté en consonancia con el nuevo formato de la base de datos del COMNAP.

---

www.comnap.aq

## Documento adjunto 1 Funcionarios, proyectos, grupos de expertos y reuniones del COMNAP

**Comité Ejecutivo (EXCOM)**

El Presidente y los Vicepresidentes del COMNAP son autoridades elegidas del COMNAP. Las autoridades elegidas junto con el Secretario Ejecutivo componen el Comité Ejecutivo del COMNAP de la siguiente manera:

| Cargo | Autoridad | Fin del mandato |
|---|---|---|
| **Presidente** | Kazuyuki Shiraishi (NIPR) kshiraishi@nipr.ac.jp | RGA 2017 |
| **Vicepresidentes** | Javed Beg (NCAOR) javed.beg@gmail.com | RGA 2019 |
| | Yves Frenot (IPEV) yves.frenot@ipev.fr | RGA 2017 |
| | John Guldahl (NPI) john.guldahl@npolar.no | RGA 2019 |
| | José Retamales (INACH) jretamales@inach.cl | RGA 2017 |
| | Rob Wooding (AAD) rob.wooding@aad.gov.au | RGA 2017 |
| | *[John Hall (BAS) y Hyoung Chul Shin (KOPRI) completaron sus mandatos de 3 años como Vicepresidentas en agosto de 2016]* | |
| **Secretaria ejecutiva** | Michelle Rogan-Finnemore michelle.finnemore@comnap.aq | |

Cuadro 1 - Comité Ejecutivo del COMNAP.

**Proyectos**

| Proyecto | Director del proyecto | Funcionario del EXCOM (supervisión) |
|---|---|---|
| Manual de información sobre vuelos antárticos (AFIM) - Implementación del formato electrónico | Paul Morin y Brian Stone (hasta mayo de 2016) | John Hall (hasta agosto de 2016) / Michelle Rogan-Finnemore |
| Grupo de Trabajo sobre los desafíos de la hoja de ruta antártica (ARC) | Michelle Rogan-Finnemore | Kazuyuki Shiraishi |
| Prueba del Sistema de Rastreo de Recursos (CATS) del COMNAP (CATS) | Robb Clifton | Hyoung Chul Shin (hasta agosto de 2016) / José Retamales |
| Base de datos y catálogo de instalaciones | Michelle Rogan-Finnemore y Andrea Colombo | Yves Frenot |

Cuadro 2 - Proyectos del COMNAP actualmente en curso.

**Grupo de expertos**

| Grupo de expertos (tema) | Líder del grupo de expertos | Funcionario del EXCOM (supervisión) |
|---|---|---|
| Aire (incluye el GT-UAS) | Paul Sheppard | John Guldahl |
| Energía y tecnología | Felix Bartsch y Pavel Kapler | Rob Wooding |
| Medioambiente | Anoop Tiwari | Rob Wooding |
| Medicina | Anne Hicks | Javed Beg |
| Difusión/Educación | Dragomir Mateev | Yves Frenot |
| Seguridad | Simon Trotter | Kazuyuki Shiraishi |
| Ciencia (incluye el grupo de reflexión para el SOOS) | Robb Clifton | José Retamales |
| Navegación | Miguel Ojeda | José Retamales |

| Capacitación | Verónica Vlasich | Yves Frenot |
|---|---|---|

Cuadro 3 - Grupo de expertos del COMNAP.

## *Reuniones*

### Realizadas durante los 12 meses pasados

1-2 de junio de 2016, III Taller de Búsqueda y Salvamento (SAR), con la colaboración del Instituto Antártico Chileno (INACH) y de DIRECTEMAR, Valparaíso, Chile.

16-18 de agosto de 2016, XXVIII Reunión General Anual (RGA) del COMNAP (2016), organizada por el Centro Nacional de Investigaciones Antárticas y Oceánicas (NCAOR), Goa, India.

19-20 agosto de 2016, Simposio del COMNAP (2016) "Desafíos de la invernada", organizado por el Centro Nacional de Investigaciones Antárticas y Oceánicas (NCAOR), Goa, India.

21 de agosto de 2016, Reunión conjunta del Comité Ejecutivo (EXCOM) del COMNAP y el SCAR, Kuala Lumpur, Malasia.

21-22 de agosto de 2016, Reunión del Grupo conjunto de expertos sobre biología humana y medicina (JEGHBM), Kuala Lumpur, Malasia.

5-6 de diciembre de 2016, Reunión del Comité Ejecutivo (EXCOM) del COMNAP, organizada por el Instituto Nacional de Investigación Polar (NIPR), Tachikawa, Japón.

### Próximos eventos

Del 31 de julio al 2 de agosto de 2017, XXIX Reunión General Anual (RGA) del COMNAP (2017), coordinada por El Programa Antártico Nacional de la República Checa en la Universidad Masaryk, Brno, República Checa. Incluirá la Reunión conjunta del Comité Ejecutivo (EXCOM) del SCAR y el COMNAP, que se celebrará en 2017, y una sesión del taller sobre requisitos en materia energética y tecnológica para apoyar las tareas científicas, según se identificó en el proyecto ARC.

# 3. Informes de expertos

# Informe de la Secretaría de la Organización Hidrográfica Internacional (OHI) en calidad de Presidente de la Comisión Hidrográfica de la OHI sobre la Antártida

## Introducción

La Organización Hidrográfica Internacional (OHI) es una organización consultiva intergubernamental y técnica. Se compone de 87 Estados Miembros. Normalmente, cada Estado está representado por el Director de su Servicio Hidrógrafo nacional.

La OHI coordina a nivel mundial el establecimiento de normas de datos hidrográficos y el suministro de servicios hidrográficos en apoyo de la seguridad de la navegación y de la protección y el uso sostenido del medio ambiente marino. El objetivo principal de la OHI es asegurar que todos los mares, océanos y aguas navegables mundiales sean levantados y cartografiados.

## ¿Qué es la Hidrografía?

La Hidrografía trata sobre la medición y la descripción de las características físicas de los océanos, mares, zonas costeras, lagos y ríos. Un levantamiento hidrográfico identifica la forma y la naturaleza del fondo marino y los peligros que contiene, junto con una comprensión del impacto de las mareas en la profundidad y en el movimiento del agua. Este conocimiento apoya todas las actividades marinas, incluyendo los estudios científicos, la protección del medio ambiente y el transporte.

## Importancia de la Hidrografía en la Antártida

La información hidrográfica es un requisito previo fundamental para el desarrollo de las actividades humanas exitosas y ambientalmente sostenibles en los mares y los océanos. Desgraciadamente, hay poca o ninguna información hidrográfica en un cierto número de lugares del mundo, especialmente en la Antártida.

En esta región en particular, en la que los buques pueden hacer frente a las condiciones climáticas más severas, cualquier varada debida a una ausencia de levantamientos o de cartografía náutica adecuados puede tener graves consecuencias. Desgraciadamente, la varada de buques que operan fuera de las rutas en las que se ha navegado previamente en la Antártida es bastante común.

El Código Polar, adoptado por la Organización Marítima Internacional (OMI) en el 2014, incluye importantes precauciones con respecto a la hidrografía y a la cartografía náutica en las regiones polares.

Tal y como se menciona, el Código Polar:

> … "considera peligros que pueden traducirse en niveles más altos de riesgo por la probabilidad mayor de que se produzcan, por la gravedad mayor de sus consecuencias o por ambos motivos (...)

y observa en particular:

> ...la lejanía y la **posible falta de información y de datos hidrográficos** precisos y completos, la menor disponibilidad de ayudas a la navegación y marcas en el mar, con la consiguiente mayor probabilidad de que se produzcan varadas agravadas por la lejanía, las limitaciones en cuanto a los medios SAR disponibles, los retrasos en la respuesta a emergencias y una capacidad de comunicación limitada, con la posibilidad de que esto afecte a la respuesta al suceso ..."

La mayoría de los estudios científicos y una comprensión del medio ambiente marino se benefician significativamente de un conocimiento de la naturaleza y de la forma del fondo marino y del movimiento del agua causado por las mareas. Por lo tanto, la ausencia de un tal conocimiento hidrográfico en la mayoría de las aguas antárticas, particularmente en las regiones costeras y de aguas de menor profundidad, debe comprometer muchos esfuerzos científicos que se están llevando a cabo bajo los auspicios de la RCTA y de los Estados Miembros individualmente.

## Comisión Hidrográfica de la OHI sobre la Antártida

La CHA comprende a 24 Estados Miembros de la OHI (Alemania, Argentina, Australia, Brasil, Chile, China, Colombia, Ecuador, EE.UU., España, Federación de Rusia, Francia, Grecia, India, Italia, Japón, Noruega, Nueva Zelanda, Perú, Reino Unido, República de Corea, Sudáfrica, Uruguay y Venezuela), de los cuales todos han adherido al Tratado Antártico y por lo tanto están también representados directamente en la RCTA.

La Comisión Hidrográfica de la OHI sobre la Antártida (CHA) fue formada en 1998 con el objetivo de coordinar actividades entre sus Estados Miembros para mejorar la calidad, la cobertura y la disponibilidad de la cartografía náutica y otro tipo de información marina geoespacial e hidrográfica y de servicios que cubren la región.

## Formas y Medios de mejorar la Hidrografía y la Cartografía Náutica en la Antártida

La OHI ha informado regularmente sobre el nivel nada satisfactorio de conocimientos hidrográficos en la Antártida desde la XXXI RCTA (Kiev, 2008) y sobre los riesgos inherentes que ello implica para todas las actividades marítimas que tienen lugar alrededor del continente. Apenas un 5% de la profundidad de las aguas antárticas ha sido medida. La OHI ha indicado reiteradamente el requisito de obtener apoyo al más alto nivel político si las cosas tuviesen que mejorarse significativamente.

Es gratificante que la última reunión (XXXVII RCTA) adoptase la Resolución 5 (2014) sobre el fortalecimiento de la cooperación en materia de levantamientos hidrográficos y de cartografía de las aguas antárticas. Sin embargo, ha habido muy poco impacto o mejora perceptibles en la situación indicada previamente.

La CHA de la OHI intenta trabajar estrechamente con organizaciones de las partes asociadas como el COMNAP, la IAATO, SCAR, la OMI y la COI. Sin embargo, a excepción del logrado trabajo con la IAATO, no se han llevado a cabo programas ni paquetes cooperativos que utilicen buques de oportunidad o bien otros recursos, para mejorar los datos hidrográficos en zonas de navegación críticas.

## Medición de profundidad que será incluida en los Programas de Observación de Datos Ambientales

La OHI se ha comprometido a recoger y a administrar los conjuntos de datos batimétricos de referencia requeridos para la modelización de los diferentes mecanismos oceánicos y costeros, en particular gracias al programa de la Carta Batimétrica General de los Océanos (GEBCO), que está regido conjuntamente por la OHI y la COI, y por el Centro de Datos de la OHI para Batimetría Digital (DCDB), que actúa como almacén de datos globales para batimetría públicamente disponible de los océanos, mares y aguas costeras mundiales, incluyendo los datos básicos para GEBCO.

La OHI está fomentando ahora la recopilación de datos adicionales innovadores y de iniciativas para maximizar sus datos, con el fin de aumentar el conocimiento de la humanidad en materia de batimetría de los mares, océanos y aguas costeras, incluyendo la batimetría participativa (datos geográficos ofrecidos voluntariamente), especialmente en la Antártida.

La aparición de registradores de datos particularmente económicos significa que ahora es posible utilizar el equipo existente de forma no intrusiva para todos los navegantes recojan y entreguen datos batimétricos al DCDB de la OHI. La mayoría de los buques es intrínsecamente capaz de medir y de grabar de forma digital la profundidad de las aguas costeras utilizando equipo del buque existente y un número creciente de buques pueden tomar medidas en aguas más profundas utilizando el equipo del buque existente. Esto es particularmente cierto para los buques científicos y de pasajeros y los buques de provisiones.

La OHI considera que la medición, el registro y la entrega de datos de profundidad como actividad rutinaria de observación del medio ambiente debería realizarse en todo momento cuando los buques estén en el mar, y cuando no haya restricciones.

## Propuesta de un Seminario sobre la Importancia de la Hidrografía en la Región Antártica

En la trigésimo novena Reunión Consultiva del Tratado Antártico en Santiago de Chile, el representante de la OHI sugirió que sería útil examinar mucho más detalladamente el impacto del estado de los levantamientos hidrográficos y de las cartas náuticas que cubren las aguas antárticas. Se propuso que la OHI considerase la organización de un seminario similar al efectuado en la RCTA XXXI, celebrada en Ucrania en el 2008. Chile y Ecuador apoyaron la propuesta de la OHI.

Como resultado,

… *La Reunión convino incluir una nueva prioridad relativa a los levantamientos hidrográficos en la Antártida y convino examinar esta cuestión en el 2018* (ver párrafo 161 del Informe Final de la RCTA).

La OHI propone que se organice un seminario durante los primeros días de la RCTA XLI, que se celebrará en Ecuador en el 2018. Estaría dirigido por el Secretario General de la OHI, que es también el Presidente de la Comisión Hidrográfica de la OHI sobre la Antártida (CHA). El seminario estaría apoyado por los Directores de los Servicios Hidrográficos nacionales representados en la CHA de la OHI. Contribuirían otras organizaciones relevantes de apoyo que operan en el marco de la OHI, incluyendo los proyectos de la Carta Batimétrica General de los Océanos (GEBCO) y de la Carta Batimétrica Internacional de los Océanos Australes (IBCSO). Se invitará a las organizaciones colaboradoras y de apoyo como SCAR, COMNAP, CCAMLR y a la IAATO, a proporcionar sus perspectivas como parte del seminario.

Además de la declaración efectuada por Ecuador en la RCTA XXXIX, en Chile, apoyando el principio de celebrar un seminario en Ecuador como parte de la RCTA XLI en el 2018, la Secretaría de la OHI ha recibido correspondencia adicional[1] de Ecuador, en calidad de país anfitrión, apoyando esta postura.

El seminario examinará detalladamente el impacto del estado actualmente inaceptable de los conocimientos hidrográficos, la cartografía náutica y la cartografía batimétrica que cubren las aguas antárticas, particularmente en lo referente a la seguridad, las operaciones, la protección del medio ambiente, el cambio climático, la modelización oceanográfica y la investigación en la región. El seminario continuará identificando varias soluciones prácticas y de bajo costo que podrían implementar los Estados y otras organizaciones para mejorar la situación actual. El seminario también llamará la atención sobre los acuerdos existentes en la OHI que permiten a los proveedores de datos potenciales de la comunidad de la RCTA identificar áreas específicas en las que pueden utilizarse sus propias actividades para proporcionar los muy necesarios datos de profundidad para el bien común.

El resultado del seminario serán una serie de recomendaciones sobre un plan de implementación coordinado para su posterior consideración por la RCTA.

## Propuestas para su consideración por la RCTA

**La OHI invita a la RCTA a incluir un seminario sobre el estado y el impacto de la hidrografía en la Antártida, que será entregado por la OHI como parte del programa para la RCTA XLI, que se celebrará en Ecuador en el 2018.**

**La OHI invita a la RCTA a considerar la inclusión en su política/doctrina/reglamento pertinente que cubre las operaciones de buques (buques de pasajeros, campañas científicas, actividades de suministro, etc.), la motivación de que la medición, el registro y la entrega de datos de profundidad deberían realizarse en el mar en todo momento como una actividad rutinaria de observación ambiental a menos que se apliquen restricciones particulares.**

---

[1] Carta del Subsecretario de América Latina y El Caribe, Ministerio de Relaciones Exteriores, del 28 de noviembre del 2016, al Comandante General de la Armada, Ecuador.

# Informe anual de la OMM de 2016/2017

La Organización Meteorológica Mundial[2] (OMM) es una agencia especializada de las <u>Naciones Unidas</u> que cuenta con 191 Territorios y Estados miembros. Es el portavoz autorizado del sistema de la ONU en lo que respecta al estado y el comportamiento de la atmósfera terrestre, su interacción con los océanos, el clima que produce y la distribución resultante de los recursos hídricos.

Las actividades prioritarias que realiza la OMM en regiones polares y de alta montaña promueven y coordinan programas de observación, investigación y servicios pertinentes que llevan a cabo naciones y grupos de naciones en regiones antárticas, árticas y de alta montaña. Estas actividades se conectan con todas las actividades de la OMM —como el Programa Mundial de Investigación Meteorológica y el Programa Mundial de Vigilancia Meteorológica[3]— y con otros programas afines de distintas partes del mundo, lo que cubre las necesidades y los requisitos globales en materia de observación, investigación y servicios meteorológicos en las regiones polares y de alta montaña.

La Vigilancia de la Criósfera Global (VCG) es fundamental para las iniciativas polares de la OMM, y el componente de observación de la VCG es uno de los cuatro sistemas de observación principales incluidos en los Sistemas Mundiales Integrados de Observación de la OMM (para más información, ver el Documento de Información IP 113). Además, se sumaron tres estaciones a la Red de Observación Antártica (AntON), que está a cargo de la OMM y del SCAR (ver Documento de información IP 117).

El Grupo de Trabajo sobre Espacios Polares de la OMM coordina las actividades de las agencias espaciales a fin de facilitar la recopilación y la distribución de conjuntos de datos satelitales, y de realizar aportes o brindar apoyo en pos del desarrollo de productos derivados específicos para las investigaciones y aplicaciones científicas criosféricas, polares y de alta montaña. El Documento de Información IP 114 brinda ejemplos de algunos productos que, en nuestra opinión, resultarán de interés para las Partes del Tratado.

El Año de la Predicción Polar (YOPP) es una iniciativa que cubre el período 2017-2019 y que se centra en el año 2018. Su objetivo es mejorar las capacidades de predicción ambiental a través de la coordinación de períodos de intensa observación, modelado, predicción y verificación, así como de actividades destinadas a educar y lograr la participación de las personas. Se prevé establecer un Período de Observación especial en la Antártida del 16 de noviembre de 2018 al 15 de febrero de 2019 (ver el Documento de información IP 116 relacionado).

La OMM proyecta diseñar una Red de Centros Meteorológicos Polares Regionales (PRCC) en la Antártida a partir de las experiencias y lecciones aprendidas en la Red PRCC del Ártico. Invitamos a las Partes del Tratado y a otras organizaciones interesadas a participar en el diseño de una Red PRCC en la Antártida (ver el Documento de Información IP 118 relacionado).

A través de su Programa Mundial de Investigación Meteorológica[2] copatrocinado, la OMM lleva adelante una serie de tareas de investigación —por lo general, en colaboración con el SCAR y otras organizaciones— de importancia para las Partes del Tratado. Este año, presentaremos dos informes adicionales, sobre la iniciativa de predictibilidad del clima polar (ver Documento de Información IP 115) y sobre el redimensionamiento de modelos en la Antártida (ver Documento de Información IP 119).

La OMM está comprometida a trabajar en pos de las observaciones, los servicios y las investigaciones sobre el tiempo y el clima antárticos en una colaboración mutuamente beneficiosa con las Partes del Tratado.

---

[2] www.wmo.int

[3] El Programa Mundial de Investigación Meteorológica está copatrocinado por la OMM, la Comisión Oceanográfica Intergubernamental (COI) y por el Consejo Internacional para la Ciencia (CIUC). Ver www.wcrp-climate.org. El Programa Mundial de Vigilancia Meteorológica está patrocinado por la OMM. Ver www.wmo.int/wwrp

# Informe de la Coalición Antártica y del Océano Austral

## 1.    *Introducción*

La ASOC se complace en estar en Beijing con motivo de la XL Reunión Consultiva del Tratado Antártico. En el presente informe, se describe brevemente el trabajo realizado por la ASOC en el curso del año pasado y se esbozan algunos aspectos fundamentales para esta RCTA.

La Secretaría de la ASOC tiene su sede en Washington DC, EE. UU., y su sitio web es http://www.asoc.org. La ASOC cuenta con 24 grupos miembros plenos distribuidos en 10 países, además de grupos de apoyo en estos países y en varios otros.

## 2.    *Actividades intersesionales*

Desde la XXXIX RCTA, la ASOC y los representantes de sus grupos miembros participaron de forma activa en los debates intersesionales entablados en los foros de la RCTA y el CPA.

La ASOC y los representantes de sus grupos miembros asistieron a varias reuniones relativas a la protección medioambiental de la Antártida, incluidas, entre otras, la XXXV Reunión de la CCRVMA, reuniones de la Organización Marítima Internacional relativas al Código Polar, la Conferencia Abierta de Ciencias del SCAR de 2016 y la reunión anual de la IAATO. En la Reunión de la CCRVMA de 2016, se designó el Área Marina Protegida de la región del mar de Ross (AMPRMR), lo que representa un logro que la ASOC intentaba conseguir desde 2008. Además, a partir del 1 de enero de 2017, entró en vigor el Código Internacional para buques que operen en aguas polares, otro objetivo que la ASOC intentaba alcanzar desde 2008. La ASOC continuó participando en el desarrollo del plan de investigación y seguimiento para el AMP, ya que dicho plan es esencial para que el AMP alcance sus objetivos con éxito.

El WWF, organización miembro de la ASOC, presentó ante la XXXV Reunión de la CCRVMA su informe Tracking Antarctica (Seguimiento de la Antártida) y brindó información al respecto en *Tracking Antarctica: A WWF report on the state of Antarctica and the Southern Ocean* [Seguimiento de la Antártida: informe del WWF sobre el estado de la Antártida y el océano Austral] (Documento de Información IP 152). El informe Tracking Antarctica proporciona una actualización en términos científicos del estado de la Antártida y el océano Austral, y destaca soluciones recomendadas. En particular, resalta la necesidad tanto de un aumento de esfuerzos para crear una red de AMP en el océano Austral como de la elaboración de una respuesta más sólida ante el cambio climático.

La ASOC y el WWF también son miembros del Fondo de Investigación de la Vida Silvestre Antártica (AWR), que proporcionó USD 150 000 destinados al financiamiento de tres proyectos científicos de investigación de los ecosistemas antárticos marinos.

## 3.    *Prioridades para la XL RCTA*

La ASOC cuenta con tres prioridades principales para la RCTA. Más abajo, detallamos nuestras recomendaciones en lo que respecta a las medidas que pueden tomar las PCTA durante esta RCTA en relación con cada punto prioritario.

- Ampliación de la red de zonas protegidas

La red de Zonas Antárticas Especialmente Protegidas (ZAEP) no brinda una protección integral a todos los valores comprendidos en el Anexo V del Protocolo. En *Considerations for the systematic expansion of the protected areas network* [Consideración para la ampliación sistemática de la red de zonas protegidas] (Documento de Información IP 153), la ASOC señala que la incorporación de una respuesta para zonas protegidas que sea adecuada para las presiones ambientales actuales es cada vez más visible y urgente a medida que se incrementan los efectos del cambio climático y continúa aumentando la presencia humana en numerosos medios marinos, costeros y terrestres. La ASOC recomienda a la RCTA dar inicio a un proceso de planificación sistemática de la conservación cuanto antes a efectos a ampliar la red. Para facilitar ese proceso, la ASOC ha recopilado una base de datos en línea que contiene información pertinente para la designación de nuevas zonas. Esperamos que la base de datos les resulte útil a las PCTA y recibiremos con gusto comentarios sobre cómo mejorarla.

Además, en *ASOC update on Marine Protected Areas in the Southern Ocean 2016-2017* [Actualización de la ASOC sobre Áreas Marinas Protegidas en el océano Austral 2016-2017] (Documento de Información IP 149), brindamos una actualización sobre la labor de la CCRVMA en relación con las AMP —lo que incluye un debate en torno a las AMP entablado en la XXXV Reunión de la CCRVMA en 2016— y alentamos a la RCTA a llevar adelante un proceso de planificación sistemática de la conservación similar al de la CCRVMA. Dicho proceso sería importante para aplicar efectivamente las herramientas de protección de zonas del Protocolo Ambiental en toda el Área del Tratado Antártico.

- Ordenación precautoria del turismo y otras actividades

La RCTA ha debatido en profundidad el tema del turismo durante los últimos años, pero ha tomado pocas decisiones en relación a cómo avanzar en ese respecto. A los efectos de ayudar a la RCTA a dar los próximos pasos, la ASOC presentó *Options for Visitor Management in the Antarctic* [Opciones de gestión de los visitantes en la Antártida] (Documento de Información IP 150). El presente documento analiza algunos enfoques de gestión de los visitantes implementados en otras partes del mundo y recomienda maneras para que la RCTA los aplique en el contexto antártico. En términos generales, la ASOC hace hincapié en la importancia de que la RCTA inicie un proceso que tenga como resultado el consenso de decisiones en materia de turismo.

El documento *Managing non-SOLAS vessels in the Southern Ocean* [Ordenación de embarcaciones no sujetas al Convenio SOLAS en el océano Austral] (Documento de Información IP 151) subraya que la labor reciente en torno al Código Polar realizada por la Organización Marítima Internacional no incluye los buques pesqueros ni las embarcaciones de recreo, que representan una proporción significativa del total de barcos que operan en el océano Austral. Dado que, en ocasiones anteriores, muchas PCTA han demostrado su preocupación respecto de los posibles riesgos para la vida humana y el medioambiente que implica la inseguridad de las operaciones marítimas, la ASOC recomienda a las Partes aprobar una Decisión sobre la necesidad de una acción conjunta en la OMI para garantizar que la Fase 2 de la labor sobre embarcaciones no sujetas al Convenio SOLAS comience de inmediato y concluya en tiempo y forma.

- Elaboración de una respuesta activa de la RCTA ante el cambio climático en la Antártida

La ASOC considera que el Sistema del Tratado Antártico, incluida la RCTA, debe tomar medidas urgentes para abordar el asunto de los efectos del cambio climático sobre el medioambiente antártico. En *Antarctic Climate Change Report Card* [Tarjeta informativa del cambio climático antártico] (Documento de Información 147), la ASOC resume y destaca descubrimientos científicos recientes sobre el cambio climático que demuestran la gravedad de los cambios que está sufriendo la Antártida. Existen numerosas medidas de ordenación que podría tomar la RCTA —incluida la designación de zonas protegidas que funcionen como áreas de referencia climática— como intento de aumentar la capacidad de adaptación del ecosistema y la capacidad de los científicos para vigilar y comprender los cambios.

En términos generales, la ASOC alienta a la RCTA a tomar una postura proactiva en relación con los temas que influyen en los valores significativos de la Antártida y a transformar los debates en decisiones.

## 4.    *Comentarios finales*

En el transcurso del año pasado, la ASOC se vinculó con muchos socios variados, que incluyeron la IAATO, el SCAR, la CCRVMA, la Coalición de Pescadores Legítimos de Austromerluza (COLTO) y el Fondo de Investigación de la Vida Silvestre Antártica (AWR), a fin de realizar un amplio trabajo de identificación de las fortalezas y las debilidades de los procedimientos y prácticas actuales del Sistema del Tratado Antártico y proponer algunas soluciones para dichas deficiencias. Valoramos nuestro vínculo con esos grupos, así como con las Partes del Tratado Antártico.

En particular, la ASOC quisiera hacer una mención especial del documento presentado con la IAATO, *Collaborating on Antarctic Education and Outreach* [Colaboración en torno a la educación y la difusión antárticas] (Documento de Información IP 148), donde se describen algunos trabajos satisfactorios que nuestras organizaciones realizaron en conjunto durante el año pasado. Tenemos planificado continuar esforzándonos y, de este modo, lograr que el público adquiera un mayor conocimiento sobre la Antártida. Recibiremos con agrado propuestas de colaboración adicionales de otras Partes, Observadores y Expertos.

# Informe de la Asociación Internacional de Operadores Turísticos Antárticos 2016/2017

## *En virtud del Artículo III (2) del Tratado Antártico*

### *Introducción*

La Asociación Internacional de Operadores Turísticos Antárticos (IAATO) tiene el agrado de informar a la XL RCTA sobre sus actividades, en virtud del Artículo III (2) del Tratado Antártico.

La IAATO continúa concentrando sus actividades en apoyo de su declaración de misión de defender y promover que el sector privado realice viajes a la Antártida que sean seguros y responsables en lo medioambiental, garantizando lo siguiente:

- la gestión diaria y eficaz de las actividades de sus Miembros en la Antártida;
- la difusión educativa, incluida la colaboración científica;
- el desarrollo y la promoción de las mejores prácticas sobre turismo antártico.

La descripción detallada de la IAATO, su declaración de misión, sus principales actividades y sus últimos acontecimientos pueden encontrarse en la *Hoja técnica 2017/2018* y en el sitio web de la IAATO: www.iaato.org.

### *Cantidad de miembros y visitantes de la IAATO durante 2016/2017*

La IAATO se compone de 115 Operadores y Asociados, que representan empresas provenientes del 66 % de los países que son Partes Consultivas del Tratado Antártico. Los Operadores de la IAATO llevan a la Antártida a ciudadanos de casi todas las Partes del Tratado y de otros 50 países que no son Partes. Desde 2010, la IAATO representa a todas las embarcaciones de pasajeros que operan en aguas antárticas en virtud del Convenio Internacional para la Seguridad de la Vida Humana en el Mar (SOLAS), a excepción de dos cruceros japoneses que no realizan desembarques, el ASUKA II y OCEAN DREAM, durante las temporadas 2015/2016 y 2016/2017, respectivamente.

Durante la temporada de turismo antártico 2016/2017, el número total de visitantes que viajó con Operadores de la IAATO fue de 44 367, lo que representa un aumento del 15% con respecto a la temporada anterior. Las cifras de la IAATO no han alcanzado el nivel máximo de la temporada 2007/2008 (46 265), pero las estimaciones preliminares de la temporada 2017/2018 indican que las cifras se acercarán al nivel máximo de visitas.

Los detalles de las estadísticas turísticas, incluidas las actividades y nacionalidades, pueden encontrarse en el Documento de Información IP 163 rev. 1, *IAATO Overview of Antarctic Tourism: 2016-17 Season and Preliminary Estimates for 2017-18* [Panorama del turismo antártico: temporada antártica 2016/2017 y cálculos preliminares para la temporada 2017/2018] de la XL RCTA. El directorio de Miembros y las estadísticas adicionales sobre las actividades de las organizaciones Miembros de la IAATO pueden encontrarse en www.iaato.org.

### *Trabajo y actividades recientes*

Se implementaron varias iniciativas durante el año, muchas de las cuales se centraron en fortalecer sistemas en apoyo a actividades de ordenación en vista del crecimiento previsto:

- En septiembre de 2016, el Grupo de Trabajo sobre el Crecimiento del Turismo y el Comité Ejecutivo de la IAATO se reunieron en Noto, Sicilia, donde realizaron un taller de tres días para elaborar un enfoque estratégico propuesto y establecer medidas prioritarias para la IAATO a fin de prepararse para el crecimiento anticipado en las actividades turísticas. Los resultados de ese taller se discutirán en la Reunión Anual de la IAATO de 2017.

- La IAATO continúa invirtiendo en fortalecer y capacitar al personal en terreno, en reconocimiento de la importancia de su papel a la hora de hacer cumplir los acuerdos del Tratado y las normas y directrices de la IAATO. Específicamente, de la siguiente manera:
  - 880 miembros del personal en terreno aprobaron el Programa de evaluación y certificación en línea de la IAATO correspondiente a la temporada 2016/2017, lo cual representa un incremento de participación del 30 % con respecto al año pasado. La certificación es obligatoria para muchos Operadores de la IAATO, y 1145 miembros del personal en terreno la han aprobado desde 2012/2013. El Programa de evaluación sigue evolucionando y comprobando los conocimientos del personal sobre el Manual de operaciones en el terreno de la IAATO, el cual se actualiza anualmente e incorpora todas las actualizaciones importantes surgidas de los acuerdos de la RCTA y el CPA.
  - En septiembre de 2017, la IAATO, en conjunto con su organización hermana en el Ártico, la Asociación de Operadores de Cruceros Expedicionarios del Ártico (AECO), realizará la segunda Conferencia para el personal en terreno en Islandia. Se recibirá de buen grado la participación de representantes de las Partes del Tratado.

- La educación de los Miembros, el personal en terreno y los clientes en lo que respecta a temas sobre ciencia y conservación en la Antártida es un componente importante del trabajo de la IAATO. Durante la temporada 2016/2017, la IAATO ha logrado lo siguiente:
  - Aumentó la frecuencia de ediciones del Boletín informativo del personal en terreno, que está diseñado para distribuir la información más reciente y forjar un espíritu comunitario.
  - Inició el Programa de embajadores antárticos de la IAATO en varias plataformas y lo amplió a otras, como las redes sociales.
  - Aumentó la participación de los proyectos de ciencia ciudadana, lo que incluyó la colaboración con numerosos grupos de investigación y Programas Antárticos Nacionales (PAN).
  - Aumentó la cantidad de documentos y directrices clave que se tradujeron a distintos idiomas y mejoró las traducciones utilizadas en las películas animadas de la IAATO.

- Cada año, la IAATO recibe muchas consultas de parte de personas, yates y grupos privados que se encuentran en varias etapas de la planificación de expediciones a la Antártida. La IAATO les explica el Sistema del Tratado Antártico y los procesos de permisos/autorizaciones a todos ellos y comunica la información a la Autoridad Competente adecuada.

- Los esfuerzos por aumentar la seguridad de la navegación en la navegación continúa siendo una prioridad de la organización. Los siguientes son algunos ejemplos:
  - La multicolaboración para recopilar datos hidrográficos continúa aumentando, y los datos aún están disponibles para las oficinas hidrográficas y los grupos de investigación que los soliciten.
  - Se han completado trabajos para respaldar las regulaciones del Código Internacional para buques que operen en aguas polares del OMI, que entró en vigor el 1 de enero de 2017. La colaboración de la IAATO con POLARVIEW y la Asociación Internacional de Sociedades de Clasificación (IACS) representa una contribución y un respaldo al desarrollo de herramientas requeridas para implementar los requisitos del Código, como una base de datos de información sobre hielo y temperatura para facilitar las evaluaciones del riesgo y los sistemas de índices de riego de los operadores.
  - Además de participar en el Taller sobre búsqueda y salvamento del COMNAP tras la XXXIX RCTA, la IAATO realizó un Ejercicio de búsqueda y salvamento con el MRCC Chile en febrero de 2017 y asistió al Taller y al simulacro sobre búsqueda y salvamiento antárticos realizados en Islandia en abril de 2017. Todas estas iniciativas son importantes no solo para construir

relaciones, generar confianza y promover el conocimiento, sino también, obviamente, para brindar instancias de capacitación cruciales.

### *Reunión de la IAATO y participación en otras reuniones durante 2016/2017*

La Reunión Anual de la IAATO de 2017 se celebrará entre el 2 y el 4 de mayo en Edimburgo, Reino Unido. El presente informe se redactó antes de dicha reunión. Además de las iniciativas mencionadas, la reunión también incluirá lo siguiente:

- Presentación del próximo Director Ejecutivo de la IAATO, el Dr. Damon Stanwell-Smith.
- Debates sobre maneras de mejorar y ampliar la Campaña de difusión sobre yates, que apunta a operadores de yates comerciales y privados que no son Miembros de la IAATO y que tienen intenciones de visitar la Antártida. Pueden encontrarse detalles sobre la Campaña actual en www.iaato.org/yachts.
- Debates centrados en iniciativas de Ordenación para el crecimiento en apoyo a la declaración de misión de la Asociación.
- Iniciativas adicionales para fortalecer el marco y las capacitaciones del personal en terreno en lo relativo a sus certificaciones y aptitudes.
- La revisión del proyecto de directivas sobre Vehículos Aéreos No Tripulados (UAV) de la IAATO a partir de la retroalimentación recibida en temporadas anteriores y del asesoramiento del SCAR.
- Propuestas de directrices nuevas y de actualizaciones a las actuales, como la concientización sobre las grietas y el asesoramiento específico para comprender el comportamiento de los lobos finos.

Los representantes de las Partes del Tratado están invitados a unirse a cualquiera de las sesiones abiertas durante la Reunión Anual de la IAATO y los talleres que se realicen con posterioridad.

El personal de la Secretaría de la IAATO y los representantes de los Operadores participaron en reuniones internas y externas, actuando en colaboración con Programas Antárticos Nacionales y organizaciones gubernamentales, científicas, ambientales y del sector. Además de participar en reuniones gubernamentales individuales, la IAATO concurrió a los siguientes eventos:

- La **27ª Reunión Anual del Consejo de Administradores de Programas Antárticos Nacionales (COMNAP)**, Goa, India, agosto de 2016. La IAATO atribuye gran importancia a la buena cooperación y colaboración entre sus Miembros y los Programas antárticos nacionales.
- La **Conferencia y Reunión Anual de la Asociación de Operadores de Cruceros Expedicionarios del Ártico**, Oslo, Noruega, octubre de 2016.
- **Comisión Hidrográfica sobre la Antártida**, OHI, Tromsø, Noruega, junio de 2016.
- **Grupo de Trabajo Internacional sobre Cartografía de Hielos**, Ottawa, Canadá, octubre de 2016.
- La IAATO sigue siendo activa en el desarrollo del Código Polar obligatorio de la **Organización Marítima Internacional** (OMI) en su carácter de asesor de la Asociación Internacional de Líneas de Cruceros (CLIA) y participa en varias reuniones de la OMI.

### *Observación ambiental*

La IAATO continúa proporcionando a la RCTA y al CPA información detallada sobre las actividades de sus Operadores en la Antártida y, además, trabaja en conjunto con instituciones científicas, sobre todo en materia de difusión educativa y observación ambiental a largo plazo. Sus colaboraciones incluyen el Inventario de sitios antárticos, el laboratorio Lynch Lab en la Universidad de Stony Brook y la Sociedad zoológica de Londres/Universidad de Oxford. A su vez, los Operadores de la IAATO señalan avistamientos de buques pesqueros para luego informarlos a la CCRVMA, en respaldo de la labor en contra de la pesca INDNR.

La IAATO acoge las oportunidades de colaborar con otras organizaciones.

### *Incidentes turísticos ocurridos en el período 2016/2017*

La IAATO continúa su política de divulgación de los incidentes para garantizar que todos los operadores antárticos comprendan los riesgos y aprendan las lecciones correctas. Durante la temporada 2016/2017, no hubo incidentes mayores que involucraran Operadores de la IAATO.

En total, hubo ocho evacuaciones médicas informadas por Operadores de la IAATO, tres de las cuales se realizaron a través de la base McMurdo. En todos los casos, tanto la IAATO como los Operadores involucrados agradecen la ayuda brindada.

### *Respaldo a las ciencias y a la conservación*

Durante la temporada 2016/2017, los Operadores de la IAATO transportaron de manera económica o gratuita a más de 279 integrantes del personal científico, de respaldo y de conservación, además de sus equipos y provisiones, entre las distintas estaciones, sitios en terreno y puertos de ingreso. Las siguientes son algunas razones por las que se realizaron dichos transportes:

- traslado de científicos entre las estaciones;
- evacuaciones médicas no urgentes;
- apoyo en terreno para los proyectos de investigación;
- recolección de muestras científicas y de otros datos para los programas de investigación (todos permitidos);
- transporte de equipos científicos hacia las estaciones o desde ellas;
- varios proyectos de ciencia ciudadana, incluida la recopilación de datos para proyectos como HappyWhale.com.

Los informes iniciales indican que los Operadores de la IAATO y sus pasajeros también aportaron más de USD 830 000 a organizaciones científicas y de conservación que trabajaron activamente en la zona antártica y subantártica durante la temporada 2016/2017.

Durante la última década, estas donaciones ascendieron a bastante más de USD 5 millones en total.

### *Agradecimientos*

La IAATO agradece la oportunidad de trabajar en colaboración con las Partes del Tratado Antártico y con el COMNAP, el SCAR, la CCRVMA, la OHI/CHA y la ASOC, entre otros, en pos de la protección a largo plazo de la Antártida.

# PARTE IV

## Documentos adicionales de la XXXIX RCTA

# 1. Documentos adicionales

# Resumen de la conferencia de SCAR

# ¿Qué significa el Acuerdo Climático de París de las Naciones Unidas para la Antártida?

## Resumen de la conferencia de SCAR

### Resumen

La presentación científica del SCAR Science ante la XL RCTA describirá, en forma general, las implicancias que el Acuerdo Climático de París 2015[1] supone para la Antártida. Los temas principales que se tratarán son los siguientes:

- La relación existente entre la STA, sus acuerdos y el SCAR y la Convención Marco de las Naciones Unidas sobre el Cambio Climático (CMNUCC).

- Se exponen las consecuencias para la Antártida y el océano Austral de un calentamiento global de 1,5 °C, 2 °C y más de 2 °C sobre la base de los últimos avances científicos internacionales, muchos de los cuales se procuraron con el auspicio de los programas de investigación estratégica del SCAR[2].

- Existe un escaso entendimiento de la contribución de la pérdida de hielo antártico al futuro aumento del nivel del mar (SLR), un factor posiblemente subestimado, que constituye una de las más grandes incertidumbres en la ciencia climática pertinente para el desarrollo de políticas. Este punto se destacó durante el 5.º Informe de Evaluación del Grupo Intergubernamental de Expertos sobre Cambio Climático (IPCC) en 2013[3]. Los avances en el terreno de ese entendimiento logrados desde 2013 se presentarán en el contexto de trayectos climáticos futuros en los que se alcanza —o no— un calentamiento global de 2 °C.

- Entender los efectos causados y evitados a partir de la consecución del objetivo del Acuerdo Climático de París para los miembros de la STA y sus actividades, así como las implicancias para el resto del mundo, constituye un *futuro desafío científico* clave identificado por el SCAR[4,5] y por el Consejo de Administradores de los Programas Nacionales Antárticos (COMNAP)[6] tratado bajo el Tema del Programa 15a del Grupo de Trabajo 2 de la XL RCTA (ver Documento de Antecedentes 20).

### Acuerdo Climático de París

- El Acuerdo Climático de París fue firmado por 196 naciones miembro de la CMNUCC durante la 21.ª Reunión de la Conferencia de las Partes (COP 21) en diciembre de 2015.

- La CMNUCC es un tratado medioambiental a escala internacional negociado durante la Cumbre de la Tierra celebrada en Río de Janeiro, en 1992, con el objetivo de "estabilizar las concentraciones de gases de efecto invernadero en la atmósfera en un nivel que prevenga la interferencia antropogénica con el sistema climático".

- El Acuerdo de París apunta a mantener el calentamiento global por debajo de los 2 °C ("la barrera de seguridad ante un cambio climático peligroso" identificada por el IPCC y presentada por la CMNUCC en Copenhague en 2009).

- Este objetivo se logrará a través de compromisos determinados a nivel nacional (NDC) que estén destinados a reducir todas las emisiones de gases de efecto invernadero antropogénicas antes de que finalice este siglo.

- A partir de la presión ejercida por naciones africanas vulnerables y naciones con zonas costeras bajas, las partes concordaron además en "procurar esfuerzos para" limitar el aumento de la temperatura a 1,5 °C.

- El Acuerdo Climático de París fue firmado por 194 países en Nueva York el Día de la Tierra, el 22 de abril de 2016, y el acuerdo entró en vigor el 7 de noviembre de 2016.

- El Acuerdo de París representa un gran desafío, especialmente si se tiene en cuenta que, con la tasa actual de emisiones a escala mundial, de ~40Gt por año, la temperatura de la superficie terrestre podría alcanzar un aumento de 2 °C en los próximos 15 años.

- Los NDC presentados en París, en caso de implementarse, limitarían el calentamiento global a ~2,7 °C. Este valor sigue situándose muy por encima del objetivo aún más ambicioso de 1,5 °C. Más aún, una evaluación de las configuraciones políticas actuales prevé que las temperaturas globales se estabilizarán en un aumento más cercano a los 3,5 °C.

- Para estar encaminadas a lograr el objetivo de París, todas las partes deben comprometerse a reducir las emisiones globales de GHG en un 40 % para 2030, en comparación con los niveles de 1990. Esto representa el compromiso de la UE, pero los NDC de muchas naciones quedan muy por debajo de ese valor. A fin de alcanzar esa meta, el Acuerdo requiere que las partes fortalezcan sus respectivos compromisos en balances quinquenales a nivel mundial.

## La importancia de la CMNUCC y el IPCC para la STA.

- La STA, encargada de la gobernanza del quinto continente más grande del mundo, no tiene estado dentro de la CMNUCC.

- Menos de un tercio de los 194 Estados miembro del CMNUCC pertenecen a la STA y cuentan con acceso a la Antártida para realizar investigaciones. No obstante, la CMNUCC —a través del proceso del IPCC— precisa ese conocimiento científico.

- El SCAR cuenta con estado de Observador dentro del IPCC, en virtud de su membresía en el Consejo Internacional de Uniones Científicas (CIUC).

- El SCAR / el CIUC nominan, por un lado, participantes para asistir a las reuniones del IPCC y, por el otro, candidatos para su consideración como autores de informes especiales y de evaluación.

- En un sentido más importante, el SCAR ayuda a movilizar la comunidad científica internacional a fin de tratar el efecto del cambio climático en la Antártida y el papel que desempeña la Antártida en el sistema climático global.

- Dos de los programas de investigación estratégica del SCAR —el *Programa de investigación científica de la Dinámica pasada de la capa de hielo antártica* (PAIS) y el *Programa de investigación Cambio climático antártico en el siglo XXI* (AntClim21)— hicieron contribuciones significativas al 5.° Informe de Evaluación del IPCC a partir del legado de varias iniciativas de investigación de gran envergadura del Año Polar Internacional y se perfilan para realizar contribuciones aún más importantes para el 6.° Informe de Evaluación.

- Se identificaron brechas de conocimiento y prioridades de investigación críticas a partir de evaluaciones estratégicas realizadas por Programas Antárticos Nacionales y agencias de financiación [7] y por el Proceso de búsqueda sistemática de los horizontes científicos del SCAR, llevado a cabo en Nueva Zelandia en 2014[4,5]. Estos puntos revisten una pertinencia y un interés directo para el IPCC en tanto se prepara para el 6.° en virtud del Informe de Evaluación integrada y dos Informes Especiales recientemente encomendados: *"Global Warming at 1.5°C"* [El calentamiento global a 1,5 °C] y *"Climate change and the oceans and the cryosphere"* [El cambio climático y los océanos y la criósfera].

- La STA y sus acuerdos (por ejemplo, el Protocolo de Protección del Medio Ambiente y la Convención sobre la Conservación de los Recursos Vivos Marinos Antárticos) también requieren políticas y tomas de decisiones basadas en evidencias, lo cual incluye un conocimiento de los efectos del cambio climático.

- A fin de alcanzar estos desafíos, el Consejo de Administradores de los Programas Nacionales Antárticos (COMNAP) inició el Proyecto Desafíos de la Hoja de Ruta Antártica (ARC), en el que se identifican los recursos, la infraestructura, la logística y las tecnologías de apoyo que se necesitan para permitir el logro de objetivos científicos prioritarios durante las próximas décadas[6].

## Referencias y fuentes de información

1. http://unfccc.int/paris_agreement/items/9485.php
2. http://www.scar.org/science
3. https://www.ipcc.ch/report/ar5/wg1/
4. Kennicutt, C., Chown, S., 2014. Comment: Six priorities for Antarctic Science. *Nature*, 512: 23-25.
5. Kennicutt, C y otros 69, 2014. A roadmap for Antarctic and Southern Ocean science for the next two decades and beyond. *Antarctic Science*, 27-1, 3-18.
6. https://www.comnap.aq/Projects/SitePages/ARC.aspx
7. http://dels.nas.edu/Report/Strategic-Vision-Investments/21741?bname=prb

.

# 2. Lista de documentos

## 2. Lista de Documentos

| Documentos de Trabajo | | | | | | | | | |
|---|---|---|---|---|---|---|---|---|---|
| Número | Puntos del programa | Título | Suministrado por | I | F | R | E | Adjuntos |
| WP001 | RCTA 15a | Futuros desafíos científicos en la Antártida: perspectiva del Reino Unido | Reino Unido | | | | | |
| WP002 | CPA 7b | Debates informales intersesionales: Implementación del Programa de trabajo de respuesta al cambio climático | Nueva Zelanda | | | | | |
| WP003 | RCTA 6 | Informe del Grupo de Contacto Intersesional (GCI) sobre los criterios para adquirir carácter consultivo | Chile Nueva Zelanda Uruguay | | | | | |
| WP004 | RCTA 15a | Futuros desafíos científicos en la Antártida | SCAR | | | | | |
| WP005 | CPA 10a | Protocolo de respuesta ante especies no autóctonas | Reino Unido España | | | | | Figura 1 Protocolo de respuesta ante especies no autóctonas |
| WP006 | RCTA 6 | Aprobación de Observadores del CPA | Estados Unidos | | | | | |
| WP007 rev.1 | CPA 9a | Revisión del Plan de Gestión para la Zona Antártica Especialmente Protegida (ZAEP) 111, Isla Powell del Sur e islas adyacentes, islas Orcadas del Sur | Reino Unido | | | | | ZAEP No. 111 Plan de gestión revisado |
| WP008 | CPA 9a | Revisión del Plan de Gestión para la Zona Antártica Especialmente Protegida (ZAEP) 140, Partes de Isla Decepción, islas Shetland del Sur | Reino Unido | | | | | ZAEP n.° 140, Partes de isla Decepción, islas Shetland del Sur |
| WP009 rev.1 | CPA 9a | Revisión del Plan de Gestión para la Zona Antártica Especialmente Protegida (ZAEP) n.° 129, punta Rothera, isla Adelaida | Reino Unido | | | | | ZAEP n.° 129, Punta Rothera, isla Adelaida |
| WP010 rev.1 | CPA 9a | Revisión del Plan de Gestión para la Zona Antártica Especialmente Protegida (ZAEP) 110, Isla Lynch, Islas Orcadas del Sur | Reino Unido | | | | | ZAEP N.° 110, Isla Lynch, islas Orcadas del Sur |
| WP011 rev.1 | CPA 9a | Revisión del Plan de Gestión para la Zona Antártica Especialmente Protegida (ZAEP) n.° 115, isla Lagotellerie, bahía Marguerite, Tierra de Graham | Reino Unido | | | | | Plan de Gestión revisado para la ZAEP n.° 115 |
| WP012 rev.1 | CPA 9a | Revisión del Plan de Gestión para la Zona Antártica Especialmente Protegida (ZAEP) n.° | Reino Unido | | | | | ZAEP n.° 109, isla Moe, islas Orcadas del Sur |

| Documentos de Trabajo | | | | | | | | |
|---|---|---|---|---|---|---|---|---|
| Número | Puntos del programa | Título | Suministrado por | I | F | R | E | Adjuntos |
| | | 109, Isla Moe, islas Orcadas del Sur | | | | | | |
| WP013 | CPA 10c CPA 7a CPA 9a | La Antártida y el Plan Estratégico para la Diversidad Biológica 2011-2020 | SCAR Bélgica Mónaco | 📄 | 📄 | 📄 | 📄 | Antarctica and the Strategic Plan for Biodiversity |
| WP014 rev.1 | CPA 9a | Plan de Gestión para la Zona Antártica Especialmente Administrada n.° 5, Estación Amundsen-Scott del Polo Sur, Polo Sur y mapas actualizados | Estados Unidos Noruega | 📄 | 📄 | 📄 | 📄 | ASMA No. 5 Map 1 ASMA No. 5 Map 2 ASMA No. 5 Map 3 ASMA No. 5 Map 4 ASMA No. 5 Map 5 ASMA No. 5 Map 6 ZAEA n.° 5, Estación Amundsen-Scott del Polo Sur, Polo Sur |
| WP015 | RCTA 15a | Proyecto de Búsqueda Sistemática de los Horizontes Científicos Antárticos del SCAR y Proyecto Desafíos de la Hoja de Ruta Antártica del COMNAP | COMNAP SCAR | 📄 | 📄 | 📄 | 📄 | |
| WP016 | CPA 9e | Material de orientación para la designación de Zonas Antárticas Especialmente Administradas (ZAEA) | Estados Unidos Noruega | 📄 | 📄 | 📄 | 📄 | Anexo A. Orientaciones para la evaluación de una zona para su posible designación como ZAEA Anexo B. Guía para la preparación de planes de gestión para ZAEA |
| WP017 | CPA 9e | Código de conducta del SCAR para la exploración e investigación de medioambientes acuáticos subglaciales | SCAR | 📄 | 📄 | 📄 | 📄 | Código de conducta del SCAR para la exploración e investigación de medioambientes acuáticos subglaciales |
| WP018 | CPA 9e | Código de conducta ambiental para el trabajo de investigación científica sobre el terreno en la Antártida del SCAR | SCAR | 📄 | 📄 | 📄 | 📄 | Código de conducta ambiental para el trabajo de investigación científica sobre el terreno en la Antártida del SCAR |
| WP019 | RCTA 17 | Recopilación de datos e informe sobre la actividad de yates en la Antártida en 2016-17 | Reino Unido Argentina Chile IAATO | 📄 | 📄 | 📄 | 📄 | |
| WP020 | RCTA 13 CPA 10c | Estado actual de los conocimientos acerca de las respuestas de la vida silvestre a los Sistemas de Aeronaves Dirigidas por Control Remoto (RPAS) | SCAR | 📄 | 📄 | 📄 | 📄 | |
| WP021 | CPA 9e | Proceso de evaluación previa para ZAEP/ZAEA | Reino Unido Noruega | 📄 | 📄 | 📄 | 📄 | Directrices: Un proceso de evaluación previa para la designación de ZAEP/ZAEA |
| WP022 | RCTA 17 | Actividad no gubernamental en la Antártida: situación actual y necesidad de regulación legal | Federación de Rusia | 📄 | 📄 | 📄 | 📄 | |
| WP023 | RCTA 17 | Nuevos retos para el Sistema del Tratado Antártico respecto a la navegación de yates en | Federación de Rusia | 📄 | 📄 | 📄 | 📄 | |

**Documentos de Trabajo**

| Número | Puntos del programa | Título | Suministrado por | I | F | R | E | Adjuntos |
|---|---|---|---|---|---|---|---|---|
| | | la Antártida | | | | | | |
| WP024 | RCTA 11 | Segundo informe del Grupo de contacto intersesional sobre educación y difusión | Bulgaria Bélgica Brasil Chile España Portugal Reino Unido | | | | | |
| WP025 | CPA 4 | Portal de medioambientes antárticos | Australia Estados Unidos Japón Noruega Nueva Zelanda SCAR | | | | | |
| WP026 | CPA 10a | Plan de acción conjunto de las Partes para la ordenación de moscas no autóctonas en la isla Rey Jorge (isla 25 de Mayo), islas Shetland del Sur | Corea RDC Chile Reino Unido Uruguay | | | | | Breve cuestionario sobre moscas no autóctonas (mosquitos, Trichocera maculipennis) en estaciones antárticas |
| WP027 | RCTA 6 | Nombramiento de Presidentes de Grupos de Trabajo de la RCTA | Australia Argentina Noruega Reino Unido | | | | | |
| WP028 | CPA 6 | Revisión del Manual sobre limpieza en la Antártida | Australia Reino Unido | | | | | |
| WP029 | CPA 9e | Actualización propuesta de las Regiones biogeográficas de conservación de la Antártida | Australia Nueva Zelanda SCAR | | | | | |
| WP030 | RCTA 15a | Cooperación internacional para promover los objetivos compartidos en materia de ciencia antártica | Australia | | | | | |
| WP031 | RCTA 17 | Un enfoque estratégico para el turismo gestionado de manera responsable con el medioambiente | Nueva Zelanda | | | | | |
| WP032 | RCTA 6 | Establecimiento del Área Marina Protegida de la CCRVMA en la región del mar de Ross | Estados Unidos Nueva Zelanda Argentina Chile Francia | | | | | |
| WP033 | RCTA 17 | Actualización de la Resolución 4 (2004) sobre planes de contingencia, seguros y otros asuntos relacionados con el turismo y otras actividades no gubernamentales para su armonización con el Código Polar de la OMI | Francia Noruega Nueva Zelanda | | | | | |
| WP034 | CPA 4 | Apoyo al trabajo del Comité para la Protección del Medio Ambiente (CPA): un documento presentado por el Presidente del CPA | Australia | | | | | |

| Documentos de Trabajo | | | | | | | | |
|---|---|---|---|---|---|---|---|---|
| Número | Puntos del programa | Título | Suministrado por | I | F | R | E | Adjuntos |
| WP035 | CPA 9a | Informe de los debates informales sostenidos durante el período intersesional 2016/2017 acerca de la propuesta de una nueva Zona Antártica Especialmente Administrada en la estación antártica china Kunlun, Domo A | China | | | | | |
| WP036 | CPA 13 | Expedición ecológica a la Antártida | Alemania Australia Chile China Corea RDC Estados Unidos Francia India Noruega Nueva Zelanda Reino Unido | | | | | Anexo A: Algunos ejemplos de innovación tecnológica |
| WP037 | CPA 9e | Zonas Antárticas Especialmente Protegidas y Áreas Importantes para la Conservación de las Aves | Reino Unido Australia España Noruega Nueva Zelanda | | | | | |
| WP038 | CPA 9a | Revisión del Plan de Gestión para la Zona Antártica Especialmente Protegida (ZAEP) n.° 165, Punta Edmonson, Mar de Ross | Italia | | | | | Plan de Gestión revisado para la ZAEP n.° 165 |
| WP039 | RCTA 15 | Proyecto Plataforma de hielo Filchner: cooperación científica y logística entre la República Federal de Alemania y el Reino Unido | Alemania Reino Unido | | | | | |
| WP040 | RCTA 14 | Informe del Grupo de Contacto Intersesional sobre las inspecciones realizadas en virtud del Artículo VII del Tratado Antártico y del Artículo 14 del Protocolo Ambiental | Países Bajos Corea RDC Estados Unidos | | | | | |
| WP041 | CPA 8b | Evaluación de Impacto Ambiental: actualización de los debates sobre políticas generales | Reino Unido Australia Bélgica Noruega Nueva Zelanda | | | | | |
| WP042 | CPA 9e | Evaluación previa de una propuesta de Zona Antártica Especialmente Protegida (ZAEP) en las montañas Sør Rondane | Bélgica | | | | | |
| WP043 | RCTA 14 CPA 12 | Recomendaciones generales de las inspecciones conjuntas realizadas por Argentina y Chile, en virtud del Artículo VII del Tratado Antártico y el Artículo 14 del Protocolo de Protección Ambiental | Argentina Chile | | | | | |

| Documentos de Trabajo | | | | | | | | | |
|---|---|---|---|---|---|---|---|---|---|
| **Número** | **Puntos del programa** | **Título** | **Suministrado por** | **I** | **F** | **R** | **E** | **Adjuntos** | |
| WP044 | CPA 10c | Mecanismos de protección para la colonia de pingüino emperador de la isla Cerro Nevado, noreste de la Península Antártica | Argentina | | | | | | |
| WP045 | CPA 9a CPA 9e | Grupo Subsidiario de Planes de Gestión Informe de actividades durante el período intersesional 2016-2017 | Argentina | | | | | | |
| WP046 | RCTA 13 | Infraestructura y operaciones relacionadas con las operaciones aéreas de los operadores no gubernamentales: posibles efectos sobre los Programas Antárticos Nacionales | Noruega Australia Reino Unido | | | | | | |
| WP047 | CPA 9b | Informe del Grupo de Contacto Intersesional establecido para el desarrollo de material de orientación sobre enfoques de conservación para la gestión de los objetos del patrimonio antártico | Noruega Reino Unido | | | | | | |

| Documentos de Información | | | | | | | | | |
|---|---|---|---|---|---|---|---|---|---|
| **Número** | **Puntos del programa** | **Título** | **Suministrado por** | **I** | **F** | **R** | **E** | **Adjuntos** | |
| IP001 rev.1 | RCTA 4 | Informe presentado por el Gobierno Depositario de la Convención para la Conservación de las Focas Antárticas (CCFA) en virtud de la Recomendación XIII-2, párrafo 2(D) | Reino Unido | | | | | | |
| IP002 | RCTA 13 | Estación de Investigación Antártica de Belarús - el estado actual de la creación y las perspectivas de desarrollo | Belarús | | | | | | |
| IP003 | CPA 6 | Experiencia de disminución de las fuentes de formación de residuos en la Expedición Antártica Bielorrusa | Belarús | | | | | | |
| IP004 | RCTA 13 RCTA 4 | Informe de la Organización Hidrográfica Internacional (OHI) y Propuesta de un Seminario sobre la Importancia de la Hidrografía en la Región Antártica | OHI | | | | | | |
| IP005 | CPA 8b | Towards establishing of values of critical loads and thresholds for the Antarctic environment | Belarús | | | | | | |

**Documentos de Información**

| Número | Puntos del programa | Título | Suministrado por | I | F | R | E | Adjuntos |
|---|---|---|---|---|---|---|---|---|
| IP006 | RCTA 15 | Antarctic cooperation between Romania and Korea 2015-2017 | Rumania | 📄 | | | | |
| IP007 | RCTA 13 | Austral Mid-Winter Medical Evacuation from Amundsen-Scott South Pole Station, Antarctica | Estados Unidos | 📄 | | | | |
| IP008 | CPA 11 | Field Project Reviews: Fulfilling Environmental Impact Assessment (EIA) Monitoring Obligations | Estados Unidos | 📄 | | | | |
| IP009 | RCTA 4 CPA 5 | Informe anual de 2016/2017 del Consejo de Administradores de los Programas Antárticos Nacionales (COMNAP) | COMNAP | 📄 | 📄 | 📄 | 📄 | |
| IP010 | RCTA 13 | Search and Rescue Coordination and Response in the Antarctic: Report from the COMNAP Antarctic SAR Workshop III | COMNAP | 📄 | | | | COMNAP SAR Workshop III Final Report |
| IP011 | RCTA 4 | Informe del Observador de la CCRVMA en la Cuadragésima Reunión Consultiva del Tratado Antártico | CCRVMA | 📄 | 📄 | 📄 | 📄 | |
| IP012 | RCTA 10 | Operational information – national expeditions: Facilities & SAR categories | COMNAP | 📄 | | | | |
| IP013 | RCTA 15 CPA 7a | U.K./U.S. Research Initiative on Thwaites: The Future of Thwaites Glacier and its Contribution to Sea-level Rise | Estados Unidos Reino Unido | 📄 | | | | |
| IP014 | CPA 4 | Antarctic Environments Portal: Content Management Plan | Australia Estados Unidos Japón Noruega Nueva Zelanda SCAR | 📄 | | | | |
| IP015 | CPA 9e | Antarctic biogeography revisited: updating the Antarctic Conservation Biogeographic Regions | Australia Nueva Zelanda SCAR | 📄 | | | | Terauds, A. & Lee, J.R. (2016) Antarctic biogeography revisited: updating the Antarctic Conservation Biogeographic Regions, Diversity and Distributions, 1–5. |
| IP016 | CPA 9e | Representation of Important Bird Areas in the network series of Antarctic Specially Protected Areas | Noruega Nueva Zelanda Reino Unido | 📄 | | | | Attachment A: supporting paper |
| IP017 | CPA 9e | High resolution mapping of human footprint across Antarctica and its implications for the | España Reino Unido | 📄 | | | | supporting paper |

| Documentos de Información | | | | | | | | |
|---|---|---|---|---|---|---|---|---|
| Número | Puntos del programa | Título | Suministrado por | I | F | R | E | Adjuntos |
| | | strategic conservation of bird life | | | | | | |
| IP018 | RCTA 15 | Participación Venezolana en la Antártida 2017 | Venezuela | | | | 📄 | |
| IP019 | RCTA 11 | Material divulgativo/educativo: Juega y aprende con el Tratado Antártico | Venezuela | | | | 📄 | |
| IP020 | CPA 10c | The role of monitoring, education and EIA in the prevention of vegetation trampling within ASPA No. 140, Site C: Caliente Hill | España Reino Unido | 📄 | | | | |
| IP021 | RCTA 15 | Absorbing Aerosols Monitoring Over Remote Regions | España | 📄 | | | | |
| IP022 | CPA 11 | Trace element contamination and availability within the Antarctic Treaty Area | Portugal Alemania Chile Federación de Rusia Reino Unido | 📄 | | | | |
| IP023 | CPA 9e | Historical and geo-ecological values of Elephant Point, Livingston Island, South Shetland Islands | Portugal Brasil España Reino Unido | 📄 | | | | |
| IP024 | RCTA 15 CPA 13 | Future Challenges in Southern Ocean Ecology Research: another outcome of the 1st SCAR Horizon Scan | Portugal Alemania Bélgica Brasil Estados Unidos Francia Países Bajos Reino Unido SCAR | 📄 | | | | |
| IP025 | CPA 9e | Report of the Antarctic Specially Managed Area No. 6 Larsemann Hills Management Group | Australia China Federación de Rusia India | 📄 | | | | |
| IP026 | RCTA 15 | Australian Antarctic Science Program: highlights of the 2016/17 season | Australia | 📄 | | | | |
| IP027 | RCTA 13 | Procedures for Safe use of Unmanned Aerial Systems in Antarctica | Nueva Zelanda | 📄 | | | | New Zealand UAS manual (Summary version) |
| IP028 | RCTA 11 | Enlace web de divulgación y educación: Antártida en la escuela | Venezuela | | | | 📄 | |
| IP029 | RCTA 15 | Preliminary overview of Canadian Antarctic research contributions (1997 – 2016) | Canada | 📄 | | | | |
| IP030 | RCTA 14 CPA 12 | Australian Antarctic Treaty and Environmental Protocol inspections: December 2016 | Australia | 📄 | | | | Australian Antarctic Treaty Inspections December 2016 |

| Documentos de Información | | | | | | | | |
|---|---|---|---|---|---|---|---|---|
| Número | Puntos del programa | Título | Suministrado por | I | F | R | E | Adjuntos |
| IP031 | RCTA 4 | Informe del Gobierno Depositario del Acuerdo sobre la Conservación de Albatros y Petreles (ACAP) | Australia | 📄 | 📄 | 📄 | 📄 | |
| IP032 | RCTA 4 | Informe del Gobierno Depositario de la Convención sobre la Conservación de los Recursos Vivos Marinos Antárticos (CRVMA) | Australia | 📄 | 📄 | 📄 | 📄 | |
| IP033 | RCTA 6 | Gateway Access: Transit Visa Developments in South Africa | Sudáfrica | 📄 | | | | |
| IP034 | CPA 11 CPA 9e | Workshop on Environmental Assessment of the McMurdo Dry Valleys: Witness to the Past and Guide to the Future | Estados Unidos | 📄 | | | | |
| IP035 | RCTA 4 CPA 5 | Informe anual correspondiente al periodo 2016/2017 del Comité Científico de Investigación Antártica para la XL Reunión Consultiva del Tratado Antártico | SCAR | 📄 | 📄 | 📄 | 📄 | |
| IP036 | RCTA 15 | The U.S. Antarctic Program Antarctic Infrastructure Modernization for Science Project | Estados Unidos | 📄 | | | | |
| IP037 | CPA 10c | Bird Monitoring in the Fildes Region | Alemania | 📄 | | | | |
| IP038 | CPA 10c | Use of UAVs in Antarctica. A competent authority's perspective and lessons learned | Alemania | 📄 | | | | |
| IP039 | CPA 10c | Study on monitoring penguin colonies in the Antarctic using remote sensing data | Alemania | 📄 | | | | |
| IP040 | RCTA 13 | Refurbishment and Modernization of the German Antarctic Receiving Station GARS O'Higgins | Alemania | 📄 | | | | |
| IP041 | RCTA 13 CPA 8b | Final Modernization of GONDWANA Station, Terra Nova Bay, northern Victoria Land | Alemania | 📄 | | | | |
| IP042 | RCTA 13 | DROMLAND - Dronning Maud Land Air Network | Alemania | 📄 | | | | |
| IP043 | RCTA 13 | EDEN ISS: A facility to provide Neumayer Station III overwinterers with fresh food while advancing space technology | Alemania | 📄 | | | | |

| Documentos de Información | | | | | | | | |
|---|---|---|---|---|---|---|---|---|
| Número | Puntos del programa | Título | Suministrado por | I | F | R | E | Adjuntos |
| IP044 | CPA 9e | Significant change to ASPA No 151 Lions Rump, King George Island (Isla 25 de Mayo), South Shetland Islands | Polonia | 🔾 | | | | |
| IP045 | CPA 10c | UAV remote sensing of environmental changes on King George Island (South Shetland Islands): update on the results of the third field season 2016/2017 | Polonia | 🔾 | | | | Annex 1. Supporting figures |
| IP046 | CPA 10c | UAV impact – problem of a safe distance from wildlife concentrations | Polonia | 🔾 | | | | Preliminary study on nesting Adélie penguins disturbance by unmanned aerial vehicles. Korczak-Abshire et al 2016 |
| IP047 | CPA 10a | Eradication of a non-native grass Poa annua L. from ASPA No 128 Western Shore of Admiralty Bay, King George Island, South Shetland Islands | Polonia | 🔾 | | | | First step to eradication of Poa annua L. from Point Thomas Oasis (King George Island, South Shetlands, Antarctica). Galera et al. 2017 |
| IP048 | CPA 6 | Clean-up of Scientific Equipment and Infrastructure from Mt. Erebus, Ross Island, Antarctica | Estados Unidos | 🔾 | | | | |
| IP049 | CPA 6 | Report on Clean-up at Metchnikoff Point, Brabant Island | Reino Unido | 🔾 | | | | |
| IP050 | CPA 5 | Report by the CEP Observer to the XXXIV SCAR Delegates' Meeting | Reino Unido | 🔾 | | | | |
| IP051 | RCTA 11 | Creating Awareness: the Role of the Antarctic Legacy of South Africa (ALSA) | Sudáfrica | 🔾 | | | | |
| IP052 | CPA 7a | Integrating Climate and Ecosystem Dynamics in the Southern Ocean (ICED) programme | Reino Unido | 🔾 | | | | |
| IP053 | CPA 5 | Report by the SC-CAMLR Observer to the twentieth meeting of the Committee for Environmental Protection | CCRVMA | 🔾 | | | | |
| IP054 | CPA 10a | Detection and eradication of a non-native Collembola incursion in a hydroponics facility in East Antarctica | Australia | 🔾 | | | · | |
| IP055 | RCTA 13 | Actividades y Desarrollo del Programa Antártico Colombiano - PAC | Colombia | | | | 🔾 | |
| IP056 | RCTA 13 | Contribución de Colombia a la Seguridad Marítima en la Antártida | Colombia | | | | 🔾 | |

**Documentos de Información**

| Número | Puntos del programa | Título | Suministrado por | I | F | R | E | Adjuntos |
|---|---|---|---|---|---|---|---|---|
| IP057 | RCTA 15 | Actividades Verano Austral 2016 – 2017, Programa de Investigación en Mamíferos Marinos Antárticos: Con especial atención hacia Cetáceos Migratorios a aguas colombianas y Pinnípedos Antárticos | Colombia | | | | ⬚ | |
| IP058 | RCTA 15 | Expediciones Científicas de Colombia a la Antártida | Colombia | | | | ⬚ | |
| IP059 | RCTA 15 | Contribución de Colombia al conocimiento de la biodiversidad y los ecosistemas en algunas áreas de la Península Antártica y de la Tierra Reina Maud, Antártica | Colombia | | | | ⬚ | |
| IP060 | RCTA 11 | Campaña de Educación "Todos Somos Antártica" Actividades 2016 - 2017 | Colombia | | | | ⬚ | |
| IP061 | RCTA 11 | Aportes de Colombia al Conocimiento de la Cultura y Adaptación Antárticas | Colombia | | | | ⬚ | |
| IP062 | RCTA 15 | IV Expedición Científica de Colombia a la Antártica Verano Austral 2017-2018 "Almirante Tono" | Colombia | | | | ⬚ | |
| IP063 | RCTA 13 | Benefits of Logistic collaboration in Antarctica in support of Antarctic Science programmes: Australia's experience in 2016-17 | Australia | ⬚ | | | | |
| IP064 | RCTA 10 RCTA 13 | Advances to the COMNAP database | COMNAP | ⬚ | | | | |
| IP065 | RCTA 15 | Malaysia's Activities and Achievements in Antarctic Research and Diplomacy | Malasia | ⬚ | | | | |
| IP066 | RCTA 17 | Blue Ice Runway by Romnæsfjellet | Noruega Bélgica | ⬚ | | | | |
| IP067 | RCTA 15 RCTA 17 | Japan's Antarctic Outreach Activities | Japón | ⬚ | | | | |
| IP068 | RCTA 15 CPA 11 | Update on activities of the Southern Ocean Observing System (SOOS) | SCAR | ⬚ | | | | |
| IP069 | CPA 7b | Mapping SCAR affiliated research to the CEP's Climate Change Response Work Programme (CCRWP) | SCAR | ⬚ | | | | Attachment A - Mapping SCAR research to the CEPs Climate Change Response Work Programme. |
| IP070 | CPA 8b | Final Comprehensive Environmental | Italia | ⬚ | | | | |

2. Lista de documentos

| Número | Puntos del programa | Título | Suministrado por | I | F | R | E | Adjuntos |
|--------|---------------------|--------|------------------|---|---|---|---|----------|
| | | Evaluation for the construction and operation of a gravel runway in the area of Mario Zucchelli Station, Terra Nova Bay, Victoria Land, Antarctica | | | | | | |
| IP071 | RCTA 16 CPA 7b | Agreement by CCAMLR to establish time-limited Special Areas for Scientific Study in newly exposed marine areas following ice shelf retreat or collapse in the Antarctic Peninsula region | Reino Unido Alemania Bélgica España Finlandia Francia Italia Países Bajos Polonia Suecia | | | | | |
| IP072 | RCTA 13 | Antarctic Mass Rescue Operations Response and Preparedness Challenges | Estados Unidos | | | | | |
| IP073 | CPA 9e | Deception Island Antarctic Specially Managed Area (ASMA No. 4) - 2017 Management report | Estados Unidos Argentina Chile España Noruega Reino Unido | | | | | |
| IP074 | CPA 6 | Clean-up and removal of Italy installations at Sitry airfield camp along the avio-route MZS-DDU, Antarctica | Italia | | | | | |
| IP075 | CPA 10c | A Report on the Development and Use of UAS by the U.S. National Marine Fisheries Service for Surveying Marine Mammals | Estados Unidos | | | | | Marine Mammal Commission. 2016. Development and Use of UASs by the National Marine Fisheries Service for Surveying Marine Mammals. Marine Mammal Commission, Bethesda, MD, USA. |
| IP076 | CPA 11 | Supporting the analysis of environments and impacts: A tool to enable broader-scale environmental management | Nueva Zelanda | | | | | |
| IP077 | RCTA 13 CPA 10c | Update from the COMNAP Unmanned Aerial Systems Working Group (UAS-WG) | COMNAP | | | | | |
| IP078 | RCTA 13 | Reconstruction of the Brazilian Station in Antarctica | Brasil | | | | | |
| IP079 | CPA 11 | Environmental monitoring of the reconstruction work of the Brazilian Antarctic Station (2015/16 and 2016/17) | Brasil | | | | | |
| IP080 rev.1 | RCTA 16 CPA 7a | Antarctic Climate Change and the Environment – 2017 Update | SCAR | | | | | |

**Documentos de Información**

| Documentos de Información | | | | | | | | |
|---|---|---|---|---|---|---|---|---|
| **Número** | **Puntos del programa** | **Título** | **Suministrado por** | **I** | **F** | **R** | **E** | **Adjuntos** |
| IP081 | CPA 11 | Report of Oceanites, Inc. | SCAR | | | | | |
| IP082 | RCTA 15 | Summary of the major research achievements of Chinese Arctic and Antarctic Environment Comprehensive Investigation & Assessment Program for the past five years since its implementation | China | | | | | |
| IP083 rev.1 | CPA 11 | Update on work to develop a methodology to assess the sensitivity of sites used by visitors | Australia Estados Unidos IAATO Noruega Nueva Zelanda Reino Unido | | | | | |
| IP084 | CPA 7a | Climate change impacts on Antarctic ice-free areas | Australia | | | | | |
| IP085 | RCTA 15 | Japan's Antarctic Research Highlights 2016–17 | Japón | | | | | |
| IP086 | CPA 9e | Use of UAS for Improved Monitoring and Survey of Antarctic Specially Protected Areas | Nueva Zelanda | | | | | |
| IP087 | RCTA 4 RCTA 8 | Liability Annex: Financial Security | IGP&I Clubs | | | | | |
| IP088 | RCTA 4 RCTA 8 | The International Oil Pollution Compensation Funds | Fondos del FIDAC | | | | | |
| IP089 | RCTA 7 | Antarctic Treaty Secretariat Internship Grant for Republic of Turkey | Turquía | | | | | |
| IP090 | RCTA 15 | The experience of having SCAR photo exhibition in Turkey as of a new SCAR member | Turquía | | | | | |
| IP091 | RCTA 15 | Turkish Antarctic Expedition 2016 - 2017 (TAE - I) Experiences | Turquía | | | | | |
| IP092 | RCTA 15 | Turkey-Chile Scientific Collaboration in Antarctica | Turquía Chile | | | | | |
| IP093 | RCTA 15 | Turkey - Czech Republic Scientific Collaboration in Antarctica | Turquía República Checa | | | | | |
| IP094 | RCTA 6 CPA 4 | Ratification of Protocol on Environmental Protection to the Antarctic Treaty by Turkey | Turquía | | | | | |
| IP095 | RCTA 15 | Opening of Chile-Korea Antarctic Cooperation Center | Chile Corea RDC | | | | | |

**Documentos de Información**

| Número | Puntos del programa | Título | Suministrado por | I | F | R | E | Adjuntos |
|--------|--------|--------|--------|---|---|---|---|--------|
| IP096 | RCTA 11 | Programa de Educación Antártica | Chile | | | | 📄 | |
| IP097 | RCTA 15 | Programa de Publicaciones Antárticas del INACH | Chile | | | | 📄 | |
| IP098 | RCTA 15 | Vehículo subacuático no tripulado operado remotamente: experiencia de uso en la expedición bielorrusa antártica en 2016-2017 | Belarús | 📄 | 📄 | 📄 | 📄 | |
| IP099 | RCTA 11 | Celebración del 25° Aniversario del Protocolo al Tratado Antártico sobre Protección del Medio Ambiente - Lanzamiento de sellos postales | Argentina | 📄 | | | 📄 | |
| IP100 | RCTA 13 | Monitoreo Ambiental en Bahía Fildes. Programa de Observación del Ambiente Litoral de Chile (P.O.A.L.) 2017 | Chile | 📄 | | | 📄 | |
| IP101 | RCTA 13 | Apoyo meteorológico de la Armada de Chile | Chile | 📄 | | | 📄 | |
| IP102 | RCTA 13 | Mantenimiento de Ayudas a la Navegación en la Antártica, Período Estival 2016 - 2017 | Chile | 📄 | | | 📄 | |
| IP103 | RCTA 13 | Casos de Búsqueda y Salvamento en el área de la Península Antártica Período 2016 / 2017 MRCC Chile | Chile | 📄 | | | 📄 | |
| IP104 | RCTA 13 | Elaboración de Carta Náutica de la Antártica por el Servicio Hidrográfico y Oceanográfico de la Armada de Chile: Carta SHOA N° 15350 (INT 1904) "Estrecho Gerlache - Islote Useful a Isla Wednesday" | Chile | 📄 | | | 📄 | |
| IP105 | RCTA 13 | Chile en la Antártica Meridional, Estación Polar Científica Conjunta "Glaciar Unión" | Chile | 📄 | | | 📄 | |
| IP106 | CPA 8b | Auditoría Ambiental de Cumplimiento de la XX Campaña Antártica Ecuatoriana (2015-2016) | Ecuador | | | | 📄 | |
| IP107 | RCTA 13 | Capacidad logística de la Estación Científica Ecuatoriana "Pedro Vicente Maldonado"- Año 2017 | Ecuador | | | | 📄 | |
| IP108 | CPA 6 | Gestión de los desechos sólidos | Ecuador | | | | 📄 | |

| Documentos de Información | | | | | | | | |
|---|---|---|---|---|---|---|---|---|
| Número | Puntos del programa | Título | Suministrado por | I | F | R | E | Adjuntos |
| | | generados en la Estación Maldonado - XXI Campaña Antártica (2016-2017) | | | | | | |
| IP109 | RCTA 13 | Aplicación de la Norma de Operación en la XXI Campaña Antártica Ecuatoriana (2016-2017) | Ecuador | | | | 🖹 | |
| IP110 | RCTA 13 CPA 13 | Plan de contingencias y riesgos durante la XXI Campaña Antártica Ecuatoriana (2016-2017) | Ecuador | | | | 🖹 | |
| IP111 | RCTA 15 | XXI Expedición Científica Ecuatoriana a la Antártida (2016-2017) | Ecuador | | | | 🖹 | |
| IP112 | RCTA 4 CPA 5 | Informe anual de la OMM de 2016/2017 | OMM | 🖹 | 🖹 | 🖹 | 🖹 | |
| IP113 | RCTA 15 CPA 11 | The Global Cryosphere Watch and CroNet | OMM | 🖹 | | | | |
| IP114 | RCTA 15 CPA 11 | The Polar Space Task Group: Coordinating Space Data in the Antarctic Region | OMM | 🖹 | | | | |
| IP115 | CPA 7a | The Polar Climate Predictability Initiative of the World Climate Research Programme | OMM | 🖹 | | | | |
| IP116 | RCTA 15 CPA 5 | Southern Hemisphere Key Activities and Special Observing Periods during the Year of Polar Prediction | OMM | 🖹 | | | | |
| IP117 | RCTA 15 | The Antarctic Observing Network (AntON) to facilitate weather and climate information: an update | OMM SCAR | 🖹 | | | | |
| IP118 | RCTA 16 CPA 7a | Progress Update on WMO Polar Regional Climate Centres | OMM | 🖹 | | | | |
| IP119 | CPA 7a | Regional climate downscaling through the Antarctic-CORDEX project | OMM | 🖹 | | | | |
| IP120 | RCTA 15 | Finland´s international collaboration in the Antarctic field work with different stations and other actors | Finlandia | 🖹 | | | | |
| IP121 | RCTA 15 | Status Report 2017: Ongoing and Recently Ended Antarctic Research Funded by the Academy of Finland | Finlandia | 🖹 | | | | |
| IP122 | RCTA 15a | The Future Challenges of Antarctic Research – The Finnish Perspective | Finlandia | 🖹 | | | | |
| IP123 | RCTA 13 | The Polar Code – Finnish Views | Finlandia | 🖹 | | | | |

| Documentos de Información | | | | | | | | | |
|---|---|---|---|---|---|---|---|---|---|
| Número | Puntos del programa | Título | Suministrado por | I | F | R | E | Adjuntos | |
| IP124 rev.1 | RCTA 17 | Action taken following unauthorized presence of a French yacht in the Treaty Area during the 2015/2016 season | Francia | 📄 | | | | | |
| IP125 | RCTA 13 | Informe sobre la XIX° edición de la Patrulla Antártica Naval Combinada entre Argentina y Chile | Argentina Chile | 📄 | | | 📄 | | |
| IP126 | RCTA 14 CPA 12 | Informe del Programa de inspecciones conjuntas realizadas por Argentina y Chile, en virtud del Artículo VII del Tratado Antártico y el Artículo 14 del Protocolo de Protección Ambiental | Argentina Chile | 📄 | | | 📄 | Informe de Inspección | |
| IP127 | CPA 9d | Actualización sobre el proceso de designación de un Área Marina Protegida (AMP) en el oeste de la Península Antártica y sur del Arco de Scotia (Dominio 1) | Argentina Chile | 📄 | | | 📄 | | |
| IP128 rev.1 | CPA 10a | Prevención de Introducción de Especies No Nativas al Continente Antártico. Manual para las operaciones del Programa Antártico Argentino | Argentina | 📄 | | | 📄 | Manual para las operaciones del Programa Antártico Argentino | |
| IP129 | RCTA 11 | Primeras Jornadas Antárticas, 2016 | Ecuador | | | | 📄 | | |
| IP130 | RCTA 13 | XXVII Reunión de Administradores de Programas Antárticos Latinoamericanos, 2016 | Ecuador | | | | 📄 | | |
| IP131 | RCTA 17 | Áreas de interés turístico en la región de la Península Antártica e Islas Orcadas del Sur. Temporada 2016/2017 | Argentina | 📄 | | | 📄 | | |
| IP132 | RCTA 13 | Ayudas a la navegación, balizamiento y cartografía antártica (2016-2017) | Argentina | 📄 | | | 📄 | | |
| IP133 | RCTA 13 | Informe sobre la instalación de Ayudas a la Navegación en el Continente Antártico | Argentina | 📄 | | | 📄 | | |
| IP134 | RCTA 11 RCTA 15 | Actividades del Programa Nacional Antártico de Perú Período 2016 – 2017 | Perú | | | | 📄 | | |
| IP135 | RCTA 13 | Campaña Antártica ANTAR XXIV Verano austral 2016 - 2017 | Perú | | | | 📄 | | |
| IP136 | RCTA 15 | COMNAP Antarctic Station Catalogue | COMNAP | 📄 | | | | COMNAP Station Catalogue examples | |

| Documentos de Información | | | | | | | | |
|---|---|---|---|---|---|---|---|---|
| **Número** | **Puntos del programa** | **Título** | **Suministrado por** | **I** | **F** | **R** | **E** | **Adjuntos** |
| | | Project | | | | | | |
| IP137 | RCTA 17 | Informe sobre flujos de visitantes y de buques de turismo antártico que operaron en el puerto de Ushuaia durante la temporada 2016/2017 | Argentina | ☐ | | | ☐ | |
| IP138 | RCTA 11 RCTA 15 | Polar Scientific and Outreach Cooperation Between Bulgaria and Turkey | Bulgaria Turquía | ☐ | | | | |
| IP139 rev.1 | RCTA 13 | An overview of the International Code for Ships Operating in Polar Waters | OMI | ☐ | | | | |
| IP140 | RCTA 13 | Brazilian XXXV Antarctic Operation | Brasil | ☐ | | | | |
| IP141 | RCTA 15 | Russian-Swiss Antarctic Circumnavigation Expedition 2016–2017 | Federación de Rusia | ☐ | | ☐ | | |
| IP142 | RCTA 15 | To question on the project of the international scientific drifting station "Weddell-2" | Federación de Rusia | ☐ | | ☐ | | |
| IP143 | RCTA 13 | On use of the blue ice area in the vicinity of Romnaes Mount as a reserve airstrip | Federación de Rusia | ☐ | | ☐ | | |
| IP144 | RCTA 8 | Russian legislation on regulation of activities in the Antarctic | Federación de Rusia | ☐ | | | | Russian Federal Law |
| IP145 | RCTA 8 | Approximate list, scope and character of response actions | Federación de Rusia | ☐ | | | | |
| IP146 | RCTA 4 | Informe de la Coalición Antártica y del Océano Austral | ASOC | ☐ | ☐ | ☐ | ☐ | |
| IP147 | RCTA 16 CPA 7a | Climate Change Report Card | ASOC | ☐ | | | | |
| IP148 | RCTA 11 | Collaborating on Antarctic Education and Outreach | ASOC IAATO | ☐ | | | | Pdf version of the IUCN poster produced by IAATO, ASOC and WWF |
| IP149 | CPA 9e | ASOC update on Marine Protected Areas in the Southern Ocean 2016-2017 | ASOC | ☐ | | | | |
| IP150 | RCTA 17 | Options for Visitor Management in the Antarctic | ASOC | ☐ | | | | |
| IP151 | RCTA 13 | Managing non-SOLAS vessels in the Southern Ocean | ASOC | ☐ | | | | Legal memo on the potential application of the Polar Code to fishing vessels and yachts |
| IP152 rev.1 | RCTA 16 CPA 7a | Tracking Antarctica - A WWF report on the state of Antarctica and the Southern Ocean | ASOC | ☐ | | | | |
| IP153 | CPA 9e | Considerations for the systematic expansion of the protected areas | ASOC | ☐ | | | | |

| Documentos de Información | | | | | | | | |
|---|---|---|---|---|---|---|---|---|
| **Número** | **Puntos del programa** | **Título** | **Suministrado por** | **I** | **F** | **R** | **E** | **Adjuntos** |
| | | network | | | | | | |
| IP154 | RCTA 15 | MADICE –Joint Initiative of Scientific Programme at CDML by India and Norway | India Noruega | ☑ | | | | |
| IP155 | RCTA 15 | Creando espacios de colaboración: Reunión de Administradores de Programas Antárticos Latinoamericanos | Perú Argentina Brasil Chile Ecuador Uruguay | ☑ | | | ☑ | |
| IP156 | RCTA 13 | Greening of established infrastructure and logistics in Antarctica | Noruega | ☑ | | | | |
| IP157 | CPA 4 | Committee for Environmental Protection (CEP): summary of activities during the 2016/17 intersessional period | Australia | ☑ | | | | |
| IP158 rev.2 | RCTA 4 | Informe del Gobierno Depositario del Tratado Antártico y su Protocolo de conformidad con la Recomendación XIII-2 | Estados Unidos | ☑ | ☑ | ☑ | ☑ | Cuadro de estado del Protocolo Cuadro de estado del Tratado antártico Lista de Recomendaciones/Medidas y su aprobación |
| IP159 | RCTA 13 | Decarbonizing Antarctic Operations | ASOC | ☑ | | | | |
| IP160 | RCTA 17 | El turismo marítimo antártico a través de Ushuaia desde sus inicios en 1958 hasta la actualidad | Argentina | ☑ | | ☑ | | |
| IP161 | RCTA 15a | ¿Qué significa el Acuerdo Climático de París de las Naciones Unidas para la Antártida? | SCAR | ☑ | ☑ | ☑ | ☑ | |
| IP162 | RCTA 4 | Informe de la Asociación Internacional de Operadores Turísticos Antárticos 2016/2017 | IAATO | ☑ | ☑ | ☑ | ☑ | |
| IP163 rev.1 | RCTA 17 | IAATO Overview of Antarctic Tourism: 2016-17 Season and Preliminary Estimates for 2017-18 | IAATO | ☑ | | | | |
| IP164 | RCTA 17 CPA 9c | Report on IAATO Operator Use of Antarctic Peninsula Landing Sites and ATCM Visitor Site Guidelines, 2016-17 Season | IAATO | ☑ | | | | |
| IP165 | RCTA 17 | Document Withdrawn | Sudáfrica | ☑ | | | | |
| IP166 | RCTA 17 CPA 9e | Systematic Conservation Plan for the Antarctic Peninsula | SCAR IAATO | ☑ | | | | |
| IP167 | RCTA 13 RCTA 17 | New IAATO Guidelines for Submersibles and | IAATO | ☑ | | | | |

| Documentos de Información | | | | | | | | |
|---|---|---|---|---|---|---|---|---|
| Número | Puntos del programa | Título | Suministrado por | I | F | R | E | Adjuntos |
| | | Remote Operated Vehicle activities | | | | | | |
| IP168 | RCTA 9 | An Update on Status and Trends Biological Prospecting in Antarctica and Recent Policy Developments at the International Level | Países Bajos | 📄 | | | | |
| IP169 | RCTA 6 | Statement by Iceland | Islandia | 📄 | | | | |
| IP170 | RCTA 15 | The Kazakh Geographical Society | Kazajstán | 📄 | | | | |
| IP171 | RCTA 11 | Romanian Antarctic Education and Outreach Activities during 2015-2017 | Rumania | 📄 | | | | |
| IP172 | RCTA 15 | Cooperation of Romania with Australia, China, India and Russian Federation within ASMA No. 6 Larsemann Hills, East Antarctica | Rumania | 📄 | | | | |
| IP173 | RCTA 15 | Cooperation of Romania with Argentina in Antarctica – Romanian RONARE 2017 Expedition in cooperation with Argentina | Rumania | 📄 | | | | |
| IP174 | RCTA 15 | Report from Asian Forum for Polar Sciences to the ATCM XL | China | 📄 | | | | |
| IP175 rev.2 | RCTA 6 | Chair's Summary of the Special Meeting "Our Antarctica: Protection and Utilisation" | China | 📄 | | | | |

| Documentos de Antecedentes | | | | | | | | |
|---|---|---|---|---|---|---|---|---|
| Número | Puntos del programa | Titulo | Suministrado por | I | F | R | E | Adjuntos |
| BP001 | RCTA 13 CPA 10c | Best Practice for Minimising Remotely Piloted Aircraft System Disturbance to Wildlife in Biological Field Research | SCAR | 📄 | | | | Hodgson and Koh article |
| BP002 | RCTA 15 | Scientific and Science-related Cooperation with the Consultative Parties and the Wider Antarctic Community | Corea RDC | 📄 | | | | |
| BP003 | CPA 8b | Information on the Progress of the Renovation of the King Sejong Korean Antarctic Station on King George Island, South Shetland Islands | Corea RDC | 📄 | | | | |
| BP004 | CPA 9b | Antarctic Historic Resources: Ross Sea Heritage Restoration Project. Conservation of Hillary's Hut, Scott Base, Antarctic HSM 75 | Nueva Zelanda | 📄 | | | | |
| BP005 | RCTA 13 | Plans for the revitalization of the Dobrowolski Station | Polonia | 📄 | | | | |
| BP006 | RCTA 15 | South African National Antarctic Program (SANAP): Science Highlights 2016/7 | Sudáfrica | 📄 | | | | |
| BP007 | RCTA 14 CPA 12 | Measures taken on the recommendations by Inspection team at Arctowski Polish Antarctic Station in 2016/2017 | Polonia | 📄 | | | | |
| BP008 | CPA 11 | Using virtual reality technology for low-impact monitoring and communication of protected and historic sites in Antarctica | Nueva Zelanda | 📄 | | | | |
| BP009 | RCTA 11 | Piloto Luis Pardo Villalón: Rescatando del olvido a un héroe chileno | Chile | | | | 📄 | |
| BP010 | RCTA 11 | Celebración de la Semana Antártica en Punta Arenas | Chile | | | | 📄 | |
| BP011 | RCTA 15 | Monitoring of Antarctic flora – new Ukrainian-Turkish cooperation, a key for understanding biodiversity in the Argentine Islands, West Antarctica | Ucrania Turquía | 📄 | | | | |
| BP012 | RCTA 15 | Sightings of cetaceans during the First Joint Ukrainian-Turkish Antarctic Scientific Expedition 2016 | Ucrania Turquía | 📄 | | | | |
| BP013 | RCTA 11 | Práctica de celebración de las Conferencias científicas y prácticas internacionales dedicadas a los problemas de la | Belarús | 📄 | 📄 | 📄 | 📄 | |

| Documentos de Antecedentes | | | | | | | | |
|---|---|---|---|---|---|---|---|---|
| **Número** | **Puntos del programa** | **Título** | **Suministrado por** | **I** | **F** | **R** | **E** | **Adjuntos** |
| | | Antártida en la República de Belarús | | | | | | |
| BP014 | RCTA 14 CPA 12 | Follow-up to the Recommendations of the Inspection Teams at the Eco-Nelson Facility | República Checa | 📄 | | | | |
| BP015 | RCTA 15 | Incidencia de factores bióticos y abióticos en la composición y abundancia de la comunidad fito planctónica y las migraciones zoo planctónicas en la Antártida, las islas Galápagos y el Ecuador continental | Ecuador | | | | 📄 | |
| BP016 | RCTA 15 | Estudio de la dinámica poblacional y adaptación al cambio climático de microorganismos acuáticos de los cuerpos de agua dulce en la Isla Dee, Islas Shetland del Sur | Ecuador | | | | 📄 | |
| BP017 | RCTA 15 | Estudio comparativo de la diversidad liquénica antártica versus andina con fines de bioprospección y biomonitoreo | Ecuador | | | | 📄 | |
| BP018 | RCTA 15 | Inventario y caracterización preliminar de la biodiversidad de moluscos marinos en transeptos litorales de la estación antártica ecuatoriana Pedro Vicente Maldonado | Ecuador | | | | 📄 | |
| BP019 | RCTA 15 | Tratamiento de lodos de la planta de aguas residuales de la Estación Científica Pedro Vicente Maldonado (2016-2017) | Ecuador | | | | 📄 | |
| BP020 | RCTA 15a | The SCAR Lecture: What does the United Nations Paris Climate Agreement mean for Antarctica? | SCAR | 📄 | | | | Figures referenced in the document |
| BP021 | RCTA 15 | The Polish Programme on Polar Research and Strategy of Polish Polar Research – concept for years 2017-2027 | Polonia | 📄 | | | | |
| BP022 | RCTA 13 | Capacidades y limitaciones de la Base Antártica "Pdte. Eduardo Frei M." en apoyo a los Programas Antárticos Nacionales y Extranjeros | Chile | | | | 📄 | |
| BP023 | RCTA 6 | Ingreso no Autorizado a la Estación Machu Picchu Período 2016 – 2017 | Perú | | | | 📄 | |

**Documentos de la Secretaría**

| Número | Puntos del programa | Título | Suministrado por | I | F | R | E | Adjuntos |
|---|---|---|---|---|---|---|---|---|
| SP001 rev.1 | RCTA 3 | XL RCTA y XX Reunión del CPA: Programa y calendario de trabajo | STA | | | | | Plan de trabajo estratégico plurianual (MYSWP) de 2016 |
| SP002 | CPA 2 CPA 3 CPA 7b | Programa preliminar de la XX Reunión del CPA - Plan de trabajo quinquenal del CPA - Programa de trabajo de respuesta para el cambio climático | STA | | | | | |
| SP003 | RCTA 6 | Lista de medidas con estado "Aún no entró en vigor" | STA | | | | | Informe de estado |
| SP004 rev.3 | RCTA 7 | Informe de la Secretaría 2016/2017 | STA | | | | | Apéndice 1: Informe financiero auditado 2015/2016 Apéndice 2: Informe financiero provisional 2016/2017 Apéndice 3: Contribuciones recibidas por la Secretaría del Tratado Antártico durante 2016/2017 |
| SP004 rev.4 | RCTA 7 | Informe de la Secretaría 2016/2017 | STA | | | | | Apéndice 1: Informe financiero auditado 2015/2016 Apéndice 2: Informe financiero provisional 2016/2017 Apéndice 3: Contribuciones recibidas por la Secretaría del Tratado Antártico durante 2016/2017 |
| SP005 rev.1 | RCTA 7 | Programa de la Secretaría 2017/2018 | STA | | | | | Escala de contribuciones 2018/2019 Escala de salarios 2017/2018 Informe provisional para el ejercicio económico 2016/2017, presupuesto para el ejercicio económico 2017/2018, presupuesto proyectado para el ejercicio económico 2018/2019 Informe provisional para el ejercicio económico 2016/2017, presupuesto para el ejercicio económico 2017/2018, presupuesto proyectado para el ejercicio económico 2018/2019 |
| SP005 rev.2 | RCTA 7 | Programa de la Secretaría 2017/2018 | STA | | | | | Escala de contribuciones 2018/2019 Escala de salarios 2017/2018 |

| Documentos de la Secretaría | | | | | | | | |
|---|---|---|---|---|---|---|---|---|
| **Número** | **Puntos del programa** | **Título** | **Suministrado por** | **I** | **F** | **R** | **E** | **Adjuntos** |
| | | | | | | | | Informe provisional para el ejercicio económico 2016/2017, presupuesto para el ejercicio económico 2017/2018, presupuesto proyectado para el ejercicio económico 2018/2019 Informe provisional para el ejercicio económico 2016/2017, presupuesto para el ejercicio económico 2017/2018, presupuesto proyectado para el ejercicio económico 2018/2019 |
| SP006 | RCTA 7 | Perfil presupuestario quinquenal prospectivo 2017-2022 | STA | ⬇ | ⬇ | ⬇ | ⬇ | Perfil presupuestario quinquenal prospectivo 2017/18-2021/22 |
| SP006 rev.1 | RCTA 7 | Perfil presupuestario quinquenal prospectivo 2017/18-2021/22 | STA | ⬇ | | | | Perfil presupuestario quinquenal prospectivo 2017/18-2021/22 |
| SP007 rev.2 | CPA 8b | Lista anual de Evaluaciones Medioambientales Iniciales (EMI) y Evaluaciones Medioambientales Globales (EMG) preparadas entre el 1 de abril 2016 y el 31 de marzo de 2017 | STA | ⬇ | ⬇ | ⬇ | ⬇ | |
| SP008 | RCTA 16 CPA 7a | Medidas tomadas por el CPA y la RCTA sobre las Recomendaciones de la RETA sobre las implicaciones del cambio climático | STA | ⬇ | ⬇ | ⬇ | ⬇ | |
| SP009 | RCTA 17 CPA 11 | Actualización del estado presente de las recomendaciones del Estudio sobre turismo del CPA (2012) | STA | ⬇ | ⬇ | ⬇ | ⬇ | |
| SP010 | RCTA 10 | Informe para la revisión del funcionamiento del SEII | STA | ⬇ | ⬇ | ⬇ | ⬇ | |
| SP011 | RCTA 1 RCTA 18 RCTA 19 RCTA 2 RCTA 20 RCTA 21 RCTA 3 RCTA 4 RCTA 5 | ATCM Plenary Schedule, Annotated Agenda and Summary of Papers | STA | ⬇ | | | | |
| SP012 | CPA 2 | CEP XX Schedule, Annotated Agenda and Summary of Papers | STA | ⬇ | | | | |
| SP013 | RCTA 10 RCTA 11 RCTA 12 RCTA 6 RCTA 7 | ATCM Working Group 1 Schedule, Annotated Agenda and Summary of Papers | STA | ⬇ | | | | |

| Documentos de la Secretaría | | | | | | | | |
|---|---|---|---|---|---|---|---|---|
| **Número** | **Puntos del programa** | **Título** | **Suministrado por** | **I** | **F** | **R** | **E** | **Adjuntos** |
| | RCTA 8 RCTA 9 | | | | | | | |
| SP014 rev.2 | RCTA 13 RCTA 14 RCTA 15 RCTA 15a RCTA 16 RCTA 17 | ATCM Working Group 2 Schedule, Annotated Agenda and Summary of Papers | STA | | | | | |

# 3. Lista de participantes

## 3. Lista de participantes

| Partes Consultivas | | | |
|---|---|---|---|
| **Parte** | **Tratamiento** | **Nombre** | **Cargo** |
| Alemania | Sr. | Duebner, Walter | Delegado |
| Alemania | Prof. Dr. | Gaedicke, Christoph | Delegado |
| Alemania | Dr. | Hain, Stefan | Delegado |
| Alemania | Dr. | Herata, Heike | Representante del CPA |
| Alemania | Sra. | Heyn, Andrea | Delegada |
| Alemania | Dr. | Lassig, Rainer | Jefe de Delegación |
| Alemania | Dr. | Läufer, Andreas | Delegado |
| Alemania | Sr. | Liebschner, Alexander | Delegado |
| Alemania | Dr. | Nixdorf, Uwe | Delegado |
| Alemania | Sra. | Reppe, Silvia | Delegada |
| Argentina | Sec. | Barreto, Juan | Delegado |
| Argentina | Sra. | Capurro, Andrea | Delegada |
| Argentina | Sec. | Cortelletti, Juan Manuel | Delegado |
| Argentina | Sec. | D'onofrio, María Guillermina | Delegada |
| Argentina | Min. | Gowland, Máximo | Jefe de Delegación |
| Argentina | Emb. | Guelar, Diego Ramiro | Delegado |
| Argentina | Sr. | Humarán, Adolfo Ernesto | Asesor |
| Argentina | Emb. | Kralikas, María Teresa | Jefa de Delegación |
| Argentina | Min. | Millicay, Fernanda | Suplente |
| Argentina | Sr. | Musso Soler, Carlos Claudio | Asesor |
| Argentina | Lic. | Ortúzar, Patricia | Representante del CPA |
| Argentina | Sr. | Sánchez, Rodolfo | Delegado |
| Argentina | Sec. | Sartor, Jorge | Delegado |
| Argentina | Lic. | Vereda, Marisol | Asesora |
| Argentina | Sr. | Videla, Enrique | Asesor |
| Australia | Sra. | Buttermore, Erin | Delegada |
| Australia | Sr. | Clark, Charlton | Suplente |
| Australia | Sra. | Cooper, Katrina | Jefe de Delegación |
| Australia | Sra. | Crosbie, Sophie | Delegada |
| Australia | Dra. | Fenton, Gwen | Delegada |
| Australia | Sr. | Gales, Nicholas | Asesor |
| Australia | Sr. | Googan, Michael | Delegado |
| Australia | Dra. | Kiessling, Ilse | Delegada |
| Australia | Sra. | Kingston, Melissa | Delegada |
| Australia | Sra. | Lewis, Alicia | Delegada |
| Australia | Sra. | Mason, Jennifer | Delegada |
| Australia | Sr. | McIvor, Ewan | Delegado |
| Australia | Prof. | Rayfuse, Rosemary | Asesora |
| Australia | Prof. | Stephens, Timothy | Asesor |
| Australia | Dr. | Tracey, Phillip | Representante del CPA |
| Australia | Sr. | Westcombe, Alexander | Delegado |
| Bélgica | Sr. | André, François | Representante del CPA |
| Bélgica | Director | Touzani, Rachid | Delegado |
| Bélgica | Sra. | Vancauwenberghe, Maaike | Delegada |
| Bélgica | Director | Vanden Bilcke, Christian | Jefe de Delegación |
| Bélgica | Sra. | Wilmotte, Annick | Asesora |
| Brasil | Sr. | Batista De Melo, Renato | Suplente |
| Brasil | Consejero | Chiarelli V. de Azevedo, Paulo | Jefe de Delegación |

| Partes Consultivas | | | |
|---|---|---|---|
| **Parte** | **Tratamiento** | **Nombre** | **Cargo** |
| | | José | |
| Brasil | Sr. | Da Costa Pereira Junior, Eduardo | Asesor |
| Brasil | Sr. | Gaspar Fernandes Ronald Alexandre | Asesor |
| Brasil | Sr. | Leite, Marcio Renato | Asesor |
| Brasil | Sr. | Pazeto, Flavio | Asesor |
| Bulgaria | Sr. | Chakarov, Danail | Jefe de Delegación |
| Bulgaria | Prof. | Kuchev, Yuriy | Asesor |
| Bulgaria | Sr. | Mateev, Dragomir | Representante del CPA |
| Bulgaria | Sra. | Petrova, Elena | Asesora |
| Bulgaria | Prof. | Pimpirev, Christo | Suplente |
| Bulgaria | Emb. | Porozhanov, Grigor | Suplente |
| Bulgaria | Sra. | Raycheva, Sasha | Delegada |
| Chile | Emb. | Berguño, Francisco | Jefe de Delegación |
| Chile | Sr. | Figueroa, Miguel | Asesor |
| Chile | Sr. | Gamboa, César | Asesor |
| Chile | Sr. | González, Gustavo | Delegado |
| Chile | Sr. | Heine, Jorge | Delegado |
| Chile | Sr. | Leppe, Marcelo | Asesor |
| Chile | Cnel. | Marchessi Acuña, Rodrigo | Asesor |
| Chile | Sr. | Méndez Olave, Julio | Suplente |
| Chile | Dr. | Retamales, José | Suplente |
| Chile | Sr. | Sepúlveda, Víctor | Asesor |
| Chile | Sr. | Silva, Manuel | Asesor |
| Chile | Sr. | Vega, Edgardo | Asesor |
| Chile | Sr. | Velásquez, Ricardo | Delegado |
| China | Sr. | Ao, Shan | Delegado |
| China | Sra. | Bai, Jiayu | Asesora |
| China | Sra. | Chen, Danhong | Delegada |
| China | Sr. | Chen, Jianzhong | Delegado |
| China | Sra. | Chen, Yue | Delegada |
| China | Sr. | Ding, Huang | Asesor |
| China | Sr. | Dong, Yue | Asesor |
| China | Sra. | Fang, Lijun | Delegada |
| China | Sra. | Fu, Sha | Delegada |
| China | Sr. | Gao, Zhiguo | Asesor |
| China | Sr. | Gou, Haibo | Delegado |
| China | Sra. | Lan, Hua | Asesora |
| China | Sr. | Li, Hanyu | Delegado |
| China | Sra. | Lin, Dan | Delegada |
| China | Sr. | Lin, Shanqing | Suplente |
| China | Sr. | Liu, Yang | Delegado |
| China | Sr. | Liu, Zhenmin | Presidente de la RCTA |
| China | Sra. | Liu, Ying | Delegada |
| China | Sr. | Long, Wei | Delegado |
| China | Prof. | Lu, Zhibo | Asesor |
| China | Sr. | Ma, Xinmin | Delegado |
| China | Sr. | Mu, Zhilin | Delegado |
| China | Sr. | Qin, Weijia | Representante del CPA |
| China | Sr. | Shao, Yong | Delegado |
| China | Sr. | Sun, Shengzhi | Delegado |

| Partes Consultivas | | | |
|---|---|---|---|
| Parte | Tratamiento | Nombre | Cargo |
| China | Sr. | Xia, Liping | Asesor |
| China | Sr. | Xu, Hong | Suplente |
| China | Sr. | Yang, Jian | Asesor |
| China | Sra. | Yang, Fan | Delegada |
| China | Sr. | Zhai, Yong | Delegado |
| China | Sra. | Zheng, Yingqin | Asesora |
| Corea (RPDC) | Sr. | Cho, Minjun | Delegado |
| Corea (RPDC) | Sr. | Cho, Namdeuk | Delegado |
| Corea (RPDC) | Sra. | Choi, Song A | Delegada |
| Corea (RPDC) | Dr. | Kim, Ji Hee | Representante del CPA |
| Corea (RPDC) | Sra. | Kim, Min-Sun | Delegada |
| Corea (RPDC) | Dr. | Kim, Jeong Hoon | Delegado |
| Corea (RPDC) | Dr. | Seo, Wonsang | Delegado |
| Corea (RPDC) | Dr. | Shin, Hyoung Chul | Delegado |
| Corea (RPDC) | Sr. | Song, Kwan-Sung | Delegado |
| Corea (RPDC) | Sr. | Yoon, Ho Il | Delegado |
| Corea (RPDC) | Sr. | Yun, Sang Hun | Delegado |
| Corea (RPDC) | Sr. | Ri, Chol Ho | Jefe de Delegación |
| Corea (RPDC) | Sr. | Ri, Kum Song | Delegado |
| Ecuador | Emb. | Baus Palacios, Mauricio Efrain | Jefe de Delegación |
| Ecuador | Cap. | Proaño, Juan | Asesor |
| Ecuador | Sra. | Rochina, Marcia | Delegada |
| España | Sr. | Catalán, Manuel | Suplente |
| España | Sr. | López, Jerónimo | Asesor |
| España | Sr. | Muñoz De Laborde Bardin, Juan Luis | Jefe de Delegación |
| España | Sr. | Ojeda, Miguel Ángel | Asesor |
| España | Dr. | Quesada, Antonio | Delegado |
| España | Sra. | Ramos, Sonia | Delegada |
| España | Sr. | Aguilera, Francisco | Suplente |
| Estados Unidos | Dra. | Bergmann, Trisha | Delegada |
| Estados Unidos | Sr. | Bloom, Evan T. | Jefe de Delegación |
| Estados Unidos | Sr. | Edwards, David | Delegado |
| Estados Unidos | Dra. | Falkner, Kelly | Delegada |
| Estados Unidos | Sr. | Ganser, Peter | Suplente |
| Estados Unidos | Sr. | Kill, Theodore P. | Delegado |
| Estados Unidos | Sra. | Knuth, Margaret | Delegada |
| Estados Unidos | Dra. | McGinn, Nature | Delegada |
| Estados Unidos | Dra. | Penhale, Polly A. | Representante del CPA |
| Estados Unidos | Sr. | Rudolph, Lawrence | Delegado |
| Estados Unidos | Sr. | Titmus, Andrew | Delegado |
| Federación de Rusia | Sra. | Chernysheva, Larisa | Delegada |
| Federación de Rusia | Sr. | Lukin, Valerii | Representante del CPA |
| Federación de Rusia | Sr. | Pomelov, Victor | Delegado |
| Federación de Rusia | Sr. | Tarasenko, Sergey | Delegado |
| Federación de Rusia | Sr. | Timokhin, Konstantin | Delegado |
| Federación de | Sr. | Titushkin, Vasily | Jefe de Delegación |

| Partes Consultivas | | | |
|---|---|---|---|
| **Parte** | **Tratamiento** | **Nombre** | **Cargo** |
| Rusia | | | |
| Federación de Rusia | Sr. | Tsaturov, Iury | Delegado |
| Finlandia | Sra. | Lahti, Johanna | Delegada |
| Finlandia | Sra. | Mähönen, Outi | Representante del CPA |
| Finlandia | Sra. | Valjento, Liisa | Jefa de Delegación |
| Finlandia | Sr. | Valtonen, Veli Pekka | Asesor |
| Francia | Sra. | Bellemere, Olivia | Suplente |
| Francia | Dr. | Frenot, Yves | Representante del CPA |
| Francia | Sra. | Guillemain, Anne | Delegada |
| Francia | Sr. | Lebouvier, Marc | Representante del CPA |
| Francia | Sr. | Olivier, Guyonvarch | Asesor |
| Francia | Sr. | Ortolland, Didier | Jefe de Delegación |
| India | Sra. | Jayakumar, Rocheus S. | Delegada |
| India | Sra. | John, David Thelma | Jefa de Delegación |
| India | Dr. | Ravichandran, Muthalagu | Jefe de Delegación |
| Italia | Dra. | Fioretti, Anna | Delegada |
| Italia | Ing. | Mecozzi, Roberta | Delegada |
| Italia | Consejero | Sgrò, Eugenio | Jefe de Delegación |
| Italia | Dr. | Torcini, Sandro | Representante del CPA |
| Japón | Sr. | Hokari, Toshiyuki | Suplente |
| Japón | Sra. | Nakano, Akiko | Representante del CPA |
| Japón | Prof. | Shiraishi, Kazuyuki | Delegado |
| Japón | Funcionario | Takehara, Mari | Suplente |
| Japón | Subdir. Principal | Tanaka, Kenichiro | Jefe de Delegación |
| Japón | Prof. | Watanabe, Kentaro | Delegado |
| Kazajstán | Sr. | Daulet, Sharipov | Delegado |
| Kazajstán | Sr. | Mukushev, Murat | Jefe de Delegación |
| Noruega | Sra. | Abrahamsen, Sunniva Helen | Asesora |
| Noruega | Sr. | Breidal, Ola | Asesor |
| Noruega | Sr. | Fliflet, Jon Gudbrand | Delegado |
| Noruega | Sr. | Gabrielsen, Trond | Delegado |
| Noruega | Sr. | Guldahl, John Erik | Asesor |
| Noruega | Sr. | Halvorsen, Svein Tore | Delegado |
| Noruega | Sra. | Heggelund, Kristin | Delegada |
| Noruega | Sra. | Høgestøl, Astrid Charlotte | Delegada |
| Noruega | Sra. | Johansen, Therese | Delegada |
| Noruega | Sra. | Krutnes, Anniken Ramberg | Jefa de Delegación |
| Noruega | Sra. | Njaastad, Birgit | Representante del CPA |
| Noruega | Sra. | Strengehagen, Mette | Suplente |
| Noruega | Dr. | Winther, Jan-Gunnar | Delegado |
| Nueva Zelandia | Sr. | Beggs, Peter | Asesor |
| Nueva Zelandia | Dr. | Gilbert, Neil | Asesor |
| Nueva Zelandia | Sra. | Laurenson, Amy | Jefa de Delegación |
| Nueva Zelandia | Dr. | Morgan, Fraser | Asesor |
| Nueva Zelandia | Sra. | Newman, Jana | Representante del CPA |
| Nueva Zelandia | Sra. | Stent, Danica | Asesora |
| Nueva Zelandia | Sr. | Townend, Andrew | Asesor |
| Nueva Zelandia | Sr. | Trotter, Simon | Asesor |
| Nueva Zelandia | Sra. | Wilkinson, Kelsie | Asesora |
| Nueva Zelandia | Sr. | Wilson, Gary | Asesor |

| Partes Consultivas | | | |
|---|---|---|---|

| Parte | Tratamiento | Nombre | Cargo |
|---|---|---|---|
| Países Bajos | Dra. | Badhe, Renuka | Asesora |
| Países Bajos | Prof. Dr. | Bastmeijer, Kees | Asesor |
| Países Bajos | Sr. | Breukel, Sebastiaan | Asesor |
| Países Bajos | Drs. | Eijs, Arthur | Representante del CPA |
| Países Bajos | Sra. | Elstgeest, Marlynda | Asesora |
| Países Bajos | Drs. | Kroef, van der, Dick A. | Asesor |
| Países Bajos | Prof. Dr. | Lefeber, René J.M. | Jefe de Delegación |
| Países Bajos | Sr. | Peijs, Martijn | Asesor |
| Países Bajos | Sr. | Splinter, Jorden | Asesor |
| Países Bajos | Sr. | Van Bracht, Gerard | Asesor |
| Perú | Sra. | Bello Chirinos, Cinthya | Delegada |
| Perú | Sr. | Capunay, Juan Carlos | Jefe de Delegación |
| Perú | Sr. | Casafranca, Jaime | Delegado |
| Perú | Sr. | Celis, David | Delegado |
| Perú | Sr. | Vargas Murillo, Ignacio Alejandro | Delegado |
| Polonia | Dr. | Bialik, Robert | Suplente |
| Polonia | Sr. | Dajda, Aleksander | Delegado |
| Polonia | Sr. | Jakukowicz, Tomasz | Delegado |
| Polonia | Dra. | Kidawa, Anna | Delegada |
| Polonia | Sra. | Krawczyk-Grzesiowska, Joanna | Delegada |
| Polonia | Prof. | Lewandowski, Marek | Delegado |
| Polonia | Dr. | Marciniak, Konrad | Jefe de Delegación |
| Polonia | Prof. | Szumowski, Lukasz | Delegado |
| República Checa | Sra. | Filippiova, Martina | Suplente |
| República Checa | Dr. | Nyvlt, Daniel | Asesor |
| República Checa | Dr. | Smolek, Martin | Jefe de Delegación |
| República Checa | Dr. | Štěpánek, Přemysl | Representante del CPA |
| República Checa | Dr. | Válek, Petr | Suplente |
| República Checa | Sr. | Venera, Zdenek | Representante del CPA |
| Reino Unido | Sra. | Clarke, Rachel | Delegada |
| Reino Unido | Sr. | Doubleday, Stuart | Representante del CPA |
| Reino Unido | Sr. | Downie, Rod | Delegado |
| Reino Unido | Prof. | Francis, Jane | Delegada |
| Reino Unido | Sr. | Garrod, Simon | Delegado |
| Reino Unido | Sra. | Griffiths, Lowri | Delegada |
| Reino Unido | Sr. | Howes, James (Jamie) | Delegado |
| Reino Unido | Dr. | Hughes, Kevin | Delegado |
| Reino Unido | Sra. | Rumble, Jane | Jefa de Delegación |
| Reino Unido | Cap. | Stockings, Tim | Delegado |
| Sudáfrica | Sr. | Abader, Moegamat Ishaam | Representante del CPA |
| Sudáfrica | Sr. | Bapela, Sonnyboy | Representante del CPA |
| Sudáfrica | Sra. | Brammer, Romi | Asesora |
| Sudáfrica | Sr. | Dopolo, Mbulelo | Representante del CPA |
| Sudáfrica | Dr. | Mphepya, Jonas | Jefe de Delegación |
| Sudáfrica | Sra. | Pretorius, Hester | Delegada |
| Sudáfrica | Dr. | Siko, Gilbert | Asesor |
| Sudáfrica | Sr. | Skinner, Richard | Asesor |
| Suecia | Dr. | Carman, Rolf | Jefe de Delegación |
| Suecia | Dr. | Johnsson, Mats | Asesor |
| Suecia | Dr. | Maud, Bergkvist | Asesor |
| Suecia | Dr. | Selberg, Pia Cecilia | Asesora |

| Partes Consultivas | | | |
|---|---|---|---|
| **Parte** | **Tratamiento** | **Nombre** | **Cargo** |
| Ucrania | Sr. | Cheberkus, Dmytro | Jefe de Delegación |
| Ucrania | Sr. | Fedchuk, Andrii | Delegado |
| Ucrania | Sra. | Mykhalchenkova, Olena | Delegada |
| Ucrania | Sr. | Rozhdestvenskyi, Artem | Delegado |
| Ucrania | Sra. | Savchenko, Valeriia | Delegada |
| Uruguay | Contralmirante | Nuñez, Daniel | Suplente |
| Uruguay | Sra. | Casavalle Bonilla, Agustina | Delegada |
| Uruguay | Sra. | Caula, Nicole | Representante del CPA |
| Uruguay | Sr. | Lluberas, Albert | Delegado |
| Uruguay | Emb. | Lugris, Fernando | Jefe de Delegación |
| Uruguay | Sra. | Silva García, Laura Elena | Delegada |
| Uruguay | Sr. | Torres Gutiérrez, Miguel Ángel | Delegado |

| Partes no Consultivas | | | |
|---|---|---|---|
| **Parte** | **Título** | **Nombre** | **Cargo** |
| Belarús | Dr. | Gaidashov, Aleksei | Jefe de Delegación |
| Belarús | Dr. | Kakareka, Sergey | Delegado |
| Belarús | Sr. | Pilshchikov, Igor | Delegado |
| Belarús | Sr. | Vergeichik, Sergei | Delegado |
| Canadá | Sra. | File, Susan | Asesora |
| Canadá | Sr. | Scott, David | Suplente |
| Canadá | Sr. | Taillefer, David | Jefe de Delegación |
| Canadá | Sra. | Wark, Jutta | Asesora |
| Colombia | Sr. | Díaz Sánchez, Christian Michael | Asesor |
| Colombia | Sr. | Mesa Salazar, Daniel | Asesor |
| Colombia | Sr. | Molano, Mauricio | Asesor |
| Colombia | Sr. | Montenegro Coral, Ricardo | Jefe de Delegación |
| Colombia | Sr. | Rueda García, Oscar Orlando | Delegado |
| Colombia | Sr. | Torres Parra, Rafael Ricardo | Asesor |
| Dinamarca | Sra. | Steenberg, Eva | Jefa de Delegación |
| Islandia | Sr. | Ragnarsson, Tómas Orri | Jefe de Delegación |
| Malasia | Sr. | Abd Rahman, Mohd Nasaruddin | Delegado |
| Malasia | Sr. | Adinan, Norazizi | Delegado |
| Malasia | Sra. | Kassim, Syarina | Delegada |
| Malasia | Sr. | Kua, Abun | Jefe de Delegación |
| Malasia | Dr. | Mohd Nor, Salleh | Delegado |
| Malasia | Prof. | Mohd Shah, Rohani | Asesor |
| Malasia | Sra. | Shuib, Nor Azimah | Delegada |
| Monaco | Dra. | Le Bohec, Céline | Jefa de Delegación |
| Pakistan | Sr. | Abbas, Shozab | Asesor |
| Portugal | Dra. | Baptista, Alexandra | Delegada |
| Portugal | Dra. | Espada, María De Jesús | Delegada |
| Portugal | Emb. | Pereira, Jorge Torres | Delegado |
| Portugal | Dr. | Xavier, José Carlos Caetano | Jefe de Delegación |
| República de Eslovaquia | S.E. Sr. | Bella, Dušan | Representante del CPA |
| República de Eslovaquia | Sr. | Gajdoš, Lukáš | Suplente |
| Rumania | Sr. | Lupeanu, Adrian-Daniel | Suplente |
| Rumania | Sra. | Sascau, Giorgiana | Delegada |

| Partes no Consultivas | | | |
|---|---|---|---|
| **Parte** | **Título** | **Nombre** | **Cargo** |
| Rumania | Dra. | Sidoroff, Manuela Elisabeta | Jefa de Delegación |
| Rumania | Dra. | Toparceanu, Florica | Delegada |
| Rumania | Sra. | Tusa, Iris María | Delegada |
| Suiza | Sr. | Krebs, Martin | Delegado |
| Turquía | Sra. | Bayar, Eda | Asesora |
| Turquía | Sr. | Durak, Onur Sabri | Asesor |
| Turquía | Sr. | Oktar, Ozgun | Asesor |
| Turquía | Sr. | Önder, Ali Murat | Asesor |
| Turquía | Dr. | Ozalp, Egemen | Delegado |
| Turquía | Sr. | Ozdem, Mustafa Ilker | Delegado |
| Turquía | Prof. Asist. | Özsoy Çiçek, Burcu | Asesor |
| Turquía | Sr. | Şahinkaya, Ibrahim Cem | Asesor |
| Turquía | Sra. | Unal, Eda | Asesora |
| Turquía | Sra. | Unal, Elife | Jefa de Delegación |
| Turquía | Sr. | Uykur, Teoman | Asesor |
| Venezuela | Sr. | Bardinet, Mauricio | Asesor |
| Venezuela | Cap. | Carlos , Castellanos | Delegado |
| Venezuela | Lic. | Quintero, Juan Pablo | Delegado |
| Venezuela | Dr. | Sira, Eloy | Jefe de Delegación |
| Venezuela | Sra. | Yao, Tongyu | Personal |

| Observadores, Expertos e Invitados | | | |
|---|---|---|---|
| **Parte** | **Título** | **Nombre** | **Cargo** |
| ASOC | Sra. | Arthur, Lindsay | Asesora |
| ASOC | Sra. | Bai, Yunwen | Asesora |
| ASOC | Dra. | Brooks, Cassandra | Asesora |
| ASOC | Sr. | Chen, Jiliang | Asesor |
| ASOC | Sra. | Christian, Claire | Jefa de Delegación |
| ASOC | Sr. | Dolan, Ryan | Asesor |
| ASOC | Sra. | He, Liu | Asesora |
| ASOC | Sra. | Kavanagh, Andrea | Asesora |
| ASOC | Sra. | Lau, Winnie | Asesora |
| ASOC | Mr. | Li, Shuo | Asesora |
| ASOC | Mr. | Liu, Nengye | Asesor |
| ASOC | Dra. | O'reilly, Jessica | Asesora |
| ASOC | Dr. | Roura, Ricardo | Asesor |
| ASOC | Dr. | Tamm-Buckle, Sune | Asesor |
| ASOC | Dr. | Walker, Mike | Asesor |
| ASOC | Dr | Werner Kinkelin, Rodolfo | Asesor |
| ASOC | Sra. | Xue, Guifang | Asesora |
| ASOC | Sra. | Xue, Yi | Asesora |
| ASOC | Sra. | Yao, Songqiao | Asesora |
| ASOC | Sr. | Tamm-Buckle, Sune | Asesor |
| ASOC | Sr. | Walker, Mike | Asesor |
| ASOC | Sr. | Werner Kinkelin, Rodolfo | Asesor |
| ASOC | Sra. | Xue, Guifang | Asesora |
| ASOC | Sra. | Xue, Yi | Asesora |
| ASOC | Sra. | Yao, Songqiao | Asesora |
| CCRVMA | Sr. | Wright, Andrew | Jefe de Delegación |
| CCRVMA | Dr. | Belchier, Mark | Representante del CPA |

| Observadores, Expertos e Invitados | | | |
|---|---|---|---|
| **Parte** | **Título** | **Nombre** | **Cargo** |
| COMNAP | Sr. | Colombo, Andrea | Delegado |
| COMNAP | Sra. | Rogan-Finnemore, Michelle | Jefa de Delegación |
| Fondos de FIDAC | Sr. | Liebert, Thomas Alain | Suplente |
| Fondos de FIDAC | Sr. | Maura, José | Jefe de Delegación |
| IAATO | Dr. | Crosbie, Kim | Jefe de Delegación |
| IAATO | Sra. | Hohn-Bowen, Ute | Asesora |
| IAATO | Sra. | Kelley, Lisa | Suplente |
| IAATO | Sr. | Li, Zhenyu | Asesor |
| IAATO | Sr. | Liu, Fubin | Asesor |
| IAATO | Sra. | Lynnes, Amanda | Representante del CPA |
| IAATO | Sr. | Rootes, David | Asesor |
| IAATO | Sra. | Schillat, Monika | Asesora |
| IAATO | Dr. | Stanwell-Smith, Damon | Asesor |
| IAATO | Sra. | Yuan, Ru | Asesora |
| IGP&I Clubs | Dr. | Wu, Chao | Jefe de Delegación |
| OACI | Sr. | Ha, Huho | Delegado |
| OHI | Sr. | Ward, Robert | Jefe de Delegación |
| OMI | Sr. | De Boer, Jan Engel | Jefe de Delegación |
| OMM | Sr. | Charpentier, Etienne | Delegado |
| OMM | Dr. | Sparrow, Mike | Jefe de Delegación |
| SCAR | Dra. | Baeseman, Jenny | Jefa de Delegación |
| SCAR | Prof. | Chown, Steven L. | Jefe de Delegación |
| SCAR | Prof. | Karentz, Deneb | Delegado |
| SCAR | Prof. | Naish, Timothy | Delegado |
| SCAR | Dr. | Terauds, Aleksandrs | Representante del CPA |

| Secretaría del País anfitrión | | | |
|---|---|---|---|
| **Parte** | **Título** | **Nombre** | **Cargo** |
| Secretaría del País anfitrión | Sra. | Guo, Xiaomei | Secretaria del país anfitrión |
| Secretaría del País anfitrión | Sr. | Hai, Qian | Personal |
| Secretaría del País anfitrión | Sr. | Jing, Li | Personal |
| Secretaría del País anfitrión | Sra. | Qiaoping, Lyu | Personal |
| Secretaría del País anfitrión | Sra. | Xiaofei, Sun | Personal |
| Secretaría del País anfitrión | Sra. | Yang, Xiaoning | Personal |
| Secretaría del País anfitrión | Sr. | Yeqing, Zou | Personal |

| Secretaría del Tratado Antártico | | | |
|---|---|---|---|
| **Parte** | **Título** | **Nombre** | **Cargo** |
| STA | Sr. | Acero, José Maria | Suplente |
| STA | Sr. | Agraz, José Luis | Personal |
| STA | Sra. | Balok, Anna | Personal |
| STA | Sra. | Dahl, Justiina Miina Ilona | Personal |
| STA | Sra. | Dahood-Fritz, Adrian | Personal |
| STA | Sr. | Davies, Paul Ronald | Personal |
| STA | Sra. | Erceg, Diane | Personal |
| STA | Sr. | González Vaillant, Joaquín | Personal |
| STA | Sra. | Hodgson-Johnston, Indiah | Personal |
| STA | Sr. | Hokkanen, Eero Juhani | Personal |

| | Secretaría del Tratado Antártico | | |
|---|---|---|---|
| **Parte** | **Título** | **Nombre** | **Cargo** |
| STA | Sr. | Joblin, Scott Grant | Personal |
| STA | Sra. | Nielsen, Hanne Elliot Fonss | Personal |
| STA | Sr. | Phillips, Andrew | Personal |
| STA: | Sra. | Portella Sampaio, Daniela | Personal |
| STA | Dr. | Reinke, Manfred | Jefe de Delegación |
| STA | Sr. | Wainschenker, Pablo | Personal |
| STA | Prof. | Walton, David Winston Harris | Personal |
| STA | Sr. | Wydler, Diego | Personal |
| Traducción e interpretación | Sra. | Alal, Cecilia Viviana | Jefe de Delegación |
| Traducción e interpretación | Sra. | Ávila, Patricia Evelin | Personal |
| Traducción e interpretación | Sra. | Bachelier, Karine Lydie Alice | Personal |
| Traducción e interpretación | Sra. | Bouladon, Sabine | Personal |
| Traducción e interpretación | Sra. | Christopher, Vera | Personal |
| Traducción e interpretación | Sra. | Cook, Elena | Personal |
| Traducción e interpretación | Sra. | Coussaert, Joelle Rose | Personal |
| Traducción e interpretación | Sr. | Falaleyev, Andrei Gerkurievich | Personal |
| Traducción e interpretación | Sra. | Garteiser, Claire | Personal |
| Traducción e interpretación | Sra. | González García, Erika | Personal |
| Traducción e interpretación | Sra. | Hale, Sandra Beatriz | Personal |
| Traducción e interpretación | Sra. | Kasimova, Zouchra Aikaterini | Personal |
| Traducción e interpretación | Sra. | Malofeeva, Elena | Personal |
| Traducción e interpretación | Sra. | Martínez, Silvia Renee | Personal |
| Traducción e interpretación | Sra. | Mullova, Ludmila Dietrich | Personal |
| Traducción e interpretación | Sr. | Orlando, Marc | Personal |
| Traducción e interpretación | Sr. | Salvadori, Claudio Ezequiel | Personal |
| Traducción e interpretación | Sra. | Speziali, Maria Laura | Personal |
| Traducción e interpretación | Sr. | Tanguy, Philippe Josue Samuel | Personal |
| Traducción e interpretación | Sra. | Vignal, Edith | Personal |

www.ingramcontent.com/pod-product-compliance
Lightning Source LLC
Chambersburg PA
CBHW061616210326
41520CB00041B/7469